I0302317

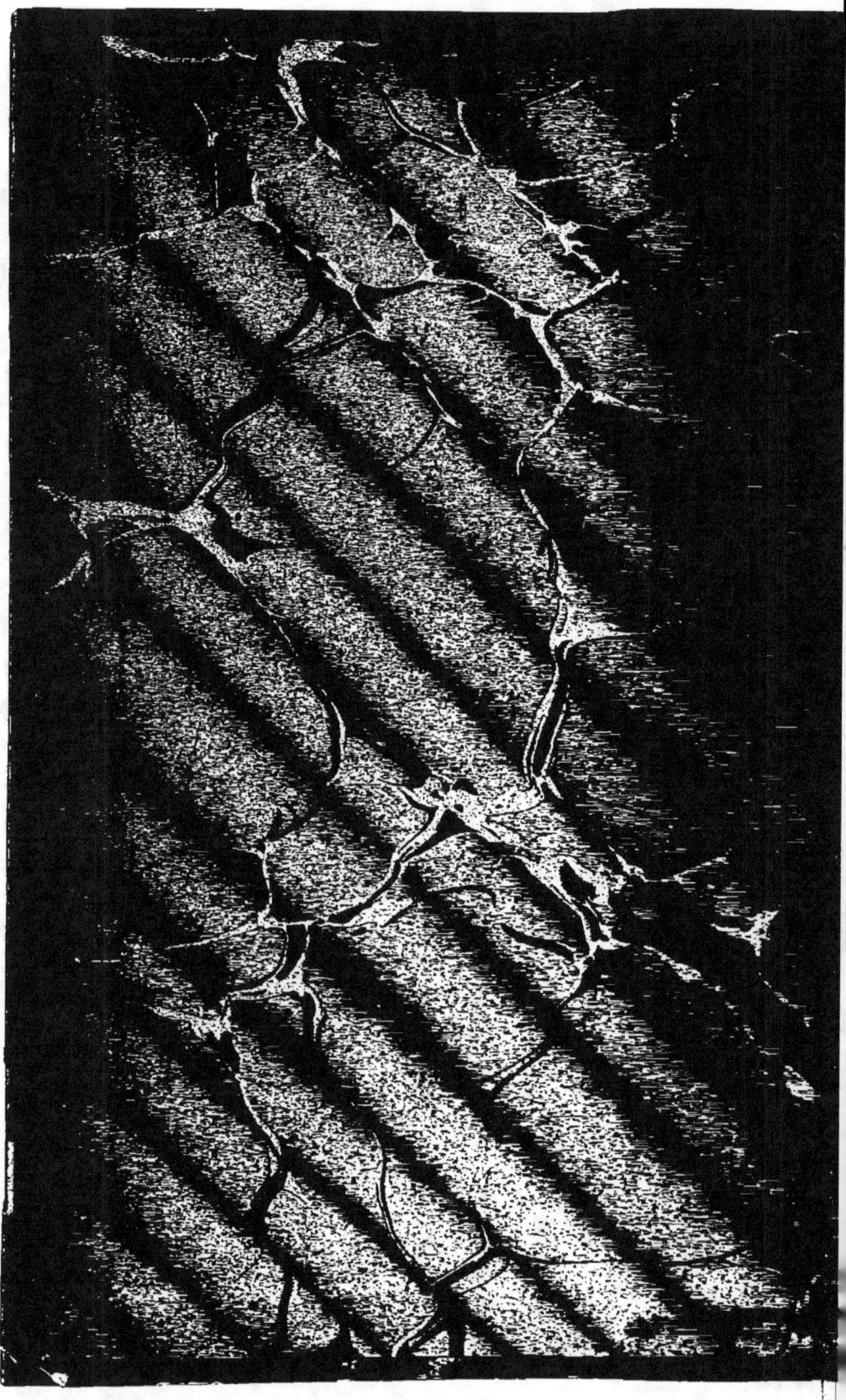

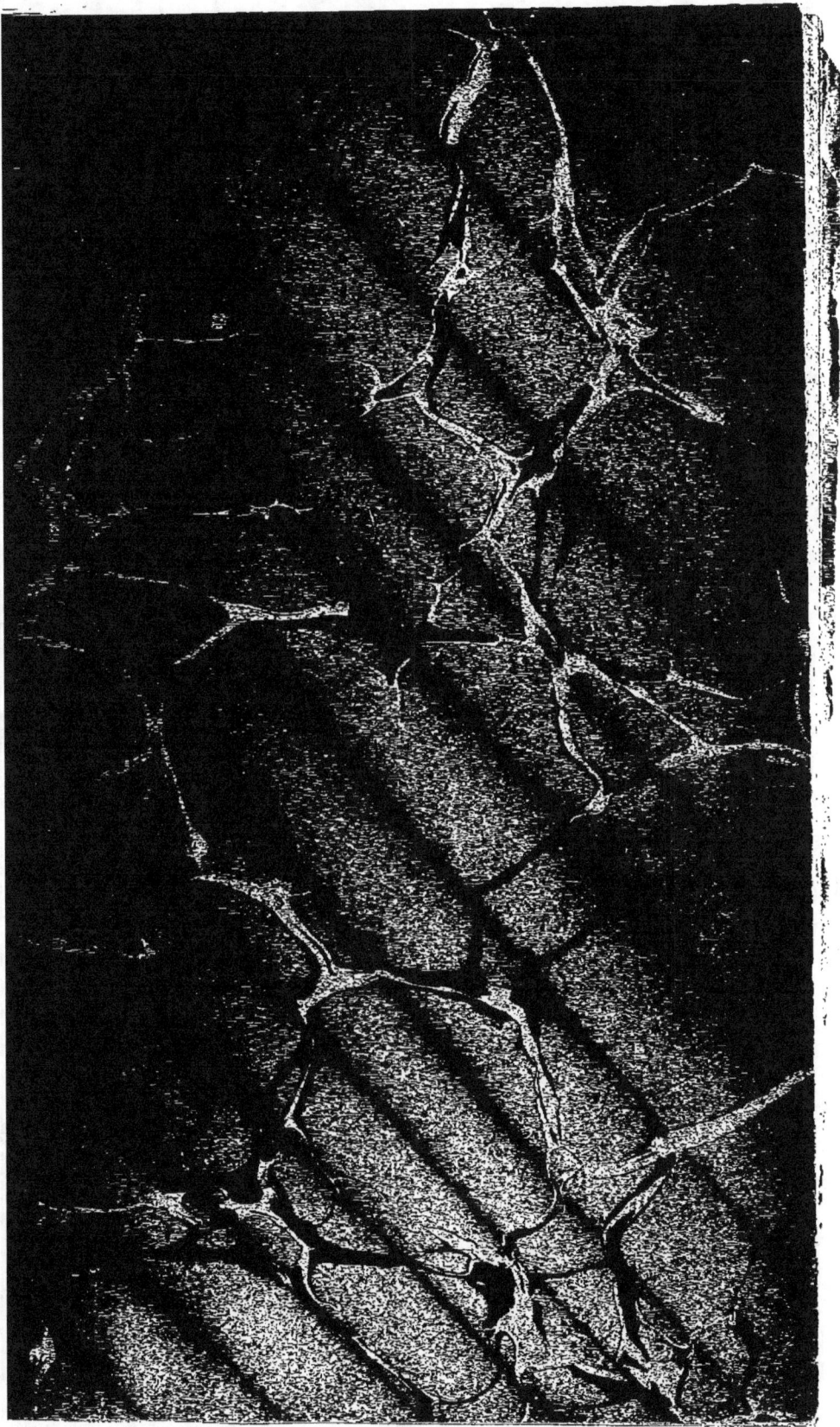

JOURNAL D'UN VOYAGE
AUX
MERS POLAIRES

À LA RECHERCHE DE SIR JOHN FRANKLIN

PAR

J.-R. BELLOT

AVEC UNE INTRODUCTION
PAR M. PAUL BOITEAU

ET ACCOMPAGNÉ D'UNE CARTE DES RÉGIONS ARCTIQUES
Et d'un Portrait gravé sur acier

DEUXIÈME ÉDITION

PARIS
PERROTIN, LIBRAIRE-ÉDITEUR
41, RUE FONTAINE-MOLIÈRE, 41
1866

JOURNAL D'UN VOYAGE

AUX

MERS POLAIRES

SAINT-DENIS. — TYPOGRAPHIE DE A. MOULIN.

٢

JOURNAL D'UN VOYAGE

AUX

MERS POLAIRES

A LA RECHERCHE DE SIR JOHN FRANKLIN

PAR

J.-R. BELLOT

AVEC UNE INTRODUCTION
PAR M. PAUL BOITEAU
ET ACCOMPAGNÉ D'UNE CARTE DES RÉGIONS ARCTIQUES
Et d'un Portrait gravé sur acier

DEUXIÈME ÉDITION

PARIS
PERROTIN, LIBRAIRE-ÉDITEUR
41, RUE FONTAINE-MOLIÈRE, 41

1866

INTRODUCTION.

I

Christophe Colomb avait à peine découvert le Nouveau Monde, en traversant les mers dans les régions équatoriales, que les navigateurs s'occupèrent de chercher, dans le nord, une route qui permît de tourner ce grand continent et de gagner directement les Indes d'Asie. De 1494 à 1498, Jean et Sébastien Cabot poussèrent leurs vaisseaux jusqu'aux rudes rivages de la terre où sont assises aujourd'hui les plus vieilles cités des États-Unis, et que couvraient alors des forêts épaisses. Jean Cabot découvrit Terre-Neuve; Sébastien, parti sur deux caravelles anglaises, redescendit jusqu'à la Floride, cherchant toujours un passage pour atteindre la Chine. Il l'épiait depuis le 56° degré de latitude, et n'avait pas essayé de remonter plus haut, parce qu'il avait vu que la côte se dirigeait vers l'est, c'est-à-dire revenait vers l'Europe, et en effet, de la Floride jusqu'au Labrador, la direction des terres écarte constamment le navigateur qui veut aller vers le soleil couchant.

En 1500, un Portugais, Cortaréal, se crut plus heureux lorsqu'il eut suivi les bords du golfe où débouche le Saint-Laurent, et lorsque, le long des rives septentrionales de ce grand fleuve, il eut atteint, puis tourné le Labrador dont la côte s'infléchit vers le nord-ouest. Il s'enfonça, dans les eaux refroidies, jusqu'au détroit et à la mer intérieure qui, plus tard, devaient porter le nom d'Hudson, et il revint en hâte annoncer à l'Europe que le passage était découvert. Reparti pour aller explorer sa conquête, on ne le vit point revenir. Un de ses frères disparut en voulant suivre ses traces; il fallut un ordre formel du roi de Portugal pour empêcher le troisième Cortaréal d'affronter et de subir la mort dont le génie jaloux du pôle menaçait déjà les audacieux.

Le passage annoncé par Cortaréal, il lui avait donné le nom

d'Anian. Pendant longtemps les Espagnols, maîtres du Mexique, cherchèrent, sur l'océan Pacifique, la trouée correspondante par laquelle les deux océans devaient communiquer; mais ils n'allèrent pas au-delà de la Californie septentrionale et de l'Orégon. Cependant, sur l'ordre de François Ier, le florentin Verazzano visitait les rivages découverts par les deux Cabot, et y périssait frappé par les Peaux-Rouges; le malouin Jacques Cartier explorait deux et trois fois, et décrivait jusqu'aux lacs d'où il sort, le magnifique cours d'eau de Saint-Laurent, la fortune naturelle du Canada; l'anglais Forbisher étudiait les côtes si étrangement découpées de cette grande terre du Groënland, qui est comme suspendue au pôle entre l'Amérique et l'Europe, qui ne dépend ni de l'une ni de l'autre, et que déjà depuis plus de six cents ans, favorisés par un climat plus doux, les Scandinaves de l'Islande avaient colonisée à demi, sans qu'on s'en souvînt nulle part; l'anglais Davis, battait à droite et à gauche la mer qui sépare le Groënland de l'archipel Cumberland et donnait son nom au large détroit qu'elle y forme.

C'est au commencement du xviie siècle qu'Hudson, envoyé d'Angleterre pour tenter encore d'ouvrir une route de commerce dans la direction de l'ouest, rencontra enfin les glaces infranchissables qui interdisent l'accès de ces sommets mystérieux du globe, et qu'au nord de l'Europe et de l'Asie tant de marins intrépides avaient déjà rencontrées, à l'est du Groënland, au Spitzberg, à la Nouvelle-Zemble et au cœur de l'océan Arctique. Hudson parvint à se glisser au travers des montagnes mouvantes de glace jusqu'au 80° degré de latitude; mais, après ce vigoureux effort dont on n'a guère dépassé depuis l'énergie, il lui fallut céder à l'ennemi et revenir vers les eaux, encore menaçantes, mais plus libres de temps en temps, où Cortaréal avait cru apercevoir le commencement de l'océan d'Asie. Il en suivit les rivages sinueux, mais sans issue. Ce n'était qu'un golfe aussi étendu qu'une mer. L'infortuné et intrépide navigateur, abandonné sur les flots par son équipage révolté, y trouva une mort pleine d'horreur; mais du moins il a légué son nom à la baie, à la mer qui fut son tombeau.

Vers le même temps, un marin du Danemark, Jean Munck, perdu au milieu des mêmes eaux et des mêmes glaces inhospitalières, restait enchaîné au plus cruel hivernage, voyait succomber autour de lui ses compagnons, et n'échappait lui-même à la mort que pour aller, dans un accès de délire, se tuer sur les quais de Copenhague. James et Fox parvinrent, plus tard, à relever les grandes lignes géographiques des terres de Cumberland et de

Southampton, mais sans rien découvrir au-delà ; et quand Baffin eut fait le tour de la vaste étendue d'eau qui a gardé son nom, et qu'il eut pris partout pour des baies fermées les ouvertures qui sont situées à l'ouest et dont parfois l'accès était libre, il fut comme décidé qu'il n'existait pas de passage de l'est vers l'ouest de l'Amérique du nord, et les terribles mers de la région arctique ne furent plus affrontées, et encore que dans la saison favorable et là seulement où les glaces n'opposaient pas trop de résistance, que par les Danois jaloux de ne pas abandonner leur légendaire colonie du Groënland, et par les baleiniers à la recherche des plus riches troupeaux de cétacés.

Toute la curiosité de la science, toute l'activité de la navigation se porta vers le nord-est de l'Amérique. Lorsque Beering, commodore au service de la Russie, mais né en Danemark, eut fixé sur la carte, au prix de sa vie, avec Delisle de la Croyère, les limites de l'Asie et de l'Amérique russe ; lorsque Cook, Malaspina, Quadra, Vancouver, La Peyrouse eurent relevé tous les détails de ces rivages lointains et des îles qui les bordent ; lorsque partis, l'un de la baie d'Hudson, l'autre du Canada, Mackensie et Hearne eurent franchi le cercle polaire sans quitter le sol du continent, on reconnut que, s'il existait un passage, ce ne pouvait être que sous une latitude si élevée et au sein d'un climat si dur que le commerce devait renoncer à en profiter jamais. Il avait fallu y renoncer aussi sur les côtes septentrionales de l'Europe, après les pénibles et courageuses recherches des marins de la Hollande et de ceux de la Russie. Mais l'inconnu, le danger même exerceront toujours un grand pouvoir sur l'esprit de l'homme. Si les intérêts de la navigation marchande n'avaient plus rien à espérer de nouvelles découvertes, la science ne devait pas se rebuter, et le courage des navigateurs refusa de s'avouer vaincu.

II

En 1816, un baleinier, William Scoresby, s'aperçut que la limite des glaces reculait devant lui. Jamais il n'avait pu atterrir sur la côte orientale du Groënland, et cette fois il put l'atteindre et la suivre en remontant au nord sur une ligne de plusieurs degrés. Environ six mille lieues carrées de glace, emportées par les vents ou dissoutes par une température adoucie, avaient disparu de ces lieux si longtemps inaccessibles. Scoresby pensa que l'occasion était bonne pour tenter avec quelque espérance de succès la navigation des régions arctiques de l'ouest, et il adressa à l'amirauté anglaise, sur l'état nouveau de la mer glaciale, un Mémoire qui fixa son attention, et la détermina à tracer le plan et à arrêter, sur les avis de Barrow, l'exécution d'une grande expédition de découvertes.

Scoresby, qui n'appartenait pas à la marine militaire, ne reçut pas, comme il l'avait espéré, de commandement dans l'entreprise. De dépit il renonça à la navigation, se fit ministre de l'église anglicane et devint un prédicateur en vogue. Ceux que l'amirauté envoya tenter encore une fois, à sa place, les hasards de cette débâcle inattendue des glaces du pôle y ont tous conquis une renommée. John Ross et Edward Parry reçurent l'ordre de chercher le passage à l'ouest de la baie de Baffin ; David Buchan et John Franklin furent chargés de le découvrir à l'est, par le Spitzberg.

La mer glaciale demeura impénétrable, et, au bout de trois mois d'opiniâtres efforts, Buchan et Franklin, son lieutenant, durent ramener en Angleterre leurs navires, *la Dorothée* et *le Trent*. Ross et Parry, avec *l'Isabelle* et *l'Alexandre*, ne furent guère plus heureux. Ils purent, toutefois, remonter sur près de 400 lieues les côtes occidentales du Groënland et en dresser la carte, bien étonnés de rencontrer des êtres humains jusque vers le 77e degré de latitude. De la baie Melville, au fond de la mer de Baffin, ils se dirigèrent à l'ouest vers les ouvertures signalées par les premiers navigateurs, et pénétrèrent dans celle de Lancastre, que Baffin n'avait qu'entrevue. Peut-être allaient-ils par là trouver l'issue si désirée et gagner les 500,000 francs de récompense promis par le Parlement au navire qui l'aurait découverte et suivie jusqu'aux limites de l'Asie, mais John Ross, le jour même, crut voir que le passage était impraticable et fit virer de bord. On avait espéré bien davantage en Angleterre, et le trop prompt retour des vaisseaux envoyés dans la mer de Baffin y mécontenta les juges sévères. L'opinion, heureusement, se prononça pour que l'on continuât la tentative, et Parry fut chargé de pénétrer dans le détroit d'où Ross n'avait voulu entrer qu'un seul jour. En même temps, John Franklin, envoyé directement dans la baie d'Hudson, par le Canada, devait atteindre et suivre les côtes continentales et les rivages aperçus par Hearne et Mac Kensie.

Le nom de Franklin a jeté trop d'éclat dans l'histoire maritime de ce siècle-ci, et il se trouve lié trop intimement à l'histoire particulière des voyages de Bellot, pour que nous ne nous arrêtions pas un instant à recueillir les premiers souvenirs de sa glorieuse carrière.

Sir John Franklin est né le 16 avril 1786, à Spilsby, dans le comté de Lincoln, d'un père qui, après avoir possédé un domaine rural et avoir été contraint de le vendre, trouva dans les opérations de commerce le moyen d'élever honorablement une famille de douze enfants. John était le plus jeune de ses quatre fils. Destiné à l'état ecclésiastique, il fut élevé à Saint-Ives et ensuite à l'école de Louth. Un jour de grande promenade il arriva sur le rivage de la mer. Jamais il ne l'avait vue. L'impression de ce spectacle fut si vive et si profonde qu'à partir de ce moment le jeune écolier résolut de ne pas suivre d'autre carrière que celle de la marine.

Embarqué bientôt sur un bâtiment de commerce qui allait à Lisbonne, il revint plus décidé que jamais à suivre sa vocation. Son père, ne résistant pas à cet entraînement, le fit placer, au mois d'octobre 1800, sur le vaisseau de 74, *le Polyphême*, et, au bout de six mois, le novice reçut le baptême du feu en prenant part à la bataille de Copenhague. Le capitaine de *l'Investigator* était son parent ; il passa peu à près à son bord et le suivit dans un voyage de reconnaissance sur les côtes de l'Australie, qui lui fournit d'heureuses occasions d'apprendre à fond la partie scientifique du métier. Il eut alors la bonne fortune de s'attirer l'amitié du célèbre botaniste Robert Brown. Au retour, il fit naufrage sur un récif de corail, où il dut attendre cinquante jours avec ses compagnons l'heure de la délivrance et encore, la guerre ayant été déclarée entre la France et l'Angleteterre, fut-il obligé peu après, en quittant la Chine, de passer sous le feu des vaisseaux d'une escadre française. L'année suivante il joue son rôle à la bataille terrible de Trafalgar, étant chargé des signaux sur *le Bellérophon*. Tantôt dans le Canal, tantôt devant Rochefort, à Flessingue, à Lisbonne ou au Brésil ou à la Nouvelle-Orléans, on le voit, pendant tout l'Empire, faire vaillamment son devoir d'officier de vaisseau et chercher les aventures comme s'il était fait pour n'être qu'un soldat. En 1814, déjà lieutenant en premier, il conduisit la duchesse d'Angoulême qui rentrait en France. La paix ne devait plus être troublée sur les mers. Il semblait donc que les occasions de gloire allaient devenir plus rares, et c'est la paix justement qui devait rendre Franklin aux nobles travaux qu'il était dans sa destinée d'accomplir.

Les fatigues et les dangers du voyage de Franklin, dans les solitudes glacées du nord de l'Amérique continentale, ne sauraient être décrits en passant. Il faut lire les récits de cette mémorable expédition, à laquelle prirent part avec lui le docteur Richardson et l'enseigne Back, devenus l'un et l'autre justement célèbres. C'est au mois de mai 1819 qu'ils quittèrent l'Angleterre pour aller exécuter leur tâche héroïque, et ce n'est que trois mois plus tard qu'ils partaient de la factorerie ou du fort d'York, pour traverser les territoires de chasse où les derniers Indiens et les Esquimaux des rivages se sont fait, se font encore des guerres sanglantes, et où la nature enveloppe de tant d'horreur le mystère de leur vie misérable. Parmi les compagnons de Franklin figurait un marin anglais du nom d'Hepburn, que nous retrouverons au bout de trente-cinq ans, sur le même vaisseau et dans le même hivernage que notre compatriote Bellot. La première étape, le fort Cumberland, était à plus de 1,000 kilomètres du point de départ. Un des bonheurs de l'expédition, ce fut la découverte de la source de la rivière Coppermine qui coule vers les rivages indiqués par Hearne. Déjà, depuis dix-huit mois, Franklin et les siens étaient en route. Il fallut hiverner près de là, au bord d'un lac, le lac Winter, et y passer neuf mois presque sans ressources, le thermomètre descendant jusqu'à 57 degrés au-dessous de zéro. Au mois de juin 1821, on put enfin reprendre la route du nord ; au mois de juillet on était sur les bords de l'Océan polaire. En cinq semaines onze cents kilomètres de côtes furent explorés à l'est. A bout non de courage, mais de force et de moyens d'existence, Franklin s'arrêta au cap Turnagain, ayant 400 lieues à faire avant d'atteindre le fort Entreprise où peut-être il trouverait quelques provisions. Il y parvint, en semant le chemin de cadavres, et les survivants ne durent leur salut qu'au dévouement de Richardson et à l'énergie de Back. Partis le 22 août du cap Turnagain, ils arrivèrent le 11 décembre au fort Providence, et, au mois de juillet suivant, au fort d'York, ayant parcouru 2,500 lieues des régions les plus désolées qu'il y ait sur la terre et, faute de vivres, n'ayant pu que toucher, pour en être rejetés aussitôt, le rivage de la mer du pôle.

Parry, ce pendant, avec l'*Hécla* et le *Griper*, entrait dans les eaux dégagées du détroit de Lancastre, reconnaissait le détroit du Régent, y pénétrait un moment, s'avançait ensuite par le détroit de Barrow, lieux qu'il découvrait et nommait à la fois, rencontrait les grandes îles Cornwallis, Bathurst, Melville, partie des hautes mers désignée depuis sous le nom d'archipel de Parry, et s'engageait dans le canal de Wellington où le capitaine Sabine, astronome de l'expédition, par le 75e degré de latitude, dans l'île Byam-Martin dégageait de la neige et de la mousse d'antiques ruines d'habitation.

Arrivé au 110e degré de longitude, à l'ouest de Greenwich, Parry, le 5 septembre, annonça à son équipage que la récompense de 125,000 fr. promise à qui l'atteindrait au nord du 74e degré de latitude était gagnée par eux. Encore quelques efforts et un prix plus enviable, une gloire plus grande, celle de toucher à la mer d'Asie, semblait conquise; mais l'hivernage dût commencer presqu'aussitôt, sur la côte de l'île Melville. Rien n'égale l'intérêt du récit des jours passés par les marins de l'*Hécla* et du *Griper* si près du pôle, si loin de la patrie, sous un ciel que dès le 11 novembre n'éclairait plus aucun rayon de jour. Avril, mai, juin reparurent et avec eux l'espoir de retrouver la mer libre. Enfin, au mois d'août, les vaisseaux s'ébranlèrent et marchèrent vers l'ouest. La navigation de cette campagne n'alla pas au-delà de vingt lieues. Parry avait aperçu la terre de Banks, mais du cap Dundas il avait cru voir que le voyage vers l'Asie ne serait pas praticable. Rentré dans la mer de Baffin par le détroit de Lancastre, en cherchant toujours un canal au sud, il fut assailli par une tempête à la pointe méridionale du Groënland, lui échappa et arriva en Angleterre au mois d'octobre 1820.

Il pensa qu'en entrant dans la baie d'Hudson il saisirait peut-être plus aisément le passage dont l'existence était maintenant certaine au nord. Dès le printemps de 1821, avec *la Fury* et l'*Hécla*, il se hâta d'y faire voile. La glace l'emprisonna bientôt. Dégagé comme par hasard, il suivit le détroit de Fox, le détroit plus resserré qui a reçu le nom de Frozen, pénétra dans la baie Repulse et, peu après, se vit contraint d'hiverner à l'île Winter, sur la côte occidentale de la presqu'île de Melville. Le 2 juillet 1822 la navigation fut reprise avec l'espoir du succès définitif. Péniblement on atteignit un nouveau détroit qui a conservé les noms des vaisseaux de Parry, et qui communique avec la partie méridionale du grand canal du Régent, appelée aussi le golfe de Boothia. Un second hivernage y attendait prématurément l'expédition, à bien peu de distance du cap Kater, que dans son premier voyage le commandant avait reconnu. La fréquentation des Esquimaux en adoucit un peu les ennuis, comme l'année précédente; mais lorsqu'au mois d'août seulement les navires purent sortir de leur enceinte de glace, il ne parut pas qu'il fût possible de les diriger au nord et ils regagnèrent l'Angleterre.

Tant d'épreuves n'avaient pas lassé Parry. Il engagea l'amirauté à le charger d'une troisième expédition par le chemin du détroit de Barrow pendant que Beechey, compagnon de Buchan et de Franklin en 1817, tournerait l'Amérique par le détroit de Beering et que Franklin lui-même, descendant non plus la rivière Coppermine, mais le fleuve Mackensie, leur servirait de trait d'union sur les côtes.

Franklin accepte avec joie. Vers la fin de l'été de 1825, il s'installe pour l'hiver avec ses anciens compagnons Back et

Richardson sur les bords occidentaux du lac du Grand Ours. L 28 juin 1826, ils s'embarquent sur le Mackensie, fleuve immense qui traverse d'affreuses solitudes; ils arrivent à la mer le 7 juillet. Une tribu d'Esquimaux féroces menace de les massacrer. Ils échappent au péril, et arrivé à une île du large, qu'il nomma Garry, Franklin, à la face des flots tempêtueux, déploya un pavillon de soie que lui avait remis la veille de son départ, pour l'arborer sur l'Océan du nord, la première compagne de sa noble vie, Maria-Éléonore Porden, sa femme depuis 1823. La pauvre femme était morte depuis bien longtemps quand Franklin exécutait sa pensée suprême. Il le savait, car elle était frappée d'un mal qui ne pardonne point, et c'est sur un lit de souffrances qu'il lui avait fait ses adieux; mais la religion du devoir soutenait son énergie, et c'est d'une main fière qu'il fit flotter les couleurs anglaises sur le rivage qu'il lui avait été donné deux fois de saisir. Ce rivage, il le côtoya cette fois vers l'ouest, jusqu'à la longitude de 150 degrés et demi. Aucun signe de la venue de Beechey n'était visible; il s'arrêta donc au cap Back, ignorant qu'à moins de cinquante lieues de là le cherchaient les embarcations du vaisseau qui avait passé par le détroit de Beering.

Beechey avait effectivement gagné la baie de Kotzebue dès le 25 juillet 1826 sur la frégate de guerre, *le Blossom*, et de là, envoyé une allége pour remonter la côte. Le 15 août il était au cap Glacé, limite des voyages de Cook. Le 10 septembre revint l'allége qui s'était avancée jusqu'à la pointe Barrow. Au retour Beechey fit d'heureuses études géographiques des côtes occidentales du continent d'Amérique qui le retinrent plus d'une année au delà du détroit de Beering.

Quant à Parry, il avait été repoussé par la mer jalouse. Après avoir passé au port Bowen, dans le détroit du Prince-Régent, l'hiver de 1824 à 1825, il avait essayé en vain d'en sortir par le sud-ouest et avait dû abandonner un de ses navires, *la Fury*, sur la côte du North Somerset. A peine rendu à sa patrie, il repart sur *l'Hécla* et pousse droit au Spitzberg pour gagner le pôle, de l'île de la Table, sur des canots faits pour glisser sur la glace. Le neveu de John Ross, James, l'accompagnait. La lutte était impossible. Parry dut terminer là la série des audacieux travaux qui lui ont valu sa gloire. Né à Bath, le 19 septembre 1790, sir William-Edward Parry, anobli en 1829, est mort à Ems en 1855, après avoir été gouverneur de Sidney et de Greenwich. Il a publié quatre relations de ses voyages, en 1821, 1824, 1826 et 1827.

Impatient de la juste renommée acquise par ceux qu'il avait d'abord commandés, le capitaine John Ross rentra alors dans la lutte, avec la résolution d'y vaincre la nature. On n'avait plus à sonder que l'espace compris entre l'île Melville où Parry avait hiverné la première fois, le cap Turnagain, et le cap Barrow que Franklin et Beechey avaient atteints, chacun de leur côté, sur la rive méridionale de l'Océan polaire. Ross partit le 23 mai 1829 pour achever la découverte. Il montait un vapeur, *la Victory*, pourvu de mille jours de vivres et avait pour second son neveu James Clark Ross. Mais la machine à vapeur avec roues, sur laquelle il avait compté, n'était pas faite pour faciliter son voyage. Entré dans le détroit du Régent, il passa sur le lieu du naufrage de *la Fury*, et vint hiverner à Félix Harbour, sur la côte orientale de la presqu'île Boothia, non loin des stations de Parry, toujours fréquentées par les Esquimaux. Onze mois prisonnier, il ne s'échappe, le 17 septembre 1830, que pour franchir quelques milles. Le second hivernage se fit dans la baie du Shérif. C'est au printemps suivant que James Ross découvrit le pôle magnétique nord de la terre, du côté du détroit de Victoria encore sans nom et à proximité de la terre du Roi-Guillaume. Au mois d'août 1831, un effort nouveau fit sortir *la Victory* de son havre; elle ne le quitta que pour se réfugier dans un autre et subir un troisième hivernage. Ce ne fut pas le dernier. Décidés à l'abandon de leur navire, les malheureux captifs se préparent à partir avec leurs barques. Le 28 mai 1832, ils se mettent en route, chargés de tout ce que leurs forces leur permettent de porter. Avec peine ils arrivent au havre d'Elisabeth; avec plus de peine encore, le 1er juillet, à la pointe de la Fury où un dépôt de provisions, celles du vaisseau de Parry les attendait. De là ils gagneront sans doute le passage du nord. Vaine espérance; ils n'avancent un peu vers le détroit de Lancastre que pour reculer encore devant les coups de l'hiver. Une quatrième saison d'obscurité les tient ensevelis sur la côte, ignorés de tous, morts pour leur patrie et pour le monde. Enfin, au mois de juillet 1833, ils s'arrachent à leur captivité, gagnent la baie Batty, la baie Elwin, l'île Léopold, voient la mer libre et sont sauvés. Ils le croient du moins, mais la tempête les force à reprendre terre à l'ouest du cap York. Elle s'apaise; ils naviguent encore, dépassent l'entrée de l'Amirauté, et, au bout de quelques jours, la vigie signale une voile. Peu s'en fallut que ce ne fût là qu'une dérision de la fortune, car le navire ne s'arrêtait pas. Mais Dieu avait marqué le terme de leurs souffrances et de leurs angoisses. Les naufragés sont aperçus et recueillis. Le navire qui les alla rendre à leur patrie était *l'Isabelle*, un des vaisseaux que Ross avait commandés en 1818.

L'Angleterre salua et récompensa comme des héros les hommes qui avaient soutenu une si longue et si véhémente lutte contre les plus opiniâtres rigueurs des éléments.

Déjà, sur l'appel de Richardson et bien que l'expédition de Ross n'eût pas eu de caractère officiel, le pays et le gouvernement avaient fourni de quoi envoyer à leur recherche. C'est Back, alors capitaine, qui réclama l'honneur de conduire l'œuvre. Il partit de Liverpool le 17 février 1833 pour le Canada, voulant gagner de là les territoires de la Compagnie des chasses de la baie d'Hudson, et ensuite l'océan polaire, du côté occidental du cap Turnagain. On soupçonnait l'existence d'un grand fleuve sur la route ; Back le chercha dans les déserts, l'atteignit, et, malgré l'obstacle de 83 rapides et cataractes, au prix d'un hivernage sans égal pour sa dureté, il en suivit le cours jusqu'à la mer. Pendant l'hiver, la nouvelle du retour de Ross en Angleterre lui était arrivée par les chasseurs de la compagnie ; déchargé de sa mission d'humanité, il n'appartenait plus qu'à sa mission de science, et c'est alors, le 7 juillet 1834, qu'il avait, du fort Reliance, repris sa route vers le nord, le long de ce fleuve inconnu que les Esquimaux et les Indiens appelaient la rivière du Grand-Poisson et qui s'appelle maintenant la rivière de Back. La mer polaire, sur laquelle il était près à s'élancer, se ferma, se hérissa devant lui comme devant ses émules, et il eut besoin de son incomparable énergie pour explorer seulement les golfes et les détroits de ce coin reculé de l'Océan qui se trouve resserré entre la presqu'île Adélaïde, l'isthme de Boothia et la terre du Roi-Guillaume. Back se retira par la route du Canada et ne revint en Angleterre que le 8 septembre 1835. Reprenant la mer sur *le Terror*, l'année suivante, il s'enfonça dans la mer d'Hudson où les glaces mouvantes saisirent son vaisseau, près du détroit de Frozen. Il y passa l'hiver ballotté par les courants et les vents, et, au dégel, eut l'audace et le bonheur de ramener ce vaisseau fracassé sur les côtes d'Irlande. Il fut anobli comme Parry et comme Ross, le doyen des navigateurs de la mer Glaciale qui, né à Balsarock en 1777, n'est mort qu'en 1856. Back, né en 1796 à Stokport, est devenu l'un des généraux de la flotte britannique, mais il n'a plus servi sur mer.

La science n'avait plus, pour connaître la ligne entière du continent de l'Amérique, le long de la mer du pôle, qu'à relier entre eux les points géographiques du cap Turnagain, de l'isthme de Boothia et du détroit de *la Fury* et de *l'Hécla*. La tâche était devenue relativement facile. Dease et Simpson, de 1837 à 1839, et le docteur John Rae, de 1845 à 1847, en vinrent à bout. La carte continentale de l'Amérique du nord fut ainsi achevée. Jamais les marins d'aucun pays n'avaient, en moins de temps, fait de plus difficiles et plus intéressantes découvertes.

III

Néanmoins personne encore n'avait parcouru entièrement par mer la voie qui sépare le détroit de Beering du détroit de Davis, ou plutôt les rattache l'un à l'autre. Il y avait encore à déterminer la direction de la ligne la plus courte que l'on pût suivre au travers des îles, de grandeurs si diverses, qui sont semées dans l'Océan polaire et dont une mer glacée ne baigne que si peu de temps les côtes d'un flot libre.

Sir John Franklin voulut attacher à son nom l'honneur de ce dernier et définitif voyage d'exploration. Remarié depuis le 8 mars 1828 avec miss Jane Griffin, la digne héritière de miss Porden, et à peine de retour, avec elle, d'un long et actif séjour dans l'Océanie où il avait administré et fait fleurir la riche colonie naissante de la Tasmanie, il mit à la voile le 26 mai 1845, avec les vaisseaux *l'Érèbus* et *Terror*, et 168 hommes d'équipage que commandaient sous lui les capitaines Fitz James et Crozier.

Le 12 juillet il s'arrêtait sur la côte du Groënland, à l'île danoise de Disco, et annonçait de là à l'amirauté qu'il était presque sûr de trouver la mer ouverte au détroit de Lancastre. Au commencement d'août quelques-uns des hardis baleiniers qui vont habituellement jeter le harpon jusqu'au fond de la mer de Baffin, l'ont rencontré sur la route qui le menait à l'ouest. Depuis ce temps aucune nouvelle directe de l'expédition n'est arrivée en Angleterre. On a longtemps espéré qu'abondamment pourvus de vivres, les derniers poursuivants du passage mystérieux avaient, comme sir John Ross, trouvé quelque retraite pour y braver plusieurs années les hivers du pôle. La vérité a été à la fin connue. On a su qu'une mort lamentable avait frappé les braves gens et le généreux chef qui s'étaient obstinés à chercher le dernier secret de la navigation si redoutée du nord.

Mais, avant que cette triste vérité fût apprise, bien des années d'inquiétudes s'écoulèrent, années qu'ont remplies des travaux dont le but principal était de porter secours à Franklin et à ses compagnons, et qui ont abouti à la divulgation complète de tous les mystères du pôle.

Jusqu'à la fin de 1847, il n'y avait pas trop à s'effrayer du silence qui couvrait l'expédition de Franklin ; mais à partir de 1848, les recherches commencèrent.

Le vieux docteur Richardson partit le premier, courageux, vigoureux comme au début de ses hardis voyages. Il fit par terre les mille lieues qui séparent New-York des bords de l'Océan arctique. Le 3 août 1848, il était sur la branche orientale du fleuve Mac Kensie. Pour suivre la côte jusqu'à la rivière Coppermine, il avait 1,480 kilomètres de chemin à parcourir, toujours battu par les vents, s'arrêtant à chaque instant pour les investigations nécessaires, pour les signaux, pour les dépôts de provisions. Le docteur Rae l'accompagnait. Aucun indice du passage de Franklin ne fut découvert.

Pendant ce temps, sir James Ross passait par la mer de Baffin avec les vaisseaux *l'Intrépide* et *l'Investigator*. Le 23 août, il longeait la baie de Pond; le 1er septembre, il rangeait le cap York; le 11 septembre, il était forcé d'hiverner dans le port Léopold, heureux encore d'avoir atteint une position où il était difficile que personne passer sans qu'il en eût connaissance, et d'où il pût relever la plus grande partie des côtes de la terre du North Somerset. Avec sir James Ross se trouvaient le capitaine Bird, le lieutenant Mac Clintock et le lieutenant Mac Clure. Au moment où le commandant, profitant du retour de l'été, de cet été d'un jour que la gelée n'abandonne presque jamais, cherchait à se diriger vers l'île Melville, les glaces mobiles s'emparèrent de ses vaisseaux et les entraînèrent vers le détroit de Lancastre, puis dans la mer de Baffin, d'où chacun s'estima bien heureux de pouvoir retrouver le chemin de l'Angleterre.

Mais l'anxiété ne cessait de croître en Europe. Après avoir disparu, fallait-il que Franklin et ses marins fussent abandonnés. L'Angleterre, pendant quatre ans, envoya et entretint jusqu'à dix vaisseaux aux abords de l'Océan qui l'avait peut-être englouti, les uns au détroit de Beering, les autres au détroit de Lancastre, et des récompenses furent promises: 500,000 fr. à qui sauverait les équipages perdus, 250,000 fr. à qui découvrirait leurs traces. Sir John Ross s'embarqua une dernière fois sur un navire à lui; un Américain de New-York, M. Grinnel, arma deux navires à ses frais, et lady Franklin épuisa sa fortune pour soutenir toutes les tentatives commencées, pour en préparer elle-même de nouvelles.

C'est sur l'un des navires armés par elle que le lieutenant Bellot fit son premier voyage, en 1851 et en 1852, fier d'associer enfin un nom français à ceux des marins de l'Angleterre et de l'Amérique, qui depuis trente ans avaient fait de si grandes choses sur une mer où notre pavillon n'avait jamais paru.

On va lire les pages que Bellot a écrites pour raconter, au jour le jour, l'histoire de son voyage. Ce récit si émouvant n'est pourtant qu'un épisode des luttes si longues et si pénibles dont nous n'esquissons ici que la trop sèche chronologie.

Dans l'hiver de 1850-51 plusieurs navires séjournèrent à la fois aux environs du détroit de Barrow ou dans le détroit même. Il y avait là l'escadre du capitaine Austin : deux voiliers et deux vapeurs; les navires des capitaines Penny et Stewart avec deux baleiniers, le yacht de John Ross, deux navires américains commandés par les capitaines de Haven et Griffin, et bientôt après *le Prince-Albert*, envoyé par lady Franklin.

Le capitaine Penny découvrit au cap Riley les premiers signes certains du passage de Franklin : trois tombes de matelots et des provisions de viande abandonnées pendant l'hiver de 1845-46. De concert avec le capitaine Austin, il se chargea ensuite de la visite du canal de Wellington fouillé jusqu'au North Cornwall. Austin se dirigea vers les îles de l'archipel Parry avec ses lieutenants. Le point de départ des explorations fut l'île Griffith. Le capitaine Ommaney reconnut la terre du Prince de Galles, le lieutenant Mac Clintock poussa jusqu'au cap Dundas sur le détroit de Banks, suivant les traces anciennes de Parry, mais ne voyant nulle part celles de Franklin. Les Américains, entrés dans le canal de Wellington comme Penny, n'en aperçurent pas davantage. Le retour de tous ces navires ne fut pas sans danger. *Le Prince Albert* vint les remplacer. C'est le vaisseau que montaient le capitaine Kennedy et le lieutenant Bellot. Il se rendit, comme il put, dans le détroit du Régent, sans avoir rencontré en route les bâtiments des capitaines Austin et Penny. On verra, durant la lecture du récit de Bellot, à combien peu de chose il a tenu que cette expédition, au lieu de tourner par terre le North Somerset et d'entrer dans l'île du Prince de Galles, ne se soit dirigée par le canal de Wellington vers la terre du roi Guillaume, sur laquelle les envoyés de lady Franklin auraient appris, auraient vu ce qu'étaient devenus sir John et ses marins.

En 1852, durant l'été, on vit encore réunis plusieurs navires dans les mêmes parages. Les capitaines Belcher et Kellett commandaient trois voiliers et deux vapeurs stationnés dans le détroit de Barrow. Un autre vapeur, *l'Isabelle*, sous le capitaine Inglefield, avait été envoyé par lady Franklin au nord de la mer de Baffin, du côté de la baie de Melville, où les dires d'un Esquimau faisaient supposer que peut-être Franklin avait péri. Au retour, Inglefield sonda l'entrée de Smith, au-delà du 78º degré de latitude, et la trouva ouverte; il visita aussi l'entrée de Jones, autre grand canal par lequel la mer de Baffin communique avec la mer du pôle, mais où il est impossible d'aborder nulle part.

— XVIII —

Au printemps de 1853, Inglefield, qui était revenu en Angleterre, repartit pour rejoindre l'escadre du détroit de Barrow, avec le brick *le Phénix* et le transport *le Breadalbane*, accompagné de Bellot, qui était devenu membre de la famille des navigateurs de l'Océan arctique et le serviteur, l'ami dévoué de lady Franklin. A l'île Beechey où ils en arrivèrent en août, ils ne trouvèrent que le capitaine Pullen, le commandant Belcher ayant pu, dès l'été précédent, remonter le canal Wellington jusqu'au 77e degré, latitude de son hivernage, et le capitaine Kellett ayant poussé, avec ses navires, jusqu'à l'île de Melville. *Le Phénix* avait des dépêches de l'amirauté à remettre au commandant Belcher; Bellot s'offrit pour les porter le long du canal Wellington. Il trouva la mort, en route, le 18 août, emporté sans doute par le vent dans la mer, du haut d'un glaçon subitement pris par la dérive. On trouvera plus loin les détails de cette fin si triste.

Un autre officier français, M. de Bray, faisait alors partie de l'expédition du commandant Belcher. Il servait, en qualité de volontaire, sur le vaisseau du capitaine Mac Clintock. C'est lui qui, envoyé à l'île Melville, fut chargé d'aller annoncer à sir Edw. Belcher qu'un vaisseau anglais avait enfin pénétré dans la mer Polaire par le détroit de Beering. Ce vaisseau était *l'Investigator*, commandé par Mac Clure, ancien lieutenant de James Ross. Ayant, après la navigation la plus rapide et la plus belle, rejoint, dans l'été de 1850, la station navale du capitaine Kellett, alors commandant les marins anglais de l'expédition du détroit de Beering, Mac Clure avait résolu, sans prendre de repos, de marcher vers l'archipel de Parry. Il quitta le 5 août les bâtiments de la station qui attendaient un nouveau commandant, le capitaine Collinson, passa le 10 devant l'embouchure du fleuve de l'Amérique russe, You-Kou, et le 21 devant celle du Mackensie. Le 7 septembre, il abordait la pointe méridionale de la grande île de Baring, apercevait peu après l'île, plus grande encore, qui a été nommée Terre du Prince Albert, et s'engageait dans le détroit qui les sépare, détroit qu'il a appelé le détroit du Prince de Galles, mais qu'on désigne plutôt sous le nom de *l'Investigator* ou de Mac Clure.

Mac Clure paya le tribut exigé par l'Océan polaire; il fut arrêté par les glaces, le 11 septembre. La retraite était possible encore par le sud; il préféra s'attacher pour les six mois d'hiver au canal qui le conduisait au but si désiré. Il n'était pas, d'ailleurs, impossible que sir John Franklin fût parvenu et séjournât dans ces régions inexplorées. Laissant son vaisseau à l'hivernage, Mac Clure voulut d'abord s'assurer de l'issue par laquelle le détroit devait communiquer avec l'archipel de Parry. Parti le 21 octobre, il arriva le 26 sur la ligne de côtes que Parry avait relevées et nommées Terre de Banks. Sa joie fut grande, car il avait découvert le fameux passage qu'on cherchait depuis trois siècles et demi. L'hiver s'écoula vite, après une telle aventure. Dès la mi-avril, Mac Clure envoie un détachement explorer l'île Baring, deux autres la terre du Prince Albert, dans la direction de la terre Wollaston et dans la direction du cap Walker sur la terre du Prince de Galles. Le détachement parti pour le sud de la terre du Prince Albert faillit rejoindre le docteur Rae qui, venu de la baie d'Hudson une seconde fois, s'avançait par le détroit de Dease ; et, de même, le détachement parti pour le nord, s'arrêta devant la baie Osborn à deux jours de marche des lieux atteints par le lieutenant de ce nom, attaché à l'expédition du capitaine Austin. Ces voyages effectués sans qu'on ait trouvé nulle part une marque du passage de Franklin, Mac Clure, dégageant son navire au milieu du mois de juillet, se dirigea vers le nord. Battu par les tempêtes, il n'échappa que par miracle à la mort, et dut se résigner à un second hivernage, dans la baie de Mercy, au nord de l'île Baring. C'était le moment où Bellot et le capitaine Kennedy hivernaient dans la baie Batty, à l'ouest du North Somerset, bien éloignés de croire qu'un heureux émule supportait les mêmes souffrances, presque sous la même latitude, mais avec la consolation d'un grand succès. Un autre marin passait aussi cet hiver de 1851-52 dans les glaces : c'était le capitaine Collinson, successeur de Kellett à la station navale du détroit de Beering, qui avait poussé son vaisseau *l'Entreprise* jusque sur la côte de la terre de Wollaston.

Au commencement du printemps de 1852, le 11 avril, Mac Clure partit sur la mer gelée pour gagner en traîneaux l'île Melville ; le 28 il arriva au lieu où Parry avait hiverné et y laissa, dans une cache disposée récemment par Mac Clintock, lieutenant d'Austin, le récit succinct de ses découvertes, ce récit même dont un lieutenant de sir Edw. Belcher, Mecham, prit connaissance et que l'officier De Bray alla faire connaître au commandant de l'expédition, dans le canal de Wellington. Mac Clure, de retour sur son navire, ne vit pas sans douleur qu'il allait avoir à supporter un troisième hivernage. Ses ressources et les forces de ses hommes étaient à bout. Ils résistèrent cependant, et même sans trop de misères. Tout était prêt, le 1er avril 1853, pour le départ. Les uns devaient gagner la mer de Baffin par le nord ; les autres, le Canada, par le Mackensie. Mac Clure avait résolu de rester un an encore sur le lieu de ses conquêtes, pour essayer de sauver son navire. S'il perdait l'espérance de le mouvoir, il se retirerait, lui aussi, par le détroit de Barrow. Mais l'équipage de *l'Investigator* échappa à ces extrémités. Le 6 avril, un point noir parut sur la glace ; on s'approcha ; c'était un officier et des marins arrivant de l'île Melville pour rallier Mac Clure, et l'officier venait du *Hérald*, l'un des vaisseaux que Mac Clure avait vus stationner au détroit de Beering, mais qui depuis avait, avec le capitaine Kellett, doublé le cap Horn et était arrivé par la mer de Baffin, à l'île Melville où la découverte du passage s'était fait connaître. Mac Clure n'abandonna son vaisseau que lorsqu'il en reçut l'ordre formel et il rejoignit le capitaine Kellett avec son équipage.

Juste à la même époque, au mois de mai 1853, sir Edw. Belcher explorait les parties septentrionales du canal de Wellington et reconnaissait les débouchés du détroit inhospitalier de Jones. Il passa l'hiver, avec les hommes de toute son escadre, à fouiller partout dans le bassin de Melville. Quand vint l'automne de 1854, n'ayant aucun indice du passage de Franklin, voyant ses vaisseaux toujours captifs et redoutant les suites d'un troisième hivernage, il abandonna quatre de ses cinq bâtiments et ramena son monde en Angleterre sur *l'Étoile du nord*. Avec *l'Investigator* la mer polaire qui avait dévoré Bellot, mort comme Franklin au champ d'honneur, retenait *la Résolue*, *l'Intrépide*, *l'Assistance* et *le Pionnier*. Un seul navire libre, *l'Entreprise*, sous le capitaine Collinson, bravait encore ses fureurs. On apprit peu de temps après qu'il avait regagné les mers de la Chine après avoir passé trois années sur les côtes méridionales de la terre de Victoria.

Mais, si ce n'est les faibles traces du cap Riley, rien ne disait encore ce que Franklin était devenu ni même quelle route il avait pu suivre et il était douloureux que tant d'investigations, si heureuses pour la science géographique, n'eussent rien appris sur le sort de ceux que l'opinion publique, en les comparant à La Peyrouse, regrettait, aurait voulu sauver comme lui.

IV

Une dépêche, partie de la baie d'Hudson, déchira presque aussitôt une partie du voile. Elle venait de l'opiniâtre docteur John Rae qui s'était voué à l'achèvement de l'œuvre du docteur Richardson et qui écrivait de la baie Repulse, au fond du détroit de Frozen. Voici[1] sa lettre elle-même :

« J'ai l'honneur de déclarer, pour l'instruction des lords-commissaires de l'Amirauté que, pendant mon voyage fait sur la

[1] Voir les récits instructifs de M. F. de Lanoye (*Bibliothèque Rose*, Hachette).

glace et les neiges ce printemps, afin de compléter la reconnaissance de la rive occidentale de la terre de Boothia, j'ai vu les Esquimaux dans Pelly Bay. J'ai appris de l'un d'eux qu'un détachement d'hommes blancs (*Kablounas*) était mort de faim à quelque distance à l'ouest et non loin d'une grande rivière où se voyaient plusieurs rapides. Plus tard j'ai eu d'autres renseignements et acheté un certain nombre d'articles qui rendent le sort d'une partie de l'expédition de sir John Franklin indubitablement aussi terrible que l'imagination le peut concevoir. Voici, en substance, les informations que j'ai obtenues à diverses fois et de différentes sources.

» Au printemps, il y a quatre hivers (printemps de 1850), un détachement d'hommes a été vu voyageant au sud sur la glace et traînant un bateau, par quelques Esquimaux à la recherche de veaux marins, dans le voisinage de King-William's-Land qui est une grande île. Personne, dans ce détachement, ne parlait la langue des Esquimaux d'une manière intelligible, mais ils ont fait comprendre par signes aux Esquimaux que leur vaisseau ou leurs vaisseaux avaient été abîmés par la glace, et qu'ils cherchaient des daims et du gibier. Tous les hommes, à l'exception d'un officier, étaient maigres, et ils tiraient péniblement leurs traîneaux avec des cordes. On suppose qu'ils étaient à court de vivres. Ils achetèrent un veau marin aux indigènes. Plus tard, mais avant la débâcle des glaces, les corps de trente individus furent découverts sur le continent et cinq autres dans une île voisine, à une longue journée au nord-ouest d'une large rivière qui ne peut être que la grande rivière du Poisson ou de Back (nommée par les Esquimaux Out-ko-hi-ca-lick); sa description et celle de la côte dans le voisinage de Pointe-Aigle et de l'île de Montréal s'accordent exactement avec la description de sir Georges Back. Quelques corps auraient été enterrés (probablement ceux des premières victimes de la famine). Quelques-uns étaient sous une tente ou des tentes; d'autres étaient sous le bateau qui avait été renversé pour former un abri; plusieurs étaient épars dans diverses directions.

» Quelques-uns de ces malheureux doivent avoir survécu jusqu'à l'arrivée des oies sauvages, c'est-à-dire jusqu'à la fin de mai, car on a entendu des coups de fusil et on a trouvé des os frais et des plumes d'oie près du théâtre de ces tristes événements.

» Parmi ceux trouvés dans l'île, il y en avait un que l'on suppose avoir été un officier. Il avait son télescope suspendu à l'épaule et son fusil à deux coups était couché auprès de lui. D'après l'état de mutilation de la plupart des corps et aussi d'après le contenu des chaudières, il est évident que nos malheureux compatriotes avaient été réduits à la dernière extrémité, le cannibalisme, pour prolonger leur existence.

» Nos compatriotes paraissent avoir abandonné derrière eux une grande abondance de munitions ; beaucoup de poudre a été éparpillé sur le sol par les indigènes, et au-dessous du niveau de l'eau on a trouvé beaucoup de balles de fusil et de plomb qui étaient restées probablement sur la glace. Il devait y avoir aussi beaucoup de malles, compas, télescopes, fusils à deux coups. Tout semble avoir été brisé : j'ai vu des fragments de ces divers objets entre les mains des Esquimaux, avec des fourchettes et des cuillers d'argent. J'en ai racheté autant que j'ai pu. Ci-joint la liste des articles les plus importants avec les chiffres de plusieurs officiers bien connus pour avoir appartenu à *l'Erèbe* et à *la Terreur*, ainsi que leurs initiales sur l'argenterie. J'ai acheté, entre autres articles, une décoration du Mérite, sous la forme d'une étoile, et une petite pièce d'argenterie portant ces mots : Sir John Franklin.

» D'après ce que j'ai appris, il n'y a pas lieu de soupçonner qu'aucune violence ait été faite par les indigènes à ces malheureux. Aucun des Esquimaux avec qui j'ai conversé n'avait vu les blancs ; ils n'avaient même pas été aux endroits où les corps avaient été trouvés ; ils tenaient leurs renseignements de ceux qui avaient été sur les lieux et qui avaient vu le détachement en voyage.

» Les informations que j'ai obtenues des Esquimaux indiquent clairement, dans mon opinion, le printemps de 1850 comme l'époque de la triste catastrophe dont j'ai parlé. Il y avait, en 1850, cinq ans qu'on avait vu Franklin, pour la dernière fois, dans la baie de Baffin. En supposant que les provisions importées en Angleterre par l'expédition aient duré quatre ans, temps bien suffisant pour diminuer et affaiblir le personnel des deux équipages, ils se sont trouvés réduits au poisson salé, fade et rance, qui, on en conviendra, était un aliment propre à augmenter le scorbut, s'il existait déjà parmi eux, ou à le faire éclore, s'il n'y était pas. Quant aux suppositions que l'on peut faire sur les drames horribles qui marquèrent les dernières années de nos compatriotes, voici ce que j'ai à dire : Les Esquimaux que j'ai vus à Pelly-Bay m'ont précédé à Repulse-Bay, et, lorsque je suis revenu à mon campement de ce lieu, ils vivaient dans les meilleurs termes avec le détachement que j'avais là pour surveiller nos bagages. Aucun de nos hommes ne comprenait la langue des Esquimaux : cependant ils m'annoncèrent, avant que je leur eusse communiqué aucune nouvelle, qu'ils croyaient qu'une troupe de blancs était morte de faim à l'ouest, et que ces malheureux avaient été réduits, avant de mourir, à de terribles alternatives. Lorsque je demandai à ces hommes comment ils avaient appris cela, ils me répondirent : par les signes des indigènes. »

Il n'y avait plus à en douter, la mort la plus cruelle avait terminé la carrière de sir John Franklin et de ses compagnons.

Parmi les marins qui s'étaient fait un honneur de les rechercher, nous n'avons pas dit qu'au moment où les équipages de sir Edw. Belcher regagnaient les côtes anglaises, un Américain, le docteur E. Kane, envoyé par le département de la marine des États-Unis, après un premier voyage fait aux frais de M. Grinnell, s'était dirigé en 1853 au nord de la baie de Baffin, et qu'il avait franchi la barrière de glace qui ferme le détroit de Smith. Il hiverna deux ans au nord-est de la terre Prudhoé, et le 24 juin 1854, à la fin de son premier hivernage, il envoya au nord un parti qui, commandé par Morton, aperçut une mer libre au-delà du 80° degré de latitude. Le pôle est donc baigné par des flots et non pas emprisonné sous des glaces immobiles. Sans doute quelque courant d'eaux chaudes, détaché du Gulf Stream, passe sous les glaces et les fond en remontant au pôle même. Cette grande découverte n'aurait probablement pas été faite si de toutes parts le même zèle n'avait poussé tant de gens de cœur au fond de l'océan Arctique, pour y tendre la main à quelques-uns des infortunés dont on avait si longtemps attendu des nouvelles.

Celles que le docteur Rae avait données suffisaient pour dégager le gouvernement anglais de la charge des expéditions officielles, mais elles ne pouvaient que donner plus d'activité à la douloureuse impatience de la veuve et des amis particuliers de Franklin. L'amirauté avait envoyé dix-neuf fois des navires; elle en avait perdu huit; elle avait dépensé vingt millions. Lady Franklin trouva de quoi armer un vingtième navire et confier une dernière expédition au capitaine Mac Clintock. Le yacht *le Fox* partit d'Aberdeen le 1er juillet 1857. Il hiverna au milieu de glaces flottantes, à mi-chemin entre la baie de Melville et le détroit de Lancastre. Le 27 juillet 1858, il arrivait à l'entrée de Pond, et le 11 août à l'île Beechey où Mac Clintock déposa, près d'une stèle funéraire élevée à la mémoire de Bellot, par les soins de sir John Barrow, de l'Amirauté anglaise, une table de marbre que lady Franklin avait fait préparer depuis trois années déjà, et qui portait cette inscription, en dix-neuf lignes :

« A la mémoire de — FRANKLIN — CROZIER, FITZJAMES — et de tous leurs vaillants frères, — officiers et fidèles compagnons, qui ont souffert et péri — pour la cause de la science et pour la gloire de leur patrie. — Cette pierre — est érigée près du lieu où ils ont passé — leur premier hiver arctique, — et d'où ils sont partis pour triompher des obstacles — ou pour mourir. — Elle consacre le souvenir de leurs compagnons et amis — qui les admirent, — et de l'angoisse, maîtrisée par la foi, — de celle qui a perdu dans le chef de l'expédition — le plus dévoué et le plus affectionné des époux.

C'est ainsi qu'Il les conduisit — au port suprême où tous reposent — 1855. »

Mac Clintock voulut descendre au sud par le détroit de Peel ; repoussé par la glace, il prit le canal du Prince Régent, reconnut entièrement le détroit de Bellot découvert ou plutôt soupçonné par Kennedy et Bellot, sous un pont de glace, mais qui était alors navigable, et le 27 septembre prit ses quartiers d'hiver non loin de là, préparant pour le printemps les excursions qui devaient ne rien laisser d'inconnu sur l'île Matty, sur la Terre du Roi Guillaume, sur les côtes du North Somerset, de Boothia et de la Terre du Prince de Galles.

Son lieutenant Hobson, après avoir quitté le cap Victoria, le 28 avril 1859, se dirigea sur le cap Félix. Près de là, il trouva des traces déjà certaines de l'expédition de Franklin : un très-large « cairn » ou amoncellement de pierres, une tente et des couvertures, des vêtements et d'autres effets, tels que du papier et des bouteilles brisées, mais pas un seul document qui permît de savoir de quel côté continuer les recherches. Hélas ! il ne fallut pas aller bien loin pour ne plus conserver d'incertitude.

A deux milles de distance deux autres petits cairns furent aperçus ; ils ne contenaient encore aucune pièce écrite, mais seulement un débris de pioche et une boîte de thé encore pleine.

Le 6 mai, le lieutenant Hobson vint dresser sa tente devant un autre cairn, situé sur l'emplacement de celui qu'avait élevé lors de son premier voyage, en 1831, sir James Ross et qu'en 1849 celui-ci n'avait pu rejoindre. L'amas était debout jusqu'au sommet. Sous les pierres les plus élevées se trouva une boîte de ferblanc, et dans cette boîte un parchemin qui devait éclaircir tous les doutes. Au centre de ce parchemin était imprimé d'avance en six langues l'avis dont voici le texte : « Quiconque trouvera ce papier est prié d'y marquer le temps et le lieu où il l'aura trouvé, et de le faire parvenir au plutôt au secrétaire de l'Amirauté Britannique à Londres. » Au-dessus et tout autour de l'avis imprimé, on lisait, de deux écritures différentes et sous deux dates, ceci d'abord :

« *Her Majesty ships* EREBUS *and* TERROR, 28 *of may* 1847. *Wintered in the ice in lat.* 70°5′ *n. long.* 98°23′ *w. Having wintered in* 1846-7, *at Beechey Island. in lat.* 74°43′, 28″ *n. Long.* 91°39′, 15 *w. after having ascended Wellington Channel to lat.* 77° *and returned by the West side of Cornwallis Island.*

Sir John Franklin, commanding the expedition. ALL WELL. »

Ici s'arrêtent les premières nouvelles. Ainsi, le 28 mai 1847, « tout allait bien. » L'expédition, toujours commandée par Franklin, avait hiverné, en 1846-47, ou plutôt en 1845-46, car il semblerait y avoir ici une erreur, à l'île Beechey, près du cap Riley, et après s'être élevée dans le canal de Wellington jusqu'au 77ᵉ degré de latitude, elle était venue passer un second hiver dans la glace, à la latitude N. du 70°5′ et sous la longitude 98°23′ du méridien de Greenwich, station qu'elle allait évidemment abandonner au retour de la saison plus douce.

Mais les lignes ajoutées disaient que, le 25 avril 1848, les vaisseaux avaient dû être abandonnés à 5 lieues NN. O. de l'hivernage. L'expédition comptait 105 hommes ; elle était commandée par le capitaine Crozier, l'officier le plus ancien, car sir John Franklin était mort le 11 juin 1847, et 9 officiers avec 15 hommes d'équipage avaient aussi péri. L'intention du capitaine Crozier était de repartir le lendemain même, avec ses hommes et ceux de Fitzjames, capitaine de *l'Érèbe.* Mais déjà sans doute leurs forces les trahissaient, car autour du cairn ils abandonnèrent une grande quantité de vêtements, d'outils, de provisions, et, au bout de dix années, les pioches, les pelles, les ustensiles de cuisine, les cordages, le bois, la toile, même un sextant, se retrouvèrent incrustés dans le sol glacé à l'endroit où on les avait laissés.

De là le lieutenant Hobson se porta vers le cap Herschell. Il n'y vit aucune trace ; mais en route il aperçut un grand bateau de 28 pieds de long et de 7 pieds et demi de large, construit probablement par les marins de *l'Érèbe* et de *la Terreur,* pour remonter la rivière du Grand-Poisson ou de Back lorsqu'ils auraient touché le continent : sa construction était très-légère, mais le traîneau sur lequel il était placé pesait autant que le bateau lui-même, et il est à croire qu'ils renoncèrent, par fatigue, à le conduire plus loin. A l'arrière du bateau gisait un squelette desséché, recouvert d'un monceau de vêtements ; un autre était étendu à l'écart, déjà endommagé par les animaux errants. Des montres, des couverts d'argent, des livres de prières jonchaient le sol, mais pas un document n'indiquait ni quels avaient été ces hommes, ni comment ils avaient cessé de vivre. Sur les côtés du bateau deux fusils, chargés et amorcés, avaient gardé l'attitude que leur avaient donnée les deux malheureuses victimes. Ce n'est pas de faim qu'ils étaient morts, car, outre les munitions, il y avait autour d'eux du thé, du chocolat et du tabac. On peut supposer qu'ils auront été commis à la garde du bateau, et que le froid et la maladie les tuèrent à leur poste.

Pas autre chose. Fouillée d'une extrémité à l'autre, la Terre du Roi Guillaume n'a pas livré d'autres reliques, mais celles-là suffisent. Elles disent la route suivie par les survivants de l'expédition ; elles attestent la faiblesse qui les épuisait et les malheurs dont ils étaient menacés. Ils parvinrent, selon toute apparence, à gagner l'isthme de Boothia, et c'est aux environs de Pelly Bay et près de la rivière de Back que les frappa le dernier désastre. Le rapport du docteur Rae permet de s'imaginer quelle fut cette fin lamentable.

V

Il nous reste à recueillir quelques-uns des souvenirs de la vie et de la mort du généreux Bellot, trop tôt disparu d'une carrière où assurément de grandes destinées l'attendaient, mais où, en périssant sur de lointains rivages, et d'une mort moins cruelle que celle des compagnons de Franklin, il a eu du moins le bonheur d'illustrer son nom et de réaliser ainsi ses rêves de gloire.

Au musée de marine de notre Louvre, les Anglais ont fait placer une table de bronze qui atteste leur reconnaissance pour le zèle de l'officier français, et leur douleur de sa perte ; dans leur superbe hospice naval de Greenwich ils lui ont élevé un autre monument. La France lui a bâti une tombe grandiose à Rochefort ; Paris a donné son nom à l'une de ses rues. Sa mémoire vivra donc en France et en Angleterre, et peut-être de plus longs services ne lui auraient pas valu ce rare privilège d'un long souvenir ; mais s'il a conquis un nom par le seul coup d'une mort prématurée, en lisant les pages qui nous restent de lui, on voit qu'il méritait d'arriver à la renommée, et qu'il était de ceux dont, en effet, l'existence devrait durer longtemps, car ils sont faits pour être l'exemple et la consolation de leur siècle.

Joseph-René Bellot, fils d'une humble famille, est né à Paris, le 18 mars 1826 ; mais comme son père alla, dès 1831, exercer à Rochefort son métier de maréchal, c'est la ville de Rochefort qu'il considérait comme sa ville natale, et c'est là que, dès les premiers mouvements d'une ambition naissante, il désirait être digne de fixer l'attention des hommes. Arrivé à l'âge où les goûts se dessinent, et où les rêves de l'enfance prennent un corps, il eut même le désir d'y jouer quelque jour un rôle politique. Il est vrai que la République de 1848 venait de rouvrir alors à toutes les nobles passions les larges espaces de pensée où se plaisent les âmes viriles.

Élève du collége communal où il put jouir d'une demi-bourse, Bellot, soutenu encore par la ville, entra à l'école navale de Brest, avant d'avoir accompli sa seizième année. Il en sortit dans les premiers rangs, pour prendre l'aiguillette d'aspirant, d'abord sur *le Suffren*, puis sur *le Friedland*. Sur le peu qu'il gagnait, il trouvait déjà moyen de prendre quelque chose pour payer ses parents de leurs sacrifices. On ne saurait en effet imaginer une nature plus intimement honnête que la sienne. Fils dévoué et reconnaissant, frère des plus tendres, il aimait sa famille véritablement plus que lui-même. Il ne connut jamais les sentiments amers d'une fierté qui s'impatiente de la pauvreté, et qui se croit victime d'une injustice parce qu'il lui faut faire un effort pour s'élever de rangs en rangs, au travers d'un monde trop souvent malveillant pour le mérite sans fortune ou la vertu sans grâce. Sa raison, mûre de bonne heure, lui apprit à ne rougir que du mal et à ne s'occuper des obstacles que pour les vaincre. Et en même temps qu'elle s'apprêtait à la conquête opiniâtre d'une situation digne d'envie, son âme demeurait pleine des plus douces rêveries. Il était chevaleresque, il était romanesque, et cependant nul n'avait conçu une plus ferme résolution de ne se pas laisser arrêter aux séductions de la route, tant qu'il n'aurait pas atteint le but de sa légitime ambition.

Très-instruit, et surtout très-désireux de s'instruire toujours, il ne dépensa pas ses premières années de liberté en plaisirs frivoles, et s'il lui arrivait, à lui aussi, de perdre quelques heures, avec quelle amertume il se reprochait de n'avoir pas su résister à l'exemple de ses camarades, à la mode, à la paresse, hélas ! trop naturellement faite pour nous plaire à tous !

On pourrait, pour mieux faire connaître ce que valait ce jeune homme dès le début de sa vie sérieuse, reproduire les pages intéressantes que lui a consacrées M. J. Lemer, dans la notice écrite pour la première édition de ce livre. Il a pris dans des correspondances de famille, dans des manuscrits qui ne sont pas faits pour l'impression, mille traits d'une délicatesse et d'une sagesse vraiment rares. Nous ne pouvons entrer, à notre tour, dans les mêmes détails, mais, après avoir joui de la même lecture, nous avons à cœur de rendre aussi ce témoignage qu'il est impossible de concevoir un cœur plus noble, plus loyal, et une raison plus droite que celle de Bellot. Du reste, il suffit de lire le récit de son premier voyage aux Mers Polaires pour trouver, dans ces pages volantes, de quoi l'aimer comme un ami perdu.

Bellot a commencé à naviguer le 23 juin 1844. Il partait sur la corvette *le Berceau*, pour la station navale de Madagascar et de l'île Bourbon. On ne peut guère publier le journal de ce voyage, qu'il a rédigé avec régularité, mais d'une main encore trop inexpérimentée dans l'art d'écrire. On y trouverait toutefois bien des morceaux d'un vif intérêt, soit qu'il peigne les lieux, soit qu'il raconte les événements de sa vie de navire, soit surtout qu'il s'interroge et parle ou de la patrie absente ou de l'avenir qui l'attend sur cette terre, ou encore de l'avenir infini qui attend les hommes et la terre elle-même au delà de ce que nous appelons nos années et nos siècles. Déjà son esprit est travaillé par ce besoin de franchir les limites du temps qui est l'épreuve de toutes les intelligences faites pour vivre. Et toujours, de la contemplation des mers et des rivages qu'il parcourt, ou de la lutte avec l'inconnu qui lui prend les plus fières de ses pensées, il redescend vers les souvenirs de la ville où il a vécu enfant, de la famille au sein de laquelle a été mis son berceau, et c'est pour remercier Dieu de ce qu'il est aimé et de ce qu'il aime.

Le marin, en attendant, faisait admirablement son devoir. Au mois de juin 1845 il recevait le baptême du feu, dans une expédition dirigée contre Tamatave. Blessé dans l'affaire, il avait déjà mérité l'approbation de ses supérieurs par un acte de dévouement en sauvant un homme tombé à l'eau. « Son poste, écrivait le capitaine Romain-Desfossés, est partout où il y a un bon exemple à suivre et un danger à braver. Il n'a fait ici que son devoir, mais je saisis cette occasion de le signaler particulièrement comme un élève tout à fait digne d'estime et d'intérêt. » A la fin de l'année il était promu à la première classe de son grade, et décoré. Jamais officier de vaisseau n'avait mieux commencé.

Quittant *le Berceau*, qui allait bientôt périr malheureusement, il passa à bord de la frégate *la Belle-Poule*, et, quoique attaché comme aide de camp au commandant de la station, et chargé du service assujettissant des signaux, il se fit l'instituteur des marins de son navire, et ouvrit un cours de géométrie et de navigation.

A peine de retour en France, le 1er novembre 1847, il devenait enseigne. Embarqué d'abord sur *la Pandore*, il partit le 23 juillet 1848, pour la Plata et l'Océanie, sur la corvette *la Triomphante*, qui ne revint à Rochefort qu'au mois d'août 1850.

Les expéditions envoyées à la recherche de Franklin occupaient alors l'attention publique. Bellot, qui n'avait jamais navigué que dans les mers chaudes, et qui, pour être un marin accompli, désirait trouver l'occasion, trop rare dans notre marine, d'affronter les mers glacées, sentit sur le champ que sa vocation l'appelait à se mêler aux marins qui s'enfonçaient dans le Nord, pour porter aide à l'expédition perdue et achever son œuvre. Le 19 mars 1851, il écrivit de Rochefort, à son chef hiérarchique, la lettre suivante, qui a été conservée :

« Commandant, une nouvelle expédition se prépare en Angleterre pour aller à la recherche de sir J. Franklin, commandant des navires *Erebus* et *Terror*. Les glorieux travaux de cet homme courageux ne sont point la propriété exclusive de la nation, et la grande famille des marins revendique justement une part dans l'honneur acquis par l'un de ses membres. Nulle part on ne s'est ému plus qu'en France du sort de ce brave capitaine, et le désir que je viens formuler est incontestablement partagé par un grand nombre d'officiers de notre marine.

Je désire être autorisé à écrire à lady Franklin, pour lui demander de m'associer aux glorieux dangers des recherches qui vont s'entreprendre. La connaissance des langues anglaise et allemande, les études que j'ai faites me permettraient sans doute d'apporter dans cette entreprise une certaine part d'utilité et de dévouement. L'honneur d'avoir représenté les sympathies de la marine française, une grande expérience nautique à acquérir, l'étude des régions que fréquentent peu ou point nos navires, des observations scientifiques nombreuses à faire, exaltent mon intelligence et doublent la mesure de mes forces. Je viens donc vous prier, commandant, de solliciter du ministre de la marine un congé de six mois que je suppose suffisant. Je n'ai point hésité à vous faire cette demande, commandant, parce que l'état actuel de nos armements et le peu de temps qui s'est écoulé depuis ma dernière campagne me font penser que je n'embarquerais pas avant un an. Je crois d'ailleurs servir encore mon pays en faisant partie d'une semblable expédition. Je joins à ma demande la lettre que j'écris à lady Franklin, afin que, du ministre de la marine, on puisse la lui expédier, si l'autorisation que je sollicite m'est accordée. »

Sans doute, avec le désir de s'instruire et de se fortifier dans son métier, avec celui de faire quelque chose, de sa personne, our le salut d'un illustre navigateur, avec l'espérance **même de**

b.

trouver peut-être là-bas quelque gloire, il éprouvait aussi le désir de sortir des ennuis de la vie oisive de l'officier de vaisseau débarqué, et surtout d'échapper aux nécessités régulières de l'avancement hiérarchique. Pauvre, et ayant à se charger de l'avenir de sa famille, il lui fallait à tout prix tenter les aventures. Et quelle autre eût-il rêvée plus belle! Il n'est pas douteux que, même eût-il deviné le coup du sort qui devait le frapper, il eût choisi encore, comme Achille, « peu de jours suivis d'une longue mémoire, » et se fût avancé vers la mort, sûr que l'intérêt public ne déserterait pas ceux qu'il aimait.

La permission qu'il sollicitait lui fut accordée. Il alla aussitôt visiter en Angleterre lady Franklin, et, dès le premier jour, il obtint son estime et ses sympathies. A la fin de mai il était à Stromness, port des îles Orcades, prêt à partir pour le voyage dont il nous a donné le récit.

Au retour il écrivit lui-même, et publia dans les *Annales maritimes*, une courte histoire de l'expédition. Nous croyons devoir placer ici des pages qui résument, mieux qu'aucun abrégé, le récit détaillé qui forme le corps de ce volume.

VI

« Cette expédition, sans importance peut-être par la grandeur de ses découvertes, est cependant intéressante à plusieurs titres par les circonstances qui l'ont accompagnée. Elle ouvre une ère nouvelle dans la série des voyages aux régions arctiques, par la façon dont ont été accomplis les voyages par terre à une époque de l'année où les expéditions précédentes ne quittaient guère leurs campements. Enfin, elle fait époque dans l'histoire géographique au point de vue national, par la partipation d'un officier de notre marine militaire aux dangers et aux travaux d'une exploration complète aux mers polaires. Pour la première fois, en effet, un voyageur français a bravé les rigueurs de l'hiver de ces régions, et peut fournir sur elles des renseignements que jusqu'ici nous empruntions aux Anglais ou aux Russes.

» Franklin, suivant à la lettre ses instructions, s'était sans doute engagé, de façon à n'en pouvoir sortir, dans les chenaux étroits et au milieu des îles inconnues qui existent entre la terre de Banks et les terres Victoria et Wollaston. Dans l'hypothèse surtout où il aurait perdu ses navires, il pouvait se faire qu'il cherchât à gagner en embarcations le continent de Boothia, et cette supposition devient encore plus admissible si on se rappelle qu'au moment de son départ on ne connaissait point les travaux du docteur Rae, et qu'on croyait à la jonction du détroit du Prince-Régent avec celui de Dease et Simpson.

» La mission du *Prince-Albert* avait pour but de parer à cette éventualité. Malheureusement ce petit navire, après une navigation remarquable à l'entrée des détroits du Prince-Régent et de Barrow, fut obligé de revenir en Angleterre, où il rapportait d'ailleurs de très-bonnes nouvelles des progrès de l'escadre arctique et quelques débris de toiles, de cordages et d'ossements ramassés au cap Riley. Un examen attentif, une analyse à laquelle la science fournissait des conclusions remarquables, prouvèrent que ces objets avaient appartenu à des hommes civilisés, et même à des navires de guerre, et qu'ils n'avaient pu être laissés à une époque antérieure à 1845. Les motifs qui avaient dicté l'envoi du *Prince-Albert* en 1850 existaient encore en 1851, et lady Franklin se résolut à continuer ses sacrifices.

» Le gouvernement russe concourait aux expéditions du détroit de Beering par ses agents sur la côte nord-ouest de l'Amérique; les États-Unis joignaient des navires à ceux de la Grande-Bretagne : la France ne pouvait seule rester en arrière. Franklin avait d'ailleurs droit de cité chez nous par ses travaux précédents et sa gloire, par son titre de membre correspondant de l'Institut et de la Société de géographie, qui, en 1827, lui a décerné sa grande médaille d'or; aussi le gouvernement, à l'instigation de M. de Chasseloup-Laubat, alors ministre de la marine, s'associat-il pleinement à mes vœux lorsque je demandai à aller représenter les sympathies de la marine française dans cette nouvelle expédition, et, au mois de mai 1851, j'allai m'embarquer sur le *Prince-Albert*, qui s'armait en Écosse, dans la ville d'Aberdeen.

» Avant de rendre compte d'opérations que je ne dirigeais point, je désire faire observer qu'à M. Kennedy seul reviennent les éloges dus à la hardiesse et à l'intelligence des mesures prises pour l'accomplissement de notre mission, et qu'à son incroyable activité, aux soins constants qu'il prenait pour assurer la santé et le bien-être de tous, nous avons dû, avec la protection de la Providence, de faire beaucoup en peu de temps, et de répondre tous aux embrassements de nos amis, sans que l'on eût à regretter ces affreuses mutilations, ces pertes de membres, si souvent le résultat des campagnes aux mers glaciales. Nous étions tous *teetotalers*, c'est-à-dire que nous n'avions à bord ni vins, ni bière, ni spiritueux; et je n'hésite pas à attribuer à cette sage mesure, en grande partie, la bonne conduite si soutenue de notre équipage, l'harmonie qui n'a cessé de régner, en dépit des privations et du manque de confortable qu'offrait notre bâtiment, petite goëlette de quatre-vingt-dix tonneaux, montée par dix-huit hommes, le capitaine et les officiers compris.

« Peu de temps après avoir dépassé le cap Farewell, à l'extrémité sud du Groënland, le 22 juin, le *Prince-Albert* entra dans les glaces, et commença à s'y frayer un passage dans la direction de l'établissement danois d'Upernavik, où nous nous proposions d'acheter des chiens et des traîneaux esquimaux. Un coup d'œil jeté sur la carte montre que, la baie de Baffin devenant plus étroite en descendant au sud, les glaces, qui sont d'abord mises en mouvement dans le haut de la baie par les brises du nord, tendent à s'accumuler à cette gorge et à bloquer le détroit de Davis, même quand le sommet est dégagé. Ce n'est que par une série de va-et-vient que les glaces passent enfin ce barrage, et viennent se dissoudre dans l'océan Atlantique.

» Cette mobilité des glaces, nécessaire à la navigation, en forme précisément le danger, puisqu'on se trouve placé entre les glaces qui viennent du côté où souffle la brise, et la côte ou les glaces solides qui n'en sont pas encore détachées. Il est inutile d'insister sur la force d'écrasement que possèdent des masses souvent de plusieurs lieues carrées d'étendue, et qui, une fois en mouvement, ne sauraient être arrêtées par aucune résistance humaine. Un bâtiment à voiles se trouve placé dans des conditions d'autant plus défavorables, que les vents doivent précisément souffler de la direction où l'on veut se rendre, pour entr'ouvrir les glaces dans cette direction. Or, si la brise est forte, on ne remonte qu'avec peine et avec danger au milieu des glaçons, qui forment autant de roches mouvantes; s'il fait calme, les moyens de marche en avant se réduisent à un halage très-lent ou à la remorque des embarcations. L'application du propulseur en hélice aux bâtiments à vapeur vient surtout donner à ceux-ci une supériorité considérable, qu'eût détruite en partie l'encombrement des roues à aubes, exposées à tous les chocs des glaçons.

» Dans les bouleversements que causent les tempêtes, qui sont bien loin d'être aussi rares au delà du cercle arctique qu'on le suppose généralement, la forme des glaces devient très-irrégulière; aussi arrive-t-il souvent qu'à quelques centaines de mètres devant soi on voit une nappe d'eau plus ou moins étendue, dont on n'est séparé que par une langue étroite de glace. Nous cherchions alors à nous y pratiquer une ouverture, soit en dirigeant le navire avec toute la vitesse possible sur la partie la moins large, soit avec des scies d'une vingtaine de pieds de long, qui se manœuvrent avec une corde et une poulie placée au sommet d'un triangle formé par de longues perches, soit enfin en faisant jouer la mine. Lorsque les glaces ne sont pas trop compactes, on fait entrer le navire dans cette ouverture, sur les côtes de laquelle il agit comme un coin. Plus d'une fois il arrive, pendant cette opération, que les glaces, mues par les courants ou par la brise, se rapprochent après s'être perfidement écartées un instant, et le bâtiment se trouve soumis à une pression dangereuse. Malheur à celui qui ne sait point prévoir ou suffisamment observer les signes précurseurs de cet accident, presque toujours accompagné de conséquences fatales. La glace, que rien n'arrête, passant au-dessous du navire, le renverse, ou passe au travers s'il résiste. J'ai vu des plaines de glace se dresser, pour ainsi dire, le long des flancs du navire, et retomber sur le pont en blocs, que tout l'équipage se hâtait d'aller rejeter de l'autre côté, dans la crainte de sombrer sous le poids énorme de cet hôte malencontreux.

» Le 12 juillet, nous arrivâmes à Uppernavik, l'établissement le plus septentrional sur la côte ouest du Groënland. Il y a une trentaine d'années, on y voyait encore des pierres couvertes d'inscriptions runiques, qui semblaient indiquer que les Islandais et autres insulaires, auxquels on attribuait dernièrement la découverte de l'Amérique, poussaient au moins fort loin leurs courses dans le nord. Cet établissement sert d'entrepôt à l'huile et aux fourrures des animaux que tuent les Esquimaux du voisinage, et que viennent chercher tous les ans des navires danois. Il renferme seulement quelques centaines d'individus, la plupart métis, issus du commerce des naturels avec la race blanche. Quelques magasins, une petite chapelle desservie par un ministre luthérien, la maison du gouverneur, le tout assez misérable et construit en bois, forment la portion somptueuse du village. Le reste se compose de huttes de terre, que l'on n'approche pas sans danger, au milieu des bandes de chiens voraces et affamés que les habitants élèvent pour leurs traîneaux. Vivant en effet dans des régions désolées, où l'on ne saurait trouver une grande quantité de végétaux pendant l'hiver, les Esquimaux ne pouvaient songer, ainsi que les Lapons, à domestiquer le renne. Le chien leur rend les mêmes services, et partage avec son maître la nourriture animale que celui-ci peut se procurer à toutes les époques de l'année.

» En sortant d'Uppernavik, nous tombâmes au milieu de la flotte des baleiniers qui retournaient au sud, afin de passer sur la côte ouest de la baie de Baffin, ayant trouvé les glaces impraticables dans le nord; ils suivaient d'ailleurs les contours du corps principal des glaces, où la baleine se tient de préférence. Il est facile de voir que cet animal, traqué de plus en plus dans tous ses repaires, a émigré dans des contrées plus paisibles ; et la pêche de la baleine, qui a occupé jadis plus de soixante à quatre-vingts navires de trois cent cinquante tonneaux en moyenne, n'en a employé qu'une vingtaine dans les dernières années. Les baleiniers avaient rencontré l'escadre américaine, et nous apprîmes avec étonnement que les deux navires, saisis par les glaces au mois d'octobre 1850, à la bouche du canal Wellington, avaient été entraînés malgré eux, pendant l'hiver, courant les dangers les plus graves, et n'avaient été relâchés qu'en 1851, par le travers du cap Walsingham. En outre des éléments nouveaux fournis à la science géographique par leurs miraculeuses aventures, ils donnaient aussi des nouvelles bien encourageantes sur les recherches entreprises. L'escadre arctique avait trouvé sur l'île Beechey des preuves authentiques du séjour de Franklin dans la baie formée par cette île et le cap Riley, pendant l'hiver de 1845 à 1846. Trois tombes, avec inscriptions de noms et de dates, ne laissaient point de doute à cet égard.

» Deux jours après, nous pûmes féliciter les Américains eux-mêmes sur leur heureuse délivrance, et, de compagnie, nous remontâmes jusqu'à l'entrée de la baie Melville, fameuse par les désordres qui s'y reproduisent chaque année, et qui ont fait donner le nom de Pouce-du-Diable à un pic remarquable et peu éloigné de la côte. Au sortir de la baie de Disco, nous étions tombés au milieu de montagnes flottantes de glace, dont nous pûmes souvent compter plus de deux cents en vue à la fois, la moyenne ayant de cent à cent cinquante pieds de hauteur ; mais quelques-unes atteignaient deux cents et même deux cent cinquante pieds de haut. Cette baie est pour ainsi dire le chantier où se forment et sont lancées ces masses énormes, à cause des glaciers dont elle est bordée, et dont les îles flottantes ne sont que des fragments qu'en détache l'action de la chaleur et de la pesanteur. La même cause, agissant sur les montagnes de glace (*ice-bergs*), détruit souvent leur équilibre par l'altération de leurs formes, et plus d'une fois nous fûmes témoins de la scène imposante de ces masses qui se brisent avec des détonations semblables à celles de la foudre, et qui se renversent subitement sur elles-mêmes, au milieu des vagues qu'elles font jaillir à une grande hauteur.

» Force nous fut, après une vingtaine de jours de labeurs et d'attente pleine d'inquiétudes, de nous éloigner le 4 août, pour tâcher de trouver, plus au sud, un passage à l'ouest : nos amis les Américains persistèrent [1] à essayer de passer au nord des

[1] Ils ne purent y réussir, et, après d'infructueux efforts, ils furent contraints de retourner à New-York.

glaces pour entrer dans le détroit de Lancastre. Nous atteignîmes enfin Pond's-Bay le 24 août, et là quelques Esquimaux vinrent à bord ; mais ils ne purent nous donner des renseignements, soit sur les navires de Franklin, soit sur l'escadre envoyée à leur recherche. L'apparition de ces pauvres créatures dans leurs frêles pirogues de peau nous permit de constater les caractères ethnologiques déjà reconnus par les navigateurs précédents. Un croquis fait par l'un d'eux de la côte que nous connaissions témoigna une fois de plus de leur singulière aptitude géographique.

» Nous étions enfin sur le terrain de nos recherches, en face du fameux détroit de Lancastre, où des coups de vent successifs ne nous permirent que difficilement d'entrer. Notre but était d'examiner soigneusement les deux rives du détroit de Barrow, et d'avancer jusqu'à l'île Griffith, où nous comptions trouver des nouvelles du commodore Austin et des autres bâtiments. Mais les glaces ne nous le permirent point, et, en attendant que les brises de l'ouest eussent déblayé le passage jusque-là, nous explorâmes les deux côtes du golfe du Prince-Régent jusqu'à Fury-Beach et Port-Neill. Les glaces, que nous trouvions constamment devant nous, s'opposèrent à notre progrès dans cette direction, et, après quatre jours passés à Port-Bowen, nous essayâmes de débarquer au port Léopold, où des vivres avaient été laissés en 1849 pour l'usage de Franklin et de ses compagnons.

» Dans une de ces tentatives, M. Kennedy avait laissé le navire, avec une embarcation et cinq hommes. Pendant la nuit, les glaces nous entourèrent, et nous fûmes entraînés à trente milles de lui sans pouvoir y opposer que notre douleur et notre désespoir. Le navire put enfin être mouillé dans la baie de Batty, et à partir de ce moment nos efforts durent se concentrer sur une tâche plus immédiate que le but principal de notre expédition : il nous fallait d'abord rejoindre et ramener à bord nos compagnons de voyage. Après six semaines de tourments et des tentatives que les éléments firent avorter, je pus enfin arriver jusqu'à eux, et tous ensemble nous regagnâmes le navire.

» Le *Prince-Albert* était pris dans les glaces, qui, s'épaississant tous les jours, lui formèrent peu à peu une sorte de bassin solide d'où il ne sortit qu'au mois d'août suivant, c'est-à-dire trois cent trente jours après. Nous nous mîmes donc à faire nos préparatifs d'hivernage avec d'autant plus d'activité que nous avions à réparer le temps perdu par suite de l'accident dont j'ai parlé. La plus grande partie des provisions fut déposée sur la glace ou dans les magasins construits en neige, afin d'augmenter l'espace, naturellement restreint, à bord d'un navire aussi petit que le nôtre, où le renouvellement de l'air et les soins d'une propreté rigoureuse exigeaient une certaine ampleur pour notre habitation. Le navire fut recouvert au-dessus du pont d'une tente de laine, et entouré sur les côtés d'une épaisse muraille de neige, qui empêchait le rayonnement à l'extérieur de la chaleur, que nous n'aurions pu entretenir autrement qu'au prix d'une grande consommation de combustible.

» Dans le courant de janvier, une excursion de quelques jours fut entreprise pour voir si Franklin ou quelque autre s'était rendu à la plage où la *Furie* s'est perdue en 1824, et sur laquelle avait été débarquée une grande partie des provisions de ce navire. Cette excursion, alors que le soleil avait disparu de l'horizon pour ne se remontrer que cent dix jours plus tard, nous permit de nous assurer de la possibilité d'un voyage, même à cette époque de l'année, grâce aux habiles dispositions prises par M. Kennedy. Nous avions adopté, en effet, le genre de vie et les coutumes des Esquimaux et des Indiens pour nos voyages, et il ne nous fut pas difficile de voir combien la nature les a pourvus de moyens bien supérieurs à ce que nous donneraient les raffinements de la civilisation. Les vêtements de peau, les mocassins ou les bottes en peau de phoque formaient notre accoutrement; le pemmican [1], notre nourriture exclusive; des traîneaux avec ou sans chiens, nos moyens de transport pour les vivres et notre mince bagage; et une hutte construite en neige, notre abri pour la nuit. Je n'entends pas dire que nous ayons trouvé tout facile ou même très-agréable; mais chacun de nous avait d'avance fait le sacrifice du bien-être matériel, et certes il n'est point de fatigues ou de privations que nous ne fussions disposés à braver, et heureux si nous pouvions réussir dans la sainte mission où nous étions engagés.

» Après plusieurs voyages préliminaires, dans lesquels nous formions des dépôts de vivres sur la route que nous comptions suivre plus tard, nous prîmes congé du navire dans les derniers jours de février, pour n'y revenir qu'en juin, vivant, dans l'intervalle, des vivres que transportaient des traîneaux attelés de chiens, et d'autres que nous traînions nous-mêmes. En suivant la côte ou en traversant les glaces des baies de Creswell, de Brentford et du détroit Victoria, nous arrivâmes à des terres

[1] Préparation indienne de viandes, hachées et pulvérisées, qui contient, sous un petit volume, une grande quantité d'éléments nutritifs.

nouvelles que nous avons traversées à l'ouest jusque par 100 degrés de longitude (Greenwich) ouest[1] ; et, après avoir visité le cap Walker, nous revînmes au port Léopold, et enfin au navire. Dans les quatre derniers mois, nous étions passés de l'obscurité constante à un jour perpétuel, et nous nous étions trouvés exposés à une température de 44 degrés centigrades au-dessous de zéro. Ce voyage n'avait eu de résultat bien fâcheux pour aucun de nous, si l'on excepte ces *frost-bites* ou gelures partielles dont nous avons souffert plus ou moins longtemps ; mais, dans la plupart des cas, l'application de la neige avait immédiatement rétabli la circulation du sang. Je n'ai pas le loisir d'entrer dans les détails si curieux de cette vie de tous les jours, et accompagnés presque tous de dangers parfaitement oubliés, aujourd'hui que la conservation de notre existence ne nous laisse au cœur que de la gratitude pour Celui qui tient tout dans ses mains.

» L'honneur des découvertes géographiques revient très-justement aux chefs des expéditions : à eux toute la responsabilité, à eux de faire la description des pays nouveaux qu'ils ont reconnus, et de leur assigner des noms qui restent sur les cartes.

» Le scorbut nous avait tellement épuisés qu'après notre retour au navire nos soins durent se borner à le combattre, ce qui occupa suffisamment les mois de juin et de juillet. Nous poussions en même temps les préparatifs d'appareillage de notre prison de glace ; et le 6 août nous sortîmes de la baie de Batty, après avoir scié un canal dans les glaçons. Le 20 août, nous rencontrâmes un navire de l'escadre de sir Ed. Belcher, envoyé d'Angleterre, au commencement de 1852, pour explorer le chenal de Wellington, et se porter au-devant de deux navires qui sont passés par le détroit de Beering[2], et sur le sort desquels on commence

---

[1] En lisant des récits de voyages faits dans le voisinage ou aux approches du pôle, il faut ne pas oublier que l'étendue de la surface terrestre comprise entre deux méridiens distants d'un degré varie à chaque point du chemin que l'on fait dans la direction de l'équateur au pôle. Sur la ligne équatoriale elle-même la distance du degré est large de 111,307 mètres ; à 25 degrés de latitude, soit au nord, soit au sud, elle n'est plus que de 100,939 mètres, ou à peu près de 25 de nos anciennes lieues ; à 50 degrés, c'est-à-dire environ à la hauteur du pôle où se trouve la région parisienne de la France, elle est de 71,687 mètres ; à 60, de 55,793 ; à 65, de 47,170 ; à 70, de 38,162 ; à 75, de 28,898 mètres seulement. A 80 degrés de latitude il n'y a que 19,391 mètres de distance entre deux des 360 degrés de longitude ; à 85, que 9,738, et au pôle même, sur l'axe du globe, tous les méridiens se confondent en un seul point.
P. B.

[2] Celui de Mac-Clure et celui de Collinson.

à avoir de vives inquiétudes. Notre tâche était remplie ; nous avions démontré que Franklin n'a pu passer au sud du cap Walker, puisque la terre s'étend là où l'on supposait jadis que la mer existait. L'expédition du *Prince-Albert* a donc contribué à rétrécir de plus en plus le cercle des directions probables prises par Franklin, et aujourd'hui il semble démontré qu'il a pris la route au nord du canal Wellington. Cette direction était explorée par des navires munis de tous les éléments de succès ; nous revînmes donc en Écosse, en passant par les péripéties d'une seconde navigation dans les glaces.

» Je prouverai plus tard qu'en supposant Franklin abandonné à ses propres moyens, il a pu trouver dans son énergie si bien connue, dans ces contrées mêmes, de nouvelles ressources ; sur la foi de mes croyances à cet égard, je repartirais volontiers à sa recherche, car j'ai la ferme conviction que nous pouvons encore espérer de revoir ces hardis navigateurs. »

VII

Quand Bellot revint en France, après avoir terminé son premier voyage, ce fut un applaudissement universel. Le capitaine Kennedy l'avait hautement loué, en arrivant en Angleterre, comme un homme du premier mérite, et la société de géographie de Londres lui avait ouvert ses rangs. A Paris, le ministre de la marine, M. Ducos, qui avait lu son rapport, le nomma lieutenant de vaisseau et le retint près du ministère, comme en mission, pour qu'il y pût travailler à loisir à un ouvrage sur les régions arctiques dont son journal n'est que l'esquisse. Mais son ambition, à peine revenu, ce n'était pas de jouir d'un repos fait pour exciter l'envie ; il voulait repartir, et, s'il n'insistait pas auprès du ministère pour que la France fît les frais d'un armement, c'était par modestie et pour qu'on ne l'accusât pas de trop d'ambition. Lady Franklin lui offrit le commandement du vapeur *l'Isabelle* qu'elle avait fait préparer pour tenter la navigation de la mer polaire par le détroit de Beering, et le capitaine Kennedy offrait de lui servir, cette fois, de lieutenant. Bellot refusa ces offres si honorables. Bellot pensait que peut-être Franklin avait gagné le nord de l'Asie et c'est de ce côté qu'il eût voulu aller, si la France avait voulu envoyer elle aussi une expédition à sa recherche. Renonçant à cet espoir, il demanda l'autorisation de s'embarquer sur *le Phénix*, navire commandé par le capitaine Inglefield, et qui allait partir de Woolwich pour rejoindre, comme on l'a vu, l'escadre de sir Edw. Belcher dans le détroit de Barrow. Le 10 mai 1853 Bellot était à bord du *Phénix*; il arrivait au mois d'août dans la baie *Erebus et Terror*, d'où il écrivait à l'enseigne E. Debray la dernière lettre qu'on ait de lui. Nous avons dit comment il périt tout à coup, en se chargeant d'un service de confiance. Voici les pièces officiellement arrivées à l'amirauté anglaise, qui contiennent les seuls détails que l'on puisse connaître sur cette mort déplorable.

1° Amirauté, 7 octobre 1853. — A M. H.-U. Addington, esq.

Monsieur, je reçois l'ordre de mylords les commissaires de vous envoyer avec la présente, pour l'instruction du comte de Clarendon, une copie d'une lettre du commandant Pullen du navire de S. M. *North Star*, en date, à Beechey Island, du 20 août 1853, et un extrait d'une lettre du commandant Inglefield, du bateau à vapeur de S. M. *Le Phœnix*, en date du 7 courant. Mylords ne peuvent pas suffisamment exprimer le regret avec lequel ils ont donné à lord Clarendon la nouvelle de la triste mort du lieutenant Bellot de la marine française.

Le généreux dévouement du lieutenant Bellot à la cause humaine et honorable à laquelle il s'était voué, son talent élevé, ses nombreuses et admirables dispositions naturelles pour un service si ardu, son caractère et ses manières aimables, joints à son mâle courage et à son énergie dans l'exécution de toute mission qui lui était dévolue, lui avaient assuré déjà l'admiration de leurs seigneuries ainsi que l'affectueux estime de ses camarades et de tous ceux avec qui il était embarqué.

J.-H. HAMILTON.

2° A l'Amirauté, 7 octobre 1853.

..... Pendant que j'étais ainsi occupé, j'ai reçu, par lettre officielle du capitaine Pullen, un rapport sur la triste nouvelle de la mort de M. Bellot qui avait été envoyé par le capitaine Pullen, à son retour pendant mon absence, pour m'en informer et pour porter les dépêches originales à sir E. Belcher. Ce malheureux événement a eu lieu dans la nuit de la bourrasque. M. Bellot et deux hommes ont été entraînés loin du rivage par la débâcle, et, peu de temps après, pendant que du haut d'un glaçon il cherchait à faire une reconnaissance, il a été enlevé par un violent coup de vent qui l'a jeté dans une crevasse profonde de la glace, et il a péri noyé. Les deux hommes ont été sauvés par une sorte de miracle, et, après avoir navigué pendant 30 heures, sans nourriture, ils ont pu prendre terre et rejoindre leurs compagnons de voyage qui leur ont donné des vivres. Alors tous sont retournés au navire, rapportant les dépêches en sûreté; mais trois d'entre eux n'étaient propres qu'à mettre aux Invalides.

Une lettre particulière donnera à leurs seigneuries de nouveaux détails touchant la mort de cet excellent officier qui a été sincèrement regretté par nous tous. Son zèle, son talent et ses manières douces et sans prétention l'avaient fait réellement aimer.

Inglefield.

3° Navire de S. M. *North Star*, Beechey Island, 20 août 1853.
Au commandant Inglefield.

Monsieur, j'ai à remplir un triste devoir en vous annonçant que deux de mes hommes qui avaient quitté ce navire avec le lieutenant Bellot viennent de rentrer avec la funeste nouvelle qu'il a été noyé : du moins, c'est à craindre.

J'ai confié les détails d'une enquête (les matelots ont été entendus) au lieutenant Cresswell qui était présent au moment. Cette enquête est dans une forme irrégulière; mais, désirant vous faire connaître ce funeste événement, j'ai cru devoir l'expédier sur-le-champ.

Les dépêches sont en sûreté, les hommes les ayant rapportées avec eux.

W.-J. Pullen.

4° *Extraits de l'interrogatoire.*

Déposition de W. Harvey, quartier-maître du *North Star* :

Nous laissâmes le navire dans la nuit de vendredi, le 12 août 1853, et campâmes environ à trois milles du cap Innis.

Seconde journée. — Nous campâmes environ à trois milles de ce côté-ci du cap Bowden sur un glaçon.

Troisième journée. — Après avoir laissé le cap Bowden dans la nuit du dimanche, nous avons passé une crevasse d'environ quatre pieds de large, s'étendant en travers du canal; nous étions alors à environ trois milles de la côte. Après avoir traversé cette crevasse, nous avançâmes vers le haut du canal.

Sur la demande qui fut faite relativement à l'état de la glace, il fut répondu qu'il n'y avait aucun doute à avoir sur sa solidité. M. Bellot exprima le désir de gagner un cap qui, disait-il, était le cap Grinnell, en encourageant les hommes, disant qu'il voulait prendre terre pour camper, s'aidant de son *track-belt* en arrivant à l'eau libre au large du cap Grinnell. M. Bellot essaya deux fois d'aborder dans le canot en caoutchouc; mais, par suite d'une forte brise du S.-E., il ne put réussir. William Harvey, quartier-maître, et William Madden entrèrent alors tous deux dans le canot et atteignirent le bord, prenant une corde avec eux pour établir un va-et-vient. Par ce moyen, trois objets furent débarqués du traîneau, et les hommes qui étaient sur la glace hâlaient le canot au large une quatrième fois quand Madden, qui était dans l'eau jusqu'à la ceinture, avec la corde de halage à la main, hêla M. Bellot pour lui dire que la glace était en mouvement, dérivant vers le haut loin du bord. M. Bellot dit de laisser aller la corde, ce qu'il fit. Ceux qui restaient sur la glace avec M. Bellot se mirent alors au vent et placèrent le canot sur le traîneau, mais la glace avait un mouvement si rapide qu'avant qu'ils pussent atteindre le point si désiré, elle avait été poussée considérablement loin de la côte. Je gagnai alors un tertre élevé pour les suivre de l'œil et je les vis entraîner vers le haut du canal, loin de terre. Je veillai en ce lieu pendant six heures; mais je les perdis de vue au bout de deux. Quand je cessai de les voir, les hommes étaient debout, près du traîneau, et M. Bellot sur le haut d'un glaçon. Ils paraissaient être sur une glace très-solide. A ce moment, le vent soufflait avec force du S.-E. et il neigeait. Après avoir attendu pendant six heures, nous commençâmes notre retour (à cet instant le canal était libre). Nous fîmes le tour de la baie de Griffin avec quelques provisions et atteignîmes le cap Bowden où nous restâmes pour prendre quelque repos. Nous n'étions pas là depuis longtemps quand Madden m'appela et me dit que deux hommes venaient. Je montai immédiatement et les hêlai, demandant où était M. Bellot; ils répondirent qu'il était mort (*that he was gone*). A son arrivée à nous, Hook dit que M. Bellot était noyé. Je lui demandai s'il était sûr qu'il le fût; il dit qu'il en était presque sûr, parce qu'il avait vu son bâton dans l'eau et n'avait pu voir M. Bellot. Après cela, nous fîmes de notre mieux route sur le navire, laissant là les deux hommes qui nous avaient rejoints.

W. Madden corrobore ce qui précède. — « Pensiez-vous que la glace fût dangereuse? — Oui, je le pensais certainement Monsieur. — Pourquoi cela? — Par crainte de passer au travers ou d'être entraîné loin de la côte. Pour ces deux motifs à la fois, Monsieur. — Fîtes-vous part de vos craintes à quelqu'un? — Non, Monsieur. » Il ajoute aussi qu'ils doivent avoir été repoussés et avoir pris terre près du lieu où l'accident est arrivé.

Déposition de W. Johnson, A. B., qui était sur la glace avec le lieutenant Bellot.

Nous débarquâmes les provisions le mercredi 17. Après avoir fait cela, il restait là sur la glace David Hook, le lieutenant Bellot et moi. Nous avions avec nous le traîneau à tente imperméable et le petit canot. Nous commençâmes à essayer de traîner le bateau et le traîneau vers le sud; mais, ayant trouvé que la glace se mouvait si rapidement, nous laissâmes le traîneau et prîmes le canot seulement; à cet instant, le vent était si violent qu'il enleva le bateau à plusieurs reprises. Nous nous mîmes alors avec le canot à l'abri d'un glaçon et, M. Bellot et nous, commençâmes à nous tailler avec nos couteaux une maison dans la glace pour nous réfugier. M. Bellot s'assit une demi-heure et s'entretint avec nous sur le danger de notre position. Je lui dis que je n'avais pas peur et que l'expédition américaine était poussée çà et là dans ce canal par la glace. Il répliqua : « Je le sais, et, avec la protection de Dieu, pas un cheveu ne tombera de notre tête. » Je demandai alors à M. Bellot quelle heure il était. Il dit : « Environ huit heures et quart (après minuit, jeudi 18), » et alors il attacha ses livres et dit qu'il voulait aller voir comment la glace flottait. Il était seulement parti depuis quatre minutes environ quand j'allai faire le tour du même glaçon sous lequel nous étions abrités, pour le chercher, mais je ne pus le voir, et, en retournant à notre retraite, j'aperçus son bâton du côté opposé d'une crevasse d'environ cinq toises de largeur et la glace était toute cassée. J'appelai alors M. Bellot, mais sans réponse. En ce moment, le vent soufflait très-fort. Après cela, je cherchai de nouveau tout autour, mais je ne pus rien découvrir de M. Bellot. Je crois que quand il sortit de la cachette, le vent l'emporta dans la crevasse, et, son « sud-ouest » étant boutonné, il ne put revenir à la surface. Pensant qu'il n'y avait aucun espoir de revoir le lieutenant Bellot, je dis à Hook : Je n'ai pas peur, je sais que le Seigneur nous soutiendra toujours. Nous commençâmes à marcher pour essayer de gagner le cap de Haven ou port Philips; et quand nous fûmes à deux milles du cap de Haven, nous ne pûmes gagner la terre et retournâmes de ce côté-ci, en nous efforçant de nous diriger vers le sud; car la glace chassait vers le nord. Cette nuit et le jour suivant, nous avançâmes en travers et débarquâmes sur la côte est, très-loin au nord du lieu où nous fûmes mis en dérive. Nous prîmes terre où le lieutenant Bellot nous disait être le point Hogarth.

Interrogatoire : — Comment gagnâtes-vous la terre ? — En voguant dans les détroits poussés vers la mer polaire, nous vîmes une montagne de glace gisant près du bord et que nous trouvâmes échouée. Nous réussîmes à l'atteindre et y demeurâmes six heures. Je disais à David Hook : N'aie pas peur, nous ferons un canot d'un glaçon. En conséquence, nous sautâmes sur un qui passait et j'avais une rame appartenant au canot en caoutchouc.

Sur la demande qui lui fut faite : « Qu'est devenu le canot en caoutchouc, » il répliqua qu'il était resté où le lieutenant Bellot s'était perdu. « Au moyen de ce glaçon en dérive, nous manœuvrâmes pour atteindre la côte et alors nous avancions vers où l'accident arriva. Nous l'atteignîmes le vendredi. Nous ne pûmes trouver ni nos compagnons, ni aucune provision. Nous continuâmes en marchant sur le cap Bowden, où nous arrivâmes dans la nuit de vendredi. Là, nous trouvâmes Harvey et Madden. Ils nous dirent qu'ils se dirigeaient sur le navire avec le sac à dépêches. Nous restâmes dans un misérable état cette nuit-là, et dans la matinée, nous prîmes du pain et du pemmican au caché, et, après nous être restaurés, nous marchâmes vers le navire. »

— Quelle manière de voyager était-ce? — Très-ordinaire, si ce n'est l'eau dans la débâcle. (Il dépose que l'on disait qu'il vaudrait mieux voyager dans le milieu du canal et que le lieutenant Bellot, entendant ces paroles, dit que c'était l'ordre du capitaine Pullen de se tenir près de la côte à droite (à deux milles environ).

— Aviez-vous quelques craintes sur votre voyage? — Non, pas un de nous. — Pensiez-vous que M. Bellot eût peur? — Non, Monsieur; c'était un bon officier.

David Hook corrobore la déposition de Johnson.

— Comment trouviez-vous la manière de voyager durant votre mission? — Très-mauvaise, tant d'eau sur la glace. — Vous sentîtes-vous alarmé durant votre voyage? — Non, pas le moins du monde effrayé; j'étais content d'en faire partie. — Pensiez-vous que vous auriez pu trouver une meilleure route? — Non, monsieur. — Pensez-vous qu'il y ait quelque espoir que le lieutenant Bellot soit vivant? — Non, Monsieur; je suis certain qu'il ne peut l'être, car, quand nous l'avons perdu, nous pouvions voir la côte éloignée d'environ quatre milles.

M. Johnson dépose en outre que peu de temps avant de se perdre, le lieutenant Bellot disait et lui faisait remarquer que rien ne le rendait plus heureux que de penser qu'il n'était pas sur la côte; car, connaissant son devoir d'officier, il verrait le dernier péril, ajoutant qu'il préférait mourir ici que d'être à terre pour être sauvé.

— *Observation du capitaine Pullen* : Je pense que je puis positivement dire que j'ai toute confiance dans les dépositions de ces hommes, particulièrement dans celle de Johnson qui, je suis heureux de le dire, non-seulement fait bien son devoir, mais est un honnête et bon homme. — J'estime qu'ils se sont trompés dans les distances que (j'ai fait procéder de point d'interrogation), erreurs qui ne peuvent étonner et que justifient leur anxiété, leur fatigue et leurs efforts pour sauver leur vie; car la distance entre le point Hogarth et le cap Bowden est trop grande pour qu'aucun homme la parcoure dans un si court espace de temps. Je ne doute pas qu'ils n'aient traversé le canal au cap de Haven, car ils connaissaient bien ce lieu, y étant déjà allé, et près duquel ils savaient que mon *caché* de provision se trouvait.

W.-J.-S. PULLEN, capitaine.

La perte de Bellot, et celle de Franklin et de ses compagnons, a jeté une sorte d'effroi dans les cœurs les plus résolus. On s'est demandé s'il est nécessaire d'exposer encore des vies précieuses aux périls d'une telle mort, ou même seulement aux épreuves qu'ont pu vaincre les Parry, les Ross, les Back, les Richardson, les Rae, les Mac Clure, quand il n'était que trop démontré que jamais l'Océan polaire ne sera navigable. Il suffisait bien d'en avoir levé le plan et d'en connaître la rigueur implacable. Pourquoi ne pas laisser retomber sur ces régions désolées le voile dont les avait recouvertes la nature? Mais telle est l'intrépidité de la race humaine que de nouveaux voyages ont été médités déjà, et, avant peu d'années sans doute, de plus heureux explorateurs auront accompli, avec des résultats imprévus, les traversées dont le chemin a coûté à frayer tant de peines.

N'est-il pas dans les hasards possibles de l'avenir qu'un mouvement des glaces de l'un ou de l'autre des pôles de la terre fasse, comme un ébranlement même de l'axe terrestre, jaillir les mers de leur lit et inonde encore nos continents d'un déluge? Il faut que l'homme soit prêt, si cette heure arrive, et peut-être aura-t-il la science et la force suffisantes pour prévoir, vaincre et diriger cette fois la brutalité de l'Océan qui submergerait sa civilisation et détruirait sa race.

Paul BOITEAU.

JOURNAL D'UN VOYAGE

AUX

MERS POLAIRES

I

DÉPART D'ABERDEEN.

Aberdeen, 22 mai 1851.

Me voici enfin au comble de mes souhaits, plus heureux et plus favorisé par les circonstances que je n'aurais jamais osé l'espérer. Toutes les difficultés se sont aplanies; et, sans excès d'orgueil, je puis mettre mon succès sur le compte de l'activité, de la résolution que j'ai déployées, et de l'abnégation que j'ai mise à partir sans être en rien préparé.

Je vais tenir un journal complet de tout mon voyage, afin que, *si je meurs dans cette campagne*, mon jeune frère et mes neveux au moins suivent mon exemple et apprennent à se dévouer à leur famille, à la science et à l'humanité.

1851.

DIMANCHE 25 MAI. — Nous avons mouillé dans la matinée en rade de Stromness; vers dix heures, le capitaine Kennedy arriva à bord avec M. Watts, officier de la douane et M. Beckie, fils d'un banquier de Kirkwall, qui viennent me faire leurs offres de service.

A deux heures, nous descendons à terre avec l'équipage et nous nous rendons à *Free-Church*. Malgré le ton somnolent et somnifère, je ne trouve plus cet accent large d'Aberdeen. Des prières sont dites pour nous, et tous les fidèles sont appelés à faire des vœux pour notre bon voyage.

M. Kennedy, né sur le territoire d'Hudson, de parents originaires des Orcades (*Orkneymen*), a été élevé à Stromness; et la qualité de compatriote, autant que la nature de notre campagne, lui attire l'intérêt général. Il me présente dans plusieurs maisons. Je vais voir lady Franklin, qui s'informe avec intérêt de la manière dont je me suis trouvé à bord. L'avarie de notre bout-dehors de foc la contrarie; elle me prie d'user de mon influence à bord pour que dorénavant on fasse moins de toile, mais pas d'avaries. Nous apprenons dans la soirée que M. Steinger, constructeur de Stromness, nous fait hommage d'un bout-dehors neuf. On me parle beaucoup de la cathédrale de Kirkwall, la plus belle et la plus ancienne, après celle de Glasgow, de toutes celles d'Écosse, et je forme le projet d'y aller.

26 MAI. — Une pluie torrentielle me fait d'abord renoncer à mon projet. Vers dix heures le temps s'embellit; un gig nous conduit aux *Stennis* (monuments ou cercles druidiques), sur les bords d'un lac superbe. Pas de chevaux pour continuer la route : déjeunons en attendant. Nous entrons dans la maison de la meilleure apparence; une grande salle, au milieu de laquelle se trouve l'âtre abrité du vent de la porte par un petit mur de quatre pieds de haut; une crémaillère pendant des poutres soutient la marmite; dans un coin, un veau, des poulets; plus loin, un cochon qui joue avec un chien, ce qui prouve une longue intimité; des canards; trois femmes : nous leur demandons à déjeuner. « Nous n'avons rien qui puisse vous convenir. — Donnez-nous ce que vous mangez. » Nous faisons nous-mêmes frire du

jambon et des œufs; la fumée sort à grand'peine par un large trou placé à la partie supérieure du toit et qui correspond au foyer : j'allais dire à la cheminée. On nous sert pour pain des tourteaux d'orge qui seraient mangeables s'ils ne se mangeaient crus ; de plus en plus Bretagne. — Nous mangeons autant de jambons et d'œufs que possible : nous offrons du wisky aux femmes. « Combien devons-nous? Un schilling. » J'en donne trois et j'emporte les bénédictions de la case. Nous sortons pour voir les stennis; la jeune fille court après nous pour nous remettre un couteau oublié; récompense honnête de notre générosité. On nous trouve deux montures, et nous filons pour Kirkwall. De la route, je vois flotter le pavillon français; je me réjouis à l'idée que sans doute un cotre est là caché par une pointe de terre; nous approchons, et je vois qu'il est hissé sur la même drisse que le pavillon anglais. C'est une politesse de M. Beckie, une nouvelle prévenance de lady Franklin, qui n'a pas voulu me donner une lettre la veille, et l'a envoyée par M. Beckie. La cathédrale de Saint-Magnus tombe en ruines; ce serait véritablement dommage que le gouvernement ne songeât pas à entretenir un pareil monument. M. Robertson, lieutenant shériff du comté, me fait les plus grandes politesses et me conduit chez lui; tout le monde parle français ; éloges sur notre expédition, vœux que l'on forme, etc.

Je suis présenté par lady Franklin au docteur Wolff, célèbre voyageur dans toutes les parties du monde, mais principalement connu pour un voyage à Bokhara, et un autre à la recherche des tribus d'Israël. Quel dommage que mon ami L... ne soit pas là, lui, le polyglotte oriental! Le docteur Wolff est le même dont nous parlions il y a quelque temps à propos de cette tribu juive qui, vivant au milieu de la Chine, a conservé son culte et un temple. Il a fait ses offres de services à lady Franklin déjà l'année dernière. Il demande seulement qu'on paye un ministre pour faire son service, et quelques livres sterling pour sa femme. Lady Franklin a envoyé sa demande à l'amirauté, ne sachant comment y répondre.

Je trouve le docteur fumant après dîner; il m'exprime en français le plaisir que lui cause ma visite, et m'offre un exemplaire de son ouvrage. Il le vend pour le soutien d'une Société de charité. Il est, dit-on, d'une grande éloquence, et doit prêcher ce soir; mais nous ne pouvons rester plus longtemps. — Le *Pirate* de W. Scott, m'est donné par M. Robertson; accueil de M. Beckie; baie de Kirkwall; tombeaux dans l'église; visite aux cinq églises; retour à Stromness à minuit.

27 MAI. — Je passe la journée à bord, je suis harassé de fatigue des trente-deux milles à cheval de la veille et cherche à mettre ma correspondance à jour. — Vents contraires du nord-ouest. Le soir, nous sommes engagés à prendre le thé. Après quelques tasses, on éloigne le vieux papa, dont les opinions religieuses ne comprennent pas la danse. Une petite demoiselle sortant de pension arrive de Londres; je m'adresse à elle, et la schottisch est dansée pour la première fois à Stromness. *Alea jacta est. Proh pudor!* Un homme grave, d'une semblable expédition, danser! Eh! mon Dieu! oui, c'est comme cela, chaque chose a son temps; pourquoi ne pas oublier un instant des devoirs sérieux, alors surtout que je suis forcé d'être là? Cela m'empêchera-t-il au moment voulu de faire mon devoir? Bien mieux, j'avoue que je ne suis nullement insensible aux charmes de ces jeunes beautés, et que miss H., le blanc lis, et miss W., l'éclatante rose, ne sont point étrangères aux plaisirs de cette soirée, sans compter miss D. L., etc. D'abord, on a fait pour nous une exception aux usages du pays, qui n'admettent pas la danse en pareille saison. Pourquoi ne pas représenter l'amabilité française, en même temps que son ardente sympathie? Le succès est mon excuse, soit dit sans présomption, car on me complimente sur ma naturalisation, et la facilité avec laquelle je m'assimile aux usages du pays.

28 MAI. — Les usages, me dit M. Robertson, me forcent à aller visiter toutes les personnes avec qui j'ai

dansé; je ne m'en plains point du reste, car c'est un moyen d'étudier les coutumes du pays; mais je rentre le soir à bord afin de pouvoir travailler. Je dessine avec beaucoup plus de succès que je ne l'espérais. On me fait la guerre à cause de l'étonnement que trahissent mes questions sur Stromness; il est vrai que rien n'est plus faux que l'idée que nous nous faisons en général de ces îles. Si quelque malavisé eût bâillé ou ouvert la bouche un peu trop à mon arrivée, peut-être eussé-je pris la fuite, croyant avoir affaire à des anthropophages. — Décidément on est civilisé, très-civilisé. Je parle à lady Franklin de ce que nous aurions à faire si, par exemple, M. Kennedy mourait. « —Ma foi, me dit-elle, j'ai dû laisser quelque chose à votre initiative. » Le capitaine Kennedy me dit qu'il veut demander qu'il soit spécifié que je suis commandant en second de l'expédition, et, par suite, appelé à lui succéder en cas de malheur pour lui.

29 MAI. — Encore retenus par ces maudits vents de nord-ouest! — Pour consolation, le capitaine Robertson me déclare qu'il a vu quelquefois des bâtiments russes retenus à cette époque pendant six semaines. Si cela continue, nous trouverons les glaces de trop bonne heure, et alors une partie de la besogne est rendue plus difficile. Je ne puis échapper aux instances de M. R., et à quatre heures je vais à terre. Lady Franklin me parle de la lettre de M. Barrow, qui envoie un pavillon français, lettre où il dit au capitaine Kennedy, s'il découvre une terre nouvelle, d'en prendre possession au nom de la France; moi, je déclare que certes je tiens, si nous découvrons quelque chose, à constater la présence d'un officier français, en plantant notre pavillon, et en dressant une carte où le nom de la France soit assez répété et entouré de noms qui nous soient chers. Je sens d'ailleurs les convenances que j'ai à observer à bord d'un bâtiment anglais, et je crois que je devrais consulter l'amirauté anglaise à ce sujet.

Lady Franklin me plaisante sur ce qu'elle appelle mes futures découvertes et me demande quels noms je leur donnerai. Des noms chers à ma patrie, pensé-je, et ceux surtout auxquels je dois tant de reconnaissance. Si je fais une carte, je grouperai les noms français sur un même point de la carte, au lieu de les disséminer sur une longue étendue de terres : la partie française tranchera mieux.

30 MAI. — J'ai reçu ce matin un drapeau tricolore des dames de Stromness, et ce brave M. Kennedy qui me présente cela avant deux lettres de France ! deux bons amis qui m'écrivent ! bonne et chaleureuse amitié ! Je les embrasse, ces deux lettres, et, les larmes aux yeux, je remercie Dieu par une élévation intime qui vaut bien une prière orale. Pourquoi pas une lettre de ma chère famille ? Peut-être demain. Vents, soyez-nous contraires encore quelques jours ! Je suis allé observer à terre, je suis content de mes résultats. Lady Franklin et miss G. viennent à bord. Le capitaine Kennedy tient à partir dans la yole de la douane ; je ne veux point aller à terre.
— Mise en place des bastingages en toile.

J'informe M. Barrow qu'une lampe sera allumée sous notre chronomètre. — Notre pavillon a été hissé en même temps que le pavillon anglais pour la visite de lady Franklin ; c'est là, par exemple, une véritable prise de possession.

31 MAI. — Toujours le même temps. Visite des dames qui m'ont envoyé le pavillon. Je retourne aux Stennis pour voir cette pierre trouée où les fiancés passaient leurs mains en signe d'attestation solennelle.

Je prends le poney de M. Robertson. Après avoir passé le pont de Bragiord, scène sauvage. Le vent de nord-ouest couvre d'écume la surface des deux lacs. Un pâtre a une plume à son bonnet.

Je me trouve transporté plusieurs siècles en arrière ; je me répète les noms barbares de Loch, Stenness, Harray ; et, ayant pris un crayon, je cherche à tracer quelques lignes. Mon poney des Shetland m'abandonne, et je me mets à sa poursuite ; en vain je l'appelle, je le supplie, il me montre ses dents, mais d'un air narquois, et sans le secours de quelques bergers je serais encore là, car, aussitôt qu'il se voit près d'être arrêté, il veut se donner le mérite de la bonne volonté et revient à moi d'un air très-naturel. Je recommande le poney à l'analogiste Toussenel. Le trou de la pierre avait, dit-on, la vertu de donner un mari ou une femme; j'aurais voulu en tâter, impossible! la pierre a disparu, peut-être par usure, comme celle de saint Guignolet, en Bretagne; un propriétaire barbare a voulu l'abattre afin d'avoir un champ plus dégagé; l'attachement superstitieux du voisinage l'a fait y renoncer. Je voudrais voir là notre antiquaire Bourdereau : que de jouissances! Un vaste cercle de trois cents pieds au moins, car j'ai compté plus de deux cents pas, et mon maudit poney, que j'étais obligé de tenir par la bride, à cause de son algarade, me les faisait raccourcir. Je reviens avec des grains de pluie épouvantables; ma cravache me venge des mauvais tours du poney. Nous traversons au galop des champs de tourbe au milieu de la grêle; mon *pouch* me donne l'air d'un ours brun. La nuit se fait, il me semble qu'on se signe sur mon passage; on me prend peut-être pour le *dwarf* (le nain) de Hoy.

1er JUIN. — Comme toujours, *sabbath-day* (le jour du repos). Je vais cette fois, non plus *to the free church*, mais à l'*United Presbyterian*. A Stromness, bourg de douze cents âmes, il y a encore une troisième église.

Cette unité apparente qui existe chez nous ne provient, après tout, que de l'indifférence dont parle Lamennais. Si on reproche à nos ministres d'être déclamateurs et acteurs, le reproche contraire peut être adressé à ceux-ci. Le ministre d'aujourd'hui est un *radical*, me dit miss C., car il dit que Jésus-Christ devait sa sainteté à son travail. — Au sortir de l'église, je vais me promener avec les dames.

Je vais souper chez M. B. Lecture de la Bible et prière en commun. Les domestiques y assistent.

Le capitaine Kennedy a été élevé en Angleterre par

un ministre; c'est à cela sans doute qu'il doit sa piété excessive.

Nous avons passé plusieurs heures à discuter sur ce qu'il faudra faire là-bas. Lady Franklin dit que dans le cas où nous trouverions quelque indice bien certain, il faudrait revenir en Angleterre, parce qu'alors le gouvernement anglais se déciderait à faire quelque chose; nous ne devons pas nous hâter de revenir par crainte de lui avoir fait dépenser trop d'argent. Ses ressources lui permettent d'entretenir le navire encore deux ans et demi, c'est-à-dire, pour nous, trois hivers. — Les provisions de bœuf frais se conservent trois semaines. — M. Biot a visité les Shetland : une petite colonne témoigne de son passage.

2 JUIN. — M. Robertson a insisté tellement sur son amitié pour les Français et a mis tant d'empressement à me rechercher que je me décide à me rendre à son invitation d'aller avec lui à Hoy. M. Biot, vers 1820, a fait partie d'une commission qui y a passé quelque temps : il était le seul Français. Un vieux ministre, M. Hamilton, y était alors célèbre par son hospitalité. Nous arrivons enfin à la *Dwarfs stone* (pierre du nain) ; je prends les devants afin de laisser libre carrière à mon imagination et pour ne pas refroidir mes impressions au contact de mes voisins. Un immense bloc de pierre, d'environ vingt pieds de long sur six de haut et dix-sept de large, est percé d'une ouverture de deux pieds; ouverture circulaire à la face supérieure; en dedans, deux lits. J'ai passé quelque temps à examiner l'extérieur, et, lorsque j'avance la tête en dedans, un cri épouvantablement grossi par l'écho de cette demeure me fait bondir en arrière ; c'est un de mes compagnons de route qui a voulu m'effrayer. Rien de plus sauvage que ce site ; en face, l'île de Gremsay (Orcades), la mer toujours grosse dans le *Sound*; à droite, des falaises perpendiculaires de deux cents pieds de haut, formées par de longues couches horizontales de basalte, et dont les crevasses sont le refuge ordinaire de l'aigle et du vautour. A gauche, une

montagne de même hauteur, aux flancs arides recouverts seulement çà et là d'un manteau rougeâtre de bruyère ou de broussailles ; au fond, un terrain humide de tourbe où le voisinage vient puiser son combustible, trop peu fertile pour que les bergers aient pu songer à se créer là un abri ; bien certainement c'est un ermite qui a voulu se placer en face des grandes œuvres de la nature.

Au retour, une pluie battante et des calmes qui nous présagent un changement de vent.

II

DÉPART DE STROMNESS POUR LES MERS ARCTIQUES.

3 JUIN. — Le vent a changé en effet, et, dès le matin, je saute à ma correspondance ; il nous faut enfin partir sous peine de nous endormir aux délices de Capoue avant la victoire. A onze heures, je vais prendre congé de lady Franklin. *Take care of yourself*, « prenez soin de vous-même. » C'est tout ce qu'elle put me dire en pleurant. Pauvre femme ! si vous aviez pu lire dans mon cœur, vous auriez vu combien au désir un peu égoïste de faire un voyage extraordinaire a succédé en moi une réelle ardeur et une passion véritable pour le but auquel nous tendons. Il faut que je remplace votre mère, avez-vous dit en cherchant les détails de mon équipement ; eh bien ! je serai pour vous un fils, et j'aurai l'inépuisable dévouement du fils qui cherche son père ; et ce que les forces humaines peuvent accomplir, je le ferai.

W. Millar, un de nos hommes qui était à bord du *Prince-of-Wales*, donne quelques détails que n'avait pas donnés le capitaine Lee :

« Après avoir pénétré dans un sound que le capitaine croyait être celui du Lancastre, et que le *boatswain* (maître d'équipage) a reconnu pour *Jones-sound*, ils reviennent sur leurs pas; à environ cent cinquante mètres au-dessus de l'entrée, on croit reconnaître des terres; pour voir si ce ne sont pas des *ice-bergs*, un canot est envoyé à terre; il trouve des empreintes de souliers anglais, des traces de cuisine, et une construction en forme de cône d'environ quatre pieds. Les hommes essaient de la démolir pour voir ce que c'est. Le canot est rappelé; les courants qui entraînent le navire le mettent en danger et M. Lee fils rend compte de tout ceci à son père. »

Je vais à terre faire mes adieux. Je vais voir madame Rae, la mère du voyageur; elle me charge de ses embrassements pour son fils.

M. Leask ne sait s'il doit prendre un pilote, il connaît les lieux aussi bien que qui que ce soit; mais M. Biot lui représente que, fils du pays, il ne peut se dispenser de faire gagner une guinée à un de ses pauvres compatriotes. Lady Franklin est au-dessus de cela, dit-il.

On a hissé nos pavillons envoyés par l'amirauté.

A deux heures, nos hommes ont tous rallié; nous appareillons. La terre nous salue avec un canon, auquel nous répondons avec notre mortier; à peine ai-je le temps de mettre une date à mes lettres sous les hurrahs de notre équipage qui répond à la terre.

Un de nos pigeons s'est envolé. Le vent est contraire et nous ne sommes sortis qu'à la fin de la marée. Le pilote est d'avis de relâcher. Peut-être est-ce qu'en restant à bord il gagnera quelque chose de plus; mon avis est que ce serait d'un mauvais augure et qu'il faut persister; nous renvoyons le pilote. Nouveaux hurrahs.

Notre dernier lien avec l'Europe est brisé, jusques à quand? Dieu seul le sait; mais ce qu'il fait est bien fait : que sa volonté soit bénie! Signe précurseur d'une bienveillance manifeste : comme Noé au sortir de l'arche, nous voyons venir à nous la colombe de la paix; notre petit déserteur rentre au bercail, et nous avons en vain éveillé les craintes de lady Franklin sur notre surveillance des pigeons auxquels elle tient. Nous jetons à la mer deux bouteilles que les courants porteront sur les rivages des Orcades, car nous sommes encore dans leur voisinage.

Nous voyons l'Old-Man de Hoy, espèce de colonne de roches qui s'éboule peu à peu; elle représentait, il y a vingt ans, une tête de grenadier; maintenant elle est informe. Hautes falaises qui présentent leur face rougie toujours battue par les vents.

4 JUIN. — Le *Prince-Albert* se remue d'une façon épouvantable, et fera bien certainement des avaries à la mer; léger comme l'oiseau des tempêtes, comme lui il se roule au sommet des vagues, et plus la comparaison devient exacte, plus je me sens troublé; je me promène sur le pont, mais je suis violemment rejeté contre le bord; hélas! je cherche en vain à me le cacher à moi-même, j'ai le mal de mer. O honte! ô désespoir! je regarde autour de moi pour voir quels sont les témoins de mon déshonneur, je n'ai heureusement que des complices: MM. Leask et Hepburn, les seuls qu'épargne ce mal fatal, ne sont pas là. Je m'épuise en efforts, je ne puis lire ni écrire. J'aurais cependant bien besoin de travailler. Néant de notre humaine nature! Soyez l'homme le plus remarquable, le plus savant, soyez Arago, Lamartine, mettez les pieds à bord d'un navire: plus rien, pas une idée. *Du plus grand des humains voilà ce qui vous reste!* une ombre incapable de prononcer autre chose que des sons inarticulés. Une odeur de wisky me prouve que tous mes compagnons ne sont pas incommodés seulement par les mouvements du navire, et que quelques-uns, avant d'être de vrais *teetotalers*, ont voulu faire un dernier adieu aux puissances de ce monde.

L'idée païenne d'une invocation à la mer me survient. Je fais à Neptune un sacrifice qu'il ne peut manquer d'apprécier à sa valeur: je coupe une barbe superbe, et son courroux s'apaise. *Quos ego...* je puis enfin admirer tranquillement les côtes du nord de l'Écosse, et les montagnes aux fronts neigeux sur lesquels viennent se refléter les rayons du soleil.

5 juin. — Il y a aujourd'hui un an que le *Prince-Albert* quittait Aberdeen partant pour sa première expédition. — Le vent nous est devenu un peu plus favorable, et je puis commencer ma rude besogne d'étude. Quelques navires passent à côté de nous, mais aucun ne peut nous dépasser. M. Hepburn a été jadis fait prisonnier par un corsaire américain qui le donna à un bâtiment de commerce français. L'honnêteté de M. Hepburn se révolte contre les atrocités de la guerre. Mes yeux tombent sur l'extrait des voyages de Franklin par sir J. Barrow, et je vois l'hommage flatteur rendu par sir John Franklin à cet excellent serviteur.

6 juin. — 59° 20′ N. — Le capitaine Kennedy me remet ce matin un petit billet où lady Franklin, au dernier moment, me recommande de nouveau de ne pas manquer de lui écrire. Certainement non, pauvre femme! Je fais mettre en place un aérohydre chez moi. Le mercure de notre baromètre à cuvette s'est réfugié dans le haut du tube; M. Kennedy le secoue, le démonte, et ne croit à rien de ce que je lui crie sur les égards dus à cet instrument. Ma foi, tant pis! advienne que pourra. Ce soir, et pour la première fois, le capitaine, se trouvant un peu mieux, réunit l'équipage et fait la prière sur le pont. Il commence à faire froid, mais je m'en tiens à une simple couverture pour ne pas me gâter.

7 Juin. — 59° 37′ — 12° 42′. — Beau, mais calme. Je passe toute ma journée à préparer nos observations météorologiques; malheureusement nous n'avons pas d'hygromètre. — Intéressantes histoires de MM. Hepburn et Smith sur les Indiens. Dans les forts on donne souvent, pour ration du jour, trois charges de fusil. J'avoue que, pour le moment, je préférerais trois quarts de livre de pain. — Les ours bruns mangent les racines d'une espèce de luzerne dont les buffles viennent manger les feuilles. — Dans les gros os des buffles que les loups ne peuvent briser, on trouve, plusieurs mois après, une excellente moelle (de quoi nourrir cinq hommes dans un seul

buffle). M. Hepburn raconte la chasse que les loups blancs donnent aux daims ; ils choisissent toujours le plus gros, le plus gras de la bande, soit qu'ils reconnaissent que le daim court moins facilement, soit que le loup soit gourmet (*Analogie* de Toussenel) ; il le poursuit souvent. Sir John Franklin et ses compagnons suivaient la chasse des yeux, et, lorsque le daim rendu allait servir de proie à son meurtrier, ils arrivaient, et, chassant celui-ci, s'emparaient de la chasse : il faut voir le bon M. Hepburn décrivant l'air piteux du loup qui se retire à distance : on l'aurait à moins, du reste. Les loups gris, bien plus petits, n'attaquent pas les hommes ; et on conserve, au fort Cumberland, le nom d'un individu, revenant de la pêche avec un traîneau couvert de poisson, les mains derrière le dos : le loup lui donne un coup de tête ; l'homme, sans se détourner, pousse un juron, croyant que ce sont les chiens ; le loup revient, le jette par terre, lui laboure un peu les côtes, et, étant près du poisson, se bourre jusqu'à ce que les Canadiens, avertis par les cris de l'homme, arrivent, et n'ayant pas d'armes, chassent le loup à coups de fouet.

M. Kennedy fredonne des chants canadiens, et je lui fais chanter cette douce mélodie des rameurs de Saint-Laurent :

> Quand j'étais chez mon père,
> Petit et jeune œillet,
> M'envoie à la fontaine
> Pour remplir mon cruchon.
> Mon cri, cra, turlalurette,
> Mon cri, cra, turlalura.
>
> M'envoie à la fontaine,
> Pour remplir mon cruchon ;
> La fontaine est profonde,
> Je m' suis coulée au fond.
>
> Par ici il passe
> Trois cavaliers barons :
> — Que donn'rez-vous, la belle,
> Pour qu'on vous tir' du fond ?
> — Tirez, tirez, dit-elle ;
> Après ça, nous verrons !

Quand la bell' fut tirée,
S'en vont à la maison ;
S'assit sur la fenêtre,
Composant la chanson.

— Ça n'est pas ça, la belle,
Que nous vous demandons ;
C'est vot' p'tit cœur en gage,
Savoir si nous l'aurons.

— Mon petit cœur, dit-elle,
N'est pas pour un baron,
Car mon père le garde
Pour un joli garçon.

Un garçon de la ville,
Un pêcheur de poisson.
— Oh ! dites-nous, la belle,
Quel poisson y prend-on ?

— Si l'on prend de la carpe,
Si l'on prend l'esturgeon,
On n'y voit pas ces filles
Qui trompent les garçons.

Je copie les instructions données à M. Kennedy par ces dames : elles sont entremêlées de prières ; je crois avoir deviné leur but : on a compris que c'était le seul moyen de lui rendre cette lecture attrayante.

8 Juin. — 59° 19′ N — 15° O. — Aujourd'hui dimanche, suivant l'habitude anglaise, rien à faire ; ce qui ne m'empêche pas de me renfermer dans ma chambre afin qu'il n'y ait point de scandale, et de travailler tout à mon aise, n'en sortant que pour aller aux offices que M. Kennedy récite dans l'entre-pont ; il lit un sermon. J'ai fait ce soir mon premier quart, de huit heures à minuit ; je le ferai ainsi tous les jours ; j'ai choisi celui-là parce qu'il me laisse ma journée libre.

9 Juin. — 58° 50′ — 18° 47′ O. — M. Kennedy me parle d'installer un pendule et des observations magnétiques ; je lui demande avec quoi ; il me dit : « Nous installerons » cela. » — Quelques bouteilles de porter sont restées du

dernier voyage. Je me rappelle l'histoire du curé qui s'excusait d'avoir du café pendant le blocus continental en disant qu'il le brûlait, et je demande la destruction du liquide prohibé ; il me faut bien arroser mon premier quart ! Du reste, nous aurons ainsi définitivement rompu les liens qui nous retenaient encore à l'existence de Sardanapale des hommes de la terre.

10 Juin. — 57° 47′ N. — 20° 35′ O. — Décidément notre petite goëlette est le plus mobile des bateaux que j'aie vus. — Je me plaignais dans le principe des dimensions exiguës de ma couchette, mais elle est encore trop large, car elle a deux pieds, et, dans les mouvements désordonnés et même déraisonnables du *Prince-Albert*, je ne fais que rouler de la planchette contre la muraille et réciproquement.

Heureusement j'ai fait baisser une étagère qui avance en saillie de la muraille, et n'est élevée que de huit pouces au-dessus du lit, et je puis m'y *coincer* et rester un peu tranquille. Je me réveille, par exemple, toujours brisé, car, pour commencer mon apprentissage de voyageur, je n'ai voulu prendre qu'un matelas de huit centimètres d'épaisseur, juste assez pour dire que je ne dors pas sur les planches, et seulement une couverture de laine. M. Kennedy est malade, et j'ai lu ce matin les prières et la Bible à l'équipage.

11 Juin. — 57° 47′ — 21° 21′. — La mer est presque calme ; nous ne faisons que peu de chemin. M. Kennedy a commencé la lecture du petit livre des instructions ; mais je crois que ce sont les prières qu'il lit. — Nous causons de ce que nous aurons à faire, et je vois qu'il est fort probable que nous ne reviendrons qu'en 1853. — Nous aurons pas mal de choses à voir sur la côte ouest de Boothia, et si Dieu me prête vie et force, j'espère que le nom de la France pourra être représenté sur plusieurs points de la carte. — Je crains fort de passer l'hiver loin du navire, ce qui ne m'arrangerait guère à cause de mes livres. Mais nous n'en sommes pas encore là, et

j'espère bien avoir ma part d'influence sur la décision de M. Kennedy. Je crains fort pour mes yeux ; car le travail constant, les observations me fatiguent beaucoup. Je provoque l'ordre de mettre les cendres de côté. Procédé Light.

12 Juin. — 57° 48' — 21° 54'. — M. Kennedy parle le français que l'on parle au Canada, c'est-à-dire du français de plus d'un siècle de date, et je suis heureux d'entendre de temps en temps de ces vieilles expressions qui ont un parfum tout particulier. Je nage en plein Topffer quand je l'écoute. J'ai fait la sottise grande de lui laisser entrevoir la cause de mon plaisir ; il considère ce privilége comme un défaut, et me supplie de le redresser ; quel malheur ! à Dieu ne plaise que j'aille me le gâter ! Je suis trop égoïste pour me priver de cette jouissance et enlever à son langage cette originalité pleine de charme. — Mathison, un de nos hommes, lit *Othelio*, et je m'étonne de voir tous les matelots me parler de Schakspeare ; tel préfère *Macbeth*, tel autre *Hamlet* ; je doute que Molière soit aussi populaire parmi les matelots français. — Je suis interrompu par des cris, et je crois qu'un homme est à la mer, mais c'est une fausse alerte ; ce n'est heureusement que le panier à vaisselle.

Je prépare le dictionnaire des Esquimaux, ou plutôt des Huskis, car le premier nom les blesse.

M. Kennedy me parle d'un nouveau plan qui consiste à entrer par Admiralty, dans un de ces canaux que les cartes marquent sur la foi des Esquimaux, afin de gagner du temps. — Je m'y opposerai de tout mon pouvoir, parce que rien n'est moins certain que la prolongation de ces canaux ; ensuite, ils peuvent, bien qu'abrités, être pris par les glaces ; et, si le fond de *Regent's Inlet* (l'entrée du Régent) est pris et si le canal ne l'est pas, on est obligé d'hiverner au cap *Kater*. — Il veut encore se faire déposer au port Léopold, envoyer le batiment à Griffith, pendant qu'à pied il descendra à Fury-Beach pour voir s'il y a des nouvelles de Franklin, et le navire reviendrait au port Léopold.

Voilà encore un plan que je ne puis approuver, car nous pouvons trouver à Griffith des nouvelles provenant du cap Riley, ou d'ailleurs, qui nous engageraient à pousser dans l'ouest ou dans le nord, et, dans ce cas retourner au port Léopold serait pour nous une perte de temps.

M. Hepburn me raconte leur *starvation* (famine), les souffrances qu'ils ont endurées ; les deux ou trois premiers jours, ils souffrirent extraordinairement, puis succéda un état de torpeur et de somnolence où ils rêvaient festins et bons dîners.

Je ne suis pas très-bien, le changement de nourriture me fatigue ; l'abstention du vin surtout me rend la digestion difficile, et le parti que j'ai adopté de coucher sur la dure et presque sans me couvrir m'a fort amaigri. — Je ne veux pas prendre de café, de sorte que j'ai le travail pénible, et un besoin de sommeil très-impérieux. — Mais je sens que je prends le dessus, et, avant huit jours, j'aurai passé à un état normal. Pour l'homme de volonté le corps est-il autre chose qu'un esclave qui doit obéir et les besoins matériels sont-ils donc autre chose qu'une habitude ?

13 juin. — 58° 30′ — 23° 5′. — J'ai passé une grande partie de ma journée à relire les lettres qui m'ont été écrites de Rochefort, et je ne puis qu'élever vers Dieu de nouvelles actions de grâces pour le remercier de m'avoir donné d'aussi bons et parfaits amis. Quel dévouement ! Quelle pureté d'affection !

14 juin. — 59° 01′ — 24° 37′. — Vents de sud-est accompagnés d'une pluie constante. Je revêts le vrai costume de mer : les bottes montant au-dessus du genou, un immense chapeau de toile huilée qui couvre les épaules, pantalon et manteau pareils. La mer vient de l'avant, et bientôt il passe autant d'eau sur le pont qu'en dessous ; il m'est impossible de fermer l'œil de toute la nuit. La maudite goëlette se roule, saute, se tord de telle façon que je suis tout meurtri. Je pense à la manière dont on tue les souris prises dans une trappe.

15 juin. — 58° 41′ — 29°. — Mauvais temps ; le matin, je lis le sermon à l'office du dimanche ; il paraît que je ne m'en tire pas mal. — Sixième anniversaire de Tamatave. — J'ai lu dans le jour le voyage de Parry au pôle nord et déjà ma vagabonde imagination me donne l'idée d'engager à mon retour le gouvernement à faire une station de garde-pêche au Spitzberg, et à envoyer une expédition française au pôle nord.

Cette goëlette est décidément mal gréée, car les vergues du grand mât ne sont soutenues par rien, et je ne me soucie pas de casser quelque vergue, que nous ne saurions comment remplacer.

16 juin. — 57° 46′ — 31°. — Même temps ; M. Grate vient me trouver pendant mon quart pour me confier ses doutes sur le mépris qu'inspire Judas Iscariote ; puisqu'il était dit que Jésus-Christ devait être trahi par quelqu'un, Dieu l'avait voulu ! « Ah ! me dit-il, jadis on n'était pas instruit comme maintenant ; je voudrais savoir deux langues : le français et l'hébreu. » Quand je lui demande pourquoi la seconde : « C'est, me répondil, pour faire une nouvelle traduction de la Bible : passage d'un câble et non d'un chameau dans le trou de l'aiguille. »

17 juin. — 58° 57′ — 32° 48′. — Beau, calme ; je passe mon quart à entendre des récits de chasse à l'ours, au narval, etc., et je vois que le sport ne nous manquera pas. J'apprends avec peine que l'infatigable docteur Rae est de nouveau en route, et que nous pourrions bien le trouver au port Léopold. S'il fait toute notre besogne, que pourrons-nous faire ?

18 juin. — 59° — 35° 22′. — Nouveaux récits de chasse au daim, mais aujourd'hui dans l'intérieur, par MM. Kennedy, Smith et Hepburn. Un jour, M. Kennedy avait fait une enceinte de plus d'un acre de surface au débouché d'un passage (ces animaux traversent toujours à la pleine lune) ; le troupeau entra et on ferma les por-

tes. Quand le *moose* (daim d'Amérique) a passé quelque part, l'Indien retire son gant, enfonce la main dans la trace et tâte l'endroit où est le sabot, ce qui lui indique la direction. — M. Kennedy a vu une rivière de un mille et un quart de large, glacée, traversée par un troupeau qui l'occupait tout entière, sur une épaisseur de vingt à trente centimètres.

C'est généralement une vieille femelle qui conduit le troupeau, et ces messieurs décrivent les précautions qu'elle prend, flairant, regardant pour sauvegarder sa responsabilité. Si la neige est molle, ils vont un par un.

Nous rencontrons pour la première fois ce bois flotté (*drift wood*) dont sont couvertes, à certaines époques, les côtes d'Islande, et qui établit la preuve d'un courant polaire.

Pour la première fois aussi, j'ai une longue discussion religieuse avec le bon M. Kennedy; malgré sa bonté habituelle, il est d'une grande intolérance en semblable matière, et ne veut pas admettre que des Turcs puissent faire leur salut.

19 juin. — 59° 02′ — 35° 36′. — Mauvais temps; après déjeuner grande conversation indienne. Nos trois voyageurs font le plus grand éloge de la bonne foi des Indiens et déclarent que presque toujours les Européens ont été les agresseurs. On peut leur reprocher une grande imprévoyance; car, lorsque la chasse a été bonne, ils restent longtemps sans s'occuper de faire de nouvelles provisions, disant qu'ils veulent jouir de leur bonheur. Quand ils ont perdu un enfant, une femme qu'ils aiment, ils restent plusieurs jours sans manger, déchirent leurs vêtements, brisent leur fusil, s'exposant ainsi à mourir de faim et de froid. Alors ils arrivent aux forts, et, sans rien dire, rien demander en paroles, restent là jusqu'à ce qu'on vienne à leur secours. M. Hepburn dit que des Indiens lui ont apporté de la viande à laquelle ils n'avaient pas touché, bien qu'ils n'eussent pas mangé depuis trois jours. Ils font des *cachés* où ils renferment leurs provisions, de façon que les loups ne les mangent pas. Si

vous êtes pressé par le besoin, ils ne trouvent pas mauvais que vous preniez ce qu'il vous faut, mais sans choisir les morceaux ; car, disent-ils avec raison : l'homme qui a faim prend ce qu'il trouve sans choisir. Ne pas recouvrir le caché est également considéré comme une preuve de mauvais vouloir.

Ils battent leurs femmes d'une façon épouvantable, surtout s'ils sont ivres ; la femme s'en venge par des injures. Leur télégraphie pendant la chasse ou la guerre se fait au moyen de feu, dont on ne voit que la fumée ; un Indien reconnaît la distance par la couleur de la fumée. Dans les bois, des branches tournées dans une certaine direction, des marques placées dans un certain alignement, indiquent des cachés, des routes prises. — Après dîner, longue conversation sur le Canada ; rien n'est beau, dit M. Kennedy, comme le Saint-Laurent, avec ses forêts de grands navires d'un côté, de l'autre l'immense quantité de canots et de chaloupes. La vapeur détrône les bateaux que l'on halait jadis pour remonter le fleuve et qui descendaient à la voile : les rameurs chantent des chants français.

20 juin. — 58° 36' — 40° 36'. — Sackouse l'Esquimau, dont parle sir J. Ross, avait été recueilli en pleine mer par un bâtiment qui lui sauva la vie, au moment où il était entraîné par son kayak. Lorsqu'il fit partie de cette expédition comme interprète, ses amis le prirent pour un esprit ; sa sœur était morte de chagrin. On lui demanda ce qu'il venait faire ; enfin on ne voulut pas le reconnaître. Le médecin qui le visita, dit M. Hepburn, reconnut, à une blessure, qu'il avait dû être victime d'une tentative de meurtre ; les questions qu'on lui posa, la manière dont elles étaient posées, lui fournirent l'idée de la fable : *plenty powder, plenty killed*.

Je cause longuement avec M. Kennedy de nos projets et je réussis à lui faire prendre la détermination de venir hiverner avec le navire ; c'est une garantie pour nous, et, de plus, il sera bien plus aisé à nos gens de passer l'hiver, étant plus nombreux ; car autrement nous serions restés quinze mois sans revenir à bord; c'est enfin, à mon grand contentement, une affaire arrangée. M. Kennedy me raconte ce que lady Franklin avait déjà dit des objections faites contre moi; du reste, ces obstacles sont évanouis aujourd'hui, grâce à la faveur dont je jouis près de nos hommes, qui se disputent le plaisir de me rendre ces mille petits services, dont la familiarité de la vie du bord offre de fréquentes occasions, et qui aujourd'hui ne peuvent plus se mettre sur le compte seulement du désir que l'on a, en général, d'être agréable à un nouveau venu, désir que la vie commune efface bientôt. Quand nous avons reçu votre lettre, me dit M. Kennedy, j'ai pensé à ces bâtiments qui cherchent à se détruire réciproquement, et qui, à la fin de la lutte, envoient des canots ramasser les blessés du vaincu. Je me suis réjoui à l'idée d'avoir pour compagnon un homme selon mon cœur. Excellent Kennedy! il a laissé ses affaires au Canada pour venir volontairement, sans salaire, conduire cette expédition, malgré les objections d'une famille qui ne comprenait pas son dévouement.

21 juin. — 58° 33' — 43° 41'. — Nous commençons à approcher du cap Farewell, car les oiseaux deviennent de plus en plus nombreux; et dans la nuit nous veillons les *ice-bergs*, dont la blancheur du reste perce, dit-on, le brouillard le plus épais.

Il en est un que depuis dix ans on voit toujours à la même place; Snow a vu le même que J. Ross, il est échoué sans doute; ce n'est pas étonnant, car, ayant un pied hors de l'eau pour deux dans l'eau, ceux qui ont cent soixante ou deux cents pieds au dehors peuvent bien être échoués par quatre cents pieds ou quatre-vingts brasses de fond. On me raconte l'histoire de ce vieil Indien, auquel sir John Franklin demandait son âge qu'il ne savait dire. « Quel âge aviez-vous quand les fusils ont été introduits? — Oh! il y avait longtemps que je ne chassais plus quand le grand-père de ce vieillard vivait : j'étais un homme, qu'il était à peine né. — Enfin, lors de l'établissement des blancs ici (trente ans de date)? — Oh! j'étais aussi vieux qu'à présent! »

22 juin. — Temps forcé; nous courons sous la misaine et la tringuette (39° 22′ 78″). A 2 heures nous apercevons la terre de Groënland, ce qui me réjouit assez à cause de mes montres, le cap Farewell, première étape de notre voyage, et le dernier point d'où nous pouvons jeter encore un coup d'œil sur l'océan Atlantique, sur cette mer dont les vagues vont baigner les côtes de la vieille Europe. *Farewell* (adieu!), mes amis! *Farewell!* A peine avons-nous doublé, que déjà nous sentons l'influence de la côte; et à la mer épouvantable du matin ont succédé des ondes un peu moins agitées. A six heures le temps s'est éclairci et nous distinguons clairement la côte; une suite de pics qui lui donne un aspect étrange, sillonnés de larges barres blanches qui ne sont autre chose que des glaciers.

Nous voyons un phoque, c'est-à-dire le nez d'un phoque, car c'est ainsi qu'ils nagent, le nez à la surface de l'eau. Lorsque les phoques sont sur la glace, si on peut les approcher en chantant, il vous regardent et ne bougent pas, M. Hepburn me raconte une chasse où un homme allait de l'un à l'autre avec une sorte de masse dont il leur donnait un coup sur la tête, les passant ainsi tous successivement en revue, toujours en chantant.

23 juin. — Ce matin, nous voyons de loin un *stream-ice* (courant de glace), qui se reconnaît par une ligne blanche peu épaisse, mais d'une couleur éclatante et qui tranche avec le vert tendre de la mer et le bleu plus ou moins gris du ciel. A deux heures, un épais brouillard nous entoure; mais bientôt des morceaux de glace passent auprès de nous, et le sourd mugissement de la mer qui se brise sur le banc principal nous avertit qu'il est temps de virer de bord. C'est sans doute un bon signe pour nous de rencontrer la glace aussi bas dans le détroit; la débâcle a dû commencer de bonne heure en haut. Le matin, nous sommes à quarante-cinq milles de la côte, et le *stream-ice* à environ huit milles. — Les

Indiens sont les gens les plus crédules, et ces pauvres créatures sont souvent le jouet de l'impitoyable humeur des blancs. M. Hepburn me raconte qu'un M. S., qui commandait un fort, ennuyé de la grande quantité de chiens indiens qui les affamaient, leur raconta que Dieu devait passer la rivière à un jour fixé, mais qu'il détestait les chiens ; ces animaux furent sacrifiés, et les Indiens se rendirent à l'endroit désigné ; il y eut un fort mauvais temps ce jour-là, ce qui fut pour Dieu une excuse suffisante de son inexactitude. — Une autre fois, dit M. Kennedy, deux cents Indiens, occupés à saler le produit d'une abondante chasse de daims, désertèrent le terrain, effrayés par l'apparition d'un cuisinier français qui s'était masqué et grimé, venant à eux en trébuchant et de l'air d'un homme qui tombe en défaillance (le mauvais esprit est toujours affamé et vient sur la terre pour manger le monde). Il fallut que M. M. Lean, celui qui a publié ses voyages, sortît avec ses pistolets et des fusées volantes, annonçant qu'il le forcerait à remonter, ce qui eut lieu, à la grande satisfaction des Indiens.

24 JUIN. — 60° 14′ — 50° 10′. — Nous avons été sur nos gardes toute la nuit contre les calves, débris des *icebergs* ; nous sommes entourés d'un vaste manteau de brume, contrairement à ce que je pensais. Le capitaine Leask me dit que le *stream-ice* d'hier ne vient pas du nord, mais des baies avoisinantes, ou quelquefois de la côte est du Groënland, et est renvoyé dans le détroit par les vents de sud et de sud-est. — Les glaces du nord sont toujours sur la côte ouest de la baie de Baffin. — Pour la vingtième fois je suis réveillé en sursaut, au milieu de la nuit, par un bruit étrange. Je saute à bas de ma couchette en toute hâte, et ce n'est que lorsque je suis déjà habillé que je comprends, aux paroles qui sont prononcées, qu'il n'y a point d'homme à la mer, point de chose extraordinaire ; ce n'est que le maître de quart qui pousse des cris pas mal sauvages en guise d'accompagnement à la manœuvre. Décidément, je préfère le sifflet de nos bâtiments de guerre.

25 juin. — 60° 01′ — 52° 30′. — L'éclat d'une lumière presque incessante me fatigue les yeux, car le soleil se couche à neuf heures et demie et nous avons un crépuscule assez éblouissant; le travail sans relâche auquel je me livre y contribue aussi un peu. — Nous nous trouvons presque toujours en eau calme, du moins par comparaison. Nous avons été presque toute la journée en vue de terre, en face de l'île Tameac, qui s'offre à nous, lorsque le brouillard se déchire, avec ses montagnes élevées aux flancs zébrés de blanc. — En avant, une longue ligne de *stream-ice* sur laquelle la mer se brise. — Temps magnifique. J'avais bien recommandé qu'on me prévînt pour le premier *ice-berg* que nous rencontrerions, et on n'y a pas manqué. Avec quelle rapidité j'ai couru sur le pont! Je ne vois qu'une petite masse blanche qui ressemble à un léger glaçon, et je suis prêt à croire qu'on s'est moqué du moi. « Attendez, attendez! me dit-on; nous en sommes encore à dix milles. » Deux heures après, je vois enfin cette masse imposante, qui n'est qu'un débris d'une montagne plus grande, ce que l'on reconnaît aux fissures qui la déchirent, et bientôt nous passons à quelques centaines de mètres d'un rocher flottant de cinquante pieds de haut, sur un diamètre d'environ cent cinquante. Le bas, continuellement léché par les lames, est poli et présente une forme convexe, ce qui le fait ressembler à ces vastes bassins où retombent les cascades de la place de la Concorde. Une éclatante blancheur est veinée par quelques lignes d'un joli bleu pareil à celui des cristallisations. On frémit à l'idée du choc d'une pareille masse dans les brouillards, si fréquents ici. Dans la soirée, deux baleines tournoient dans les environs du navire, ce sont des *finners*, c'est-à-dire qu'elles ont des nageoires sur le dos.

26 juin. — Nous passons dans un véritable *stream-ice*, et au milieu; c'est un *pack* (train de glaces). Les pièces isolées sont assez espacées pour que nous puissions passer au milieu d'elles sans nous déranger de notre course. Comme une armée qui a traversé un pays ami

pour aller au-devant de l'ennemi, nous commençons à faire nos préparatifs : les divers instruments, scies, etc., sont examinés. La glace épaisse résiste à l'action de la houle, mais la glace mince est toujours brisée.

27 juin. — Un brouillard épais presque toute la journée. Nous rencontrons un bien plus grand nombre d'*ice-bergs*, ou plutôt de débris d'*ice-bergs* plus gros que tous les glaçons rencontrés jusqu'à présent. Dans le brouillard, on les distingue en effet à leur blancheur, mais cependant pas à plus de deux encâblures, malgré leur grosseur; et je crois qu'il faut toujours bien veiller, car M. Leask me dit que des morceaux, même assez faibles, ne pourraient être rencontrés sans danger; ces pièces, ou débris d'*ice-bergs*, sont des glaces d'eau douce qui se forment sur les glaciers de terre, et roulent à la mer, lorsque leur volume est un peu fort. Leur forme indique leur provenance. — Ce brave M. Kennedy me parle d'un de ses projets, qui consiste à revenir, après notre expédition, s'installer sur la côte ouest de Baffin, pour former un établissement de pêche; non pas tant pour les avantages pécuniaires qu'il en retirerait, car d'un autre côté il abandonnerait ses propres affaires au Canada, que pour civiliser les Esquimaux et leur faire connaître la vraie religion. — La température est douce et nous avons de belles journées, bien qu'à l'ombre il fasse très-froid. — Une simple chemise de laine par-dessus une chemise de coton compose tout mon accoutrement, excepté après le coucher du soleil, vers dix heures, où je mets un manteau de toile cirée pour me préserver de l'humidité, qui envahit surtout les étoffes de laine. Je me rappelle heureusement ma théorie de la rosée. — Toute la nuit, une clarté suffisante pour lire, comme à sept heures, dans l'été de Rochefort. — N'étaient mes yeux, dont l'état me force à prendre des conserves bleues, je me sens déjà parfaitement acclimaté. Debout, entre sept et huit heures, je procède à mes ablutions sur le pont, quelque temps qu'il fasse, afin de ne pas introduire dans ma cabine des éléments humides.

Je prends alors les observations d'angle horaire. A huit heures, au changement de quart, nous avons la prière, puis le déjeuner, qui consiste en café ou thé et quelques viandes.

Après un tour sur le pont, je me remets à la besogne jusqu'à midi, où je prends la latitude. Le calcul de notre position me mène au dîner; vers midi, la soupe et la viande avec des pommes de terre en guise de pain. Je passe l'après-midi à travailler. A six heures, nous prenons le thé; à huit heures, prière du soir, et je prends le quart. Je ne me couche que vers une heure, après avoir mis mon journal en ordre et remercié Dieu de ses bontés. — Mes pensées se ferment toujours sur ces bons amis laissés derrière moi, et, après six heures de sommeil, je me relève plein de vigueur et de santé, grâce à cette vie régulière, dont les habitudes ont autant d'entraînement que de force. — Le temps, dont les différentes parties sont si bien remplies, passe avec une étonnante rapidité, et je suis fort surpris de me trouver bientôt à deux mois de date de mon départ de Rochefort.

28 et 29 juin. — Mes yeux me font de plus en plus souffrir, et cela me contrarie bien, à cause des craintes que j'ai pour l'avenir; mais je prendrai de nombreuses précautions, et à l'aide de *snow spectacles* (lunettes à neige), de gaze verte, etc., j'espère m'en tirer.

Le froid commence à se faire sentir, et je suis obligé de prendre des bas de laine.

Nous avons comme tous les dimanches le service divin, et c'est moi qui fais la lecture du sermon comme d'habitude. Il paraît que je ne prononce pas mal, et que surtout ma diction n'est pas trop mauvaise. Ce service consiste en la lecture de quelques psaumes d'un chapitre de la Bible et de la prière matin et soir. Le dimanche, il y a en outre lecture d'un sermon, puis de fragments d'un des nombreux ouvrages qui nous ont été donnés. Si la piété de nos hommes n'est pas très-éclairée, au moins semble-t-elle être sincère; et, ne fût-ce encore chez eux qu'une affaire d'habitude, l'influence de cette habitude sur leur manière d'être est encore très-heureuse. Je ne sache pas du reste de spectacle plus fécond en pensées que la vue de ces quelques hommes chantant les louanges du Seigneur, au milieu de la solitude de l'immense Océan ; je pense à ces couvents de l'Orient jetés comme un point dans le désert. Notre existence à bord, avec sa régularité, n'est-elle pas en effet le couvent, moins l'inactivité, moins le caractère égoïste de l'homme qui ne cherche dans la prière que son salut personnel ?

Oh ! oui, l'exercice de la prière est salutaire ; il est surtout utile et indispensable à qui est animé d'une piété vraie. Je me croyais religieux alors que je me contentais de reconnaître l'existence de Dieu. Je comprends maintenant combien cet exercice de la prière nous rend facile l'accomplissement de devoirs sur lesquels sans cela nous sommes disposés à passer bien légèrement.

30 JUIN. — Avec la mobilité de mon imagination, je passe d'un coup des champs dorés de l'espérance aux sombres aspects du découragement.

Avec cela que les noms de la carte : *Désolation*, *Turnagain*, *Repulse*, sont faits pour vous donner des idées couleur de rose !

1ᵉʳ JUILLET. — Nous passons vers six heures du soir près de l'un des plus beaux *ice-bergs* que nous ayons vu, du moins quant à la forme ; débris sans doute lui-même de quelque parent monstrueux. On dirait une immense conque dont la moitié seulement serait au-dessus de l'eau, et dont la bouche forme une vaste caverne sur les parois de laquelle vient se refléter inégalement la lumière. Au fond sont des piliers qui soutiennent cette voûte, bien épaisse sans doute, mais qui, à la distance où nous sommes, paraît être fragile. A minuit, au moment où je laisse le quart, nous rencontrons un autre *ice-berg* ayant presque la forme régulière d'une pyramide.

Nous ne sommes plus qu'à une soixantaine de milles d'Holsteinborg.

Nous comptons prendre sur le *reef*, ou bas-fond, beaucoup de morues que l'on peut saler; ce qui épargnera nos provisions. Nous sommes poussés par une jolie brise, vent arrière. Hélas! cette brise si favorable s'est tournée contre nous; un brouillard épais entoure la côte; pourtant nous ne pouvons pas perdre l'avantage de cette brise précieuse qui promet de nous pousser loin, bien que je songe que cet avantage n'en est pas précisément un. Quoi que nous fassions, la glace ne s'ouvrira pour nous qu'à une certaine époque; et nous attendrons plus longtemps, tout en étant plus tôt dans le nord; cependant, on ne sait ce qui peut se présenter, et du moins nous n'aurons rien à nous reprocher. — Quelques *icebergs* seuls et de loin en loin. — La journée favorise la causerie de ceux qui ne sont pas de garde, et le voyage de Simpson provoque mes questions sur la vie des Indiens des prairies; vie tout animale dont tous les intérêts sont ceux de la guerre et de la chasse, mais cependant pleine d'émotions. Comment d'ailleurs ne pas aimer ces pauvres créatures, dont la bonne foi est le caractère saillant? Si à mon retour quelque occasion se présentait, comme elles sont rares, je pourrai me prévaloir des recommandations de mon ami Hepburn; son père, que j'ai vu à Londres, est un des plus riches actionnaires de la Compagnie, et il est neveu du comte de S., qui fut un des premiers à envoyer des émigrants. Cela aplanirait des difficultés que l'offre de payer toute ma dépense ne pourrait tourner. M. Kennedy assure avoir vu des Indiens apportant le produit de leur chasse, l'échanger contre un fusil, des munitions, des couvertures; puis, à la fin, un peu de rhum. Quand une fois ce dernier était épuisé, et que le penchant naturel à l'ivrognerie était réveillé, l'Indien venait revendre son fusil; et, errant pendant plusieurs jours autour des établissements, il se défaisait successivement de tous ses échanges contre une faible quantité de rhum qu'il buvait sur place; privant ainsi sa famille de subsistance pour l'hiver, et s'exposant à mourir de faim et de froid, puisqu'il s'enlevait les moyens de combattre ces terribles ennemis de l'Indien. Le gouvernement du Canada fait tous les ans des distributions de munitions et d'étoffes aux Indiens, peut-être comme compensation des terres qui leur furent prises; la plupart les échangent contre du rhum, et la Compagnie en trafique alors pour avoir des peaux. Tous les moyens sont pris, et la mère patrie s'y prête du reste, pour que le monopole des pelleteries et fourrures reste entre les mains de la Compagnie, et pour maintenir les prix. Quand elle voit que la chasse est trop abondante, on interdit la chasse; ou du moins, ce qui revient au même, on refuse d'acheter aux Indiens.

2 JUILLET. — Pluie glaciale; le thermomètre marque 0° 56. La rapidité avec laquelle nous remontons dans le nord et quelques glaçons isolés nous font penser que la grande glace n'est pas loin; nous venons à l'est pour nous rapprocher de terre. — Le matin, je sens à la tranquillité du navire que nous devons être dans la glace; en effet, nous sommes entourés de tous côtés de gros glaçons qui nous abritent de la mer, laquelle est à peine ridée, ce qui contraste assez avec celle d'hier soir. Il pleut de la grêle fondue. Un brouillard nous empêche de voir bien loin, et nous mettons en panne, donnant de la vitesse de temps en temps pour doubler un glaçon. A cinq heures, M. Kennedy m'appelle sur le pont pour me montrer quelque chose dont il ne connaît pas la nature. Armé de mon binocle, je cours sur la vergue de misaine, et suis aussi embarrassé que les gens d'en bas, en voyant un bloc noirâtre que je crois d'abord être une baleine morte; à la forme, il me semble que ce sont des pierres; mais, si c'était un banc de roches, la mer y briserait. Nous venons le ranger, et reconnaissons un bloc de glace recouvert de pierres et de graviers; c'est de la glace d'eau boueuse, formée dans quelque crique d'une ravine d'eau douce. A six heures nous passons à un demi-jet de pierre d'un *stream* assez vaste. Les différentes pièces qui le composent sont jointes, mais elles obéissent au mouvement

de la houle comme les différentes parties d'une armure ou d'un tissu métallique.

Minuit. — Je viens de quitter le quart après une navigation des plus ennuyeuses au milieu des glaçons des plus importuns, dont les plus petits sont gros comme plusieurs fois le navire. Ce qui rendait notre manœuvre plus difficile, c'est une brume épaisse qui ne nous laisse voir notre ennemi que lorsque nous sommes dessus. On se sent étouffé sous cette épaisse enveloppe. Vers quatre heures, de sourdes détonations, semblables à un coup de canon, nous avertissent que quelque *ice-berg* n'est pas loin de nous. J'accours aux cris de nos hommes, et je reconnais qu'en effet nous sommes à peine à deux encâblures d'un *ice-berg* deux fois haut comme le navire. La mer est jonchée de débris, et les profondes crevasses qui le sillonnent nous font redouter ce voisinage, d'autant plus que si un nouvel éboulement avait lieu, nous pourrions bien recevoir quelques débris à bord; or, ces petits morceaux sont gros comme des barriques; et si le sommet de ce pain de sucre juge à propos de se séparer de la base, malheur à nous ! Nous rencontrons plusieurs pièces de glace d'eau douce, plus dangereuses que celles d'eau salée, à cause de leur dureté, bien qu'elles se présentent sous un très-petit volume, la plus grosse que j'aie vue étant à peu près de quatre mètres cubes.

Quand on a vu une fois cette glace, il est impossible de la confondre désormais avec d'autres, à cause de la différence de couleur et de forme; celle d'eau douce ayant la couleur et la transparence d'énormes morceaux de cristal, tandis que l'autre est d'une blancheur éclatante. Il est minuit, et je puis écrire ceci dans ma cabine, sans le secours d'aucune lumière artificielle.

3 juillet. — Depuis quatre jours nous n'avons pu avoir d'observations, mais nous avons passé le cercle polaire arctique. Nous sommes donc complétement sur notre terrain à nous.

Il se faisait jadis à ce passage une cérémonie semblable à celle du tropique et de la ligne ; elle est tombée en désuétude, les baleiniers n'ayant pas trop de temps à eux, comme les marins du sud, pour songer à leurs plaisirs. Ce matin nous avons complété notre armement par la mise en place du *crow's nest*. Le *crow's nest* répond à peu près à la définition du mot hune donnée dans le dictionnaire de l'Académie, dans notre pays où les termes maritimes sont si peu compris ; c'est une sorte de guérite placée au haut du mât pour surveiller les mouvements de la glace. La forme en varie suivant le navire, mais se rapproche plus ou moins de la nôtre, son but étant le même : abriter l'homme de vigie, dont la position, sans cela, ne serait guère tolérable à cette hauteur, s'il était exposé au vent et à la neige. Chez nous, on a placé une sorte de barrique de cinq pieds de haut, au fond de laquelle est une trappe s'ouvrant de bas en haut, comme le clapet d'un piston : on y arrive par des échelons ou enfléchures placées au travers des haubans. Cette échelle, gravie par des gaillards qui ne vont pas toujours au ciel cependant, s'appelle échelle de Jacob à bord des baleiniers. Quant à l'étymologie du nom *nid de pie*, je pense qu'il ne peut y en avoir d'autre que la suivante, dans ce langage maritime si pittoresque et si plein d'images dans toutes les nations. Ce lieu est le poste de l'*ice-master*, qui, à chaque instant, prévient en bas de ce qu'il aperçoit, ou commande la manœuvre. Ce babillage a lieu à chaque instant, et quelque bel esprit de gaillard d'avant, ennuyé de ces ordres perpétuels, s'en sera vengé par ce surnom. L'étymologie n'est peut-être pas celle du dictionnaire, mais au moins elle répond à quelque chose. — Vers une heure de l'après-midi, nous passons près d'un *ice-berg* de quelques vingtaines de pieds seulement au-dessus de l'eau, mais d'un demi-mille de long. M. Leask dit que c'est un des plus larges qu'il ait vus. Je cherche dans l'examen de ces différents glaçons quelque analogie de structure, quelque loi de formation, mais c'est en vain ; la variété des formes défie la comparaison, le groupement. Tantôt c'est une table régulière, ou un pain de sucre, tantôt une île véritable avec ses anses, ses baies, ses promontoires. Une autre fois c'est une immense tente de laquelle il semble qu'on s'attende à voir un habitant qui vous souhaite la bienvenue, ou l'entrée d'un souterrain ouvert par de vastes galeries, ou bien encore une caverne précédée de splendides travaux d'art.

Les contes de notre enfance, les souvenirs des *Mille et une Nuits*, accourent sans notre appel, et le *Sézame, ouvre-toi !* cherche à pénétrer les sombres profondeurs où se prépare un mystérieux travail. Ce sont de perpendiculaires falaises, des roches à pic, aux cavités profondes où la vague se roule et se tord en mugissant, ou des blocs informes aux flancs déchirés que la mer remplit d'écume. Qui vit jamais plus belle scène que celle qui se présente à nous? Nous ne sommes point encore assez entourés et protégés par une barrière de glace pour que la mer soit brisée comme par une digue, et, lorsque le navire s'avance rapidement et d'une marche tortueuse au milieu de ces écueils dont chacun le menace, lorsque le brouillard, la mer, la glace, sont autant de périls, il est heureusement averti du danger par le bruit de la lutte que l'onde engage avec ce produit de ses entrailles : lutte incessante dont la trêve n'est jamais de longue durée. Plus la brise est forte et plus la lame s'élève sur son ennemi, sur lequel elle s'étend comme une langue de feu ; elle retombe comme fatiguée, et revient à la charge avec une fureur sans relâche, qui augmente jusqu'à ce qu'une sorte d'épuisement rende l'armistice nécessaire. L'enfant orgueilleux et comme insensible résiste sans sourciller : soutenu par son imposante masse, il semble qu'il brave les efforts impuissants d'une mère en courroux; à peine ébranlé par tant de chocs successifs, on le voit quelquefois osciller comme un homme ivre, suivre la pente du courant ; mais comme ces ivrognes d'habitude auxquels un besoin familier a donné l'instinct de l'équilibre, il reprend toujours son centre de gravité. Une décomposition interne amène seule la dissolution de ces énormes masses, et alors ce sont les *stream-ice*, ou de pauvres petits glaçons qui payent pour leurs grands parents.

La nourriture des Esquimaux de la côte ouest du Groënland consiste principalement en phoques; ceux des îles ont de plus la ressource des oiseaux et de leurs œufs. Mais quelquefois le froid chasse ces animaux, et l'imprévoyance, fléau de cette race, aussi bien que des Indiens, les décime cruellement. Avons-nous bien d'ailleurs le droit de leur en faire un reproche? Quand je dis décimer, c'est dévorer qu'il faudrait dire. M. Leask a vu au cap York un camp de quatorze personnes mortes de faim; le dernier survivant sans doute était un homme très-fort et robuste par sa structure; son corps était conservé, mais les ossements parfaitement dépouillés de chair autour de lui indiquaient comment il avait vécu dans les derniers temps jusqu'à ce que cette ressource même lui manquât. M. Kennedy a vu sur la côte du Labrador un vieillard qui, dans l'hiver, avait été forcé de manger sa femme et ses deux enfants, n'ayant plus rien autre chose. De sombres pensées le poursuivaient, et alors qu'ému par ses malheurs, on lui présentait des provisions, ce souvenir faisait couler de grosses larmes sur ses joues; il relevait la tête et montrait la plus violente douleur. O races déshéritées! qu'avez-vous donc fait au ciel, et quelle vengeance est poursuivie sur vos têtes?

Dans la soirée, calme, brouillard; de nombreux oiseaux de mer viennent nager autour du navire et saisir quelques débris des repas de l'équipage; ils s'enhardissent voyant qu'on ne leur fait aucun mal, et viennent nous faire admirer leur nage rapide; ce n'est que lorsqu'on leur jette un morceau de bois un peu lourd qu'ils plongent pour reparaître un peu plus loin. J'ai compté quarante-deux secondes pendant que l'un deux plongeait. M. Goodsir les désigne sous le nom d'*alca alla*; quant à la forme, et autant que je l'ai pu voir du bord, ils ressemblent beaucoup à une sarcelle; ils ont la tête, le cou, les ailes et le dos noir, et la poitrine ainsi que le ventre blancs; plongeant de temps en temps leur petite tête dans l'eau, ils semblaient prendre plaisir à tourner autour de nous. Un phoque est venu montrer la partie supérieure de ses nageoires; plusieurs fusils se sont dirigés sur lui, mais il a disparu aussitôt.

4 Juillet. — Ce matin on a mis les canots en dehors. C'est l'athlète qui retrousse ses manches. Le *Gutta-Percha* fait de l'eau, ce qui ne m'étonne pas à cause du mortier qui a été tiré près de lui et a dû nécessairement l'ébranler. M. Kennedy en est effrayé, et veut le changer pour une baleinière. Cependant on en a fait un grand éloge, et je ferai mon possible pour qu'au moins le canot soit essayé. Nous avons aperçu un instant Disco[1]; vers quatre heures, nous tombons sur un *pack*. Je reste longtemps à contempler cette immense plaine de glace, accidentée seulement par quelques monticules produits de l'écrasement de quelques glaçons entre des glaçons plus faibles. Thermomètre 2° 22'. A sept heures, notre gréement est recouvert d'une couche de verglas qui nous couvre de ses débris chaque fois qu'on manœuvre une corde ou une vergue.

Je suis de plus en plus inquiet pour mes yeux ; le remède par excellence est l'eau blanche, et nous n'avons pas d'acétate de plomb à bord. Que la volonté de Dieu soit faite ! Mais j'ai quelques moments de tristesse en songeant à l'inhabileté que cela peut me donner.

5 Juillet. — Nous continuons à suivre le *pack*. A dix heures, on aperçoit presque sur le bord de la glace une masse d'un blanc sale que l'on prend pour de la glace de vase.

Mais lorsque nous approchons, le bruit de notre sillage fait lever une grosse ourse blanche, dont les deux oursons se débattent un peu plus loin. Nos chasseurs s'é-

---

[1] Par le travers de l'île Disco (îles de la baleine) ; c'est d'ici que sir John Franklin, pour la dernière fois, a écrit à l'amirauté le 12 juillet 1845, et la pensée se reporte naturellement sur les atroces privations par lesquelles ont dû passer cet illustre capitaine et les malheureux qui l'accompagnent ; peut-être Dieu a-t-il abaissé sur eux un regard de compassion, peut-être nos devanciers ont-ils eu le bonheur de les trouver !

lancent dans un canot, où je ne puis, à cause de mon mal d'yeux, avoir le plaisir de les accompagner, mais je suis avec intérêt tous leurs mouvements, la longue-vue à la main. L'ourse, grosse comme un de nos forts taureaux, bâille et semble envoyer au diable les importuns. Une petite tête sortant d'une touffe de longs poils légèrement jaunâtres s'allonge dans la direction du canot. Une balle lui dit bientôt l'intention de ses visiteurs, et rien n'est indéfinissable comme la pesante légèreté avec laquelle elle court sur ce terrain mouvant où un homme ne pourrait la suivre. Les petits ont disparu, et il faut remettre la partie à une autre fois. Il est fort heureux qu'elle ne se soit pas jetée à l'eau, car ils étaient six dans le *youyou*, et ces animaux nagent plus vite qu'un canot armé de quatre hommes, car ils prennent quelquefois des phoques à la nage. M. Kennedy raconte que leurs *tracks* (traces) ont treize ou quatorze pouces de long, les jambes de devant sont plus courtes que celles de derrière. Quand ils sont blessés en fuyant, ils se retournent et cherchent à mordre le corps qui les a frappés ; supposant qu'il y a un ennemi derrière eux, ils donnent un coup de patte. Les matelots prétendent que c'est une poignée de neige que l'animal applique sur sa blessure. Cette ourse, bien que très-remarquable, et un des plus beaux spécimens, disent les chasseurs, par un effet de mirage, sans doute, m'avait paru plus haute qu'un bœuf. Un instant après, je la voyais sous des dimensions considérables encore, mais moins fortes. Les chasseurs disent avoir éprouvé la même impression. Dans la soirée on donne la chasse à un nouvel ours qui se jette à l'eau, et, au milieu des glaçons, dépiste notre youyou. Quand cet animal se jette à l'eau, il plonge jusqu'au canot, et, là, applique ses pattes sur les *fargues*, ce qui est plus dangereux que s'il venait en nageant.

6 et 7 Juillet. — Je passe toute la journée du dimanche couché. M. Kennedy est venu me lire les prières.

Au point du jour, nous sommes, par un temps clair,

près du *Waigat*. La terre, à quinze milles, excessivement haute. Le soleil dissipe le brouillard, et, par un temps très-clair, nous voyons la plus belle scène. Au fond, ces montagnes élevées, aux teintes d'un bistre rougeâtre ; sur le haut, des lignes blanches de neige ; le sommet de plusieurs, couvert d'une éternelle enveloppe, semble braver les rayons du soleil. Leur image se reflète dans le ciel et double leur élévation. Nous sommes au milieu de cent cinquante *ice-bergs* aux formes les plus variées. Comme nous sommes près de la terre, c'est-à-dire près du lieu de leur formation, la plupart conservent le type de fragments de ruines aux colossales proportions ; il me semble voir sur une échelle décuple les faubourgs de Montevideo, une ville assiégée pendant huit ans, et dont les approches recèlent la destruction. Tout est débris, tout est mutilation, rien qui soit intact ; ici un pan de mur criblé de boulets, là un *mirador* élevé qui menace ruine. Partout des ruines. Plus loin, un *ice-berg*, aux sillons profondément creusés, s'entr'ouvre comme une grenade mûre ; ou paraît un volcan éteint dont le cratère est béant, ou bien encore une prodigieuse masse semblable à une pierre calcaire qui se fendille dans tous les sens.

Dans l'après-midi on est obligé de me saigner. C'est la première fois que je subis cette opération, et je reste debout pendant qu'on me tire trois pleines assiettes de sang. Je tombe tout d'un coup en balbutiant ce nom si cher : Ma mère ! Pauvre mère, si elle me voyait !

A l'anéantissement succède une faiblesse pleine de bien-être. Ce doit être une mort douce que celle qui suit une abondante saignée dans un bain.

8 juillet. — Deux navires sont en vue. J'ai heureusement quelques lettres prêtes à envoyer par le *Pacifique* d'Aberdeen et *Jane* de Bo'ness. Je me lève afin qu'on me voie et qu'on ne puisse pas dire que j'ai été trop mal. On me croirait mort.

Des nouvelles, non pas importantes quant à ce qu'elles annoncent, mais du moins pour fixer nos idées, nous sont données. Les Américains ont été emmenés par le courant jusque dans le sud de Disco, et donnent des détails sur les traces trouvées à l'île Beechey et sur la côte entre le cap Riley et le cap Spencer : trois tombes portant les noms d'hommes de l'*Erebus* et du *Terror*, une avec la date d'avril 1846; d'autres débris prouvent que l'expédition de sir John Franklin a passé là son hiver. Ce qu'il y a de plus étonnant pour moi, c'est que l'on n'y ait point trouvé un document indiquant la direction que ce capitaine a dû prendre. A-t-on mal cherché? Ce n'est pas possible, une fois qu'on était sur le terrain. Le capitaine Ommaney a-t-il trouvé le document? Il en aurait évidemment parlé; car il ne peut avoir craint d'amener sur le véritable endroit des recherches un trop grand nombre de concurrents; une pareille conduite serait bien coupable, quels qu'en fussent les motifs. D'un autre côté, comment admettre que sir John Franklin eût manqué ainsi aux usages des voyages de découvertes? On peut se perdre en conjectures, et le champ du possible est tellement vaste, que, pour ne pas s'y perdre, nous devons attendre, je crois, les renseignements que nous trouverons à Griffith.

Le fait saillant, c'est la route que les glaces ont fait suivre aux Yankees, portés d'abord au nord du canal de Wellington plus nord qu'on n'y avait pénétré, puis redescendant les détroits et la baie de Baffin. Voilà l'élément vrai qui prouve le courant polaire et l'existence du passage nord-ouest. Dans quelle direction est ce passage? voilà le hic! S'ils ont été portés au nord, ne serait-ce point que le passage se trouve entre la terre de Boothia et le cap Walker, puisque le courant va se heurter au fond du canal de Wellington et redescend? — En tout cas, j'aime trop sir James Ross pour ne pas être trèscontent que ce qui est arrivé à l'*Investigator* se soit présenté pour d'autres. Les Américains se plaignent, dit-on, beaucoup de leur équipage, qui est faible et d'assez mauvaise volonté. A un moment un des deux navires a dû être abandonné et les équipages des deux sont restés à bord d'un seul, ce qui, du reste, avait l'avantage d'économiser le combustible. Le *Pacifique* a déjà sept baleines et un baleineau. La *Jane* en a de même sept. Encore trois ou quatre et leur saison aura été excellente. Ils se rendent dans le sud. Nos lettres seront remises, si faire se peut, sur le *Cod-Bank*, c'est-à-dire la barre d'Holsteinsborg. — Au moment où nous nous séparons, les équipages des deux navires montent dans les haubans et nous saluent de trois *cheers* (acclamations). J'ai heureusement obtenu du chirurgien de l'acétate de plomb.

9 juillet. — Nous continuons à nous diriger sur Uppernavik, au milieu des *ice-bergs* et de *streams of light ice*. La visite d'hier vient heureusement faire diversion à nos préoccupations.

10 juillet. — Temps brumeux et épais. Nous apercevons les roches de Sandersons-Hope. C'est en prolongeant l'île où se trouve cette pointe qu'on arrive à l'établissement, dont le nom est mal placé sur la carte; je cherche des yeux l'endroit qu'on me montre et ne vois rien; enfin, à la longue-vue, j'aperçois quelques maisonnettes qui constituent sans doute la ville. La goëlette met en panne, et M. Kennedy et moi nous allons à terre, où, après avoir débarqué au milieu de glaçons et d'une vingtaine d'individus assez sales, on nous montre le gouverneur, qui, sans crainte de déroger, vient au-devant de nous, nous recevant du reste fort poliment. Né à Lively (île Disco), il n'a jamais quitté le pays et dit quelques mots anglais que son fréquent commerce avec les baleiniers lui a appris. Comme nous ne savons ni le danois ni l'esquimau, je cherche à mettre à profit ces quelques phrases allemandes que j'ai préparées à l'avance. Soit que je les prononce mal, soit que l'accent danois diffère beaucoup de l'allemand, il ne les comprend que lorsque je les écris avec les caractères allemands. Cet établissement, le plus nord que possède le Danemark, comporte en plus un aumônier et quelques Européens. Le reste de la population est esquimau ou le produit du croisement des races. Trois maisons en bois pour le gouverneur et

l'aumônier, une chapelle, une école, quelques magasins, composent la ville haute, le quartier aristocratique. Les autres employés et les autres matelots blancs habitent pour la plupart des huttes qui ne diffèrent à l'extérieur de celles des naturels que par l'emploi de portes et de fenêtres. Les mots de gouverneur, d'établissement, me remettent en tête ces titres de rois, de princes, si généralement concédés aux chefs de tribus ou quelquefois d'une poignée de sauvages, et mes désappointements de jeune voyageur lorsque je visitai les mers de l'Inde. Cependant la maison du gouverneur, puisque gouverneur il y a, est assez confortable. Un véritable râtelier de pipes aux longs tuyaux dénonce l'habitation allemande. Bientôt nous sommes présentés à toute la famille, composée de madame la gouvernante, de race esquimau, et à cinq petits enfants qui ne se distinguent du vulgaire que par plusieurs articles européens dans leurs vêtements. L'établissement trafique avec les Esquimaux de la côte des peaux et de la graisse de phoques, dont un certain nombre, du reste, sont tirés par les gens même d'Uppernavik, qui vivent en partie de la chair des animaux qu'ils tuent et en partie des rations qui leur sont fournies, bien que dans ces dernières années, la guerre du Holstein faisant craindre l'interruption des relations avec la mère patrie, le gouverneur ait plusieurs fois suspendu la distribution des vivres d'Europe. Cette année, les phoques avaient été rares ; cependant, entre Proven et Uppernavik ils valaient 1,000 francs. Une peau d'ours vaut 40 dollars danois, un renard bleu 4, et un blanc 2 ou 3 en Danemark. Ma présence à bord du *Prince-Albert* l'étonne beaucoup ; mais je la lui explique en anglais et en allemand, et lui laisse quelques mots par écrit en trois langues que l'aumônier lui traduira. Il n'est pas venu, me dit-il, de navire français depuis 1835 à Uppernavik.

Humboldt (*Cosmos*, p. 234 et note 367, 2ᵉ vol., édition latine), parle de l'inscription runique trouvée sur une des îles au nord-ouest du groupe des îles des Femmes, nommée *Kingitoarsuk*, semblant prouver qu'en 1135, des aventuriers du Groënland et de l'Islande avaient précédé

Baffin. Je me promettais de les aller visiter; mais le gouverneur me dit qu'en 1824 ces pierres ont été emportées en Danemark. — Six chiens et un traîneau nous sont donnés pour 4 livres sterling. Mais la grande difficulté est de rassembler cette quantité d'argent. Nous comptions en effet avoir tout ce dont nous aurions besoin des naturels eux-mêmes, mais dans tous les établissements sans doute on préfère l'argent à tous les articles dont on est approvisionné, et de la vente desquels les Danois tiennent à avoir le monopole. Tout cela nous prenant un peu de temps, le navire est amarré dans une petite crique, et je retourne à terre avec quelques boîtes de bonbons pour la famille du gouverneur. Je suis alors présenté à madame Krafg, la femme du ministre, que je regrette d'autant plus de ne pas rencontrer, qu'il parle l'allemand, l'anglais et comprend le français; le latin même m'eût peut-être servi. Depuis un an dans le pays, il doit y rester encore sept ans. Sa femme et sa sœur l'ont accompagné. Ces dernières comprennent tout ce que je leur dis en allemand; toute la famille appartient à la religion luthérienne. — Pour quelques mouchoirs et des anneaux, des colliers, j'obtiens de faire poser deux femmes, quoiqu'il faille un peu que madame la gouvernante use de son influence. Le type de physionomie est pour les deux sexes celui que j'ai rencontré dans l'Amérique du Sud, du moins quant à l'observation superficielle que j'en ai pu faire : yeux bridés, cheveux noirs, longs et plats; les femmes les portent retroussés à un chignon sur le sommet de la tête, comme les Chinois, mais sans tresse derrière; de doubles cottes en peau de phoque, disposées de façon que les côtés sans poils se touchent et puissent être graissés, des culottes et une casaque avec un capuchon, le tout en peau de phoque, forment l'accoutrement des deux sexes. La casaque des femmes diffère seulement par une queue retombant devant et derrière, et leurs bottes sont, pour les élégantes du moins, en cuir tanné et teint en couleurs éclatantes avec bigarrures de peaux de différentes couleurs. Les femmes portent les enfants sur le dos dans une poche ménagée dans la casaque. De grands pieux supportant quelques pirogues, et surtout une bande de chiens couvrant un monticule de terre, m'indiquaient une hutte, et je priai qu'on demandât si je pouvais y entrer. Ayant reçu une réponse affirmative, je cherchai vainement la porte. *Chiamo! chiamo!* me criait-on du dedans : il me fallut l'aide d'un des assistants pour deviner qu'une ouverture, à peine de deux pieds de haut, recouverte d'une peau, était la porte. Des bouffées chaudes et chargées de fétides émanations m'arrivent; je sens s'ébranler mon courage, mais enfin je pénètre dans l'intérieur de la hutte, après avoir rampé, sur une longueur de deux mètres, dans une sorte d'égoût aux murailles humides, dont le pied repose dans une boue détrempée de sang, d'eau, d'huile et de graisse. Non, jamais je n'oublierai l'impression causée par ce que je vis; bien que je me crusse préparé à tout par les nombreuses descriptions que j'avais lues de ces misérables huttes. Encore ceci est-il dans un endroit comparativement civilisé, où l'exemple des Européens doit créer et crée des besoins de confort inconnus aux peuplades errantes, dans un établissement que visite tous les ans un inspecteur envoyé par le gouvernement de Copenhague. Une enceinte rectangulaire de pierres, recouvertes à l'extérieur d'une épaisse couche de terre, et à l'intérieur de trois ou quatre planches, forme la carcasse, la charpente de la hutte; de chaque côté de la porte et au fond, une sorte de treillage à un pied du sol et de trois à quatre pieds de large, recouvert de peaux servant de lit et de table. Dans l'espace du milieu, qui a à peu près trois pieds, une moitié de phoque, dont la graisse a été enlevée, mais dont les chairs saignantes sont foulées aux pieds, et qui est là à portée des appétits des hôtes de la hutte.

Sur un des côtés, une vieille femme presque aveugle, aux jambes et aux bras nus, aux mèches grisonnantes, coud des peaux qu'elle remue avec ses pieds et ses mains. Ses paupières rouges ressortent sur la couleur bistrée par cette maigreur qu'on ne trouve que chez les individus de cette race. On dirait d'une vieille sorcière de

Macbeth. — Près d'elle est couché son fils, le maître de la maison, qui se met sur son séant pour me faire les honneurs de chez lui. Au fond, une jeune femme, presque nue, allaite un enfant nu qu'elle tient d'une main, tandis que de l'autre elle rassemble à la hâte quelques peaux qui forment ses vêtements. Deux lampes, où brûle une huile fétide, remplissent le double rôle d'éclairer et de chauffer l'appartement. Des harpons, quelques lances, des rouleaux de peaux, sont appendus aux murs ou posés verticalement, la partie inférieure plantée au milieu de détritus de toutes sortes.

Point d'ouverture qui laisse échapper la fumée; un seul trou près de l'entrée, voilé par de minces enveloppes d'intestins ou boyaux, laisse seul voir qu'il y a un monde extérieur. Je me sens suffoqué; le nez, la gorge, l'œil, tout est affecté, mais je veux voir. Je cherche même à cacher ce que j'éprouve et lorsqu'une main huileuse s'étend vers moi en signe de bienvenue, je cherche un mouchoir que je tends en cadeau pour éviter la bienveillante étreinte qui me menace.

De légers présents ont bientôt fait des amis de ces pauvres déshérités de la nature; et comme le plongeur qui se prépare à un long effort, je cherche à voir le plus possible, en retenant ma respiration et en aspirant le moins que je puis de cette atmosphère.

Comment des êtres humains peuvent-ils vivre dans de pareilles conditions? C'est un problème dont on croit la solution impossible jusqu'à ce qu'on l'ait vue. Lorsque j'ai satisfait ma curiosité, j'examine de nouveau l'extérieur, et deux barriques qui annoncent l'aisance de mon nouvel ami; leur contenu est suffisamment indiqué par la présence de nombreux chiens qui en viennent lécher les graisseux contours; c'est la provision particulière de l'Esquimau, ou plutôt du Huskie. Esquimau, qui veut dire mangeur de poisson cru, est un nom donné à ces pauvres peuplades par les Indiens qui, au nord de l'Amérique, leur ont fait longtemps et leur font encore de temps à autre la guerre. Ils considèrent ce nom comme une insulte, même sur la côte du Groënland, où l'on comprend parfaitement le langage parlé sur la côte du Labrador. M. Smith, notre *Steward*, qui a appris leur langue à la baie d'Hudson, se fait très-bien comprendre d'eux.

Des parties de phoques sèchent au bout de longues perches, et je vois des sortes d'outres à la couleur rougeâtre, dont je cherche en vain l'origine; ce sont des panses de daims tués sur la grande terre. Ces outres contiennent le sang et les intestins, qu'on laisse macérer pendant plusieurs jours. M. Hepburn connaît tout cela et sir John Franklin doit en parler dans son voyage.

Toutes les parties du phoque sont utilisées, et cet animal doit être divinisé par eux. J'avais trouvé d'abord la maison du gouverneur assez confortable, mais maintenant elle me paraît une somptueuse demeure.

Les Esquimaux ont apporté à bord quelques perdrix semblables à celles que j'ai vues en France; mais ils vendent tout cher, et, suivant le proverbe écossais du docteur, ils ne voudraient pas vendre leurs *hens on a rainy day* (leurs poules par un jour pluvieux), parce que la pluie les fait paraître maigres.

Nous n'avons pu trouver d'interprètes : le gouverneur nous déclare qu'aucun des Esquimaux ne viendrait avec nous. Sans doute il a des ordres de son gouvernement pour cela, car M. Penny, qui y a pris M. Peterson, a demandé à l'amirauté qu'on intercédât près du Danemark. En me retirant, je suis sur le point de mettre le pied sur un petit phoque dépouillé; je saute en arrière, parce que je le prends pour le corps d'un enfant.

Vers sept heures, nous appareillons avec une légère brise. A dix heures, une pirogue vient le long du bord avec un Esquimau de l'une des îles qui se rend à l'établissement. On ne peut voir sans frémir ces hommes s'aventurer à une distance quelconque dans ces frêles esquifs, dont les bords s'élèvent à peine à quatre pouces au-dessus de l'eau quand le propriétaire est dedans. Longue de 4 à 5 mètres, sur 0^m60 de large, et 0^m30 à 0^m40 de haut, une pirogue, ou *kayak* (prononcez jayaque, le *j* espagnol), est faite de peaux cousues ensemble et assemblées sur une légère carcasse d'os ; recouverte en dessus, elle a au milieu un trou, derrière lequel se trouve placée une ligne de cuir attachée à son harpon. Comme il n'y a pas de garde-mer en général, la grande difficulté est de savoir conserver l'équilibre ; cependant on en trouve quelquefois entraînées à de longues distances. Si la pirogue chavire, comme l'Esquimau n'en peut sortir, il est perdu, mais il se redresse avec sa pagaye. A les voir ainsi enchevêtrés l'un dans l'autre, on se demande si c'est la pirogue qui s'est faite homme ou l'homme qui s'est fait pirogue ; et, si les anciens eussent vu de ces êtres moitié homme, moitié bateau, ils en eussent fait une race à part avec bien plus de raison que des Centaures.

« *Troco!* » nous crie notre visiteur ; et je lui apporte différents objets pour ses harpons. Je lui fais voir un miroir, et je ne sais comment dire le rire stupide, mais si franc et si naturel, qu'il fait éclater en voyant son image ; mais sa joie est sans bornes lorsque je lui fais voir une poupée. Ces gens sont intelligents sous leur enveloppe si animale ; quand celui-ci me voit paraître, bien que je sois vêtu comme tous les autres : « *Capitan!* » dit-il ; je lui fais signe que non. — « *No guishi*, » me dit-il ; « *you mericam.* » (Vous n'êtes pas Anglais ; Américain plutôt). Cependant rien n'a trahi ma nationalité aux yeux des baleiniers que nous avons vus jusque-là.

11 juillet. Nous sommes retenus par les calmes près des îles qui sont au nord-ouest du groupe des îles des Femmes et le temps est mis à profit : un canot est envoyé à différentes reprises à terre, et en très-peu de temps il a rapporté vingt-trois douzaines d'œufs de *cider duck* (*anas mollissima*, ou canard-édredon). Ces œufs, gros comme deux fois nos œufs de poule, fournissent un ample rafraîchissement à l'équipage ; ils sont ou bruns ou verdâtres ; ces derniers ont la forme conique plus marquée que les nôtres.

Trois tombes, dont l'une de 1825, M. Craig. chirurgien du *Rambler*, une autre, un mousse de onze ans,

1837, ont été trouvées sur l'une de ces îles. — Le temps est magnifique et il fait presque chaud. Le thermomètre est à 12° 78'; nous restons immobiles sur une mer d'huile. Ce n'est point un de ces calmes de l'Océan, où il y a toujours une houle qui agite le navire et où les voiles retombent pesamment le long des mâts. Il semble que tout sommeille; l'équipage est en bas parce qu'il n'y a rien à faire sur le pont. Mais, grâce à ces rayons bienfaisants qui dorent d'un gracieux reflet les surfaces polies des *ice-bergs*, la nature n'est point morte ; on sent la vie sous cette complète immobilité : c'est l'image du repos, et non de la mort. De temps en temps, une sourde détonation annonce le résultat de la décomposition amenée sans doute par la chaleur; un roulement saccadé se fait entendre, semblable au fracas du tonnerre dans nos orages d'automne, et nous voyons la tête d'un *ice-berg* se détacher du tronc, glisser en mugissant, et se précipiter dans l'onde au milieu des nuages d'écume qui jaillissent à une grande hauteur. Le monstre oscille plusieurs fois comme pour se raffermir sur sa base, ou peut-être en signe de salut aux autres *ice-bergs*, car, qui peut traduire le mystérieux langage de la nature? Une longue houle va dire à plusieurs milles de distance son entrée dans le monde; quelques minutes encore et, naguère partie dépendante d'un bloc plus gros, il est maintenant lui-même membre de cette famille de géants.

J'ai vu plus d'une fois le lancement d'un vaisseau, cet admirable résultat des efforts de l'homme ; j'ai senti mon cœur se serrer au moment où, le signal donné, il s'avançait lentement, faisant craquer sur son passage le chêne de son berceau, et j'avais battu des mains en voyant flotter cette masse énorme dont je considérais la mise en marche comme le *nec plus ultrà* des résultats de la mécanique; qu'est-ce que cela, comparé à la scène d'aujourd'hui? O hommes! que vous êtes petits dans le monde; que vos chefs-d'œuvre sont grêles et mesquins, près des travaux de ce grand maître qui s'appelle la Nature! Qu'est-ce que vos pyramides de deux cents pieds, votre dôme de Saint-Pierre, du Kremlin? Voilà des montagnes de huit cents pieds hors de l'eau et dont la base a deux mille pieds de profondeur ; voici des coupoles, voici des dômes à quatre cents pieds de haut ! — Il est impossible de ne pas frémir en songeant avec quelle facilité de pareilles masses pulvériseraient un canot, un navire qui se trouverait dans leur voisinage. — Nous étions bien à un mille et demi de l'un d'eux lorsque l'éboulement a eu lieu, et la houle est venue nous remuer pendant plusieurs minutes. Elle n'est pas brisée par l'agitation des lames, ce qui rend cette transmission plus facile (cela m'a fait penser que la théorie des ondes explique bien plus facilement que celle de l'émission les phénomènes acoustiques et lumineux). Du reste, Beechey raconte que, lors de son voyage au Spitzberg, un éboulement ayant eu lieu, la *Dorothée*, abattue en carène à quatre milles, dut se redresser, et que la chaloupe fut chavirée. M. Hepburn m'a confirmé le fait.

12 JUILLET. — Beau temps ; nous avons avancé un peu et nous sommes près des îles de Baffin ; nous distinguons bientôt un, puis deux, puis enfin dix navires ; c'est toute la flotte des baleiniers arrêtée dans sa route au nord par la glace, et qui louvoie le long du *pack* afin de ne pas être *beset* (investie) ; deux d'entre eux cependant n'ont pu l'éviter, le *Truelove*, capitaine Parker, et le *Joseph Preen* sont à quelques milles pris par la glace.

Les Américains sont un peu plus loin, à vingt milles au nord, et l'un d'eux était échoué hier sur des roches. Pensant bien que nous avons des lettres et des journaux pour eux, ils envoient des baleiniers à bord ; l'un d'eux passe avec son canot sur la glace pour venir à nous. Une notice nouvelle du docteur Kane répète les détails des traces trouvées à Beechey par les hommes de Parry, ce dont les capitaines sont naturellement enchantés. « C'était un des nôtres, disent-ils, un grand homme ! » Les Américains ont été *drossés* jusque par 65°30' de latitude, ayant ainsi parcouru un trajet total de mille cinquante milles.

La scène est aujourd'hui on ne peut plus animée : dix navires manœuvrant dans un espace assez resserré, pour éviter les glaces et ne pas s'aborder, jettent du mouvement et de la vie autour d'eux ; on dirait une ruche dont les abeilles courent de côté et d'autre. Les nouvelles qu'ils nous donnent de l'état de la glace, de leurs succès, de leurs espérances, occupent plusieurs heures.

A côté de ces pesants trois-mâts de trois cents tonneaux aux larges flancs, couverts de rapides embarcations de pêche, notre petite goëlette semble bien frêle ; plusieurs en font la remarque. On dirait le gracieux alcyon venant se mêler aux jeux des puissants albatros ; mais la grâce rapide, l'agilité surtout de ses mouvements, nous permettent mieux qu'à eux de courir au milieu des glaces : partout où une ouverture se présente, le *Prince-Albert* s'y glisse, et sa petitesse lui donne dans cette navigation spéciale une facilité de locomotion que n'a pas un navire aux proportions plus vastes. Et d'ailleurs les Baffin, les Hudson, les Davis, n'ont-ils pas fait leurs découvertes sur des navires encore plus faibles ? Qui songerait à se plaindre, au milieu du confortable relatif dont nous jouissons ? La plupart ont cinquante hommes d'équipage et un chirurgien. Les chirurgiens sont généralement des jeunes gens ayant fait tout au plus quelques études médicales et trop jeunes encore pour songer à une clientèle ; plusieurs d'entre eux sont venus à bord, et parlent presque tous avec enthousiasme des surexcitations de cette vie nouvelle, si pleine d'imprévu à certains jours. Les baleiniers naviguent presque toujours deux par deux dans la région des glaces, en cas d'accident. L'un des hommes placés en vigie à la tête du mât signale une baleine : Vite, vite, armez les embarcations ! et les rapides pirogues toujours prêtes sur les côtés du navire sont mises à la mer, elles ont d'avance leurs harpons, leurs lignes de pêche soigneusement préparés. Hardis rameurs, que vos bras vigoureux ne se ralentissent point, car la victoire est à celui qui le premier à pu harponner le cétacé ; et le canot, comme un coursier intelligent, semble animé de l'ardeur commune ; il fend l'onde et laisse derrière lui un long sillon d'écume ; le patron, sur qui repose toute la manœuvre, armé d'un long aviron, le guide avec intelligence ; debout à l'avant est le harponneur, épiant le moment ou l'animal lui présente une partie quelconque de son corps ; le harpon est lancé, une large nappe rougeâtre couvre la surface de l'onde. Hurrah ! bien touché ! mais attention maintenant et ne nous endormons pas sur nos lauriers, car jusqu'ici il n'y a point eu lutte, mais attaque seulement ; l'inoffensif blessé plonge dans l'abîme, et, poussé par la douleur, il poursuit avec une effrayante vitesse une course frénétique vers des régions où il croit éviter son ennemi. De temps en temps il remonte à la surface pour respirer, et fait jaillir des flots d'écume et de sang ; de nouveaux harpons le forcent à replonger et à reprendre cette course ; à chaque blessure un nouvel ennemi s'attache à ses flancs et il n'est pas rare de voir une baleine traîner ainsi trois, quatre, cinq embarcations pour lesquelles ce moment est plein de dangers, car la rapidité avec laquelle elles volent sur la mer est telle que les lignes des harpons prennent souvent feu et qu'on est obligé de les arroser constamment ; enfin, épuisée par ses efforts, elle meurt et elle est amenée le long du bâtiment. Le harpon est lancé à bord de quelques bâtiments au moyen d'un fusil ; il y en a même de construits de façon à tuer immédiatement l'animal au moyen de quelques gouttes d'acide prussique, ce qui rend désormais cette lutte ignoble. Aussi le pauvre cétacé, traqué, pourchassé de toute part, s'en venge en émigrant, et depuis le commencement de la pêche le nombre en a considérablement diminué ; elles se portent vers les régions plus tempérées. Pareille au noble taureau assailli par les incessantes attaques du picador, elle se précipite quelquefois en aveugle sur ses ennemis et d'un seul mouvement d'une queue puissante fait voler en éclats les pirogues, ou trompe leur haineuse avidité en brisant la ligne par un effort désespéré et en allant mourir dans quelque coin inconnu, mais au moins sans servir de pâture à ses ennemis. Pauvre animal ! n'est-ce point là la lutte du lion et du moucheron ? Ignominieusement dépecée, elle remplit plusieurs tonneaux ; les fanons de la bouche sont enlevés sous des nuées de *molly-mokes* et de *rotches*[1], que n'effraie point la présence des matelots. Dans la soirée, nous voyons les Américains du haut de la mâture, mais sans pouvoir nous en approcher, car devant nous s'étend une barrière de glace qui nous empêche de remonter plus au nord. Des vivres sont montés sur le pont pour le cas où nous serions obligés de laisser le navire.

13 JUILLET. — Vers une heure du matin, le vent soufflant dans la direction du sud-ouest amène sur nous les glaces flottantes du large, et, nous pressant contre la glace qui est le long de la côte, nous prend ainsi comme dans un étau. Vers cinq heures la brise augmente. Nous serrons les voiles, mais nous sommes toujours poussés au milieu des glaçons, et nous enlevons le gouvernail afin qu'il ne soit pas brisé contre le bord. Il n'y a rien à faire autre chose qu'attendre; aucun effort humain ne peut nous tirer de là et pour un début nous ne sommes pas mal pris. Chaque fois qu'un changement de vent nous fait changer de direction, j'entends dans ma couchette les grincements du navire, à mesure qu'il glisse contre les arêtes des glaces, et, comme c'est la première fois que j'entends ce bruit à bord d'un grand navire, je ne laisse pas que d'être un peu ému. C'est la même sensation que celle qu'on éprouve dans un canot qui s'échoue ou passe sur un banc de roches. Je n'ai éprouvé cela que sur le *Berceau*, dans la nuit où se perdit le *Colibri*. Vers midi, une neige épaisse nous couvre; aussitôt la brise tombe et nous sommes entourés de glace et immobilisés, mais sans danger pour le moment. A chaque jour suffit sa peine! pour aujourd'hui victoire, dont nous devons nous réjouir sans doute, mais non nous glorifier. Vers dix heures un ours paraît sur la glace, mais il disparaît au milieu de brouillards où il ne serait pas prudent de le suivre. Il y a une vingtaine d'années, le baleinier *Lady-Forbes* a été *nipped* (pincé) entre deux *ice-bergs* à l'endroit même où nous sommes. Les *floes* (glaçons) qui sont

---

[1] Oiseaux des mers du Nord.

poussés sur nous par le vent, forment, en se resserrant, et tout autour de nous, une plaine de glace aussi loin que l'œil peut s'étendre, vaste plaine accidentée par quelques *ice-bergs* et des collines formées de la manière suivante : quand deux *floes* sont mis en contact et pressés l'un contre l'autre, le plus faible est brisé, et les bords se dressent verticalement. Nous nous rapprochons de plus en plus des îles, mais notre peu de tirant d'eau est ici une sauvegarde. Deux phoques ont été vus dans le lointain sur la glace. Les *floes* sont de trois à quatre pieds d'épaisseur. Nous nous préparons à laisser le navire ; les provisions sont montées sur le pont, et nous faisons nos paquets.

14 JUILLET. — Beau temps : le soleil paraît un peu et fond la croûte des glaces autour de nous. Les glaçons se desserrent, et, bien que nous ne soyons pas dégagés du tout, au moins ne passent-ils pas sur les côtés du navire. On jette l'ancre sur l'un des plus gros, et nous faisons de l'eau, puisant avec des sceaux dans des sortes de mares qui se forment de loin en loin. Dans la soirée, on plante une cible sur laquelle s'exercent les tireurs. L'état de mes yeux m'a forcé à changer mes heures de repos : je saurais à peine distinguer le jour de la nuit, si ce n'était par les repas, car nous entrevoyons à peine le soleil dans le jour, et, la nuit, il y a une clarté qui pénètre partout et dont nous pouvons à peine nous défendre pour dormir. Un de nos pigeons a été mordu par les chiens et ne sera pas en état de voyager cette année.

M. Leask a exprimé tous ces jours-ci l'opinion que l'on ne pourrait pas *cros to Melville bay* (parvenir à la baie de Melville) cette année ; nous serions alors obligés de tenter le passage par le sud. A chaque difficulté qui surgit devant nous, ma pensée se reporte vers ceux que nous cherchons, et sur la pauvre lady Franklin. Quel serait son désespoir, si le *Prince-Albert* revenait encore cette année sans avoir pu accomplir sa mission !

15 JUILLET. — Beau temps ; tous les hommes lavent,

profitant de l'eau douce qu'il ne faut pas aller chercher loin. On parle à table de la nourriture exigée par les pays froids. Je pouvais à peine croire qu'un homme mangeât huit livres[1] de viande; c'est la ration donnée par la Compagnie d'Hudson, ou douze livres de poisson, ou deux livres de *pemmican*. Le docteur Richardson et sir John Franklin doivent en parler, dit M. Hepburn.

Nos chiens sont bien acclimatés à bord et se nourrissent des débris de nos tables. Quoique la viande de phoque soit leur nourriture habituelle, ils sont tellement habitués aux mauvais traitements qu'ils tremblent chaque fois qu'on s'approche d'eux; ils ressemblent bien plus à des loups qu'à des chiens, avec leurs oreilles pointues et leur queue touffue. Ils ont, du reste, l'air fort peu intelligent, quoique susceptibles d'attachement, car, à Uppernavik, j'en ai vu s'approcher de leurs maîtres avec les démonstrations habituelles de joie. Sur le territoire d'Hudson trois charges de poudre sont données pour rations; les femmes elles-mêmes sont habiles tireuses, et M. Hepburn, dont sir John Franklin vante l'adresse, me dit qu'il était toujours moins heureux que miss Macoulay à Athabasca. M. Smith en cite plusieurs. M. Hepburn me dit qu'un jour sir John Franklin fut salué par une décharge d'une dizaine de coups de fusil que tirèrent les femmes de je ne sais quel village, les maris étant absents. M. Smith me fait voir les *guggles* esquimaux; c'est une sorte de demi-masque couvrant les yeux et s'adaptant sur le haut du nez. Les Esquimaux fashionnables les ont en bois artistement travaillé, ou en ivoire de défenses de morse. Je ne pense pas que le *mow blindness* (maladie des yeux) vienne de la réflexion du soleil sur les neiges, car c'est surtout au printemps que ce mal est commun et par des jours brumeux (il est vrai que dans ces jours la réflexion est plus grande), ce qui me fait penser que ce sont les humeurs combinées avec l'éclat des neiges. Sir J. Franklin et M. Kennedy portaient des crêpes de gaze verte contre le *mow*

---

[1] La livre anglaise ne pèse que 453 grammes.

blindness en hiver, et les insectes en été. Cette maladie cause une douleur très-aiguë ; les Esquimaux n'y échappent qu'en portant des *guggles*, et les jeunes gens parmi eux qui s'en dispensent par bravade sont bien vite aveugles. Les Américains sont à six mille de nous, derrière l'île le plus nord, et nous les voyons très-bien de la tête des mâts. Si nous pouvions être près d'eux, notre détention, si longue qu'elle soit, ne serait pas trop ennuyeuse ; mais il peut se faire que nous restions toujours à cette distance respective. Une si longue course sur la glace serait peut-être périlleuse, non-seulement à cause des trous où l'on peut tomber, mais à cause des brouillards qui s'élèvent constamment et d'une façon inattendue, et tellement épais que l'usage du compas ne serait pas du tout une garantie véritable.

Nous avons pour la deuxième fois aujourd'hui un *halo* (arc en ciel de couleur blanchâtre et uniforme) avec deux parhélies. Vers huit heures, une petite brise de nord ouvre les glaces devant nous, et nous nous mettons aussitôt à l'ouvrage. Des angles à glace sont élongés et fixés au moyen d'un trou fait avec une grosse tarière, et nous nous halons, nous frayant un passage au moyen de *poles*, longues perches garnies d'une pointe en fer. Dans la journée nous nous étions heureusement préparés, en dégageant le pont et en relevant contre les mâts tous les espars. Au milieu sont levés tous les câbles pour le halage du dedans et du dehors et pour le service des canots. Sur les côtés du navire sont en ordre les scies, ciseaux, etc.; enfin, c'est le branle-bas général au grand complet. Nous remontons le gouvernail et mettons à la voile dans un bassin d'eau de libre quelques milles.

16 JUILLET. — Vers deux heures, nous sommes arrivés à la limite de l'espace libre, et nous nous amarrons à un *ice-berg* qui est échoué à quelques encâblures derrière la plus nord-ouest des îles Baffin du nord. A peine arrivés, nos chiens sont lancés sur la glace, et les pauvres bêtes sautent, hurlent, se roulent et jouent, témoignant ainsi le bonheur qu'ils éprouvent à se retrouver

sur leur élément. Garantis du froid par une épaisse fourrure, ils se roulent et gambadent sur ce blanc gazon de neige avec plus de plaisir qu'ils ne le feraient sur la plus verte des pelouses. Pendant que nous louvoyons, on aperçoit près de terre les Américains, qui, sans doute pour attirer notre attention, hissent leurs voiles de perroquet. De la plus haute pointe de l'île, on ne voit pas d'eau dans la direction du nord ; quelques hommes vont à terre et rapportent deux beaux *eider-ducks*, mâle et femelle ; ils ressemblent, quant à la forme, à nos canards ordinaires ; le mâle a la poitrine et le dos blancs, le ventre bleu de corbeau, le dessus de la tête bleu, le reste et le cou blanc avec quelques nuances de vert. La femelle a le plumage gris tacheté de blanc ; même grosseur ; on a pris, dans le nid, quatre œufs. Le nid est fait d'édredon que la femelle s'arrache, le plus souvent le mâle y ajoute sa dépouille, et on les prend ainsi le ventre dépouillé. A quatre heures le docteur Kane et M. Murdaugh viennent à bord en costume de voyage. Les cérémonies sont bien vite bannies avec des Américains, et surtout dans les circonstances où nous sommes. « J'ai vu, me dit le docteur, bien des choses qui m'ont étonné ici ; mais ce à quoi je m'attendais le moins, c'est bien à y trouver un officier français. » — Ils ont vu vingt-six ours ; il en ont tué neuf et non vingt-cinq, comme avait dit l'*Advise*, capitaine Reid. Le docteur affirme que l'ours se détourne, et, quand il peut, mord sa blessure pour en arracher la balle. En poursuivant un ours, il a ramassé une balle sur laquelle était l'empreinte des dents. L'énergie de ces animaux est extrordinaire, dit le docteur ; après avoir été blessés, ils courent et se jettent à l'eau, nageant fort longtemps ; on a souvent trouvé leur estomac plein de chair de phoque ; il en a ouvert plusieurs qui n'avaient absolument rien dans l'estomac, et chez qui cet organe était tout rétréci. Ils s'accouplent en mai, et la femelle met bas en décembre. Il a dépouillé l'un deux, qui a deux pouces de plus (huit pieds neuf pouces) que le plus grand mesuré par Parry : cet animal devait peser seize cents livres. Leur forme, derrière, a quelque chose de l'éléphant. — « Les navires du gouvernement, dit-il, sont installés d'une façon trop confortable. Les officiers se renferment à bord et n'osent pas sortir. » Le docteur a étudié un an la médecine à Paris.

M. Murdaugh connaît presque tous les officiers du *Saint-Louis* et du *Brandywine;* il est cousin de Taylor, de sorte que je suis en pays de connaissances. Il nous répète l'observation que j'avais entendu faire par M. Leask, c'est-à-dire qu'il n'y a pas de *landice* (terre de glace); ce qu'on a pris pour de la terre est de la glace brisée, et cela diminue la chance d'un passage à la baie de Melville; ceci provient sans doute de la prédominance des vents de sud-ouest, mais non d'est, dont elle serait abritée par la hauteur des terres. Il nous parle encore des effets étonnants, non du mirage, mais de la réfraction autour même de l'individu pendant l'hivernage; en se promenant on croyait mettre le pied sur un monticule, et on tombait au contraire plus bas; on croyait avoir à sauter d'un *hummock* de quelques pieds, et l'on faisait un saut de dix pieds. Un jour, ils virent quelque chose ayant l'image d'un homme très-grand, huit pieds au moins, dit M. Kane; ils s'approchèrent : c'était un oiseau. Ils avaient vu distinctement l'homme étendre ses bras et les rapprocher comme drapant un manteau, l'oiseau battait tout simplement des ailes.

Leur équipage paraît très-faible; les matelots nous disent qu'ils déserteront à la première terre. Ils sont amarrés près d'un *ice-berg* de deux cent trente pieds; aucun d'eux n'avait été dans la glace auparavant, excepté M. de Haven dans l'expédition Wilkies. Mais il paraît que ce n'est pas la même navigation; ils ne faisaient alors que côtoyer la glace; ils sont étonnés que Snow ait pu publier un aussi gros livre sur rien du tout; ils le regardent comme un charlatan. — Le docteur m'apporte une paire de bottes et un pantalon de peau de phoque. — La glace de terre est brisée non par le vent, mais par le *swell* des vents du large. — Les Américains ne sont pas contents de ce que Snow dit qu'ils ont la paye du grade supérieur au leur, ce qui est faux. — Le docteur Kane trouve qu'on ne rend pas justice à l'ours polaire, en ce que, dans la classification, il est considéré comme un des animaux les moins intelligents.

17 juillet. — Beau temps. De petits souffles de brise du nord nous favorisent et nous cherchons à faire le plus de route possible au nord, quelquefois à la voile, mais le plus souvent en nous remorquant. C'est une incroyable besogne que cette navigation au milieu des glaçons d'un pied seulement au-dessus de l'eau, mais séparés par trois pieds et plus d'eau libre. Des *floes* de plusieurs centaines de pieds cèdent à l'impulsion donnée et s'écartent pour nous faire passage; il ne faut pas perdre une seule minute, ceci est à la lettre, dans les glaces; car, derrière nous, souvent les *floes* se rapprochent et se joignent de façon à rendre le passage impossible à un autre navire qui nous suivrait seulement à quelques encâblures.

Nous voyons enfin les deux Américains en tête de nous, mais ayant à peine l'avance de leur position première, et dans la soirée nous les eussions gagnés sans une *tongue :* c'est une pièce engagée dans l'eau sous un *floe* et sur le *floe* adjacent. On a cassé la glace avec des haches, des anspects, virant au cabestan sur les deux *floes* par des *aussières* venant sur l'arrière. Nous cassons l'une d'elles; on donne alors au navire une bascule, c'est-à-dire que tout l'équipage, étant d'un bord, se précipite le plus vite possible de l'autre bord au commandement, et ensemble, pour briser la glace par les mouvements du navire. De nouvelles *aussières* nous ont tiré d'affaire. Les Américains étaient aujourd'hui au pied d'un *ice-berg* placé derrière eux, et cependant trois fois haut comme leur mâture, ce qui fait au moins deux cent cinquante pieds, à peu près la hauteur de celui auquel ils étaient amarrés.

J'ai voulu compenser le manque d'exercice en allant *nager* dans un canot pendant une heure, aussi suis-je brisé. Nous avons vu aujourd'hui plusieurs veaux-marins sur la glace.

18 juillet. — Nous nous engageons dans la glace tout près des Américains, dont nous recevons la visite vers neuf heures du matin. Le capitaine de Haven, homme de trente-six ans environ, si je juge de son âge par sa figure, a fait partie de l'expédition américaine au pôle sud. Nous retournons avec eux à leur bord, et je vais voir M. Griffin, beau jeune homme à la physionomie ouverte et décidée. Aucun d'eux n'avait navigué dans les glaces avant ce voyage; mais leur rude apprentissage a été promptement fait : *Aller de l'avant!* est la devise de leur capitaine.

Avec des navires solides et une audace résolue, ils ont triomphé de tout. Ce sont bien là les hardis pionniers de la civilisation au milieu des vastes plaines de l'Amérique ou des sables de la Californie : des gens qui ne connaissent pas le danger, et qui le bravent, moins peut-être par ignorance que par leur courage et leur foi en eux-mêmes ; et je crois que c'est bien d'eux qu'on peut dire que le mot impossible n'est pas dans leur dictionnaire. Ils attribuent leur dérive et celle des glaces, non pas au courant, mais au vent, qui, en effet, comme je l'ai reconnu moi-même, pousse toujours la glace devant lui.

Nous lâchons un de nos pigeons, avec une notice en double expédition attachée à chaque patte, et l'avis que *des traces authentiques de sir J. Franklin ont été trouvées au cap Riley*, imprimé sur plusieurs plumes des ailes. Après avoir tourné plusieurs fois autour des navires, il vient se reposer à bord, nous lui donnons quelque nourriture, et, après l'avoir laissé s'exercer un peu, le remettons en cage. Je pense qu'il faut lui faire faire plusieurs jours cet exercice, et ensuite le faire partir par une bonne brise de nord, en l'effrayant par quelques coups de fusil. — Je suis allé à bord des Américains dans mon canot, que j'essaie pour la première fois, et qui va fort bien ; c'est décidément une heureuse invention de M. Hepburn. Dans la soirée nous nous halons peu à peu dans les ouvertures qui se présentent. Le ciel noircissant dans le sud, nous pensions que nous pourrions être pris de nouveau.

Vers minuit, une rafale de sud-est nous jette sur un *ice-berg* à environ trente pieds ; nous finissons par nous dégager avec l'aide des voiles.

19 JUILLET. — Beau temps. Nous sommes dans la glace et nous nous y halons pied par pied ; je vais à bord des Américains ; nous sommes toute la journée en communication par la glace, la distance qui nous sépare n'étant pas de plus d'une demi-encablure. Le *Rescue* est assez loin derrière. — M. Kane est un voyageur presque universel : attaché d'abord à la délégation de Chine, il a ensuite remonté le Nil, visité la Nubie, puis, sur la côte d'Afrique, parcouru le royaume de Dahomey ; plus tard, il a assisté à la guerre du Mexique, visité la France, l'Allemagne, la Suisse, l'Espagne. Il me montre sa collection d'observations sur la glace.

Nous lâchons presque toujours nos chiens sur la glace où ils s'ébattent et reviennent constamment sans difficulté à bord ; mais aujourd'hui l'un d'eux refuse obstinément de venir, s'enfuit quand on veut le prendre, et, après plusieurs vaines tentatives, la brise nous poussant, on est obligé de le laisser ; à quatre milles de distance nous entendons ses hurlements, et, le sort de la pauvre bête n'étant que trop certain, ses cris plaintifs jettent sur toute la soirée un voile de tristesse ; on le voit toute la nuit restant à la même place, où il mourra de faim, et il est impossible de ne pas avoir pitié de lui ; mais les Américains, derrière nous, n'ont pu non plus le décider à venir. Le docteur Kane a cependant une chienne plus intelligente que les autres chiens esquimaux ; mais il la nourrit lui-même, et, je le dis à la honte de l'espèce, sans être calomniateur, je crains que le siége de la reconnaissance gise chez ces animaux dans l'estomac et non dans le cœur.

Notre pigeon a encore été lâché aujourd'hui, et recueilli de nouveau. Sir James Ross a effectivement lâché deux pigeons, et ce qui tend a prouver que celui qui nous a été donné comme l'un deux est réellement ce qu'on suppose, c'est que : 1° un autre pigeon était avec lui ; 2° il portait les marques de coups de fusil qui peuvent avoir enlevé la notice de sir James Ross ; 3° après avoir été attrapé, quoique difficilement, par les gens de miss Dunlop et mis dans le colombier, il retourna immédiatement au nid et au compartiment où il avait été habitué à aller ; 4° enfin, on croyait le reconnaître à son plumage. — Je suis allé avec le docteur Kane pour chasser deux phoques ; mais ils ont plongé à trop grande distance. Cette chasse n'est pas sans danger à cause de la glace qui est souvent pleine de *pools* ou de crevasses recouvertes de neiges. Il est bon d'avoir un bâton ou au moins de tenir son fusil horizontalement. Nous n'avons pu examiner les trous, qui sont assez curieusement faits avec les dents du phoque et toujours de dessous ; ils ne peuvent les faire de dessus et sont souvent pris de cette façon, la glace se formant quelquefois très-vite : ils se prélassent voluptueusement au soleil, et il faut les plus grandes précautions pour les approcher. Les Esquimaux, pour lesquels ce n'est pas un plaisir, mais une nécessité, passent quelquefois des demi-journées rampant sur le ventre, et restant immobiles quand l'attention de l'animal est appelée vers eux.

20 juillet. — Beau temps. Nous continuons notre opération de halage quand l'ouverture des glaces le permet : à une distance de plus de huit milles nous entendons encore les hurlements de notre pauvre chien ; nous regrettons presque de ne pas l'avoir tué : dans cette vaste solitude si peuplée d'*ice-bergs*, si silencieuse, le son se transmet à de plus grandes distances encore. — Je passe une partie de la journée à bord des Américains. Le capitaine de Haven me dit que des baleines ont été trouvées dans l'océan Pacifique ayant sur elles des harpons des mers arctiques, preuve évidente du passage. Si les baleiniers hivernaient, ils auraient de bien belles chances, ce que j'avais entendu dire déjà ; car, me dit M. de Haven, nous qui n'étions pas à la recherche des baleines, nous en avons vu un grand nombre. Pour la première fois j'observe dans un entre-choquement de deux *flocs*

un mugissement semblable à celui du vent au travers des branches d'arbres, produit par l'écrasement des faces inférieures qui viennent en contact, ou par le dégagement de l'air qui s'échappe à mesure que l'ouverture se ferme?

21 juillet. — J'ai vu à bord du *Rescue* une dent d'unicorne longue de quatre pieds; le docteur Kane en a une de neuf pieds. L'animal en a deux, mais l'une semble croître aux dépens de l'autre. — Le docteur Kane me dit que le livre de M. de Tocqueville est considéré comme tellement exact qu'il est pris pour ouvrage d'éducation aux États-Unis et donné en lecture aux personnes sérieuses. — A bord des Américains, je trouve des compatriotes, les deux cuisiniers et le maître-d'hôtel; l'un des cuisiniers a été tirailleur de Vincennes, et soldat au siège de Rome. Décidément, et tout en ayant le plus grand respect pour ces diverses professions, on doit croire que nous sommes une nation de cuisiniers, de tailleurs et de coiffeurs. Je ne puis que prodiguer du reste des éloges au savoir-faire de nos artistes, qui me font trouver délicieuses les grillades de phoque et le rôti de renne. — Plus de trois cents baleiniers, a dit M. de Haven, sont employés dans les mers du Sud. — On nous raconte un accident burlesque et théâtral arrivé pendant l'hivernage des Américains : un acteur qui jouait un rôle de femme, ayant pris un fer à repasser, se met, au milieu d'un couplet, à pousser de grands cris; son fer lui avait véritablement brûlé les doigts à cause de l'intensité du froid. — Hier nous avons laissé passer la journée du dimanche sans prière, parce que nous étions occupés à un travail incessant et M. Kennedy déclare aux hommes que, s'il se fût agi d'une entreprise commerciale, il aurait arrêté notre besogne, mais que, dans une œuvre de charité, il ne peut y avoir de retard; et je suis bien sûr que ce qu'il dit il l'eût fait. — Pour la première fois nous avons fait usage de la grande scie avec un triangle pareil au mouton des sonnettes.

Nous sommes séparés pour quelque temps des Américains, et, à deux heures du matin, je reconduis le docteur Kane à son bord, tout triste de cette séparation. — A deux heures, le soleil est à 10 ou 15° sur l'horizon, dardant ses chauds rayons qui colorent le sommet des *ice-bergs* de l'ouest.

Notre équipage regrettera sans doute aussi beaucoup cette séparation, car, depuis que nous nous sommes joints, nous avons continuellement travaillé en commun, jour et nuit, nous assistant réciproquement.

22 juillet. — Je suis agréablement surpris à mon réveil de trouver les Américains de nouveau près de nous, et nous aidant, comme toujours, à nous frayer la route entre deux *floes*; service mutuel, du reste. Les environs de la pointe Wilcox et le Pain-de-Sucre offrent plusieurs baies qui paraissent profondes; quelques pointes de terre semblent être des îles. Ces roches sont couvertes d'une glace polie qui paraît s'attacher de préférence sur les surfaces exposées au nord. Dans le fond et au-dessus de toutes terres, j'ai toujours remarqué, depuis Uppernavik, d'immenses plaines que l'on me dit être des glaciers. Les vents plus chauds du sud dissipent les neiges; nous sommes entourés d'*ice-bergs* plus gros que jamais; j'essaie de les compter du haut de la hune et je pourrais donner un nombre impair comme preuve de ma véracité, mais j'aime mieux dire qu'il y en a plus de deux cents en vue.

23 juillet. — En face du *Devils-Thumb*, toujours en compagnie, nous préparons deux autres pigeons avec la notice suivante sur les plumes des ailes : *Authentic trace of sir John Franklin, C. Riley* (traces authentiques de sir John Franklin, cap Riley); et nous cousons à chaque patte l'avis suivant :

« Prince-Albert, 23ᵈ *of july 51*. — *Of Devils-Thumb. All well, in company with the Americans; they were drift by pack ice from Wellington channel down to cape Walsingham, now returning to the searching ground. The entire* squadron *wintered at Griffith' Island. Authentic trace of sir John Franklin ships found at cape Riley; his first winter quarters were at Beechey Island; three graves of seamen with three names. To lady Franklin, Bedford place 21, London* [1].

« J. BELLOT. WILLIAM KENNEDY, *commander.* »

24 JUILLET. — Les pigeons ont tourné toute la journée autour du navire et sont venus prendre leur nourriture; dans la nuit, un d'eux est mangé par les chiens. — J'ai ce matin une longue conversation avec le capitaine de Haven sur la navigation au pôle sud. Le capitaine Wilkes commandait le *Peacock*, *Vincennes*, et le brig *Porpoise;* il avait communiqué ses découvertes à sir James Ross, qui prétendit, ou du moins les journaux prétendirent qu'il avait passé sur les terres du capitaine Wilkes. — La glace du pôle sud ne ressemble pas du tout à la nôtre.

Ce soir, le ciel se couvre au sud-sud-est. Le baromètre est descendu de plus d'un degré. Les *ice-bergs* craquent et détonnent de tous côtés. Le soleil, couvert, ne paraît pas, et nous louvoyons au milieu d'eux comme un voyageur arrivé pendant la nuit dans une ville inconnue, cherchant sa route parmi les palais de marbre de quelque cité italienne. Nous avons encore fait usage de la scie; scié quarante-deux pieds de glace (pieds anglais de 0^{m}304) de deux pieds d'épaisseur en une heure, six hommes sur les cordes, trois aux manches, trois aux pieds, le morceau à scier avait soixante-quatre pieds : on sépare le reste en sautant ensemble dessus (vingt hommes), il se sépare en ligne droite. Surface totale, à peu près un rectangle de soixante-quatre pieds sur vingt.

---

[1] « PRINCE-ALBERT, 23 juillet 51. — Au large du *Pouce du Diable*, tous bien; en compagnie avec les Américains; ils ont été jetés par les *packs* de glace du canal Wellingstone jusqu'au cap Walsingham; maintenant on retourne sur le terrain des recherches. L'escadre entière a passé l'hiver à l'île Griffith. Des traces authentiques du navire de sir John Franklin ont été trouvées au cap Riley ; ses premiers quartiers d'hiver ont été à l'île Beechey; trois tombes de marins, avec trois noms. — A lady Franklin, place Beford, 21, à Londres.

« Signé : J. BELLOT. — WILLIAM KENNEDY, commandant. »

25 juillet. — Ce matin, nous avons vu un unicorne ou narval tacheté; deux coups de fusil l'atteignent, mais il plonge et disparaît sous la glace. Un petit phoque a été tué par M. Kennedy. Les chiens se disputent les détritus et se couvrent de sang. Il est très-difficile d'approcher les phoques maintenant, mais au printemps on les tue sans difficulté. M. Leask dit qu'une fois on en prit dix-sept en cinq heures. — Les Américains sont ripés, et le *Rescue* est tout à fait hors de l'eau. — Le soleil se couchant à l'est, ou plutôt se dirigeant vert l'est à minuit, est un phénomène auquel je ne suis pas habitué, et il m'est impossible de vivre régulièrement à cause de mon service et de la clarté des nuits. Je suis du reste littéralement brisé par les exercices corporels auxquels, tout aussi bien ici qu'à bord des navires de guerre, nous sommes obligés de nous livrer. Plus d'un de nos lions maritimes y resterait peut-être tranquille en gardant son décorum; mais je ne sais s'il est possible de voir des hommes s'éreinter sur une besogne quelconque sans leur donner la main. — Le capitaine de Haven me dit combien il était embarrassé au moment de son armement, n'ayant point sur les lieux de baleiniers du nord, et ayant à faire fabriquer par lui-même tous les instruments; aussi, j'en prendrai une exacte description. Le docteur Kane et moi nous nous rapprochons de plus en plus, et il n'est point de sujet de conversation avec lui dont je ne tire quelque utile enseignement.

26 juillet. — La glace est couverte de phoques, et, malgré les assertions des Américains, l'exemple de M. Kennedy devrait nous engager à passer outre; pourtant nous voulons au moins tenter la fortune, mais à un demi-mille de distance, les premiers que nous voyons regagnent leur humide demeure, et nous en venons à la méthode des Esquimaux, c'est-à-dire que nous plaçons nos fusils en travers sur nos épaules, et que nous nous avançons, rampant sur le ventre et les coudes ou sur les genoux et les mains. Je comprends l'utilité de mes vêtements de peau, qui ne laissent pas prise à l'humidité,

surtout de ces manchettes de peau que me proposait le Huskie d'Uppernavik, et dont je n'avais pu deviner l'usage. Après une demi-heure de ce manége, une abondante transpiration nous couvre le visage; heureusement la glace et la neige sur laquelle nous rampons nous offrent un désaltérant sinon agréable breuvage ; d'ailleurs un beau phoque paresseusement étendu au soleil se prélasse et se roule, frappant la glace de sa queue parfois, et se tournant de notre côté. En ce moment il ne faut pas bouger; mais, quand il semble tranquillisé, lorsqu'il ne regarde plus dans notre direction, nous avançons lentement et en cherchant à étouffer les craquements de la neige ; enfin il y a une heure que nous sommes sur le ventre, mais nous oublions nos fatigues, quand tout à coup, la neige se mettant à bruire comme des feuilles sèches, l'animal s'élève sur sa queue, et, découvrant que nous sommes des ennemis, plonge aussitôt. Je me relève brisé, exténué de chaleur, et prêt à faire le serment du corbeau, ayant couru près de quatre milles et rampé un mille et demi. Entraîné par l'ardeur de la chasse et par le mirage, on se fait facilement illusion sur les distances. Mais le retour, surtout le retour à vide, nous fait au moins apprécier le véritable éloignement, et cela peut être dangereux quelquefois à cause des brumes qui s'élèvent tout d'un coup. Il est bon d'être muni d'une boussole de poche. — Un ours blanc a paru dans le lointain, mais le bruit des coups de fusils l'a effrayé. A mon tour j'ai été pris non pour un *deer* (daim), mais pour un phoque; heureusement que la distance me préservait de toute attaque.

Il y a aujourd'hui six ans qu'on n'a pas de nouvelles directes de sir J. Franklin.

27 juillet. — Pendant mon quart, les *floes* s'ouvrent et nous nous halons à peu près une longueur de deux milles, mais à quatre heures nous arrivons devant une barrière ou plutôt une barricade d'*ice-bergs*, et M. Leask, après avoir examiné le *land floe* d'en haut, déclare qu'il ne croit pas à la possibilité du passage, et que nous

aurons à tenter le passage par le *pack*. Nous sommes entourés de tous côtés, et notre position peut se résumer ainsi : *ice-bergs* devant et derrière, *ice-bergs* à droite et à gauche. Nos hommes ne sont plus aussi disposés à aider les Américains que dans le commencement, parce qu'ils ne font rien eux-mêmes et ont dit à nos matelots que, quoi qu'on fît, à moins que les bâtiments n'allassent à la voile, ils ne les haleraient pas, tant ils sont effrayés d'avoir à passer un autre hiver là-bas. Les officiers sont assez ennuyés de ne pouvoir compter sur leurs équipages et je crois que cela contribue à leur faire désirer le retour. Un des motifs de plainte des matelots américains est qu'ils n'ont que la paye ordinaire, tandis que tous les autres navires ont double paye. — M. Leask veut décidément renoncer au passage du nord et tenter celui du sud ou plutôt de l'ouest. M. de Haven me dit qu'il est ébranlé. S'il eût été seul, il n'eût pas eu le moindre doute, car, pour lui, il n'y a pas lieu de désespérer, puisqu'on ne lui donne point de bonnes raisons, et il se décide à persister. M. Leask consent à prolonger l'expérience, et nous entrons dans un passage où nous sommes bientôt arrêtés. Notre journée se passe en tristes adieux et en préparatifs de séparation qui pour moi sont pénibles. Hélas! c'est là le véritable chagrin : s'être connu pour se quitter, et, comme Tantale, lorsqu'on étend la main, voir tout disparaître et s'enfuir. M. Kennedy me fait des remontrances, parce que, me dit-il, je devrais être *thankful* (reconnaissant) du plaisir que j'ai eu, et ne pas murmurer contre la privation : c'est très-vrai, il est très-certain que si je n'avais pas eu le plaisir de la rencontre, je ne regretterais pas l'absence, mais donnez donc raison à la tête contre le cœur! — Chose inconstante que la glace! ce matin pas d'apparence d'un passage : à deux heures nous filons vent arrière, puis une barrière nouvelle nous arrête. Le *Rescue* et l'*Advance* ne pouvant traverser un passage que nous avons pris cinq minutes auparavant, ils sont *nipped*, *squeezed* (pincés, serrés) au milieu d'*heavy ice* (de lourdes glaces). — Le temps se charge; on démonte le gouvernail. Un ours rôde auprès d'un phoque étendu sur la glace, et tourne autour de lui, rétrécissant toujours le cercle ; mais, lorsqu'il s'élance, le phoque a disparu.

Plusieurs officiers américains sont venus ce matin à notre service religieux avec quelques-uns de leurs hommes ; le pauvre M. Kennedy était tout ému lorsqu'il adressait à Dieu des prières pour ceux que nous allons quitter, peut-être pour toujours. N'est-ce pas là un des bons côtés de leur religion, que tout homme *of character* (de caractère) puisse officier sans avoir reçu les ordres? Tous témoignent pour lui le plus grand respect. A onze heures du soir nous sommes nous-mêmes parfaitement *nipped*, et ce qui, il y a une demi-heure, était une assez grande étendue d'eau libre, est maintenant un vaste champ de glace. Poussé par le vent du large, le *floe* de dehors marche à la rencontre du *land floe*, les deux adversaires se rencontrent, le plus faible, brisé par l'autre, semble se replier sur lui-même, ce qui était horizontal se redresse comme le serpent que l'on a frappé, et ses débris, s'abattant ainsi qu'un château de cartes, tracent un long remblai partout où l'action a eu lieu ; puis entre les deux nous voyons ces débris s'accumuler autour de nous et monter, monter, jusques à quand ?

28 JUILLET. — Lorsque je reprends le quart à quatre heures du matin, ce n'est plus le *Rescue*, mais l'*Advance* qui est embarrassée ; elle est à environ trois encâblures de nous. Ses matelots ont été occupés sur la glace tout le quart de minuit à quatre heures, sans doute pour couper la glace autour d'eux. Quant à nous, nous avons amené le canot de dessous le vent afin de n'avoir pas à l'amener au milieu des *loose ice* (des glaces mobiles), et de le tenir plus sous la main ; nous sommes heureusement à bonne distance des *ice-bergs*, et les *floes* ne sont par trop chargés.

Aujourd'hui a lieu une éclipse de soleil, du spectacle de laquelle nous sommes privés à cause de la pluie continuelle et de l'épais brouillard qui nous entoure. Fa-

4.

tigué par les veilles de la nuit précédente, je me suis jeté un instant sur mon lit, et bientôt je rêve de la France, de la chère France : je me demande dans mon rêve si je suis bien en France en effet, et le doute ne m'est plus permis, car des sons bien connus se font entendre ; je ne me trompe pas, c'est le refrain si souvent souillé par la boue de la rue, c'est la *Marseillaise !* Plus de doute, je suis réellement en France, et les bruits extérieurs qui frappent mon sommeil s'expliquent au gré de cette faculté organisatrice qui crée les rêves, lorsque, ma porte s'ouvrant, des flots de lumière me rappellent à la réalité, car je suis bel et bien dans la baie de Baffin, et ma vision s'explique par le fait qu'on a monté l'orgue donné par le prince Albert, et que, pour me faire honneur et par une intention de galanterie, on a, en même temps que le *God save the Queen*, mis la *Marseillaise* et la *Parisienne* dans le catalogue des morceaux que M. Smith, avec son habileté ordinaire, a su trouver le moyen de jouer, bien que l'instrument soit incomplet ; — car, lorsqu'on l'a déballé et qu'on m'a demandé mes conseils, je n'ai pu mettre au service de la musique que mes faibles notions : 1, 3, 1, 3, 5, méthode Chevé, ce qui n'accrochait pas les soufflets de notre orgue.

29 juillet. — Le vent s'est un peu calmé, mais nous ne pouvons bouger. N'est-ce point désespérant de se voir ainsi retenu, enclavé, surtout lorsqu'on songe aux pressants besoins des malheureux que nous allons secourir ? Que n'ai-je des ailes ? Si on avait su en 1849 ce que l'on sait maintenant, les recherches faites depuis cette époque auraient pu se diriger peut-être sur une même ligne, au lieu d'être éparpillées dans un rayon nécessairement assez vaste. — C'est dans la glace surtout que l'on peut dire que les jours se suivent et ne se ressemblent pas : hier un temps menaçant, ce matin un temps superbe. A dix heures, en laissant le quart, au lieu d'aller me coucher, je réveille M. Kennedy, et nous allons courir sur la glace, poursuivant un troupeau de narvals qui se trouvent sur les quelques *pools* d'eau qui

séparent les *floes,* faisant retentir au milieu de cette solitude leur souffle puissant comme celui d'un tuyau d'orgue. Le soleil se venge de l'éclipse d'hier et prend sa revanche : il dore de reflets les montagnes de glace qui nous entourent et brillent comme une cuirasse ; on dirait d'une mer de glaciers montrant leur surface dorée comme les épis mûrs d'un champ de blé ; il y a un charme tout particulier dans l'éclat de cette lumière presque sans chaleur, car il fait seulement 1° 67'. Quel plaisir de courir ainsi sur cette croûte de glace qui craque sous nos pas et peut s'entr'ouvrir ! Il y a là plus de poésie que sur l'enveloppe brûlante des laves d'un volcan ! Quel pinceau pourrait reproduire les mille beautés du soleil se jouant au milieu des glaces ? N'est-ce pas le plus impossible défi jeté par la nature aux forces humaines ? Quelle plume peut dire les mille sensations par lesquelles passent et l'intelligence et le cœur, surtout lorsqu'ils sont trempés dans le goudron ? Que Pégase est empêtré, surtout pour une pauvre main plus habituée à emboucher le porte-voix que la trompette des muses, et que je regrette mon impuissance, chaque jour, à chaque instant, dans cet océan d'impressions ! Examinez, détaillez ; quelque soin que vous mettiez à examiner, à détailler, ce spectacle, vous y trouverez toujours, à un nouvel examen, des choses nouvelles oubliées dans une première inspection. — Dans la journée nous allons voir où en sont les Américains. Les *floes,* naguère si unis, si bien lisses et plans, sont craqués partout et, de distance en distance, couverts de *hummocks,* mais c'est près des deux bricks, surtout à l'endroit où le *squeez* se fait le plus sentir, que les *hummocks* ont pris une forme singulière : on dirait les rues d'une ville insurgée, de véritables barricades, seulement les pavés sont gros comme des barriques. — Les deux navires ont été entièrement seulagés, et les glaçons, grimpant comme à l'assaut le long de leurs murailles, détruisent tout autour d'eux ; et, pour ne pas être envahis par ces assaillants d'une nouvelle espèce, ils ont été obligés pendant la première nuit de les faire retomber en dehors. Leurs lisses ont été abîmées en plusieurs endroits; des chevilles ont été tordues sous leur massive poulaine. Je ne sais vraiment si le *Prince-Albert* y eût résisté; mais les Américains sont habitués à cela, et n'y font plus attention.

Ah! race audacieuse des fils de Japhet!

30 JUILLET. — La brise reprend ce matin au nord-est avec une grande force. Le baromètre est descendu à — 1° 72′ et nous sommes menacés d'une nouvelle épreuve. — Après tout, ce n'est point pour nous qu'elle est le plus terrible, car la glace, qui est notre écueil, est aussi notre ressource en cas de danger, et il arrive rarement que l'homme qui ne s'abandonne pas lui-même ne se sauve point; mais je ne puis réfléchir sans tristesse, d'abord à l'impossibilité où nous serions naturellement de faire quoi que ce soit pour ceux que nous allons secourir, puis au coup cruel que cela porterait à la pauvre lady Franklin, dont nous sommes le dernier espoir. Les *floes* se brisent en craquant contre nos flancs, et il est impossible de fermer l'œil. — Je relis les Voyages de sir John Franklin. Quelle admirable simplicité, et que la véritable supériorité se trahit au milieu de ces phrases sans prétention, disant seulement ce que ces hommes éminents ont vu, d'une façon claire et poétique cependant, car ils sont les peintres fidèles de la nature! En lisant ces Voyages, comme ceux de Parry, on est pénétré d'une intime confiance, et, sans se rendre compte de ce qu'on éprouve, on est instinctivement porté à les croire, et cependant pas de phrases sonores et ronflantes, mais creuses : des faits à chaque ligne, ce sont des peintres à la façon de Humboldt : on sent ce qu'il y a de substantiel, d'élevé, dans ces narrations, de solide et d'instructif dans ces récits, comme on sent au son que rend un tonneau frappé du doigt s'il est plein ou vide. — A midi le vent se calme, et, après avoir été un peu remués, nous en sommes quittes pour la peur. — Notre chienne s'attache particulièrement à moi, et, lorsque je la caresse, les autres chiens grondent et semblent jaloux; ces chiens, comme le loup, leur oncle, dont ils sont le por-

trait, sont lâches et méchants, et punissent cette chienne en la battant quand je suis parti.

31 JUILLET. — Le ciel, beau dans la matinée, se couvre de nouveau dans la soirée, et le vent reprend avec force; le baromètre est à — 1° 72′. M. Leask et tous ceux qui ont quelque expérience de la glace parlent comme d'une sérieuse menace d'être pris ici pour tout l'hiver; il y a un remarquable abaissement de la température; il y a pas d'ouverture au sud plus qu'au nord, et la seule chance qui nous reste maintenant est de tenter le passage sud. M. Leask l'avait prédit dès le principe; mais, si nous eussions été arrêtés en tentant une route moins usuelle que celle du nord, nous eussions certainement été blâmés en cas d'insuccès. — J'avoue que cette perspective ne me sourit guère et que je regretterais fort d'avoir à passer inutilement notre hiver loin du terrain de nos opérations. — Vers huit heures un ours s'approche de nous, et nous partons à sa poursuite; mais les officiers de l'*Advance* et du *Rescue* l'ont vu aussi et sont partis avec leurs chiens; malheureusement ils sont au vent et l'animal les a bientôt reconnus; il se dresse sur ses pattes de derrière, flaire, et, dès qu'il a senti des aggresseurs, il décampe au galop, s'arrêtant de temps en temps pour flairer de nouveau, et repartant avec toute sa vitesse. — Je parle de le poursuivre; mais on me dit que c'est parfaitement inutile, que même sur la glace unie comme elle l'est il court beaucoup plus vite que nos plus légers coureurs. Je suis cependant un peu incrédule à ce sujet, mais le docteur Kane m'assure avoir poursuivi un ours blessé à la tête et à l'épaule, après s'être débarassé de la plus grande partie de ses vêtements, et, bien que courant assez vite, avoir été rapidement distancé.

1ᵉʳ AOUT. — Même brise sud. Vers midi il tombe un peu de neige; à huit heures nous allons nous promener, M. Kennedy, le docteur Kane et moi. Nous sommes bientôt rappelés à bord par le pavillon, et à mi-route nous voyons le docteur courir et un homme laisser le navire d'un pas précipité et nous faire des signes en nous montrant un *ice-berg*. Nous devinons qu'il s'agit d'un ours ; fort heureusement nous avons toujours nos fusils et des munitions quand nous allons un peu loin des navires ; nous contournons le *berg* et après avoir reconnu l'animal, sous le vent duquel nous sommes, nous nous divisons en deux groupes faisant le tour du *berg* en sens opposés, afin de le prendre entre deux feux. Je me trouve bientôt séparé de mon partenaire, sautant de glaçons en glaçons, tombant quelquefois dans l'eau, mais y prenant à peine garde, tant je suis surexcité ; je suis à cent pas ; l'animal regarde nos navires, assis sur son derrière, en aspirant les émanations des bâtiments et en balançant la tête avec un mouvement singulier. Ma foi, j'avoue que le cœur me bat, parce que je me sens très en avant et que M. Kennedy a ma poudrière ; mais je me réserve de ne faire feu qu'à la plus petite portée. J'avance toujours ; un coup de feu part : c'est M. Kennedy qui, de l'autre côté, et bien que placé plus loin que moi, mais ne nous voyant pas, veut le rabattre sur nous. L'animal se détourne, et je lui envoie ma balle à tout événement. Les deux autres carabines saluent, et la poursuite s'engage. Courant par bonds comme un lévrier, la bête a bientôt augmenté la distance qui nous sépare, bien que nous allions de toute notre vitesse, et nous avons même la honte de reconnaître en arrivant sur ses traces, à la distance qui sépare les empreintes de derrière de celles de devant, qu'il ne s'était pas trop pressé. Lorsque nous sommes réunis, ces messieurs déclarent l'avoir vu bondir au moment où je venais de faire feu ; deux d'entre eux ont même vu une tache de sang à son côté.

Il s'est retiré du reste en boitant, et, disposé comme je l'étais, il ne me faut pas de grands efforts pour me persuader que j'en ai la gloire ; je demanderais presque un certificat au docteur pour affirmer les chances probables de la mortalité du blessé. Me voilà maintenant convaincu de la rapidité que les ours peuvent donner à leur course ; celui-ci est tout jeune, les empreintes ont neuf pouces de long, sans compter les ongles; nous ne trouvons pas de sang sur la neige; mais, après avoir vu la direction qu'il a prise, et malgré un brouillard qui s'élève, nous nous mettons en route, non sans être munis de notre boussole de poche. Quant à moi, je suis trop en veine pour ne pas suivre cet ours jusqu'au pôle nord. Après deux heures de marche nous n'avons pas revu notre bête, et nous tournons notre *destructivisme* contre les phoques. Pour faire un essai, nous nous élançons vers eux en chantant et en criant ; deux phoques plongent lorsque nous sommes encore assez loin, mais un gros bon bourgeois de phoque nous attend, et nous laisse approcher très-près de lui sans que nous en profitions à temps. L'instinct musical et non pas l'amour du bruit doit être très-fort chez eux, et ce dauphin des anciens devait être un phoque vu sur les côtes d'Angleterre. Nous renonçons à la poursuite de notre ours; mais la répétition de nos coups de fusil nous amène à faire des expériences sur les échos des *ice-bergs*, remarquables par leur lucidité. Les coups de fusils, répercutés sur les *bergs* voisins à un mille et plus de distance, sont répétés un grand nombre de fois. Les grandes surfaces refléchissantes sont éminemment propres à l'étude des phénomènes lumineux, aussi bien que des phénomènes acoustiques; et, après avoir, comme de vrais enfants, joué avec ces échos, nous faisant répondre les phrases burlesques d'un écolier en vacances, nous admirons les teintes vert d'émeraude du soleil passant entre les fissures du promontoire élevé, et nous les comparons aux teintes chaudes et rougeâtres qu'on trouve sur la feuille de la vigne au mois de septembre. Pour revenir aux échos, il est évident qu'ils doivent se produire dans des conditions particulières, en raison de l'inclinaison des surfaces des *bergs* sur les couches atmosphériques. Quoi d'étonnant que de pauvres Esquimaux qui n'ont pas eu l'occasion peut-être d'entendre cette reproduction de la voix humaine, et dont les notions se bornent à cet égard au lointain tonnerre des *bergs* qui s'écroulent, quoi d'étonnant, dis-je, qu'ils aient cru voir là un signe de la présence des esprits ? Toutes les superstitions du vieux temps n'avaient-elles pas pour origine cette ignorance des phénomènes physiques à laquelle nous sommes bien fiers d'opposer aujourd'hui une science relative, que l'avenir jugera peut-être également avec dédain ? Enfin, nous sommes de retour à bord à trois heures et demie du matin, ayant fait près de vingt milles, et harassés de fatigue. Cependant je ne puis fermer l'œil : mes lauriers sans doute m'empêchent de dormir !

2 AOUT. — J'ai rêvé toute la nuit ours, et nous devons aujourd'hui brûler une carcasse de phoque pour attirer notre fugitif, car il est très-probable que c'est le même qu'on avait vu jeudi soir. Ce matin seulement je m'aperçois que je me suis foulé un doigt, et un peu endommagé les côtes dans ma course au milieu des *hummocks*. Dans la soirée, une petite brise du nord au nord-ouest s'étant élevée, des ouvertures se forment au sud de nous, et nous cherchons à les rejoindre ; mais nous tombons sur un *ice-berg*, et nous sommes obligés de garder la glace devant nous comme *fenders* (défenses) ; c'est une opération très-facile que celle de dégager les *floes* lorsqu'une ouverture se forme, du moins relativement, car des pièces de plus de dix mètres carrés sont ainsi mises en mouvement.

3 AOUT. — Hier soir nous poussions vers le sud ; mais nous avons dans la matinée d'aujourd'hui une légère brise de nord-ouest, qui bientôt passe au sud, et, après avoir gagné un peu, nous sommes obligés de laisser *culer* pour ne pas être pris entre les *floes* qui se rapprochent. La neige tombe vers quatre heures, et tout est bien triste dans notre perspective ; car, si nous ne pouvons pas avoir un passage à la hauteur de Sandersons Hope, il nous faut, ou hiverner dans le *pack*, ou retourner en Europe. C'est un violent coup porté à tous nos projets, et l'orgueil que j'éprouvais de notre bonheur exceptionnel fait place aux plus sombres présages. Le *young ice* ou *boy ice* (glaces nouvelles) commence à se former très-

rapidement; il n'y a que trois nuits que nous observons sa formation, et déjà elle est de six à huit lignes d'épaisseur, et assez résistante pour arrêter d'une manière très-sensible la marche du navire. M. Hepburn me dit ce soir qu'il a soixante-deux ans, et sir John Franklin soixante-six à soixante-sept; pauvre bonhomme! Quel dévouement, dans sa position de fortune relative! A son âge, courir après de tels dangers! Ah! c'est bien là la véritable abnégation!

4 AOUT. — Ce matin, nous voyons distinctement les effets de ce que les baleiniers appellent *water sky*, c'est-à-dire une bande noirâtre au-dessus de l'horizon sur une hauteur de 5 à 6° qui indique de l'eau dans les parties de l'horizon qu'elle surmonte; le *ice-sky*, ou *blink*, est au contraire une bande blanche brillante de 2 à 3° seulement, causée sans doute par les réflexions des rayons lumineux sur la glace. Les Américains sont encore en vue à cinq ou six milles dans le nord, et je crains fort qu'il n'y ait une révolte à leur bord, les appréhensions de leurs hommes devant avoir été réveillées par notre renonciation au passage nord. Quelle vie que celle d'officiers obligés d'être armés contre leurs propres hommes, et de tenir loin d'eux toutes leurs armes! car ils n'ont de fusils que pour les officiers, tandis que chacun de nos hommes a le sien. — Nous sommes tous plus ou moins enrhumés de la poitrine, ce qui provient incontestablement de ce que nous avons le plus souvent les pieds mouillés; mais, quand il faut travailler dans la glace avec l'eau quelquefois jusqu'au genou, il n'y a guère moyen de l'éviter.

5 AOUT. — Un autre de nos pigeons a été mangé par les chiens; c'est un de ceux qui étaient marqués. Je ne sais si on renonce à les faire partir; ils sont tellement habitués aux coups de fusil qu'ils ne s'en effraient plus, mais on n'a pas mis assez de persistance à les chasser du bord, maintenant surtout que les Américains sont plus loin de nous.

Nous mettons à la voile, nous halant, nous tenant, faisant enfin tout ce que nous pouvons pour nous frayer une route au sud ; mais la mer, partout où l'eau est libre, est recouverte d'une croûte de glace de quelques lignes d'épaisseur, qui est bien brisée par le navire, mais qui arrête entièrement sa vitesse. M. Leask déclare qu'il n'a jamais vu à l'endroit où nous sommes autant d'*icebergs*. Je suis tellement fatigué par les travaux corporels d'hier, auxquels tout le monde a dû mettre la main, que je dors quatorze heures de suite, le bon M. Hepburn n'ayant pas voulu qu'on me réveillât. Dans les calmes ou dans les moments de petite vitesse, et pour aider le navire, nous gouvernons avec un long aviron de queue (*sweep*).

6 AOUT. — Nous sommes toujours retenus au même endroit ; tantôt libres de glace dans un rayon de quelques mètres, tantôt serrés entre les mâchoires d'un étau. Je commence à trouver monotone cette étendue de glace sans interruption, parsemée d'*ice-bergs* ; on dirait une vaste prairie après la coupe des foins, lorsqu'ils sont entassés en hautes meules ou *barges*, comme on dit chez nous ; l'analogie est frappante lorsque le soleil, qui ne paraît plus bien haut, projette ses riches couleurs et ses grandes ombres sur ce champ mouvant auquel les premiers navigateurs ont donné le nom de *field* (plaine) à cause de cela et de bien d'autres raisons sans doute. — Je vais m'exercer à godiller dans le *youyou*, ce que je fais maintenant aussi bien que qui que ce soit à bord, et un phoque sautant vient tourner autour de moi avec un sans-gêne que j'eusse châtié s'il ne ressemblait tout à fait à un chien qui nage. Je comprends bien qu'on lui donne le nom de chien-marin. — M. Hepburn me dit qu'à Athabasca les chevaux ne mangent principalement que du poisson ; c'est aussi du reste la nourriture des habitants. — Les Américains ne sont aujourd'hui qu'à trois milles de nous, dans le nord, et passent par-dessus la glace pour venir nous voir. — Le docteur Kane me dit qu'un moment le capitaine de Haven a été sur le point

de tourner au sud, mais qu'une ouverture s'étant montrée au nord, il a voulu reprendre cette direction. M. Kane serait pour le sud, M. Leask tient bon pour le *middle passage* (passage du milieu), et il est malheureux que nous n'ayons pu profiter d'une belle nappe d'eau que nous avons vue un peu au sud, mais les *floes* sont maintenus par les *bergs* et ne peuvent se mouvoir.

7 AOUT. — Même situation. — Beau temps. — Les Américains viennent encore nous voir : eux aussi commencent à perdre espoir. Si nous devons hiverner dans le *pack*, ce dont Dieu nous préserve! ce serait un grand confort et une grande distraction que d'être en compagnie; mais il sera assez temps d'y songer si cela arrive; les jours passent, passent, et déjà il est évident que nous ne pourrons, dans tous les cas, rien faire ou que nous ferons peu de chose avant l'hiver.

Nous avons pensé, M. Kennedy et moi, à une manière d'utiliser notre hiver, si nous ne sommes pas pris dans le *pack*, et si nous ne pouvons avoir le passage *across* (au travers) : c'est d'aller dans la baie d'Hudson et par Repulse-Bay, de traverser et de venir à Boothia-Felix. Certes cela conviendrait bien mieux aux intérêts et aux vœux de la pauvre lady Franklin. — MM. Kennedy et Smith m'assurent avoir vu souvent, dans une chasse au renne, boire le sang de l'animal; c'est presque général dans la baie d'Hudson, et M. Smith, qui l'a fait lui-même, me dit, qu'excité par la chasse, il l'avait trouvé fort bon. — A propos d'ours, M. Carter m'assure que l'hiver dernier un ours, ayant été atteint par neuf balles, dont plusieurs étaient restées dans la tête, et ayant en outre une jambe cassée, chargea sur les chasseurs avec une force et une impétuosité qui les effraya, et à laquelle rien ne pouvait résister; ils durent fuir et l'achever à coups de fusil. — Comme il faut toujours que mon imagination bâtisse des châteaux en l'air lorsqu'elle n'est pas satisfaite de la réalité, j'ajoute un nouveau plan à mon plan d'expédition polaire, qui consisterait à faire, en compagnie du docteur Rae, sur le nord de la côte d'Amérique, les expériences magnétiques que sir John Franklin devait faire.

Je considère comme de principe qu'un bâtiment à vapeur à hélice est plus utile ici que tout autre ; mais pour la voilure on devrait le mâter aussi haut que possible, avec de grandes voiles légères pour profiter des petites brises, qui sont très-hautes. — M. Hepburn me raconte qu'à propos d'une femme indienne Back et Hood se prirent un jour de dispute, et devaient se battre ; mais lui, qui avait tout entendu, déchargea leurs pistolets dans la nuit. — Le pauvre Hood eut de la même femme une fille que dernièrement sa famille a fait demander ; il croit que Back n'est pas très-courageux, et, ajoute-t-il, c'est un homme charmant avec ceux dont il espère tirer quelque chose. — Hier matin, j'ai vu un vol d'une vingtaine de eider-ducks se diriger au sud ; mais cela ne pronostique encore rien. — M. Hepburn me rappelle un fait de leur voyage : les millions d'oies et autres oiseaux qui la veille remplissaient le ciel disparurent en une seule nuit.

8 AOUT. — M. Kennedy et moi allons à bord des Américains, attendu qu'il n'y a guère de chance que la glace s'ouvre ; ils sont au milieu de *loose ice*, ce qui rend notre excursion assez difficile ; il faut sauter de pièce en pièce, et, bien que nous ayons la précaution de sonder le terrain avec nos gaffes, il cède sous mes pieds au moment où je bondis d'un glaçon sur l'autre, et me voilà nageant par 1°11 centigrades, honneur que je ne me serais jamais donné volontairement, mais auquel je cherche à faire la meilleure figure possible, et je suis le premier à rire de mon accident. Comme nous sommes près des navires, je cours dans leur direction afin de ne pas avoir froid, sautant partout, me souciant peu de sauter dans l'eau jusqu'à la ceinture pour abréger ma course ; enfin, faisant si bien que je tombe une deuxième fois dans un trou ; mais je suis plus embarrassé pour en sortir que la première fois, attendu que M. Kane est arrivé au-devant de nous et que j'ai deux individus pour me sauver,

chacun d'eux me crochant avec sa gaffe et m'attirant dans sa direction, ce qui fait qu'entre deux gaffes, je reste dans l'eau, me coupant les mains sur la glace et avalant quelques gorgées. — Mes grandes bottes ajoutent, en se remplissant, un poids considérable à mes vêtements, mais je m'en tire encore en dépit des efforts que l'on fait en ma faveur. — Stupeur de M. Lowell en me voyant sauter de nouveau à l'eau. — L'hospitalité américaine a bientôt réparé le dégât.

9 AOUT. — Pluie tout le jour. Des apparences d'ouvertures se montrent, et, pour les rencontrer, nous travaillons depuis huit heures du matin jusqu'à trois heures de l'après-midi ; ayant scié une longueur de quarante mètres, nous faisons sauter le reste. Mais à mesure que nous enlevons les parties qui obstruent notre passage, les deux *floes* se rapprochent, ce qui arrive très-souvent et rend bien défectueux tous les moyens que, loin du champ d'action, on croit si irrésistibles ; c'est le supplice de Sisyphe qui voit sa pierre retomber, lorsque après beaucoup de peine il est parvenu à la rouler sur la montagne. Grâce un peu à mon insistance, on est revenu à l'essai des *blasting cylinders*, qui avaient été déclarés inefficaces, parce que, ainsi que je le supposais, on ne savait pas s'en servir. Des cylindres de trois à quatre livres font craquer la glace dans différentes directions, sur un rayon de vingt à trente pieds, glace épaisse de deux à trois pieds ; on avait d'abord percé la glace à la profondeur du cylindre seulement, mais il faut le couler tout à fait en dessous, le mettre en travers du trou au moyen d'un fil de caret, et alors on va rapidement en besogne. Mais, hélas ! la nôtre est tout à fait inutile, et nous nous couchons tous bien fatigués et de mauvaise humeur. Remplir un tonneau percé ou rouler une pierre qui retombe, il n'y a qu'à cela que l'on puisse comparer le désappointement de gens qui travaillent huit heures pour rien. Dans la soirée, nous avons un nouveau sujet d'inquiétude : les *floes*, comme des branches de ciseaux, se rapprochent et nous étreignent, sans

que nous y puissions rien faire ; nous sommes là, attendant, et ne sachant si notre situation va empirer ou s'améliorer. J'ai lu quelque part qu'un homme enlevé par des mauvais plaisants avait été jugé pour un crime imaginaire, avec toutes les formes habituelles. Condamné à mort par un tribunal pour rire, il passa par toutes les angoisses de l'homme dont la dernière heure a sonné et, lorsqu'on mit fin à cette atroce plaisanterie, il avait cessé d'exister ; je m'étonne que ce ne soit pas la conclusion de cette incessante menace suspendue sur notre tête. Je ne trouve pas d'injures assez fortes contre ces *ice-bergs*, après lesquels j'avais si longtemps soupiré, aux moments du période de fiévreuse admiration pour les scènes grandioses du Nord. Le sentiment de son impuissance, réagissant sur l'esprit humain, lui fait considérer avec une rage mélangée de terreur et de mépris, avec l'insoumission et la révolte de l'esclave sous le fouet du maître, cet ignoble triomphe du nombre, de la force matérielle et brutale. Dans tous les autres dangers, il y a lutte ; lutte ennoblie par les efforts et les combats, rendue plus acharnée par l'espérance du succès ou le désespoir de la défaite ; lutte enivrante par toutes ses phases. Mais ici, que faire ? comment résister ? Poudre à canon, vapeur, inventions dont l'homme fait vanité, tout cela, néant ! Ah ! je n'ai jamais si bien compris le défi d'Ajax, sublime par son exaltation de l'orgueil humain. Et c'est, après tout, un des beaux côtés de notre nature, que cette haine, ce dédain de la brutalité : parmi les lâches des lâches, qui ose frapper un ennemi enchaîné ? Mais la nature ne sent plus battre son cœur dans le sommeil du Nord ; c'est l'engrenage impitoyable qui coupe le bras pris dans les dents des roues ; le marteau inintelligent de la machine qui écrase avec la même impassibilité, la même indifférence, et le fer mis sur l'enclume, et la tête qui s'y poserait. La nature morale semble avoir abdiqué ; il n'y a plus qu'un chaos sans raison d'être, et où tout se heurte confusément et au hasard.

10 AOUT. — Enfin aujourd'hui un passage étroit s'ouvre

devant nous, et nous nous empressons de nous y introduire comme un coin ; des ancres à glace de chaque côté, prises par les *gang ways*, nous aident à nous frayer une route, et tantôt avec les *blasting cylinders*, faisant jouer la mine, tantôt avec la scie, nous arrivons, après douze heures de travail, à avoir fait un mille ; mais devant nous une belle nappe d'eau de plusieurs milles nous fait bien vite oublier ces fatigues ; je ne croyais pas que la vue de quelques lieues carrées d'eau pure et simple pût faire éprouver autant de plaisir ; nous respirons enfin, et nous pouvons revenir à nos projets : nous pourrons accomplir notre mission, objet constant de nos prières. Dans plusieurs endroits on casse la glace en envoyant dessus un canot et six hommes, qui, se tenant sur les bords, le roulent d'un côté et de l'autre.

Nos cylindres sont décidément fort utiles. — Le ciel a pris de l'horizon ; nous remarquons sur une hauteur de 10 à 15° de magnifiques teintes orangées particulières à ces hautes latitudes et que Brown a parfaitement reproduites dans ses dessins.

Dans la matinée une baleine s'était montrée près de nous, et, comme nous étions entourés de glace, plusieurs de nos matelots avaient conclu qu'il devait y avoir de l'eau libre à peu de distance, ce que l'événement a justifié.

11 AOUT. — Est-ce que nous nous serions trop hâtés de chanter victoire ? nous passons toute notre journée à courir et examiner les bords de la nappe où nous sommes arrivés avec tant de peine, mais sans y voir d'issue qui nous conduise un peu loin.

Les glaciers n'avaient pas encore été aussi distincts qu'aujourd'hui, et à l'aide d'une longue-vue on peut en admirer presque les détails. Je ne m'étonne plus des erreurs constantes que je commettais dans le principe dans mes appréciations de distances, en lisant dans l'ouvrage de Scoresby sur les contrées polaires ce qu'il dit du Spitzberg, et qui paraît aussi s'appliquer parfaitement aux régions que nous visitons. A une distance de vingt milles, il ne serait pas difficile d'engager une personne étrangère aux régions arctiques, quelque habile qu'elle fût d'ailleurs à juger des distances en général à terre, à se rendre à la plage dans un canot, et de lui persuader qu'elle n'en n'est qu'à une lieue. Cette impression explique en quelque façon ce qui arriva au capitaine danois Mogens Heinson, qui, trouvant qu'il ne se rapprochait pas de la terre, bien que son navire marchât, vira de bord, épouvanté, disant qu'il avait été retenu par des roches d'aimant cachées sous l'eau.

12 AOUT. — Midi. — 74° 33' N. — On a aperçu les Américains, qui ne semblent pas avoir changé de place ; nous continuons notre stérile navigation d'hier, sans beaucoup plus d'espoir ; quelques phoques, un peu plus audacieux que les autres, se montrent à nous ; l'un d'eux est tué ; ce succès fait un peu diversion à nos ennuis ; et, comme le mendiant de *Gil Blas*, nous sommes une partie de la journée au soleil, le fusil à la main, couchant en joue le moindre glaçon qui fait un mouvement. Toute la journée les glaciers ne cessent de tonner et détonner. Le soleil, indépendamment des effets de la réfraction, devrait se coucher, mais il promène pendant plus d'une heure sur l'horizon un immense globe de feu resplendissant entre des nuages de pourpre et d'or. La lune, qui est pleine depuis hier, se lève, et fait un piteux contraste par la simplicité de son disque d'un rouge pâle ; elle semble bien à plaindre. Ma foi, malgré mes bouderies des jours derniers, il m'est impossible de ne pas me réconcilier avec des régions fécondes en spectacles si grandioses. Le soleil, parcourant ainsi l'horizon, est une scène réellement bien frappante ; il semble qu'à son lever et à son coucher, cet astre que nous admirons tant condescende à se mettre terre à terre avec nous, frêles humains qui n'avons point le regard de l'aigle pour l'admirer dans toute sa gloire du zénith. Ce sont des levers et des couchers de soleil qui durent plus d'une heure.

Les Américains semblent dégagés vers minuit. De l'eau devant nous ! la fête est complète, et je laisse le pont, bercé par les mille joies de l'espérance, une fois de plus, jusqu'à quand ?

13 AOUT. — Légères brises et temps brumeux. Nous avons fait quelques progrès au sud, grâce à des souffles de nord-est et sud-ouest. Vers huit heures, la brume nous force à nous arrêter et à nous amarrer à un *ice-berg*; autrement nous pourrions nous tromper de *lead*, et nous fourvoyer d'une façon irrémédiable au milieu de cette *boy ice* qui se forme toutes les nuits. Le soleil a dû se coucher entièrement aujourd'hui, mais pour quelques heures seulement; la lune nous eût sans doute empêchés de sentir aussi vivement ce passage à des nuits obscures, mais la brume est cause qu'à minuit il fait noir d'une façon très-sensible. Nous avons eu quarante-cinq jours de vingt-quatre heures; nous ne pouvons donc pas nous plaindre, bien que nous eussions pu en avoir davantage dans un lieu plus nord. C'est là un mauvais pronostic, parce que, lorsqu'il n'y aura pas de lune, notre navigation de nuit sera plus difficile. J'ai remarqué que nos chiens, même à l'époque des jours de vingt-quatre heures, dormaient pendant l'intervalle qui eût dû être la nuit, bien que l'équipage fût également sur le pont à toute heure; peut-être est-ce l'heure des repas qui les éveillait? Il est question à table des souffrances de sir John et de ses compagnons par suite de la faim. M. Hepburn dit que leurs constitutions en ont été ébranlées d'une façon irréparable; il eut à son retour une espèce d'hydropisie; il était tout ballonné, ses cheveux ne repoussaient pas, ses ongles se cassaient, etc. Leur entrevue avec sir John Franklin, après leur séparation, est impossible à décrire; des sons inarticulés sortant du nez, semblables à un grognement, furent leur seul moyen de conversation. — Les Anglais ont une manière pratique d'envisager les choses bien différente de la nôtre; ils appellent manque de jugement l'admirable témérité de l'homme qui persévère à risquer sa vie d'une façon presque certaine.

14 AOUT. — Même temps brumeux. Nous restons amar-

rés tout le jour à un *ice-berg*. Dans la nuit, le thermomètre tombe à 3° 89, le plus bas point que nous ayons encore eu. MM. Hepburn, Smith et Kennedy racontent que pendant l'hiver, et au commencement du printemps, les loups viennent rôder autour des forts appelant les chiens imprudents que d'autres loups cachés plus loin saisissent aussitôt. Belle analogie pour Toussenel! — M. Smith a vu quatre Indiens scalpés par des ours blancs. Ces animaux frappent en effet toujours à la tête avec leurs immenses *paws* (griffes); les ours bruns, au contraire, et les gris, vous embrassent de leurs pattes et vous étouffent. M. Brooks, le maître d'équipage du *Rescue*, a tué un ours blanc avec une hache, mais il dit qu'il ne recommencera pas. Les Esquimaux dédaigneraient de tuer un ours à coups de fusil; c'est avec un long couteau qu'ils le frappent, se plaçant sur le côté et visant au défaut de l'épaule. Les ours blancs gravissent très-bien des *ice-bergs* presque perpendiculaires.

15 août. — A minuit, la brume se dissipe, et, par un joli clair de lune, nous appareillons de nouveau. Une légère brise ride à peine les lacs compris entre de gros glaçons; une petite houle trace autour des grands *bergs* une mince couronne argentée que nous ne franchissons pas. Le navire, comme un fantôme, glisse sans bruit dans les sinueux détours d'un labyrinthe de marbres. Le *gong* chinois, qui appelle les gens de quart, trouble seul le sommeil des *rotches* qui nous lancent leurs malédictions avec ce piaulement criard particulier aux oiseaux de mer; ils s'envolent par bandes, effrayés des sons lugubres de notre *gong* qui les chasse; de même le bourdon d'une vieille cathédrale fait fuir les timides hiboux. La scène n'est point sans poésie; on respire à peine, comme si l'on craignait d'éveiller le génie malfaisant des glaces auquel sa proie va échapper. La neige qui sourit aux rayons du soleil! c'est presque une scène méridionale; c'est l'Arabe couvert d'un blanc burnous, c'est le blanc manteau de satin qui recouvre la toilette de bal des jeunes vierges; mais nous sommes trop près de ces longs

jours d'une lumière qui échauffe le cœur, le contraste est trop frappant entre la lumière dorée du soleil et la lumière argentée de la lune! les pâles rayons se reflètent en vain sur ces masses de glace; ce blanc mat, ce gris de plomb, vous font froid aux os, et il semble à cette odeur de linceul ressentir les sensations du tombeau et du néant! La brume reprend dans la matinée, et, vers huit heures, on croit reconnaître les îles Brown, ou du moins celles qu'on nomme ainsi; c'est-à-dire que nous avons été portés dans le nord ces jours derniers, plus nord même que nous n'avions encore été. En effet, le seul vent qui nous ouvre les glaces doit être un vent contraire, lequel détermine également un courant contraire. Ah! enfer du désespoir! c'est bien ici qu'on peut s'écrier comme le Dante : *Lasciate ogni speranza, voi ch'entrate*. — Les pauvres Américains ont dû être décidément pris par la gelée de l'avant-dernière nuit. — Nos cordes peuvent à peine passer au travers des rouets, et, chaque fois qu'on manœuvre, des seaux de glaçons tombent sur le pont. La neige tombe et a bientôt couvert le pont.

16 AOUT. — Vers la nuit, on ramasse une gaffe qui semble avoir appartenu aux Américains. A six heures le ciel se dégage, et nous reconnaissons que nous avons en effet été portés dans le nord, car devant nous est le *Pouce-du-Diable*, droit et sévère comme un doigt menaçant. Les glaciers tonnent comme les jours d'orage de notre mois de septembre : la nature fait retentir ses foudres chaque fois qu'un nouveau fils lui est né. La jeune glace était toute brisée par le léger vent d'hier, et, pendant que la neige tombait, on pouvait voir se former les *pançakes* ou crêpes. La neige, formant un petit cercle de la grosseur d'une cerise, tourne, tourne, s'augmentant sans cesse en diamètre jusqu'à ce qu'elle acquière un ou deux mètres. — Notre meute s'est accrue de trois nouveaux membres dont la naissance a fait battre nos cœurs de voyageurs égoïstes : au printemps prochain, ils auront huit mois, âge habituel où ils commencent à chasser, ce qui comblera la lacune laissée par notre fugitif.

Ces petits grands événements tiennent une large place, et ont de l'importance dans les détails matériels d'une entreprise comme la nôtre, et c'est avec l'orgueil d'un maître de maison qui montre sa basse-cour et son bétail que chacun de nous fait des plans pour l'élève de nos jeunes Groënlandais. — J'ai appris aujourd'hui que le capitaine Trotter a été second de l'expédition envoyée au Niger, celle, je crois, où Lander était en sous-ordre, et qui a précédé la sienne à bord du *Prince-Albert*, steamer.

C'est sur la côte, près de l'île Sugar-Loof, et non au cap York, que M. Leask a trouvé ces Esquimaux morts de faim. Le gouverneur d'Uppernavik passa une fois tout un hiver en alarmes, redoutant une attaque de ces malheureux pressés par le besoin de se procurer des provisions. — Dans la journée, nous perdons enfin de vue ce misérable *Pouce-du-Diable*, auquel j'envoie de bon cœur tout ce que comporte de fiel notre longue agonie d'un mois, car c'est le 20 juillet que nous le vîmes d'abord. La glace semble ouverte au sud. Nous remarquons de nouveau, à mesure que nous défilons devant tous ces caps, la face du nord-est couverte de neige, tandis que la face sud, réchauffée par les vents du midi, en est dégagée. M. Leask et le docteur Cowie assurent que des requins sont souvent pris dans ces mers, surtout près du détroit de Frobisher. Est-ce bien la même espèce que celle du sud? Ils l'affirment.

17 AOUT. — Très-beau temps. La glace est presque toute dissipée le long de terre, et les *ice-bergs* du large dont la base ne reposait pas sur la terre ont été chassés dans le nord. Je ne sais plus quelle nation, les Arabes, je crois, comparent l'espérance au lait, parce que, après quelque temps, il devient aigre ; c'est bien en effet l'impression que nous en avons conçue. Mais bast! à chaque jour suffit sa peine ; et maintenant, que notre égoïsme croit n'avoir plus rien à redouter pour lui-même, nos souhaits et nos vœux nous transportent près de nos amis les Américains. Il serait très-dangereux pour eux d'hi-

verner où ils sont : car, abattu et sans courage comme est leur monde, ils perdraient beaucoup d'hommes par le scorbut, et surtout le manque de vigueur morale ; en outre, s'ils ne retournent pas aux États-Unis cette année, les baleiniers diront qu'ils les ont laissés échoués sur une des îles Baffin ; l'année passée, les dernières nouvelles les représentaient échoués au cap Riley ; cela produirait un mauvais effet. A propos des îles Baffin, nous n'avons encore vu que les quatre îles principales ; et je crois que l'autre groupe marqué sur la carte est celui des îles de la baie du *Pouce-du Diable*. Je crois qu'il y avait de la brume quand sir J. Ross a déterminé leur latitude. — Peut-être après tout la brise du nord de ces jours derniers les a-t-elle dégagés et seront-ils avant nous dans le détroit, Dieu le veille ! M. Leask me dit qu'il les a vus à cinq ou six milles plus à terre que les îles de Baffin, elles sont très-basses. Me reportant au 14, je me rappelle que les baleiniers ont donné plusieurs choses aux Américains, dont ils n'ont pas voulu accepter le payement, en disant : « Que penserait-on de nous au pays ? » L'un de ces baleiniers, M. Reid, de l'*Advise*, a un frère avec sir John Franklin ; l'autre a commandé le *Tourville*. Nous suivons le *pack* sur la lisière pour trouver une ouverture, ayant été obligés de revenir sur nos pas ce matin après avoir couru cinq à six milles à l'ouest, dans une sorte de cul-de-sac ou impasse.

18 AOUT. — Nous avons enfin trouvé une ouverture d'un demi-mille ou d'un mille de large quelquefois, mais en somme très-irrégulière, quant à la forme et à la direction ; ce n'est point une coupure faite dans le *pack*, mais le passage existe entre des pièces détachées. Les baleiniers qui vont à la côte ouest remontent toujours aussi nord que la glace le leur permet, puis en suivent les contours et les mouvements.

J'envisage un peu plus tranquillement les conséquences de notre entrée en campagne, maintenant que le danger est passé : 1° rien de fait cette année ; 2° impossibilité de rien faire pendant six ou huit mois de l'année prochaine ; 3° pas même la consolation d'être en compagnie des Américains ; 4° enfin, rien que des dangers fort obscurs et sans gloire, pour beaucoup de tribulations.

Nous perdons ainsi l'occasion de voir les *crimson cliffs* (roches cramoisies) de sir J. Ross, bien que plusieurs des roches de la baie entre les îles Baffin et la terre offrent, me dit-on, la même apparence. Ces roches ainsi nommées, à cause de la couleur de la couche de neige dont elles sont revêtues, ont occasionné jadis une discussion parmi les savants, qui ne savaient s'ils devaient donner à cette couleur une origine végétale ou animale. Le docteur Kane, qui en emporte un échantillon en bouteille, lui donne une origine végétale. Cette neige fondue a exactement la couleur de l'encre de carmin ; elle se trouve aussi du reste dans les Alpes.

Le docteur Kane m'a dit que le scorbut se présentait parfois chez les Esquimaux ou Huskis, ou Yacks comme on les appelle encore, par suite du peu de variété de leur diète ou alimentation. (Voir un passage du docteur Spencer Wills, sur l'abstinence de spiritueux, même dans les latitudes élevées). La plupart, même la totalité de nos hommes, verraient avec le plus grand chagrin des circonstances qui nous forceraient à retourner cette année, parce qu'ils auraient tout juste gagné leurs avances, et qu'ils ont presque tous des dettes contractées pour leur équipement ; puis la saison serait perdue pour eux, ils ne pourraient se procurer de l'ouvrage pour l'hiver ; presque tous ceux des Shetland et des Orcades ayant des métiers qu'ils exercent dans l'intervalle de leurs voyages de pêche.

19 AOUT. — Midi. — Lat. 72° 50' — 62° 35'. — De la neige depuis hier, qui nous glace jusqu'à la moelle, bien que le thermomètre ne soit qu'à 2°,22. Nous courons dans le *pack* tantôt à l'ouest, tantôt au sud, cherchant partout une trouée véritable au milieu de la brume.

Le pauvre M. Kennedy et moi sommes bien tristes, voyant que le temps se passe, et ne sachant trop quelle

détermination prendre, car il est peut-être un peu tard pour songer à la baie d'Hudson, et nous aurions près de trois cents lieues pour aller seulement à l'entrée de cette baie. La profonde religion de M. Kennedy le soutient ; il pense que si nous ne réussissons pas, Dieu a d'autres desseins, et que tout doit être pour le mieux. Notre impatience après tout n'est peut-être pas raisonnable, et la vivacité de nos désirs, irritée de nouveau par l'ombre jetée sur nos espérances, nous fait maudire encore plus vivement ces obstacles.

Vers quatre heures de l'après-midi, on aperçoit trois *finners* (poissons énormes qui ressemblent à des baleines). Les baleiniers du bord signalent cela comme l'augure des eaux de l'ouest. Dieu le veuille ! M. Leask a dit dès le premier moment que la disposition de l'ouverture du *pack* dans le sens du nord au sud n'était pas un bon signe.

20 AOUT. — Encore de la neige ; mais tout nous est égal maintenant. Nous tenons enfin le passage. Après avoir couru dans l'entrée, assez mal dessinée, mais nous attachant au côté du nord, nous sommes tombés sur une suite de flaques qui s'enchaînent et permettent de nous mener de l'autre côté. Cette dernière navigation est assez difficile et exige une sorte de tact que la pratique seule doit donner, car nous nous mouvons dans le brouillard que la neige épaissit. C'est dans ces moments que le devoir de l'*ice-master* (pilote des glaces) devient fatigant. Le nôtre n'a point fermé l'œil pendant trente-six heures et ne sera guère délivré que demain ; il paraît que les *masters* des baleiniers passent quelquefois deux ou trois jours sans repos. M. Leask regrette de n'avoir pas un peu d'eau-de-vie, et je crois que la surexcitation dont on a besoin ne peut être donnée que par ce remède, aux dépens, il est vrai, de la santé à venir.

Le *pack* s'étend de chaque côté de nous, quelquefois nous pressant de façon à nous laisser à peine un passage, ou s'élargissant de deux à trois milles. Aussi loin que la vue peut aller de la tête du mât, c'est-à-dire dans les éclaircies neuf milles ou trois lieues de chaque côté, s'étend une nappe de glace sans interruption, dont l'éclatante blancheur tranche sur le bleu d'ardoise du ciel. Cette plaine n'est accidentée que par les *hummocks* ou collines résultant des collisions entre les *floes*, ou de quelque pression éloignée et de rares *bergs* tout rabougris, tout souffreteux, en comparaison de ceux que nous avons perdus de vue. Pour la première fois je suis obligé depuis longtemps d'allumer une bougie, pour lire le thermomètre. Jusqu'à présent la durée du crépuscule et de l'aurore entre le coucher et le lever du soleil nous a donné une clarté suffisante; mais les *dark nights* (nuits obscures) viennent rapidement. — Nous passons près d'une trace semblable au sillage d'un navire qui y aurait navigué récemment, mais on me dit que c'est un *whale's crake* (fragment de baleine), dont la substance graisseuse laisss ainsi des marques à la surface en même temps qu'une odeur *sui generis*, et, en effet, une forte odeur de fraîchin se fait sentir; on m'informe que ce n'est pas seulement à l'époque du rut, comme je l'aurais cru, mais toujours que cela a lieu; l'air et l'eau en restent imprégnés plusieurs heures après le passage de ces animaux.

M. Kennedy me dit que quelques jours avant le départ on a su que le capitaine Collinson avait appris par les Esquimaux que quatre blancs s'étaient dirigés du côté de la côte à un établissement russe à deux cents lieues dans l'intérieur, et qu'il avait dépêché deux officiers avec l'ordre de s'assurer du fait. — Nous aurions voulu toucher au cap Warrender, un des points saillants du nord du détroit de Lancaster, mais nous ne pouvons perdre de temps à cela, car une des premières conditions est la sûreté du navire.

Il nous faut aller à l'île de Griffith, et on ne peut s'y rendre qu'avec le bâtiment maintenant, car la *boy ice* serait un obstacle insurmontable pour les embarcations que cette glace ne pourrait supporter. Vers midi la glace semble se fermer devant nous. A deux heures la vigie crie : Une voile en mer ! Quelles nouvelles allons-nous recevoir? car ce ne peut être qu'un navire du nord, et nous devons être très-près des *Western-Water* (eaux de l'ouest). — Les baleiniers ne viendraient pas de l'est si loin; enfin nous saurons ce que nous devons faire, si nous ne pouvons toucher à Griffith, ou si nous ne communiquons avec aucun des navires de l'escadre anglaise.

A trois heures, vu un *ice-berg*, le premier depuis dix heures. A trois heures nous perçons le passage, c'est-à-dire que le navire, toutes voiles dehors, s'enfonce autant que possible entre deux *floes*, et à l'aide de *blasting cylinders* nous faisons le reste. Ce n'est pas un navire que la vigie a vu, mais quelque *hummock*. Nous ramassons les lettres que déjà nous préparions. Pauvre mère! quand pourrai-je t'écrire? Nous finissons par être arrêtés, et cela parce qu'un glaçon de quelques pieds nous barre la route, et que, pendant qu'on le déblaye, les *floes* se sont rejoints par l'autre bout de l'ouverture.

21 AOUT. — Enfin dans la soirée nous avons été capables de reprendre notre course. M. Leask craint d'être allé un peu trop au nord, parce que les *floes* deviennent plus épais (quatre pieds). On aperçoit une baleine. — Cependant dans la matinée la glace paraît tellement relâchée et morcelée que nous reprenons courage, et bientôt une légère houle nous annonce que la mer libre n'est pas loin. Le soleil se montre un peu et nous permet de déterminer notre position. Dans l'après-midi le vieil Océan est à pleine vue. Nos embarcations sont amenées pour combattre le calme, notre deuxième ennemi; et nos matelots, auxquels notre satisfaction s'est communiquée, envoient à la paresseuse brise leurs chants joyeux. Les quelques milles que nous avons à faire sont bientôt franchis, grâce au redoublement de leurs efforts, et la petite goëlette, chère créature, se redresse dans la houle reconnaissant son élément, comme le chien qui sort de l'eau se secoue en sautant à terre. Jamais le cri de Terre en vue! ne m'avait fait autant de plaisir que l'annonce de l'eau en cet instant. Quelques bouteilles d'eau-de-vie ont été mises à bord comme remède, et

pour la première fois on en donne à nos matelots, dont cette distribution redouble naturellement la joie. Nous sommes entourés d'oiseaux de mer de toute espèce; nous en tuons quelques-uns. Le fond du ciel est d'un remarquable ton orangé qui apparaît à travers la gaze humide du brouillard. — La baie Possession étant un *rendez-vous* où presque tous les navires regardent, nous nous y dirigeons, pour voir s'il y a quelque notice.

22 AOUT. — Le *pack*, dans l'endroit où nous l'avons traversé, avait près de cent vingt milles de large. Après avoir été tantalisés par le voisinage de la mer, nous prenons enfin nos ébats; on jette par-dessus le bord plusieurs vessies dans lesquelles se trouvent des billets faisant connaître notre position, des vigies sont envoyées à la tête des mâts pour examiner s'il n'y a pas de navire en vue.

23 AOUT. — L'homme est destiné à n'être jamais content et à toujours désirer quelque chose. Nous devrions peut-être nous estimer heureux d'avoir échappé aux glaces, et nous sommes déjà impatients, parce que la brise qui nous poussait rapidement ce matin est devenue contraire. La hausse du baromètre, dit M. Leask, indique les vents d'ouest et la baisse des vents d'est. Nous rencontrons encore quelques *bergs*. Suivant la célèbre devise de Nelson : *England expects every one to make his duty* (l'Angleterre attend que chacun fasse son devoir), nous avons fait et nous faisons tout ce qui est en notre pouvoir; Dieu fera le reste sans doute! Les vessies sont enduites d'une couche de peinture noire ou de goudron. Il paraît que dans les Shetlands les pêcheurs s'en servent comme de bouées pour leurs filets; mais M. Smith dit qu'elles se pourrissent très-vite.

24 AOUT. — Aussitôt que la *boy ice* est formée, s'il neige par-dessus, une nuit est suffisante pour en faire une glace qui vous arrête, mais ne peut porter.
A huit heures nous apercevons la terre, et à quatre

heures de l'après-midi nous sommes à l'entrée de la baie de Pond, distance quinze milles. Toute la terre est couverte de neige. Cette baie est un bon terrain de pêche et généralement fréquenté par les baleiniers. — Dans la soirée, nous sommes pris par le calme et le courant nous porte à terre. Vers onze heures du soir, nous entendons crier à quelque distance, et, à notre grande surprise, nous voyons arriver une pirogue que l'obscurité et la houle nous avait cachée; le cri de reconnaissance est répété par nous, et bientôt un, puis deux, trois et quatre canots sont le long du bord; on amène une embarcation pour leur permettre de grimper sur notre territoire, car ils ne pourraient se dégager de leurs frêles esquifs nullement garantis contre la submersion ou l'immersion; ils sont plus larges que ceux de l'est d'environ deux pieds, quoiqu'ils ne soient pas plus profonds. Notre première question est naturellement s'ils ont vu des navires; ils répondent affirmativement, et, par l'intermédiaire de M. Smith, nous apprenons que la veille ils ont vu deux bâtiments : un de ces hommes dessine avec un morceau de craie deux trois-mâts qu'il fait la tête en bas, paraissant assez satisfait de son œuvre, et y mettant du reste de la conscience, car, ayant fait de petites raies pour indiquer les vergues, il efface celles qu'il avait mises au mât d'artimon, indiquant ainsi que ce sont des barques. Interrogé si ce sont des baleiniers, il répond que non; comme c'est une circonstance importante à vérifier, on revient à la charge, mais sous une forme différente, car les naturels de ce pays sont susceptibles à cet égard; on demande si les navires en question avaient pris beaucoup de baleines, il répond d'un air vexé que non : les habitants ne sont point allés à bord à cause du vent.

Ainsi, en dépit de notre surveillance, nous avons manqué ces deux navires. Que peuvent-ils être? Les navires de Penny sont deux brigs. Il n'y a dans l'escadre que l'*Assistance* et la *Résolue* de trois mâts. Mais s'il y a des nouvelles importantes à donner, un des vapeurs eût été envoyé, à moins que le capitaine Austin ne renvoie les malades et le capitaine Ommaney, mais il ne renverrait pas les deux gros navires. En admettant que les Esquimaux se trompent ou que nous ne les comprenions pas, ce ne peuvent être des baleiniers, parce qu'ils les auraient vus remonter la côte en allant, et aucun navire ne peut être venu du nord par l'est cette année. Les baleiniers, me dit M. Leask, ne sont jamais par cette latitude à cette époque de l'année.

Si ce sont des navires de l'escadre, il doit y avoir des dépêches à la baie Possession. Ne pouvant rien tirer de plus des Esquimaux, nous les examinons à loisir, ces sujets sans le savoir de la Grande-Bretagne; plus petits et plus trapus que ceux d'Uppernavik, ils ne dépassent pas quatre pieds dix pouces à cinq pieds. Leurs yeux ne me semblent pas bridés, le teint est moins jaune qu'à Uppernavik, plus rougeâtre; face ronde, joues rebondies, front bas, de grands cheveux plats et d'un noir de corbeau, noués ou coupés sur le devant de la tête, et retombant sur les épaules de chaque côté, peu ou point de barbe, pieds et mains remarquablement petits. Je demande à l'un deux la permission de couper une mèche de ses cheveux, concession à laquelle le don de quelques pierres à fusil l'amène bien vite. Assez bien couverts, ils n'ont dans leurs pirogues que leurs lances ou harpons, mais point de peaux à rechanger; la vue d'un miroir, d'une poupée, leur arrache un gros rire si franc, si stupide et si naïf, qu'il se communique à tous sur le pont. « *Kouna! kouna!* (femme), *kablounok!* (de blanc), crient-ils. »

Quand, le vocabulaire de Washington en main, on leur lit les phrases qui parlent de deux navires disparus, ils répondent qu'ils le savaient déjà.

Cette nouvelle, du reste, et l'appât d'une récompense sont bien certainement la source de la fable imaginée par eux et répandue par Parker en 1849, et de celle du *Prince-Albert* en 1850. Quand on a vu ces gens-là, qui croirait jamais qu'ils eussent pu massacrer cent trente Européens? Ils sont enchantés des cadeaux gratuits de boîtes de ferblanc vides. Une lance terminée par une dent de morse me tente, et, malgré mes enchères, je ne puis l'obtenir; je ne sais à quoi attribuer le haut prix qu'y met son propriétaire, lorsque M. Smith me traduit que c'est du manche qu'il ne veut pas se séparer; le manche est en bois, et il ne saurait où en trouver d'autre; quant à l'ivoire, il n'y tient pas. Je remarque en effet que les manches de tous leurs ustensiles de pêche ont l'apparence de débris de navires flottés sur les glaces, et ce n'est que comme cela en effet qu'ils ont du bois. La carcasse de leurs canots est généralement en fanons de baleines. Pauvres, pauvres créatures, dont les besoins sont si restreints, et qui cependant ont tant de difficulté à les satisfaire !

Un coup d'œil jeté sur le pont les a convaincus que nous ne sommes point des baleiniers; ils nous communiquent cette impression, et semblent se demander : Que diable viennent-ils faire ici ? Puisque ce n'est pas pour pêcher des baleines, ni des unicornes, ni des phoques, quel motif peut chasser de chez eux des gens qui semblent avoir tout ce qu'il leur faut pour vivre ?

Quelques vases de ferblanc que nous leur donnons portent leur joie à son comble, et font de nous d'excellents amis auxquels ils témoignent leur satisfaction autant que la houle le leur permet, car le mouvement du navire les incommode d'une façon évidente, bien qu'ils doivent être habitués à ce ballottement dans leurs canots. Leur langue se compose d'une série de sons gutturaux qui la rend très-rauque, et ils ne paraissent pas comprendre les signes de tête affirmatifs ou négatifs que comprennent tous les sauvages. Le mot propre *oui* ou *non*, *aap* ou *nama*, est le seul qui parle à leur intelligence. L'un d'eux, voyant M. Kennedy prendre du tabac, en demande, et, comme je lui fais signe que ça fait éternuer, il se bourre le nez, et comprend qu'il faut se moucher, ce qu'il exécute avec ses doigts de la façon la plus consciencieuse. Pendant que j'écrivais des notes sur un morceau de papier, l'un d'eux, me prenant peut-être pour un docteur, me fait signe qu'il désire l'avoir, et les autres alors s'approchent pour jouir de la même faveur. Je crois qu'il est très-blâmable, peut-être même criminel à un certain point de vue, d'entretenir ou de créer chez ces crédules natures des idées superstitieuses ou fausses; mais il est souvent impossible de résister à leurs désirs si faciles à satisfaire; des allumettes chimiques excitent leur grand étonnement. Je leur donne à chacun un morceau de sucre, après l'avoir goûté, et reconnu sans doute, tous disent : « *Kouna* et *pyraminy*, » faisant entendre qu'ils le gardent pour leurs femmes et leurs enfants qui dorment là-bas; du moins nous interprétons ainsi leur pantomime de la tête placée sur la main, pantomime commune à tous les peuples. Il y aurait quelque chose de bien mesquin dans tous ces petits triomphes si faciles de la vanité de notre civilisation, si on y mettait le moindre sérieux; mais on est gagné par cette naïve simplicité, et on ne peut s'empêcher de jouir de leur étonnement, sans chercher à leur donner une idée de notre supériorité, qu'ils ne reconnaissent d'ailleurs que dans l'avantage d'avoir du fer et du bois. La pêche a été mauvaise pour eux cette année, disent-ils. Il y a à terre des daims, qu'ils tuent surtout lorsqu'ils passent l'eau à des époques et des flux connus. Je n'ai point remarqué qu'ils léchassent les objets échangés comme le font ceux de la baie d'Hudson. L'un d'eux avait des marques de lèpre bien caractérisées par la blancheur de lait de sa poitrine. Nous leur laissons une notice sur parchemin.

25 août. — Nous sommes encore en calme, mais un peu trop loin sans doute pour que nos amis d'hier viennent nous revoir. Je trouve du reste de leur visite un souvenir peu agréable, contre lequel cependant on m'avait bien prévenu. — Je réfléchis à nos nouvelles, et je ne sais qu'en déduire : si c'étaient les navires de sir John !

Je pense que les Esquimaux se sont trompés, et que ce sont les deux brigs de M. Penny, qui ne sait pas où sont les provisions du *North-Star*, et que d'ailleurs ses instructions rappellent au pays cette année de la façon la plus pressante.

Nos chiens sont tout à fait civilisés; ils aboyaient hier

après ce costume qu'ils doivent bien connaître cependant. Les naturels ici semblent avoir connaissance de ceux de l'autre côté. Est-ce par les navires ou par tradition?

26 AOUT. — Nous sommes retenus par le calme près du cap Burney, entre la baie de Pond et la baie Possession. Que ne sommes-nous donc au temps où chaque navire aura une machine à vapeur sans avoir besoin de charbon, etc. ! Combien nous bénirions le moindre propulseur qui nous donnerait une vitesse d'un nœud seulement!

Voici trois jours que le capitaine Kennedy et moi avons demandé à être réveillés aussitôt que nous serons près de la baie Possession ; le désenchantement nous empêche d'admirer ces magnifiques glaciers ; ces sortes de vallées remplies de neige jusqu'aux faîtes des blancs pics, et sur lesquelles, lorsqu'elles sont à un niveau inférieur, serpentent des ruisseaux de neige fondue. Vers quatre heures du soir, notre attention est éveillée par un bruit de rames comme dimanche, et, à l'aide de nos longues-vues, nous distinguons trois canots qui se dirigent vers nous ; nous continuons notre route, filant deux nœuds, n'ayant pas d'intérêt à communiquer avec eux ; mais ils gagnent rapidement sur nous. M. Leask dit qu'il les a vus filer sept nœuds à la *pagaye*.

L'obstination de leur poursuite nous faisant supposer qu'ils ont peut-être quelque chose à nous transmettre, on met en panne, et bientôt nous reconnaissons nos amis de dimanche. Bien qu'il fît jour, on ne les avait pas vus, et il est étonnant d'observer combien le son se propage rapidement et avec force, car, lorsqu'on les a vus, ils paraissaient à l'horizon du tillac, au-dessus du gouvernail, c'est-à-dire à une hauteur de quinze pieds, et depuis longtemps déjà on les entendait. — Ils apportent à bord des dents d'unicorne, dont l'une, que j'achète pour deux scies, a plus de sept pieds anglais. M. Kranz, dans son *Histoire du Groënland*, dit que ces cornes coûtaient douze cents livres sterling. J'échange également des cercles de barriques, des couteaux, des mouchoirs, pour un arc et des flèches, bien qu'ils fissent des difficultés au commencement, difficultés que le présent des cercles lève de suite. Les daims, disent-ils, sont communs; les questions sur les navires amènent les mêmes réponses que précédemment, et, à un certain nombre de lunes, ajoutent-ils, ils ont vu passer deux navires pris entre les glaces. Veulent-ils parler des Américains? Celui qui a dessiné les navires ayant été interrogé sur la configuration de la côte, la dessine avec une précision qu'il est impossible de ne pas admirer en comparant son dessin à la carte. Le capitaine Parry, du reste, dans son deuxième voyage, a eu l'occasion de remarquer cette faculté chez eux, et, en particulier chez une femme esquimau appelée Igloolik. Il fait communiquer le passage (*inlet*) de Navy-Board avec la baie de Pond, et dit que les narvals font le tour; il dessine leurs campements et représente les narvals par le bruit de leur souffle. Dans la pirogue, ils ont une espèce d'outre formée d'une peau qu'ils remplissent d'air en soufflant dedans; elle se ferme avec un bouchon d'ivoire, et leur sert d'ancre flottante lorsqu'ils sont surpris par le mauvais temps. Ils brûlent de la mousse trempée dans l'huile. Leurs pantalons descendent un peu au-dessous du genou.

Après les avoir bourrés de biscuits, nous leur faisons les honneurs de l'orgue; l'un d'eux, ivre de joie, se livre aux hurlements les plus frénétiques; il saute, se roule, se tord, fait les plus hideuses contorsions, grince des dents, et se laisse retomber comme épuisé par l'excès du plaisir. Le violon qu'ils ont entendu sans doute à bord de quelque baleinier les étonne et les ravit moins; un fusil qu'on leur prête est déchargé plusieurs fois sans effroi, et avec une justesse qui prouve que leur coup d'œil est aiguisé par la nécessité de ne pas perdre leurs flèches. Les pauvres êtres ont, comme les chiens de l'est, le caractère vorace; quand on leur offre quelque chose, ils le prennent et s'en saisissent sans témoigner la moindre reconnaissance.

Ils proposent de venir avec nous au passage de Navy ; mais, dans la nuit, le vent s'élève, et nous les renvoyons les mains pleines plutôt que de leur faire courir le risque d'abandonner leurs familles. — La brise se fait, et, en même temps, ce qui arrive toujours dans ces parages, un épais brouillard ; il nous faut abandonner le projet d'aller à la baie Possession, en dépit de l'importance que notre relâche pourrait avoir. (J'ai pensé depuis que ce peuvent être les deux navires *Résolute* et *Assistance*, envoyés par le capitaine Austin pour des provisions, ne sachant pas qu'il y en a à Navy ; pourtant, s'ils eussent passé en vue de terre, ils auraient vu le fanal.

Notre conversation revient naturellement sur le bonheur dont peuvent jouir les Esquimaux. Ils sont plus heureux, disent les uns, de n'avoir pas nos besoins, pendant que les autres s'apitoient sur leur sort ; mais si on ramène ainsi le bonheur à un petit nombre de besoins et à la possibilité de les satisfaire, on nie la civilisation, le développement de l'esprit humain, la cause enfin pour laquelle nous sommes ici ; car il est évident que notre intelligence ne s'exerce que sous l'aiguillon du besoin ; et rétrécir le cercle de nos recherches au rayon de nos besoins matériels, c'est amoindrir bien vite toute chance de progrès, et ce n'est qu'après la satisfaction des appétits physiques qu'on peut songer à la faim et à la soif morales ; c'est la transition de l'ère de sauvagerie à l'ère civilisée. Les pauvres Huskis m'entraînent bien loin ; mais je n'ai pu voir sans émotion le bon M. Kennedy priant Dieu de faire descendre les rayons de sa bonté sur ces pauvres païens, qui ne comprenaient pas ce que nous faisions, alors que nous priions pour eux, et venaient chanter au panneau lors de l'hymne du soir. — Lorsqu'ils sont pris entre deux lames, ils tiennent la pagaye horizontale au-dessus de la tête pour que l'eau ne la touche pas, car ces longues embarcations sont très difficiles à gouverner, et ils sont en grand danger, du moment où ils perdent leur sang-froid.

Lèpre des peuples ichtyophages ; dents vilaines. Ils

ont couché dans une voile sur le pont, et quand ils se lèvent répandent une odeur infecte. Je leur ai donné des gravures pour les Kounas. Bien qu'ils ne soient pas icthyophages précisément, mais seulement à moitié, ils doivent avoir beaucoup de maladies cutanées, surtout par suite de leur saleté. L'un d'eux nous montre sur son bras l'empreinte de ses dents. Nous lui demandons s'ils avaient souffert pendant l'hiver : la perte d'un fils bien-aimé l'a plongé dans une profonde douleur, dont cette mutilation est le témoignage. Le cri du cœur paternel, la sublimification de l'homme si simplement dite, tracée en caractères de sang sur son bras, changèrent complétement la disposition de nos esprits, et ce pauvre sauvage, qu'un instant avant je regardais comme une marionnette, quelque chose d'un peu plus amusant qu'un chien savant, grandit tout à coup à mes yeux, et le caractère d'un père qui pleure m'impose le plus profond respect ; je ne puis m'empêcher de le prendre tout à fait au sérieux. A cette faculté mécanique d'imitation qu'ils ont à un degré éminent, ils ne joignent sans doute pas la mémoire des mots, car, après de fréquentes relations avec les baleiniers, à peine connaissent-ils les mots *yes* et *no*, bien qu'ils répètent avec une surprenante exactitude les mots prononcés devant eux. Je songe toute la soirée à cette réhabilitation par l'amour paternel. Surprenant effet de cette concentration sur un point fixe racontée par Richardson, de l'homme qui nourrit un enfant : amour d'Igloolik pour son mari. Nous aurions bien voulu les emmener avec nous, mais ils ont leurs familles. Grande discussion sur le bien qu'on peut leur faire

27 AOUT. — Temps couvert et mer très-grosse, aussi grosse que celle que nous avons eue en venant ; les lames mesurées ont dix et quinze pieds de hauteur par l'horizon ; il nous faut renoncer à aller à la baie Possession. Il paraît que même en calme il y a une forte houle sur la plage, et nous continuons pour Navy-Board, où nous prendrons des provisions ; nous tombons sou-

dainement sur un courant de glaçons flottants qui nous force à ralentir; il nous faut, dans la nuit surtout, bien veiller pour ne pas heurter d'*ice-bergs* ou de gros glaçons. Le soleil se couche maintenant à neuf heures environ. Pauvres Esquimaux! qui se dévouera à vous civiliser? Les frères Moraves ont des missionnaires; mais plus bas, sur presque toute l'étendue de la côte, les malheureux se trouvent bloqués dans un étroit cordon par la faim et le froid des deux côtés. Quelle noble entreprise que celle de sir John Franklin! Les hommes de ce caractère ont un pouvoir sympathique bien grand sans doute pour faire germer le dévouement partout sous leurs pas! Comme son livre est naïf! comme il dit simplement : « Nous mourions de faim! » et que d'images ne réveillent pas ces simples mots !MM. Parry et Franklin, dans une ligne d'écrit, MM. Arago et de Humboldt de même, ont bien le même genre, celui de la grandeur de la vérité. — Mes projets du pôle nord continuent de m'occuper; de plus, je veux proposer à M. Kennedy, l'année prochaine, d'examiner (laissant partir le *Prince-Albert*) la côte entre la rivière Coppermine et Boothia-Félix, et de remonter la Coppermine ou la Mackenzie, à l'embouchure desquelles nous nous rendrons avec la chaloupe à vapeur, ou de nous en aller par le détroit de Behring.

28 AOUT. — Grosse houle et calme; temps plus clair. Il faut faire attention de ne pas se tromper sur la configuration des *inlets* (passages) ou plutôt leur aspect de large, car plusieurs fois des glaciers, laissant entre eux de grandes vallées derrière lesquelles se voyaient des pics, m'ont induit en erreur. Sur les distances, le long de la côte, l'œil se trompe encore, à cause de la grande hauteur; on les estime trop petites. — Le gaillard d'avant fait une pétition pour demander « une ration extraordinaire d'eau-de-vie, bien qu'il ne leur en soit pas dû; mais ils allèguent pour prétexte que les provisions ne sont pas d'aussi bonne qualité que d'honnêtes marins anglais auraient le droit de l'espérer. » Cette pétition se

termine, suivant l'usage, par l'assurance du plus profond respect.

M. Kennedy me demande mon avis, et je pense qu'on peut les satisfaire sans danger : refuser serait nous exposer à de la mauvaise volonté de leur part, bien que je sois convaincu qu'ils ont obéi à un préjugé, car il y a chez eux plus de crainte que de penchant à l'égard des spiritueux.

29 août. — Après avoir perdu de vue les pics de Byam-Martin et la pointe basse du cap Hay, nous sommes pris par une jolie brise et par un épais brouillard, lequel nous fait tomber sur des morceaux de glace énormes; on met en travers afin d'entrer dans le passage de Navy-Board. Nous avons perdu cinq précieuses heures, et enfin on renonce une fois de plus à ce qu'on s'était proposé; nous faisons route. — Ah! la vapeur! la vapeur! — Dans l'après-midi, calme.

Je crois décidément que s'il y a deux navires de passés, c'est l'*Assistance* et *Résolute*, conduits par le capitaine Ommaney; les steamers ont été laissés derrière; que pensera-t-on au pays en ne nous voyant pas écrire? On nous croira pris de nouveau en compagnie des Américains. D'après M. Leask, trois baleiniers français seulement semblent être jamais venus ici, *Mademoiselle*, *Ville de Dieppe*, *Tourville*.

30 août. — Les Esquimaux garnissent les crêtes de leurs pagayes d'ivoire assez précieux, afin que le bois ne s'en abîme pas et tout l'or du monde ne vaudrait pas pour eux quelques kilogrammes de fer ou d'acier : c'est l'histoire du coq et de la perle, *un grain de mil ferait bien mieux mon affaire!* Dans la matinée un fort coup de vent se déclare dans l'ouest, et nous sommes bientôt réduits aux bas ris, trinquette, petit foc et voile d'étai. La mer est très-grosse, les lames ne dépassent cependant pas quinze pieds, ce qui m'étonne, et je crois qu'à moins de vérification on est souvent porté à s'exagérer leur hauteur.

Notre goëlette court et plonge, passant sur ou sous la lame qui balaye souvent notre pont, sautant de l'une à l'autre comme les enfants dans les sillons. Notre compas varie d'une façon remarquable dans le louvoyage, faisant une différence de trois pointes chaque fois qu'elle prend les amures à tribord. Malheureusement, le navire n'a pas été essayé sur les différents *aires* de vent. — Soins apportés maintenant à ce sujet dans la marine anglaise, création d'un bureau spécial. — Le courant, comme toujours, est dans la direction du vent et nous rejette en arrière du point où nous étions.

Vers minuit, le temps s'éclaircit, et, pour la première fois, nous voyons quelques étoiles ou planètes. J'ai essayé l'autre jour d'avoir la hauteur des pics de Byam-Martin afin de voir la limite inférieure des neiges perpétuelles, mais le résultat est trop incertain. Les lames roulent de gros glaçons très-dangereux et qui nous briseraient comme du verre. Nous avons reconnu les monts *Cuningham* et cette baie de Croker dont les environs sont bordés d'*inlets*, — ouvertures béantes dont on ne sait pas le fond, conduisant on ne sait où, peut-être isolant cette portion de terre et faisant du Groënland une autre partie du monde. — Ce sont toujours des pics et des glaçons ou de grandes tables blanches sur lesquelles des ruisseaux de neige fondue festonnent leurs gracieux méandres. — Enfin, nous avons raccourci de plus en plus l'échelle de nos désirs ambitieux, puis, plus modestes, nous les bornons aujourd'hui à la stricte nécessité de trouver un port de refuge pour l'hiver. Tout cela sera-t-il en vain? Il y a un an, le *Prince-Albert* se trouvait où nous sommes, portant en Angleterre les restes trouvés au cap Riley. Il est bien prouvé que toutes prévisions, tous calculs, sont faux, appliqués à ce que l'on pourra ou ne pourra pas faire.

Sir Ed. Parry disait, avec raison, qu'il déplore la nécessité où est l'amirauté de donner des instructions qui devraient se réduire à ceci : « Voilà nos intentions, faites pour le mieux. » Mais à quoi bon se lamenter? peut-être marchions-nous dans une fausse et périlleuse voie dont ces retards nous éloignent. La résignation de la plus humble espérance ne vaut-elle pas les inutiles combats du plus orgueilleux désespoir?

31 AOUT. — Calme. Hélas! que sont devenus nos beaux plans de campagne? c'est à peine si nous pourrons gagner le port Léopold avant que la glace le bloque. L'homme propose et Dieu dispose. Les terres du nord du détroit de Lancaster ont une remarquable apparence à partir de l'ouest de la baie de Croker : ce sont de hautes tables dont le sommet est nivelé d'une façon presque régulière. Les réflexions du soleil sur ces masses couvertes de neige sont tellement bizarres, entremêlées avec les nuages, que tous nous nous communiquons cette même pensée, qu'il n'est pas étonnant que sir James Ross se soit trompé en 1818, car les nuages joignent la terre des deux bords, et il semblerait, en effet, qu'une chaine de montagnes ferme le détroit à une vingtaine de milles de nous.

1er SEPTEMBRE. — Dans la nuit un nouveau coup de vent se déclare; mais cette fois-ci c'est de l'est qu'il nous vient et plus fort que le dernier, et comme le temps est très-épais nous courons d'un bord à l'autre du détroit. — Dans la journée, une lame défonce nos parois. Nous rencontrons des glaçons chaque fois que nous sommes près de terre.

2 SEPTEMBRE. — Même temps : vent d'est. Dans la matinée, vers quatre heures, au lieu de courir en travers du détroit, on laisse porter. — A huit heures du matin, aux environs du cap *Pellfort*, on voit la glace que M. Leask déclare être le *pack*, et nous virons de bord, un peu tôt peut-être, mais enfin avec cette brise de huit nœuds, grosse mer, il n'est pas prudent de s'y enfoncer, car remonter ensuite contre le vent ne serait ni sûr ni facile. Enfin, à deux heures, par 74° et 85° 40′, on rencontre le *pack* de nouveau, ce que j'avais du reste supposé d'après les rapports du capitaine Forsyth et de sir James Ross.

Il est alors convenu que l'on louvoiera pour doubler le cap et entrer dans l'*inlet*. Pour moi, et en cela je suis d'accord avec M. Kennedy, j'aurais voulu qu'on poussât dans l'ouest autant que possible, afin d'hiverner même au port *Winter*; mais il aurait fallu pour cela côtoyer le *pack* jusqu'à ce qu'on y trouvât une ouverture. Vapeur! vapeur! que ne t'avons-nous à notre secours! Nous sommes obligés d'en venir à embarquer notre canot de tribord. La mer est plus grosse que jamais et lave le pont toutes les cinq minutes.

3 SEPTEMBRE. — Vers huit heures le temps s'embellit un peu, nous sommes sur la côte nord aux environs du cap York, mais dans l'ouest, et nous suivons la côte. Le brave M. Kennedy, qui tiendrait à faire le plus possible, voudrait reconnaître l'état de la glace, voir si nous pouvons aller à la baie de Brentford, remonter à Léopold, aller à Griffith, et, si nous ne pouvons y entrer, revenir à Léopold. Mais ce n'est pas tenir compte de l'état avancé de la saison, du vent et de notre inhabileté en cas de calme, etc., de sorte qu'il pourrait se faire, comme l'an dernier, qu'ayant trouvé le port Léopold ouvert en remontant dans le nord, nous le trouvions fermé en venant dans l'est. — Mais tous les avis écrits reçus des hommes compétents appellent spécialement l'attention sur ce point : mettre le navire en sûreté, et mon avis serait, si le port Léopold est ouvert, d'y entrer, sinon au port *Bowen* ou au port *Nail*; mais l'essentiel eût été de connaître les dépêches qui peuvent et doivent se trouver à Léopold; aussi eussé-je préféré, ayant bon vent, y relâcher d'abord. A une heure et demie nous nous dirigeons sur Léopold; temps à grains, forte brise. A cinq heures nous rencontrons la glace courant de l'ouest-nord-ouest à l'est-sud-est; brouillard épais. — Il est convenu que nous louvoierons pour doubler le cap Clarence et essayer de nouveau le nord. Le temps est très-mauvais. M. Leask expose, avec raison, que la saison est très-avancée, qu'elle est extraordinairement douce, et que c'est une chance de plus pour que, aussitôt ces fortes brises tom-

bés, la température descende subitement très-bas, et que la glace se forme soudain autour de nous. — Des unicornes viennent se montrer tout près. — Je me console de tous nos ennuis en faisant plus de projets d'avenir que jamais : JE FERAI DES LIVRES QUI SERONT DES DOTS POUR MES SŒURS ; je tâcherai ensuite de faire partie d'une expédition française sur un petit vapeur à hélice, etc. — A minuit je vois la terre, près de la baie Batty, j'imagine, et on vire de bord.

4 SEPTEMBRE. — L'autre bordée nous amène près du cap Clarence. Le temps est plus clair, la brise plus maniable ; et lorsque M. Leask déclare que le port Léopold semble libre, point n'est besoin de dire notre joie. — Peut-être sont-ils là ces pauvres absents, si longtemps attendus, si longtemps cherchés, peut-être au moins aurons-nous de leurs nouvelles. Cette pensée commune nous anime, et tous les visages sont épanouis. Hélas ! notre joie n'est pas longue. En descendant dans le sud, on voit que le port est rempli d'une glace amoncelée sans doute par ces dernières brises d'est : il est même impossible, dit M. Leask, d'y débarquer. La mer est grosse ; mais enfin on amène une baleinière, et M. Kennedy et moi nous nous rendons à terre. A une longue distance de la côte se trouve une barrière de glaçons (*loose ice*) bien plus difficile à franchir qu'un corps solide, parce qu'au moins, une fois débarqués, nous aurions pu haler le canot ; mais la houle est excessivement forte, les glaçons se brisent les uns contre les autres comme des galets, et, après avoir fait de vaines tentatives, nous sommes obligés d'y renoncer ; nous avons côtoyé cette glace pendant trois heures, de huit heures et demie à onze heures et demie. — Le navire, en panne au vent, vient enfin nous chercher. On voit parfaitement du bord la maison et le fanal laissés par sir James Ross, et c'est le cœur serré par un désappointement de plus que nous remontons à bord. Nous côtoyons la glace au sud dans la direction de Fury-Beach. Une ceinture de petits glaçons, gros comme la tête, précède une barrière

plus forte ; ils sont serrés les uns contre les autres et n'attendent qu'une gelée un peu vive pour se former en une masse compacte ; ils suivent les mouvements et les ondulations de la houle, de manière à donner à cette ceinture l'apparence d'une cotte de mailles.

Les terres de Léopold ressemblent à celles de la baie de Croker : terres à pic, et friables dans les excavations, elles offrent à la neige la facilité de dessiner les plus gracieuses arabesques. — Nous voulions essayer de débarquer là où la glace s'avance le moins, mais elle est brisée, jusqu'au pied des falaises au bas desquelles il n'y a pas de berge, ou du moins elle est également couverte de glace. Si nous pouvons, nous irons à la baie de Brentford ou la baie Creswell, car tout vaut mieux pour le succès de l'expédition que d'aller sur la côte est. — A mesure que nous avançons, la côte s'inclinant vers l'ouest, ces rochers, moins échauffés par le vent, sont couverts de neige : on dirait de hautes murailles de neige, si, de loin en loin, une tache noire sur leurs faces perpendiculaires ne disait que la terre est là.

Après avoir descendu la côte jusqu'à quatre à cinq milles au sud de la baie Batty, la glace s'avance de plus en plus dans l'est. Temps brumeux et froid ; nous gouvernons alors une seconde fois sur le port Bowen, à notre grand déplaisir ; bien que nous ayons fait notre plein d'eau en laissant le *pack*. Tout ce qui est sur le pont est consommé ; il y a bien encore quelques barriques de provisions, mais elles sont fort engagées dans la cale, et, de toute façon, il faut aller près de terre. Le rapport du lieutenant Robinson nous fait connaître une liste de nombreuses provisions à Fury-Beach, qui nous eussent été fort utiles, car je prévois bien que l'année prochaine, ce sera, pour retourner, un prétexte auquel il n'y aura pas de réponse.

5 SEPTEMBRE. — Au point du jour, nous sommes en vue de terre ; nous apercevons un petit monticule au nord-ouest du compas. Je reconnais, en dépit de ce que dit M. Leask, le port Bowen, dans l'île Stony, qui paraît

comme une tache sur la pointe nord de la baie. Supposant que nous allons au mouillage, je propose officiellement à M. Kennedy d'aller en canot au port Léopold y chercher le document que nous y pensons trouver; mais il m'explique son projet, qui est d'attendre que le vent d'est soit passé, et alors, étant sûrs d'un port de retraite en cas de mésaventure, d'essayer de nouveau d'y rentrer avec le navire. Ce point de départ est en effet essentiel pour toute expédition en canots sur Boothia. La côte est, aussi loin que nous pouvons voir au sud, est libre de glace, et contraste avec la côte ouest, car elle ne porte pas non plus la moindre trace de neige, celle-ci n'ayant été *fixée* à l'ouest dans ces derniers jours que par les vents d'est. — Nous nous rendons tous deux, dans un canot, en avant du navire. Sir Édouard Parry l'a dit avec vérité, rien n'est si triste, nu et désolé, plus que désolant, que l'aspect de cette terre, produit de je ne sais quelle formation, mais qui présente un sol friable, recouvert de pierres plates, schisteuses, je crois, qui coupent nos bottes comme du verre : nous examinons la côte avec soin au moyen de nos lorgnettes si commodes dans un canot; trois *cairns* frappent immédiatement nos yeux; un sur l'île, un autre sur le North-Hill, un troisième sur le monument, et enfin un quatrième à gauche en entrant, sur une montagne. Nous parcourons vainement l'île pour y trouver quelque document laissé par Parry en 1824 et 1825. Un four ou une forge, des débris de clous, de porcelaine, de cordages, et un lambeau de toile, sont les seules traces que nous rencontrions : les clous sont rouillés, mais la toile reste en parfait état de conservation. — Le navire rentre dans la baie pour faire de l'eau, et, après avoir renvoyé le canot, nous gravissons North-Hill avec la plus grande peine, au milieu de ces pierres qui s'éboulent sous nos pieds, sur une pente rapide où des jambes de montagnards ne seraient pas inutiles. De cette élévation de cinq cents pieds (par comparaison avec la montagne de gauche), nous dominons les alentours, aussi nus que les abords de la baie; nous voyons les hauts rochers de la côte ouest entourée d'une blanche ligne de glace : des traces sur lesquelles on ne peut se tromper indiquent que le lièvre d'Amérique se trouve assez abondamment ici. Nous fouillons également le *cairn* de cette colline, mais sans plus de succès ; à dix *yards* (verges) environ, quelques pierres peuvent recouvrir des cylindres, mais nous n'avons pas de pioche ni de pelle, et ne pouvons nous assurer que rien n'y est déposé, la terre étant fort dure. Nous redescendons plus rapidement que nous n'étions montés, mais au grand détriment de nos bottes, partie trop précieuse de l'habillement d'un voyageur arctique pour que nous n'y fassions pas la plus grande attention. Nous nous rendons ensuite à l'endroit marqué Observatoire, indiqué par une tombe d'un matelot qui s'est noyé en 1825. Un léger renflement des pierres indique le contour circulaire de la fosse ; à côté nous remarquons quelques traces et deux allées dans la direction du méridien, sans doute pour servir d'indice aux voyageurs.

A notre débarquement, le cœur nous battit ; nous pensions avoir reconnu des pas humains, mais leur grandeur démesurée, puis une large empreinte de la forme d'un lit, nous firent un peu plus loin connaître qu'un ours avait passé par là. Quelques os de baleine, des débris de bouteilles, de verres, marquent le passage des Européens. Lors de notre retour une pièce de corde d'une douzaine de mètres avec la marque du gouvernement est ramassée sur la côte. Pendant que nous étions à l'observatoire, le capitaine, étant allé sur l'île, a fait rouler quelques pierres qui tombent tout au plus de quatre à cinq mètres ; mais, répété par l'écho, le son de leur chute est tellement augmenté, que nous croyons d'abord à un éboulement considérable dans la baie. Un corbeau, quelques *dovekies* (pigeons de mer) se laissent approcher de très-près, évidemment peu habitués au voisinage de l'homme, généralement si redouté des oiseaux de leur espèce. Je n'ai jamais été aussi touché que ce matin par l'onction de M. Kennedy à la prière, par la ferveur et la foi avec laquelle il suppliait le puissant

— 108 —

Dieu de Jacob d'inspirer nos décisions, de conduire nos projets, et je vois bien qu'il n'est point de force qu'on ne puise dans une foi si ardente ! Quelle limite y a-t-il à l'audace, à ce qu'osera entreprendre le courage d'un homme, non pas persuadé, mais convaincu que ce qu'il fait, Dieu le lui a suggéré et lui permet de le faire? Je demande à M. Kennedy un canot pour aller visiter le port Neil, car je pense que plutôt que de consommer les provisions du port Léopold, destinées à sir J. Franklin, s'il vient à y passer, le capitaine Austin aura préféré faire prendre celles qu'il croit déposées au port Bowen ou au port Neil : si on ne trouve pas de note ici, il est peu probable qu'il y en ait au port Neil, car ces deux ports doivent se visiter en même temps ; mais, mais à tout événement, et cela ne nous faisant pas perdre de temps, il vaut mieux se donner complète satisfaction sur ce point.

6 SEPTEMBRE. — A quatre heures du matin, le thermomètre marque — 2° 22, mais la température nous paraît tiède cependant, soit que nous nous habituions au froid ou que réellement l'action calorique des rayons du soleil soit plus grande ici que dans le sud. Après avoir suivi la côte, admirant les bizarres dessins formés par les projections des rochers, nous arrivons à l'entrée du port Neil, que je ne reconnais que la carte en main, car, bien que ne passant pas à un demi-mille de l'entrée, nous n'apercevons dans le *Gutta-Percha* qu'une mince ligne d'eau ; ce n'est qu'en nous enfonçant dans la baie que nous découvrons le port, dont l'entrée du reste n'a que quatre encâblures ; il est abrité par une pointe qui le masque entièrement, parfaitement défendu contre tous les vents, et n'a que huit encâblures sur sa plus grande longueur ; aussi est-ce là que sir Édouard Parry se retira pour s'y réparer après la perte de la *Furie ;* mais c'est précisément parce que les eaux n'y ressentent point l'influence du vent que la *boy ice* s'y forme plus vite, et s'y dissout moins rapidement qu'au port Bowen. Un *cairn* placé sur le monticule du nord nous paraît pouvoir

contenir les cylindres que nous cherchons, et, armés de pinces et de pelles, nous nous y transportons; mais, après avoir creusé trois pieds, nous trouvons le roc; rien d'ailleurs qui indique le lieu où pourrait se trouver un document; peut-être du reste n'y en a-t-il pas; n'ayant pas à bord le Voyage qui annonce le dépôt des cylindres, nous ne savons à quoi nous en tenir.

Un homme, John Page, y est mort, mais c'est le 29 août 1825, et, comme les navires sont partis le 31, on n'a pas eu le temps sans doute de lui faire un tombeau. Au pied de cette colline, comme au temps de Parry, nous trouvons des traces d'Esquimaux, c'est-à-dire des pierres marquant le rond de leur tente et celles du foyer ; ces lieux n'ont sans doute pas été visités depuis, et c'est une question intéressante que celle de savoir à quelle époque a commencé cette émigration des Esquimaux vers le sud, car les traces de l'île Melville indiquent encore que jadis ils se trouvaient plus au nord que maintenant. Nous observons que la terre se refroidit sensiblement. Pendant notre excursion l'un de nos hommes était resté en arrière, près du canot, faisant cuire notre frugal déjeuner, et nous nous dirigions du côté de la fumée qui nous servait de boussole; mais nous aperçûmes que, glissant près de terre, elle suivait le contour de la voie jusqu'à l'angle de la baie, où, recevant la brise, elle s'élevait perpendiculairement. — Nous avons vu quelques oies, de gros bourgmestres, de jolis *dovekies* au corps noir, aux pattes d'un rouge de corail. Les derniers surtout semblent peupler les baies de la côte.

Étant sur la colline nord, nous crûmes un moment voir la fumée d'un bateau à vapeur entre l'île Léopold et le cap Clarence ; mais, l'ayant vue toujours à la même place, sans avancer dans le vent ou sous le vent, puis chassée avec rapidité dans le sud-ouest par les vents de nord-est ; nous conclûmes que c'était un nuage. — Après avoir louvoyé dans le *Gutta-Percha*, qui va assez bien, nous avons rejoint le navire vers une heure. — A terre, au port Bowen, nous avons trouvé des fientes de perdrix. — Le port Neil ne fut reconnu qu'en 1824.

Je repars, presque immédiatement pour recommencer la fatigante ascension de North-Hill, avec les instruments nécessaires, creusant sans plus de succès, hélas! qu'au monument et au tombeau. — Dans la soirée, des hommes de l'équipage ramassent, à l'endroit indiqué sur la carte : Observatoire, mais non au tombeau, un écriteau cloué sur une planche, portant le nom d'observatoire : au pied était un cylindre dans lequel est une nouvelle feuille de cuivre, avec les noms de l'*Hécla* et de *Fury*. Nous nous étions obstinés à ne pas voir le monument où il est, et j'aurais dû persister davantage dans ma première idée; je pensais que le tombeau n'était pas l'endroit où l'observatoire s'était trouvé, par la différence des relèvements qui m'avait frappé sur la carte.

Quelques mousses, entre autre l'espèce qui a servi de combustible au docteur Rae, croissent entre les pierres; j'ai également ramassé quelques coquilles roulées dans un ruisseau formé par la neige fondue. — J'aurais voulu qu'on essayât immédiatement, soit d'entrer au port Léopold, soit d'y débarquer un canot à la pointe *Waler*, ou dans la petite baie à l'ouest du cap Clarence, pour y avoir au moins des nouvelles, mais dans quelques jours cette mesure ne sera plus possible. — Si nous hivernons ici, nous aurons à traverser tout le détroit sur la glace avec les canots, qui nous encombreront forcément, et nous ne saurons plus où retrouver le bâtiment, le port Léopold ne s'ouvrant quelquefois que fort tard. Mais, si on va de l'autre côté, je demanderai à partir de la baie de Brentford, traverser au nord-ouest jusqu'à la terre de l'île Bank-Melville, revenir au cap Walker, en passant par l'île Griffith, et de là sur le port Léopold, ou en redescendant les terres de l'ouest, pendant que M. Kennedy reconnaîtra la côte au sud du cap Bird. Ce serait une honte, dans une expédition comme la nôtre, de ne pas pousser en avant quand on songe à ce que faisaient les Parry et les Ross, eux qui n'avaient pas de provisions à Fury-Beach et une chaloupe à vapeur au port Léopold. — Nous laissons un billet au port Neil.

7 septembre. — Je parierais que c'est en grande partie à cause de la solennité du dimanche que nous ne sommes pas partis aujourd'hui. Cher M. Kennedy! qu'il est bon et consciencieux! il n'est point d'excuse qu'il ne me fasse, parce que j'ai eu l'air offensé de quelques paroles qu'il m'a dites, mais dont je ne lui en voulais certainement pas, quoique sur le moment je les aie relevées un peu vivement. Je suis l'homme de son cœur, dit-il, et il me touche réellement par cette candeur naïve; pauvre homme! qui n'est point de notre temps, et que son éducation toute primitive a fait trop bon pour conduire des hommes de notre époque!

Le cylindre d'hier était sous un tas de pierres, signalées par un os de baleine; c'est la méthode des Indiens et de la baie d'Hudson. Maintenant on fait un *cairn*, ou une croix, et, soit dans une direction nord et sud, ou le long d'une ligne de pierres, à quelque distance, est enterré le document, que les Esquimaux ne déterreront jamais, surtout lorsque plusieurs gelées auront passé par-dessus; nous avons partout trouvé la terre gelée à une profondeur de trois à quatre pouces, aussi dure que du silex. — Une tête de renard a été trouvée à terre.

8 septembre. — Nous appareillons avec une petite brise, filant deux à trois nœuds. M. Kennedy pensait aller à Fury-Beach en canot, le navire poussant de ce côté; mais je lui représente que le thermomètre a baissé ces jours-ci; toute la journée d'hier, il s'est maintenu à — 3°,33, aujourd'hui à — 4°,44. S'exposer à manquer Léopold est imprudent; Fury-Beach n'est que secondaire, on ne peut donc y aller avec le navire; s'y rendre en canot, pour aller ensuite à Léopold, serait peut-être dangereux, parce qu'il faut passer loin de terre à cause de la grosse glace, exposés aux vents d'est, ou, si les vents d'ouest dominent, exposés au calme qui, avec la basse température, laissera se former le *young ice* très-vite. En tous cas, il sera plus prudent de l'essayer par terre. Nous ne perdrons le soleil qu'après le 10 octobre. Enfin, ce projet est abandonné. — Bien certainement

nous eussions pu aller au cap Riley : la *boy ice*, refoulée au fond de la baie par le vent d'hier, et couverte de neige hier au soir, forme au fond du port une nappe blanche qui s'épaissira rapidement sous cette couche de neige, et l'aura bientôt fermé tout à fait.

Au débouché de la baie, un ours la traverse à la nage; un canot le poursuit, ayant soin de lui couper le passage du côté de la terre, et, après une poursuite acharnée dans laquelle il reçoit cinq balles, quoiqu'il cherche à nous échapper en plongeant de temps en temps, nous avons le plaisir de le hisser à bord. Nous ne pouvons le peser, mais c'est un magnifique animal, presque aussi gros qu'un bœuf, et dont voici les dimensions (mesures anglaises) : du nez au haut du front, un pied sept pouces (longueur du museau); du nez à la croupe, huit pieds six pouces; longueur de la queue, sept pouces; circonférence au milieu du corps, six pieds quatre pouces; pattes de derrière, largeur, huit pouces, longueur, un pied deux pouces; pattes de devant, largeur, dix pouces, longueur, onze pouces. Il a, sur le devant, deux énormes crocs, un de chaque côté, aux deux mâchoires; ces crocs sont longs de deux pouces et demi au-dessus de la gencive. — Nos chiens ont une curée, un vrai *treat* (régal), dont ils semblent bien joyeux, mais dont leur gloutonnerie nous fait craindre les conséquences pour eux. — Notre ours n'avait que de l'eau dans l'estomac; cependant il est fort gras, et on estime chaque quartier à deux cents livres. C'est la saison dans laquelle ces animaux sont en rut; les femelles mettent bas dans le mois d'avril et se retirent à terre pour cela; dans la baie d'Hudson on en tue beaucoup à cette époque. — Nous parlons du mépris qu'ont les prétendus sauvages de ce dernier pays pour l'homme civilisé. M. Kennedy me raconte qu'un officier de la Compagnie ayant, pour plaisanter, demandé sérieusement à un chef indien de lui donner sa fille en mariage, celui-ci, qui lui témoignait des égards en tant que marchand, haussa les épaules en lui disant : « Ma fille? à toi? tu ne sais pas seulement chasser! » Un autre jour que M. Kennedy avait été très-heureux à la chasse, un Indien lui demande qui avait tué ce grand nombre de daims : « Moi ! — Ah ! dit l'Indien, se retournant vers un de ses compagnons ; c'est véritablement un homme ! »

9 SEPTEMBRE. — Les vents toujours au nord-ouest. Jolie brise à filer cinq nœuds. — A quatre heures, nous entrons dans des glaces très-épaisses, que nous supposons détachées de la terre par les vents de nord-ouest ; mais quelques minutes après, la terre se montrant à bonne distance, il devient évident que c'est la glace du détroit de Barrow qui a été amenée ici depuis notre passage par le courant de l'ouest à l'est et les vents d'est. — Les heures me paraissent bien longues pendant notre louvoyage. — Le thermomètre a descendu un peu, ce qui, j'espère, présage la continuation des vents d'ouest. — Le navire franchit une ligne de glace à travers laquelle il se fraye lui-même sa route, heurtant un glaçon par-ci, par-là, en brisant d'autres ; enfin nous sommes dans un courant d'eau claire, et au moins nous allons approcher du port si nous n'y entrons pas tout à fait ; d'ailleurs, je viens de relire nos ouvrages, et je vois que Parry s'est coupé un canal pour prendre ses quartiers d'hiver. A quatre heures, M. Kennedy me dit qu'il lui semble que le port est barré, bien que les abords soient dégagés ; après tout, ajoute-t-il, j'ai brûlé mes vaisseaux comme Cortès, et il y a trop de glace derrière nous pour songer à reculer. Il se rend à terre dans un canot, avec des fusées, lanternes, etc. — A sept heures et demie, nous sommes à peine à un demi-mille de terre ; une baleine noire passe entre nous et la terre majestueusement et sans inquiétude, comme si elle savait que nous n'avons point de harpon à lui lancer. Cette sorte de baleine se prend souvent loin de la glace. A huit heures, fatigué par la nuit précédente passée sans sommeil, je me jette sur mon lit à moitié déshabillé, en priant M. Hepburn et le docteur de m'appeler dès qu'il y aura quelque chose de nouveau. — A huit heures un quart, le docteur me dit qu'on appelle tout le monde sur le pont ; je monte rapidement ; M. Leask me dit d'aller

dans la mâture et de voir l'état de la glace. Le vent est passé de nord-ouest et nord-nord-ouest au nord ; la glace, qui à cinq heures laissait un libre passage et à six heures joignait la pointe sud du cap Suppings, est maintenant jointe à la terre au sud de cette pointe ; je ne vois point le canot. En descendant, M. Leask me demande mon opinion sur ce qu'il y a à faire. M. Hepburn et moi nous nous sommes communiqué la même pensée, qui est aussi celle de M. Grate, le maître d'équipage, et de tous nos hommes, excepté M. Smith et le docteur, c'est de descendre environ deux milles plus au sud, où la glace nous laisse une ouverture, et de nous tenir alors sur le bord extérieur. — Nous sommes à environ un demi-mille de la terre ; la glace est à un quart de mille de l'autre côté, et elle tend à se rapprocher de la terre, sur laquelle elle presserait le navire : c'est ce qui nous force à nous éloigner de l'endroit où nous nous trouvons ; si ce n'était que le danger d'être dans le *pack*, il n'y aurait pas grand mal ; mais une des grandes causes de mon anxiété, c'est de savoir si le canot a atteint l'endroit où sont les provisions, et quand il pourra nous rejoindre. Enfin, le voilà arrivé, ce grand moment, et j'espère que Dieu nous aidera ! Ne pensant plus au succès, c'est au salut seulement de nos compagnons que je réduis mes vœux ! Pauvres parents, chers amis ! que votre souvenir me soutienne et me préserve des tentations auxquelles je puis succomber, car, le cas échéant, j'irai aussi loin que possible, et, après cela, si je me trompe, si je perds la confiance que j'ai inspirée, adieu à la vie ! Malgré mes observations, on consulte les matelots après les officiers, et vers neuf heures M. Leask demande que chacun signe une déclaration de son opinion. Je m'oppose à ce qu'on donne de l'eau-de-vie aux hommes, malgré la fatigue de cette nuit.

Si le danger du canot eût été plus imminent, j'aurais conseillé de risquer le navire ; car lady Franklin nous a dit, à M. Kennedy et à moi, de ne pas hésiter en pareil cas ; mais je ne crois point du tout la situation désespérée. — Aussi, comme nous étions sûrs de perdre le navire sans utilité, il valait mieux ne pas tout risquer. C'est à huit heures et demie que nous avons laissé porter.

10 SEPTEMBRE. — Ne m'étant pas couché, je prends le quart à minuit, allumant toutes les demi-heures un feu de signal. De dix heures et demie à minuit on lance plusieurs fusées, auxquelles MM. Hepburn et Leask voient des réponses à terre. — Il nous semble reconnaître, dans l'obscurité de la nuit qui s'est faite à neuf heures, le port Léopold, et nous voyons la glace qui s'avance très-près au sud. Nous nous félicitons de cette heureuse délivrance ; mais quelle est notre douleur, à sept heures et demie, quand nous nous apercevons que nous sommes fort au sud de la position que nous pensions occuper ! Au lieu d'avancer nous avons reculé pas à pas devant la glace poussée par la brise du nord et sans doute aussi par un courant nord; car cette baleine d'hier remontait la côte vers le nord, et on dit que ces animaux se dirigent toujours contre la marée. M. Leask m'appelle, et, les larmes aux yeux, il me montre que la côte au nord est entourée d'un *pack* épais, précédé de bancs de glace épaisse, qui gagnent, gagnent toujours au sud. A cinq ou six milles de nous, au nord-est vrai, est une baie que M. Leask prend pour la baie Batty, mais que je suppose être plutôt la baie Elwin, à cause de la distance. Il y a un petit passage contournant un banc qui s'avance au sud de la baie ; pris par la glace qui nous entraînera dans le sud, nous ne pourrons être d'aucun secours à nos compagnons séparés de nous. Nous sommes forcés de nous laisser entraîner par la glace dans le fond du passage. M. Leask me demande ce qu'il faut faire. Mon opinion est que le mieux est de chercher à rentrer dans cette baie, et je l'appuie sur les raisons que j'ai dites tout à l'heure. Je descends prévenir le docteur, M. Hepburn, et M. Smith, dont le frère est dans le canot, et les prie d'examiner par eux-mêmes l'état des choses. — A peine suis-je remonté que M. Leask me rappelle. L'ouverture que j'avais vue conduisant dans la baie

Elwin s'est rétrécie de la même façon que celle du port Léopold hier au soir ; elle s'étend loin au sud et se rapproche de plus en plus de la terre ; le vent est droit nord ; la chance sur laquelle je comptais nous est donc elle-même enlevée. « Que faire ? me demande M. Leask de nouveau, quel est votre avis ? » — Mon avis concorde avec le sien : Si nous sommes entourés de glaces, qui n'offrent d'issue que dans le sud, l'est paraissant pris, les mêmes considérations que ci-dessus m'engagent à chercher au plus vite la baie Batty, bien que cette route nous éloigne de quarante mille de nos pauvres amis. — « Allez en bas, me dit M. Leask, et informez l'équipage. » Je somme les hommes de monter dans la mâture, et tous, même le pauvre M. Smith, que son amour de frère rend plus tenace que les autres, viennent à la même conclusion que nous. Quelle épreuve ! Peut-être avoir décidé de la vie ou de la mort de cinq hommes ; mais cela d'une manière fatale ! Aussi, je me réserve de tenter une expédition par terre ou en canot pour les chercher. — Voici mon espérance : ils auront pu gagner le port Léopold, où sont de nombreuses provisions et des vêtements, et là, M. Kennedy aura immédiatement formé le projet d'hiverner. La direction de leur fusée étant presque au nord, il était difficile de juger leur distance de nous. Nous avons souvent parlé de Fury-Beach ; les pensées du capitaine se seront tournées dans ce sens ; ses hommes auront vu les mouvements du navire, ou, s'ils ne les ont pas vus, ils les auront devinés par le vent, par l'état de la glace qui ne nous permettait pas de rester à l'est. M. Kennedy aura pensé que nous n'irions pas de nouveau au port Bowen. — M. Leask voulait qu'on se dirigeât sur la baie Batty, le seul port sûr connu sur cette côte ; mais je lui ai représenté que la rivière de la baie Creswell et la baie de Brentfort offrent des abris suffisants, et je suis décidé à tout faire, même à entrer dans le *pack* plutôt que d'aller hiverner sur la côte est où nous ne pourrions songer à rien faire pour nos chers compagnons.

A huit heures et demie la baie Batty est heureusement dégarnie de glace, et nous y mouillons; le vent souffle très-fort du nord. Par bonheur pour eux, toute la nuit le thermomètre n'a pas été plus bas que — 5°, car ils n'ont pas de tente, pas d'aliments dans le canot. Je veux demander à M. Leask un canot et cinq hommes. Je ne sais ce qui adviendra de moi; il y a quarante heures que je n'ai dormi. Ce sont peut-être les dernières lignes que j'écrirai, et j'ai la tête brisée.

A midi et demi, le capitaine Leask m'ayant laissé toute liberté d'action, après avoir délibéré avec les officiers, j'en viens à l'idée d'une expédition par terre, composée de quatre hommes et moi; les raisons qui rendent ce moyen préférable sont que : 1° il vente coup de vent de nord, et un canot n'arriverait pas; 2° la baleinière, seul canot que nous ayons à prendre, est une embarcation en bois d'acajou, lourde, pesante, que nous pourrions difficilement manœuvrer, que nous ne pourrions transporter sur la glace quand nous l'aurions rencontrée au sud de la baie Elwin; dans l'état avancé de la saison le canot peut être pris par le *boy ice*, et mis ainsi dans l'impossibilité de faire quoi que ce soit. Si nos amis sont sur la glace, comme le *pack* est déjà devant le port, deux heures après notre mouillage ils dériveront au sud et seront surveillés du bord.

Mais nous considérons comme probable qu'ils ont atteint les provisions du port Léopold, et que l'important est de leur faire savoir où nous sommes.

Je compte que dans trois fois vingt-quatre heures nous pouvons être au port Léopold.

Un pavillon doit être hissé sur un des pics du nord de la baie. Le docteur demande à m'accompagner, mais je suis obligé de le lui refuser, considérant que ses soins peuvent être bien plus précieux à bord, dans le cas où ils reviendraient par mer, car alors ils seraient exténués et mourants de faim, tandis que s'ils reviennent par terre nous les aurions trouvés au port Léopold.

Je fais prendre à nos hommes douze livres de *pemmican* chacun, comptant une livre par jour, pour le cas où nous les trouverions en route. — Dieu bénisse nos efforts!

— A deux heures nous devons nous estimer bien heureux d'avoir atteint la baie Batty, car déjà l'entrée en est barrée par de très-épais glaçons. — J'aurais bien voulu partir aujourd'hui, mais les hommes sont harassés par les fatigues de la journée et de la nuit d'hier.

Il est convenu que, pendant la nuit, la goëlette aura un fanal hissé.

J'avais pensé d'abord à prendre mon canot portatif, mais je pense que les cours d'eau que nous pouvons trouver, étant glacés, couperaient le bateau et en rendraient l'usage impossible, et c'est un poids dont nous ne pouvons nous charger qu'avec une chance probable que cela nous soit utile.

III

PREMIÈRE EXPÉDITION A TERRE.

14 SEPTEMBRE. — Je suis revenu hier au soir à quatre heures avec mes trois hommes, plus mort que vif, épuisé autant par la fatigue physique que par le découragement moral.

J'avais pensé que le plus petit nombre possible d'hommes devait être éloigné du navire et consenti à une réduction d'un homme. — A deux heures du matin, le jeudi 11, nous achevâmes nos préparatifs; MM. J. Smith, Magnus-Mecurrus et W. Millar, trois hommes accoutumés aux durs voyages de la baie d'Hudson, étaient mes compagnons d'expédition; à trois heures et demie, après un coup d'œil jeté du haut de la mâture, nous partîmes par un coup de vent du nord, le thermomètre marquant — 6°, 11; un parti de relai de quatre hommes nous accompagna pendant un trajet de six à sept milles; la neige était beaucoup plus épaisse que je ne l'avais pensé; on y enfonçait de plus de six pouces :

cela ne nous promettait pas une marche bien rapide ; mais, avec l'ardeur qui nous animait, je pensais bien que nous pourrions parvenir au but ; je regrettais fort de n'avoir pu emmener nos chiens et le traîneau, mais ils eussent été parfaitement inutiles, attendu que nous n'avions pas de *snow shoes* (chaussures pour la neige) ; une seule paire, qui m'appartient, est restée à bord. M. Kennedy a donné l'autre au docteur Kane. Vers neuf heures et demie, ayant marché depuis trois heures et demie, nous fîmes halte à un petit lac pour manger un peu ; je craignais, d'ailleurs, que le brouillard ne devînt trop épais ; puis le vent était passé au sud, et j'avais peur que les hommes qui nous accompagnaient ne perdissent leur trace ; en outre, ils n'avaient avec eux qu'une petite quantité de *pemmican*. A dix heures nous nous séparâmes, je fis dire au capitaine Leask de ne pas compter sur nous avant une quinzaine, et même de ne pas être trop inquiet, mon intention étant d'hiverner au port Léopold si nous trouvions de trop grandes difficultés pour revenir, ou si quelqu'un de mon parti ou des gens de M. Kennedy était trop malade.

Après avoir dépassé les hautes collines qui bordent la baie au nord, nous étions arrivés à des terres à peu près de niveau, mais couvertes de neige, à l'exception de quelques rares arêtes de collines, que le rayonnement des pierres couvrait de glace, mais sur lesquelles nous marchions pour nous reposer, bien que cela fût assez dangereux. — Aussi souvent que nous le pouvions, nous nous rapprochions de la côte, afin de pouvoir examiner la mer, presque partout couverte de glace, que ma lorgnette nous faisait juger fort épaisse. Vers cinq heures et demie, nous estimions avoir fait dix-huit milles depuis le matin, et des roches perpendiculaires à environ sept milles au nord, nous semblèrent être la côte nord de la baie Elwin. Il devint nécessaire de nous arrêter, bien que je me fusse proposé cette baie comme notre premier point d'arrêt. La neige s'était mise à tomber abondamment vers midi, en même temps que s'élevait la brise du sud, et nous en étions couverts ; je pensais d'ailleurs imprudent de fatiguer trop les hommes dans une première journée, et puis la neige devenait de plus en plus épaisse à mesure que nous avancions au nord. — Une ravine à quelques milles au sud de la baie Elwin me parut un bon emplacement pour camper ; mais les deux murailles en étaient perpendiculaires, et la rapidité avec laquelle le terrain est coupé à angle droit nous mit plusieurs fois en péril. Le vent soufflait avec violence, et la neige, volant en tourbillons, nous aveuglait ; le froid était trop intense pour coucher en plein air, et la neige étant très-molle, nous mîmes près de trois heures à bâtir une *snow-house* (maison de neige). Mes hommes, gens pleins de cœur et d'expérience, et du courage desquels je ne pouvais douter, me déclarèrent qu'il était impossible d'aller plus loin, et que persister était risquer inutilement la vie de tous ; pour moi, soit ignorance ou autre chose, je ne pensais pas que notre position fût aussi mauvaise, bien que l'opinion de M. Smith, dont je connais la tendre amitié pour son frère, m'ébranlât un peu ; je me réservai de prendre une décision le lendemain matin, quand leur fatigue serait dissipée, et nous fîmes un peu de thé au moyen du réchaud à esprit-de-vin. Cette boisson chaude nous ranima beaucoup plus que le *pemmican*, auquel, par exception, je joignis un peu de biscuit ; les hommes en ayant glissé quelques morceaux dans le sac aux provisions, malgré ma défense, parce qu'ils pensaient que, n'étant point accoutumé à ce régime exclusif de viande, je pourrais être incommodé ; plus d'une fois, du reste, dans ce court trajet, j'eus à leur savoir gré intérieurement de ces attentions délicates, qui touchent surtout lorsqu'elles viennent de natures à écorces rudes, et la première nuit, étant à moitié endormi, je les vis tour à tour me couvrir, et s'assurer que mes pieds n'étaient point gelés. — Une peau de buffle, étendue sur la neige, une autre par-dessus nos vêtements humides, et nos bottes pour oreillers, ne laissèrent point que de nous donner le plus profond sommeil. — Le vendredi matin, rafraîchis par un repos de plusieurs heures, je voulais reprendre notre route ; mais, après avoir examiné les alentours de notre *snow-house*, je vis que la neige tombée pendant la nuit recouvrait de plusieurs pouces l'empreinte de nos mocassins; un vent froid du nord soulevait des nuages de neige, car la moindre brise sur ces hauteurs occasionne des tourbillons; et, en dépit de nos résolutions, je vis que lutter contre les éléments nous était impossible, et, le désespoir dans l'âme, il nous fallut reprendre notre route de la veille. Les chaussures de cuir étaient tellement gelées et raccornies, que les mocasins ou les bottes d'Esquimaux seules pouvaient être chaussées; nous enfoncions dans ce terrain mouvant quelquefois d'un pied ou un pied et demi; la sueur qui ruisselait sur nos visages était immédiatement congelée; et, après quatorze heures de marche, nous nous trouvâmes avoir fait cinq milles; je vis bien que les prédictions de la veille n'étaient point vaines. La quantité d'esprit-de-vin que nous avions prise était très-petite, parce que je comptais en trouver au port Léopold, et que, n'ayant jamais essayé notre réchaud avec de la neige, nous n'avions point idée du temps ni de la quantité de combustible dont nous avions besoin. — Aussi désirais-je atteindre, avant la nuit, un deuxième lac dont l'eau eût été moins difficile à chauffer; je dus permettre à l'un de nos hommes de laisser derrière quinze livres de *pemmican*, que nous pourrions reprendre plus tard. — Nous pûmes bâtir une deuxième *snow-house* un peu plus vite que la veille, la neige étant plus épaisse; nos vêtements étaient imbibés de sueur et de neige fondue, et quand nous nous étendions sur nos peaux de buffle, l'empreinte de nos corps en faisait sortir l'eau de toutes parts; comme la veille, nous nous réchauffâmes par quelques gouttes de thé, qui nous firent grand bien, car la privation d'eau avait été notre plus sensible ennui; et le lendemain, nous pûmes remercier Dieu qu'il n'eût pas fait plus froid; certainement, si la rigueur de l'atmosphère eût été plus violente, nous eussions été gelés. Dans la nuit, nous fûmes obligés de mettre nos bas mouillés sur notre poitrine pour les sécher. — Le samedi matin, voyant combien il était nécessaire d'atteindre le navire avant la nuit, je me décidai à tromper ces pauvres gens sur l'heure, et les fis partir avec un peu moins de repos qu'ils n'eussent désiré sans doute, car un des effets du froid est un engourdissement qui paralyse toute énergie. En claquant des dents et en tremblant nous refaisons nos paquets, et je suis obligé de permettre l'abandon d'une quinzaine de livres de *pemmican* de plus, ainsi que d'une de nos peaux de buffle, et plusieurs autres articles de notre mince bagage. A trois heures, nous atteignîmes les hauteurs près du navire, et notre découragement s'augmenta lorsqu'une réponse négative fut faite à nos demandes par les hommes qui coururent au-devant de nous. Je m'étais flatté que peut-être le vent du sud aurait ouvert un passage entre le cap Seppings et la pointe Whaler, et que M. Kennedy, dont je connais le courage et l'audace, aurait essayé de remonter jusqu'à nous. C'est sans compter sur le succès que M. Leask avait souscrit à mes vœux; mais qui eût cru à de pareilles difficultés?... Qui peut croire, à moins de l'avoir éprouvé, combien est fatigante, même sans bagages, la marche sur ce terrain qui se dérobe sous vos pas, combien il est impossible à un homme de surmonter les obstacles créés par le vent et la neige dans la figure, le froid excessif sur une partie du corps, la transpiration sur l'autre, un brouillard qui empêche de voir où l'on se dirige? car on ne peut avoir le compas constamment à la main; et à peine peut-on voir les traces de l'homme qui marche devant soi. J'avais ordonné que chacun de nous marcherait en tête à son tour, afin que ceux qui suivaient évitassent la fatigue de creuser la neige, mais l'amoncellement des neiges rendait souvent cette précaution inutile. Bien que chargé du compas, d'une lorgnette, des ustensiles pour écrire, et de tous les objets pour mon service personnel, moins les provisions, car j'insistais pour partager entièrement les fatigues de notre troupe, je supportais très-bien l'épreuve, et les hommes disaient à chaque instant qu'un homme habitué à ce climat n'eût pas fait mieux; mais eussé-je douté de mon inébranlable volonté de faire mon devoir, de mon dévouement à ce pauvre M. Kennedy, de tout ce que peut la volonté d'un homme de cœur, des sentiments de M. Smith et des autres, de leur aptitude à supporter ce qui peut se supporter physiquement; eussé-je douté de tout cela, il me faut me rendre à l'évidence et reconnaître aujourd'hui que si les circonstances nous eussent permis d'aller dix milles plus au nord seulement, nous ne serions jamais revenus; tous les hommes du bord qui avaient appartenu au service de la baie d'Hudson ou possédaient quelque connaissance de ces climats s'accordent à dire la même chose. — J'ai laissé dans nos deux *snow-houses* un papier indiquant la présence du navire à la baie Batty, bien que j'espère que nos amis ne prendront point ce chemin. Comme aucun Européen n'a encore visité ces lieux, nous ne connaissions pas les difficultés du voyage, mais j'espère que M. Kennedy les aura vues du premier coup. Je me félicite bien aujourd'hui de n'avoir point accepté les offres dévouées, du reste, du docteur, et d'avoir laissé notre maître d'équipage à bord. — Aussitôt après mon arrivée, il fut convenu avec le capitaine Leask que le lendemain la goëlette appareillerait. Je cherchai alors à trouver dans le sommeil quelques heures de rafraîchissement, car je ne sais si ma tête y résistera. Je suis depuis ces jours derniers tellement bouleversé qu'il me semble voir un rideau ou un crêpe jeté sur mes idées. — Ce matin, à quatre heures, le capitaine me réveille, et avec M. Hepburn, le docteur, MM. Smith, Anderson et quatre hommes de l'équipage, nous allons dans un canot examiner l'état de la glace en dehors de la baie. Après avoir fait quatre milles dans le canot, et environ huit milles sur une espèce de *beach* formée par la glace de l'année dernière, nous arrivons à un endroit où les faces moins escarpées de la falaise nous permettent de grimper et d'atteindre un point d'où nous découvrons la côte au nord; bien au delà de la baie Elwin, à cinq milles, un *pack* de glace très-épaisse forme une espèce de croissant, dont la pointe sud est à quelque distance de la baie Batty sur la côte, et nous paraît rejoindre au nord le rivage près de la baie Elwin. Le thermomètre est à — 6°, 67 ; toutes les apparences sont de mauvais temps et de neige; sur notre route, nous trouvons la jeune glace formée dans tous les interstices où la brise ne se fait pas sentir. A notre retour à bord, je vois que le capitaine avait jugé les choses de la même façon que nous; l'équipage est appelé, ou du moins ceux qui n'ont pu prendre connaissance de l'état de la glace, et il est reconnu qu'il est impossible de sortir. Alors même que cela eût pu se faire d'ailleurs, c'était infailliblement fixer le navire au milieu du *pack*, et nous faire perdre la seule chance de rejoindre jamais nos pauvres absents. J'ai toujours engagé le capitaine à appeler l'équipage pour ses décisions, non point tant pour couvrir sa responsabilité, que pour voir si un seul homme trouverait à faire quelque chose de mieux que ce qui était proposé. — Le pauvre M. Leask est plus sensible et plus touché que je ne l'aurais cru, et je ne puis oublier ses paroles et ses supplications au moment où M. Kennedy laissa le navire.

Je ne puis pas me le cacher, quoi que nous fassions maintenant et quoi que nous eussions fait il y a trois jours, Dieu a décidé de leur sort : s'ils n'ont pas atteint la pointe Whaler le mercredi ou le jeudi matin, ils sont mort de faim et de froid; si au contraire, et comme je l'espère encore, Dieu les a épargnés, c'est qu'ils ont atteint le port Léopold, où ils ont un abri, des vêtements et des provisions. Nos efforts ne peuvent plus tendre qu'à une chose : les retrouver le plus tôt possible, afin de nous tirer de l'anxiété où nous sommes sur leur sort, et de celle où les jette sans doute l'ignorance de notre position. Pour le moment, il est impossible d'aller à eux; mais, aussitôt que le banc de glace sera fixé, je partirai avec des traîneaux, des *snow-shoes*, et nous saurons enfin à quoi nous en tenir.

J'ai demandé aux hommes que nous continuions à avoir les prières et le service comme toujours, afin qu'au retour M. Kennedy ne croie pas que nous avons oublié ses salutaires conseils le lendemain même de son absence; tous agréent avec le plus grand empressement cette proposition ; et si nous étions destinés à ne plus les revoir, ce serait du moins un hommage payé à sa mémoire et qui conserverait son souvenir plus vivant au milieu de nous. — Mais les sanglots ont interrompu plus d'une fois nos prières. Ah ! pauvre ami, que n'écoutiez-vous davantage mes conseils ! — J'ai vu aujourd'hui, dans le voyage de sir James Ross, qu'il a trouvé la glace beaucoup plus épaisse ici qu'à aucune partie de la baie de Baffin. — Nous nous occuperons la semaine prochaine de faire des *snow-shoes*, mais j'ai dû renoncer au projet de renouveler notre tentative par terre, la moindre brise occasionnant des tourbillons, les coups de vent communs dans cette saison, l'incertitude du temps, de l'état du terrain entre la baie Elwin et le port Léopold, enfin l'opinion bien prononcée de tous constituant autant d'impossibilités.

Ce pays est bien celui qui donne les plus forts coups de pied à l'orgueil humain. Si le froid venait un peu vite, notre projet pourrait sans doute s'exécuter le mois prochain ; le soleil ne nous laissera pas avant le 10 octobre, et vers cette époque nous aurons la pleine lune. — Sur ma demande, il était convenu que dans le cas où la croûte se formerait de façon à empêcher un canot d'aller à terre, mais pas assez épaisse pour nous permettre de passer dessus, des provisions et une tente seraient laissées sur la plage, ainsi que dans le cas fort improbable où le navire serait obligé de dérader. — L'opinion de M. Leask était déjà formée avant d'envoyer le canot, ce qui prouve, ainsi que le disent Parry et les autres, combien les connaissances pratiques sont nécessaires ici plus qu'ailleurs.

Si le navire étant hors de la baie Batty, le canot n'avait pu toucher au port Léopold et que cette baie fût fermée, quelle eût été notre ressource ? Nous risquer à passer sur le *pack* pour aller à terre ? il n'y faut pas songer. Aller au port Bowen ? mais tout cela nous empêche plus que jamais de pouvoir leur être bons à quelque chose. Heureusement, l'état de la glace nous a même sauvés de cette affreuse alternative où nous eussent placés et notre ardent désir d'un côté, et une triste, mais véritable appréciation des choses de l'autre.

19 SEPTEMBRE. — Depuis dimanche dans l'après-midi, nous avons eu, sans interruption d'un moment, un violent coup de vent de nord-ouest (dans la baie du moins), devant lequel nous n'eussions certes pas tenu si nous eussions pu sortir, et qui nous aurait forcés à nous réfugier au port Bowen, ce point que nous devons éviter plus que tout autre (ainsi que toute la côte est). Deux ancres mouillées, les chaînes filées, nos vergues de perroquet et de hune avec leur gréement, envoyées en bas, n'ont pas empêché la goëlette de fatiguer beaucoup dans ces rafales terribles. — Le thermomètre descendant toutes les nuits à — 8°, 89 et à — 9°, 44, le baromètre à 29, 30; mercredi soir, malgré la force de la brise, de larges plaques blanches semblables à des taches d'huile contrastaient avec les eaux environnantes, parce que la mer n'y brise pas, indices certains d'une gelée générale prochaine; et en effet la brise étant tombée ce matin, toute la rade est couverte d'une épaisse glace de dix-huit lignes; cette feuille de glace est composée de glaçons plus petits imbriqués comme des écailles de poisson, remarquables par leur forme ovale; ces glaçons, chacun de cinq à six pieds de long sur trois à quatre de large, semblent eux-mêmes composés d'éléments plus petits mais ayant sensiblement la même forme, réunis dans l'intervalle compris entre deux lames, pendant le court repos comparatif que leur offre cet abri d'une lame qui s'élève. — Cette croûte blanche n'est point encore assez résistante pour ne pas ressentir les plus légères variations du vent ou de la marée, et les mouvements divers auxquels elle obéit font que les parties plus faibles que les premières exposées à la cause perturbatrice glissent dessus ou dessous les plus fortes, augmentant ainsi l'épaisseur dans cet endroit : c'est ce qui explique, lorsque toute la glace est solide, comment, au lieu d'avoir une surface tout unie, ainsi qu'on serait disposé à le croire, et comme on le voit dans les étangs et les petites ri-

vières, la glace forme une surface inégale, raboteuse et ondulée ; dans les endroits parfaitement abrités, où la brise ne se fait pas sentir, elle reste très-lisse. La forme ovale dont je parlais tout à l'heure est due sans doute à ce que le vent a soufflé toujours dans la même direction, et aussi à l'impulsion de la marée, car jusqu'à présent tous les glaçons que nous avons remarqués dans les lieux découverts sont parfaitement ronds, tournant entièrement sur eux-mêmes, tandis qu'ici il y a eu un mouvement d'oscillation et non de rotation. Les pièces à eau qui sont sur le pont sont pleines d'une masse solide, et il faut prendre soin d'en retirer une certaine quantité, afin que par la dilatation de l'eau, elles ne viennent point à éclater. Sur ma demande on travaille à confectionner des *snow-shoes*. Smith taille les bois, pendant que d'autres découpent en minces filets le parchemin qui servira à en former le filet.

Les incessants tourbillons de neige qui nous coupent la figure, même dans la baie, sur le pont du navire, et la basse température font que M. Leask et tous les autres nous félicitent à chaque instant d'être ici, et nous témoignent l'inquiétude où notre absence les eût plongés. Ah ! si nous avions eu un vapeur, quelle différence !

Pendant mon absence on a visité un *cairn* (petite cachette élevée au-dessus de terre de quelques centimètres, où les voyageurs déposent des provisions) de pierres sur la plage nord de la baie, et un autre à l'endroit marqué comme lieu des observations sur la plage sud, mais sans rien trouver ; la baie a été également explorée de tous côtés pour voir si on découvrirait quelque source d'eau douce, mais sans résultat ; c'est au printemps que la baie a été relevée, et les filets d'eau qui y sont marqués sont sans doute les ruisseaux que forme la fonte des neiges. C'est une contrariété assez vive et qui augmentera notre besogne, en nous obligeant à une plus grande dépense de combustibles ; il doit cependant y avoir au fond de la baie quelque rivière où on n'a pu pénétrer, la glace barrant le fond des criques. C'est une recherche qu'il n'a pas été possible de faire avec assez de soin.

Plusieurs hommes se sont laissés aller à jurer quelquefois, mais il m'a suffi de prononcer le nom de M. Kennedy pour les rappeler à leur devoir. Comme je le leur ai dit l'autre jour, je ne puis, autant que notre pauvre ami, leur imposer par mes propres vertus. Je ne suis pas meilleur qu'eux, mais c'est par une surveillance réciproque que nous arriverons à nous améliorer. Le lien de la prière en commun n'est pas une simple formalité, mais son caractère officiel doit nous soustraire aux tentations si fréquentes que l'on a de s'oublier. J'ai ordonné que le gong fût sonné d'une façon particulière pour appeler à la prière, et la régularité de cette réunion de famille ne contribuera pas peu à créer chez tous une pieuse habitude d'élévation. Le mode adopté primitivement et que je continue est d'ailleurs exclusif de tout culte particulier : la lecture d'un psaume, d'un chapitre de la Bible, et une prière lue tour à tour dans les livres de chacun de nous, composent nos adorations du matin et du soir. J'évite, d'ailleurs, avec soin, et, du reste, suivant ma conviction, de considérer nos pauvres absents dans une position autre que celle de gens qui ont à souffrir beaucoup, mais que nous devons revoir bientôt. — Je pense quelquefois qu'il est fort heureux que notre bâtiment soit *ice totaler* ; sans cela des soupçons d'ivresse eussent sans doute plané sur nous.

21 et 22 septembre. — Nos espérances ont été vaines, et pendant ces trois jours, de très-fortes brises par rafales détruisent la glace qui se forme avec opiniâtreté dans les intervalles de calme que nous donnent ces grains. Le thermomètre descendant jusqu'à —11° 11, nous faisons des vœux pour que le froid augmente afin de voir le plus tôt possible le banc épais se former ; une partie de l'équipage est entièrement employée à nos *snow-shoes*, besogne qui ne peut malheureusement pas aller très-vite ; les autres préparent la tente en laine qui doit couvrir le navire, ou des vêtements d'hiver, bottes, etc.; car la plupart d'entre eux sont assez mal pourvus; ils prétendent qu'ils avaient compté trouver tout à bord et

que la promesse leur en avait été faite. Quant aux bottes fournies l'an dernier par l'amirauté, M. Leask dit qu'il en avait parlé plusieurs fois à lady Franklin, qui avait donné l'ordre d'en prendre ; M. Kennedy l'a sans doute oublié. La tente en laine pour l'hiver répond à un double besoin, parce que, en cas d'incendie, ce qui peut bien arriver dans l'hiver, les tuyaux de toutes les cheminées passant à travers cette tente, la laine en feu s'éteint plus facilement qu'une autre étoffe.

23 SEPTEMBRE. — La baie est couverte de glaçons nouveaux de deux à trois pouces d'épaisseur, qui persistent maintenant en dépit de la brise, et nous pensons que le navire restera désormais dans la position où il se trouve ; la tête est tournée à peu près vers le fond de la baie, ce que nous désirions, la brise, ainsi que le remarque Parry, soufflant presque toujours dans une direction parallèle à ces baies ou *inlets*; mais j'aurais préféré voir la tête tournée au large, afin d'être mieux en position de sortir au printemps, dans le cas où nous aurions à couper un canal et à le creuser. Cependant c'est un peu moins essentiel pour nous si le navire doit rester jusqu'au retour des voyages d'exploration, parce qu'on attend le moment où une débâcle générale a lieu dans la baie, ce qui n'était pas le cas des navires allant en découverte, dont le but était de sortir le plus tôt possible. — Je suis aujourd'hui l'objet d'une attention à laquelle je suis bien sensible ; la date m'ayant rappelé le jour de naissance de mon père, et l'ayant mentionné tout à fait en l'air, pendant que je suis sur le pont, après diner le docteur fait préparer une petite collation, et MM. Leask et Hepburn, à cette occasion, me font part de leurs vœux et de leur amitié pour moi d'une façon qui me fait le plus grand plaisir ; par exception à la règle, un verre de grog est bu par nous et par l'équipage à la santé de ma famille.

24 SEPTEMBRE. — Nous avons observé quelques lueurs que nos hommes de la baie d'Hudson ont prétendu ap-

partenir à l'aurore boréale. Pendant la nuit, un peu avant le crépuscule, on a vu passer un animal qu'on croit être un loup ou un renard; de larges traces d'ours ont aussi été vues sur la neige du côté nord de la baie; nous en avions vu également le dimanche matin 14; mais ce ne peuvent être les mêmes, car elles eussent été recouvertes par la neige. Une barrique à eau a été défoncée par un bout et placée sur l'avant, pas loin des chaudières; on y porte de la glace brisée dans les pièces du pont : la température du logement de l'équipage la conserve dans un état un peu plus liquide; de temps en temps, d'ailleurs, on y vide un chaudron d'eau chaude. — Nous vivons en grand sur notre ours du port Bowen, et la chair frite n'en est pas du tout mauvaise; il faut avoir pourtant le plus grand soin de n'y pas laisser le moindre vestige de gras : chaque fois que notre *cook* (cuisinier) néglige un peu cette indispensable précaution, un goût désagréable, un fumet âcre nous en avertissent immédiatement. — L'équipage persiste à n'en point vouloir goûter, à cause des contes de l'un d'eux, naufragé du *Thomas* en 1836 ou 1838, qui prétend que des hommes de son navire moururent après avoir mangé de l'ours, mort qu'il faut, sans nul doute, attribuer aux affreuses privations de ces malheureux. — Mais, lorsque des préjugés s'enracinent dans la tête d'un matelot, c'est bien l'endroit que je connaisse d'où l'extirpation est le plus difficile; il est souvent, dans les pays sauvages, tout aussi peu aisé de les empêcher de recueillir les fruits, les coquilles, inconnus et dangereux. Parry dit, dans son voyage au pôle nord, que ses hommes eurent de fortes coliques après avoir mangé de l'ours blanc; mais c'était une indigestion due à la quantité absorbée plutôt qu'à la qualité de la chair. — Les pauvres phoques de la baie se percent de distance en distance des trous que la glace bouche peu de temps après, mais qu'ils repercent aussitôt : il me semble à la longue-vue, qu'après avoir brisé la glace avec leur tête, s'élevant au-dessus de la surface, ils tournent rapidement sur eux-mêmes, ce qui expliquerait la régularité des trous que nous avons vus cet été ; ils adoucissent ainsi avec leurs dos les aspérités des rebords.

Nous ne pouvons insister pour que l'équipage mange de l'ours, puisque nos hommes ont droit à leur ration régulière ; mais dans l'hiver on peut en faire une augmentation de ration. Richardson recommande l'usage de cette chair comme plus nourrissante.

25 SEPTEMBRE. — Neige abondante et par grains. — Les collines qui nous environnent sont couronnées d'une sorte de brouillard causé par les tourbillons neigeux dont les flocons pressés viennent nous aveugler sur le pont du navire. — Dans la journée, deux ours paraissent au côté sud de la baie, mais hors de portée ; ils cherchent à traverser ; mais, la glace n'étant pas assez forte, ils redescendent au sud ; par la même raison nous ne pouvons les poursuivre. Ce n'est point sans frémir que je songe que nous eussions été forcés d'abandonner le canot alors même que nous n'eussions point été au port Léopold, c'est-à-dire dans un lieu où nos pauvres absents ont pu trouver abri et nourriture ; il n'y aurait eu alors qu'à prendre conseil de notre désespoir et nous résoudre à périr tous ensemble. Je cherche à présent à me consoler de notre échec en songeant combien nous leur eussions été inutiles pour une assistance efficace, si, contre toute impossibilité, nous avions réussi dans notre téméraire entreprise, n'ayant aucun moyen de les ramener à bord ; mais, dans ce que j'ai voulu tenter, j'ai pour excuse de cette témérité mon inexpérience, et surtout notre ardent désir de les rejoindre. — Tous ces jours passés, notre grande crainte a été que les glaces chassées de la baie nous entraînassent avec elles ; ces masses inertes ont une force à laquelle il n'est point d'ancre ni de chaînes qui puissent résister. C'est une grande considération dans le choix d'un mouillage d'hiver : choisir une anse dont les pointes brisent les bancs glacés de la baie. — Je n'ai encore pu aller à terre faire quelques observations, et je vois combien était nécessaire la précaution d'une tente dressée dans le cas

de notre retour de l'expédition au port Léopold.

26 SEPTEMBRE. — Un pauvre *kittiwake* et une autre espèce de mouette s'abattent près du navire, semblant épuisés par le froid, mais une rafale les enlève malgré eux ; depuis quelques jours nous n'avions pas vu d'oiseaux, et ce sont sans doute les derniers que nous verrons. La glace s'établit d'une façon plus décisive pendant un calme de plusieurs heures, et nous avons enfin, autour de nous, une belle nappe tout unie qui s'étend jusqu'à l'entrée de la baie ; nous y jetons notre meute, toute joyeuse d'une fête à laquelle l'étroit emprisonnement du bord la rend plus sensible ; aussitôt libres, nos chiens poussent une reconnaissance tout le long de la côte, et nous reviennent dans la soirée, haletants, affamés, mais frétillants de plaisir ; ils partagent avec nous le privilége de la chair d'ours dont ils sont très-friands, mais les immenses quartiers de viande suspendus à l'arrière du navire ne semblent pas, malgré leur habituelle voracité, entrer en comparaison avec le bonheur d'une course sur la glace. Ce sont déjà des événements dans notre existence d'hiver. — Depuis trois semaines je suis complétement sourd ; mais je ne m'en inquiète pas, ayant passé par l'épreuve autrement redoutable des puis lire et me soucie peu du reste ; je compte bien sur yeux. Je les douces températures pour tout remettre en ordre.

27 SEPTEMBRE. — Coup de vent du nord, pour la première fois tellement fort, que le navire s'incline malgré l'abri des hautes terre situées devant nous, recevant la brise par le travers et brisant la glace sous le vent, bien qu'elle soit épaisse de cinq à six pouces. Vers dix heures, deux ours, au côté sud de la baie, cherchent, comme ceux des jours précédents, à la traverser : mais ils sont trop près de l'entrée où la glace est plus faible, et ne paraissent pas disposés à se plonger dans l'eau par une température de — 8° 89 ; ils y mettent sans doute de la paresse et de l'indolence. Il est remarquable que les sept

ours que nous avons vus ou dont nous avons vu les traces, après avoir laissé le port Bowen, se dirigèrent tous vers le Nord. Je pense que c'est parce que dans le détroit du Prince-Régent, le nord étant plus ouvert et le dernier endroit fermé par les glaces, ils recherchent l'eau libre, qui leur offre de meilleurs chances de trouver leur nourriture. — Dans l'après-midi, un nouvel ours, probablement un de ceux vus le matin, s'avance délibérément vers le navire, dont il flaire les émanations ; tous cachés derrière les bastingages, nous le laissons avancer jusqu'à trente ou quarante mètres, nous félicitant déjà de cette bonne fortune pour nous et pour nos chiens ; jamais occasion plus belle ; un coup part avant le signal convenu, et, comme un peloton de soldats mal disciplinés, nous faisons tous feu machinalement, mais sans succès. Surpris de pareille réception, l'ours que nous appelions déjà notre ours s'enfuit, pas trop vite, il faut lui rendre cette justice, se détournant de temps à autre et s'arrêtant pour regarder ce que cela peut être. Nous avons été si franchement maladroits, que nous ne pouvons que rire ; il n'y a pas à songer d'ailleurs à une poursuite.

28 SEPTEMBRE. — Dans la nuit le vent resouffle de plus belle, et les flancs du pauvre navire gémissent de façon à inquiéter des gens non prévenus. Bien que ce ne soient pas les idées où j'ai été élevé, je considère maintenant comme un devoir d'exemple pour l'équipage d'observer le repos du dimanche, puisque leur religion le leur commande ; je ne vois d'ailleurs là rien que de très-naturel et j'ai résolu de consacrer spécialement ce jour-là à des études religieuses.

29 SEPTEMBRE. — Nous essayons notre traîneau ; nos chiens tirent d'une façon satisfaisante, et, comme la glace est parfaitement unie, le traîneau glisse avec facilité ; mais, pour aller sur la neige, nous serons obligés d'avoir recours à une autre espèce dite *plate*; celui-ci repose en effet sur deux châssis verticaux placés un de chaque côté,

qui enfonceraient dans la neige. Aujourd'hui, on commence à utiliser ce moyen de transport en allant chercher de la neige pour faire de l'eau. Le thermomètre était à —15°,56, ce matin à cinq heures, et dans la cabine du docteur une des chevilles qui traversent le pont est couronnée d'une croûte de glace, bien qu'elle ne soit pas à deux mètres du poêle. Je me réveille plusieurs fois dans la nuit ayant le nez glacé. — Les Esquimaux lorsqu'ils voyagent en masse ont des traîneaux de cinquante pieds de long à l'abri desquels ils bâtissent leurs huttes dans les haltes. La glace étant assez solide maintenant, à part quelques trous çà et là, je me rends avec le docteur à la pointe nord de la baie pour voir si nos vœux seront bientôt exaucés; mais il n'y a point encore de *land-floe*, et il n'y a pas plus de glace qu'il n'y en avait il y a quinze jours. Seulement, la mer est recouverte de *boy ice* entre le *pack* et la terre. Chaque brise qui souffle nous fait penser aux souffrances morales de nos amis, sans doute eux-mêmes fort inquiets sur notre sort, et qui de plus, peut-être, ne savent pas s'ils seront délivrés avant le printemps prochain.

Que Dieu ait pitié d'eux et nous fasse bientôt l'instrument de leur délivrance!

On travaille toujours activement à nos préparatifs. Je pense qu'il est de notre devoir de ne partir qu'avec tous les moyens de leur être utiles et de les emporter au besoin, dans le cas où nous les trouverions malades ou fatigués. J'emmènerai le docteur dans cette prévision. J'aurais voulu emporter des *snow-shoes* pour eux, mais la besogne va trop lentement, n'ayant que deux ou trois hommes véritablement entendus pour cette fabrication. J'exigerai que quatre paires soient faites, et je prendrai seulement des mocassins pour eux. Je tiens à avoir tout cela prêt avant de partir, car si nous venions à échouer dans cette nouvelle entreprise, je craindrais le découragement de nos hommes, et d'être obligé de remettre un troisième essai à une époque éloignée. D'abord il ne s'agit pas d'aller là comme des enfants, ou comme si nous allions simplement nous informer de ce qu'ils sont devenus, mais il faut pouvoir les ramener. Ah! quelle responsabilité morale que celle d'un commandement!

30 SEPTEMBRE. — Comme je regrette que nous n'ayons pas de tribu dans notre voisinage! combien les indigènes eussent pu nous être utiles, en même temps que les pauvres gens se fussent bien trouvés de leurs relations avec nous! — Notre traîneau est garni d'ivoire dans sa partie inférieure pour prévenir l'usure du bois. La lecture d'un intéressant article du *Nautical-Magazine* (mars 1851) appelle mes pensées sur le sujet dont il traite : « De la supériorité relative des métaux quant à leur utilité. » Lorsque Wallis découvrit Tahiti, il présenta aux sauvages plusieurs pièces de monnaie d'or, d'argent et de cuivre, en même temps que des clous de fer. L'ordre de préférence eut lieu dans le sens contraire de l'appréciation des Européens : pour la première fois, les Indiens voyaient du fer et du cuivre, et, bien que le chatoiement des métaux précieux pût leur donner l'idée d'en faire des ornements, l'utilité des clous de fer les frappa davantage. Les Indiens avaient-ils l'intuition de cette utilité, ou bien la forme pointue des clous leur offrait-elle la possibilité de les convertir en armes offensives, les instruments d'attaque de tous les peuples primitifs ayant cette forme pointue? mais alors pourquoi choisir les pièces rondes de cuivre après les clous de fer? L'expérience ne pouvait être décisive que dans le cas où les différents métaux se seraient présentés sous la même apparence. Encore, y avait-il une question ethnographique se rattachant à cet intéressant problème : la tradition mongole ou malaise ne leur avait-elle pas transmis l'utilité du fer ? L'auteur a oublié sans doute que, dans plusieurs points où Cook se présenta, les naturels montrèrent la plus parfaite indifférence pour les objets de fer et de cuivre, clous ou autres. Plus tard, dans son dernier voyage dans le détroit de la Reine-Charlotte et dans le détroit qui porte son nom, la préférence donnée au cuivre s'explique par l'établissement des Russes en Amérique et les communications possibles par delà les montagnes Ro-

cheuses avec les Indiens de la baie d'Hudson : les progrès de l'esprit humain sont plus lents, et l'histoire des découvertes de la plupart des matériaux indispensables à nos besoins civilisés fait voir que le hasard, ou plutôt le doigt de la Providence, nous a mis sur la voie, et non pas notre instinct. — Éclairé aujourd'hui par l'expérience et le souvenir du passé, l'homme n'attend plus, il expérimente, il cherche et étudie, obéissant à la loi divine du progrès.

Comment ne pas revenir à la question du bonheur relatif dont jouissent les sauvages, en comparaison des prétendus malheurs nouveaux que leur apporte le contact des Européens? Leur asservissement à nos volontés, l'importation de nos défauts greffés sur les leurs, tous ces maux enfin, prélude d'une émancipation future, ne sont-ils pas l'enfantement douloureux d'un état meilleur? Quoi de plus commun que le proverbe : « Paris ne s'est pas bâti en un jour? » Et nous nous étonnerions de ce qu'au travers des difficultés la race humaine tout entière marche lentement au perfectionnement général!

1er OCTOBRE. — Forte brise dans la journée; le capitaine Leask fait une excursion dans la baie avec le traîneau et trouve une tête de daim gelée dans la boue. Nous continuons nos préparatifs pour l'hivernage, en déposant sur la glace nos embarcations, afin de dégager le pont autant que possible. Le docteur commence une distribution régulière de *lime-juice* (jus de citron), comme préservatif du scorbut. Afin de mieux calculer nos chances dans notre expédition, je fais une table du lever et du coucher du soleil; il est effrayant de voir avec quelle rapidité nos jours décroissent. Ah! pourquoi ne suis-je pas allé dans le canot? où plutôt pourquoi M. Kennedy, par extraordinaire, n'a-t-il pas voulu que je l'accompagnasse ce jour-là? Leurs angoisses ne sont certes pas aussi grandes que les nôtres!

2 OCTOBRE. — On démolit les cloisons de notre salon afin de l'aérer autant que possible et de faire passer au milieu les tuyaux venant du poêle; et, comme il serait

impossible de rester à bord sous peine d'y geler, nous examinons l'étendue de nos domaines. Les collines du fond de la baie sont couvertes de mousses et d'un petit arbuste que les gens de la baie d'Hudson appellent *willow* (saule), mais les branches ne s'en élèvent pas au-dessus du sol et s'épanouissent en éventail à un pied au plus de la souche principale. De nombreuses traces sur la neige nous indiquent la présence récente de quelque gibier, et, pendant que nous en discutons la forme, si c'est un lièvre ou un renard, deux lièvres blancs partent presque à nos pieds. Le capitaine avait cru qu'un petit lac se trouvait dans les environs, et nous sommes venus avec l'intention d'y placer des lignes de pêche et d'examiner la possibilité d'en tirer quelque eau douce pour le navire ; nous ne sommes donc pas équipés pour la chasse, et c'est là notre seule excuse, car autrement on doit toujours avoir balles et plomb avec soi. — Deux de nous seulement ont des fusils ; aussi un troisième lièvre nous échappe. Après avoir battu les environs sans succès et avoir reconnu qu'il n'y a point de lac, nous revenons sur les bords de la baie, où nous tombons sur une petite bande de perdrix ; nos chasseurs en tuent neuf. Cette perdrix, que M. Smith reconnaît pour une espèce de ptarmigan *rock partridge,* est toute blanche, à l'exception de quelques plumes tachées comme nos perdrix d'Europe ; les pattes sont tout européennes, ou plutôt garnies d'une espèce de duvet qui recouvre entièrement les doigts. Ce plumage a un reflet général rosé du plus bel effet. Les oiseaux, ainsi que les lièvres, sont assez difficiles à chasser, à cause de cette couleur, qui les rend invisibles sur une terre couverte de neige. — Dans la soirée, M. Leask me dit que son intention est de revenir avec nous au port Léopold, ce dont je suis très-content.

3 octobre. — Nous repartons en traîneau comme la veille, et, pendant que M. Leask tente de nouveau la fortune, je remonte jusqu'au fond de la baie afin de voir si je trouverai quelque source d'eau douce. — Après six ou sept milles j'arrive enfin à un ruisseau dont je perce la glace

d'un coup de fusil ; j'y trouve, ainsi que je l'espérais, de l'eau douce ; malheureusement nous n'en pouvons tirer parti, car avant notre arrivée l'eau, peu profonde, est glacée entièrement, et la glace reproduit presque les ondulations du fond pendant plus d'un mille, ce qui rend impossible tout moyen de transport : cela est dû à l'action de la marée qui, chaque jour, détruit les glaçons et les brise en morceaux qui restent fixés sur le fond aussi irrégulièrement que les pierres qui forment en cet endroit le lit de la rivière. Au pied de toutes les collines à pente rapide, sur le bord de la mer, exposées au sud, se trouvent des masses d'une couche épaisse de dix à quinze pieds, dont la création peut s'expliquer ainsi : les neiges roulent naturellement sur ces collines, s'accumulent au pied, où, fondues par l'action des rayons solaires, elles sont transformées en glace aux premières gelées ; la mer, qui baigne la côte, mine lentement la partie inférieure des neiges glacées, qui s'éboulent plus tard, et il ne reste plus que ces épaisses murailles toutes droites. Je suppose que la même chose ne se présente pas sur les collines exposées au nord, parce que, le froid n'ayant pas sur la neige dure le même effet que sur la neige fondante, elle est emportée à l'état de neige par les vagues. Le vent souffle d'ailleurs plus souvent du nord que du sud.

Nous revenons dans la soirée, ayant fait une vingtaine de milles, fort heureux d'avoir notre traîneau, qui nous transporte sur cette glace unie avec une rapidité de quatre milles à l'heure, ayant trois chiens pour trois hommes. Les traîneaux sont faits de la manière suivante : des planches clouées en travers sur deux châssis recourbés en avant, pour qu'ils ne heurtent point contre les inégalités de la glace ; à l'arrière sont fixées deux pièces semblables au manche d'une charrue, qui servent à gouverner le traîneau, celui qui conduit les tirant à lui avec plus ou moins de force, suivant la direction où il veut aller. Conduire un traîneau est assez fatigant lorsque les chiens ne sont pas bien dressés, car il faut courir à droite et à gauche pour les remettre dans la voie, ou marcher en avant pour qu'ils suivent la trace. Lorsqu'ils sont exercés, le conducteur peut s'asseoir sur l'avant du traîneau; les chiens, attelés par la poitrine, tirent droit, et reconnaissent par le coup de fouet de quel côté ils doivent diriger leur course. — Les termes de commandement importés dans la baie d'Hudson par les Canadiens sont presque tous français. — Nous avions emporté avec nous un grappin pour fixer le traîneau pendant notre absence; mais notre cocher assure que la précaution était inutile; en effet, en vrais chiens d'Esquimaux, nos coursiers ne bronchèrent pas pendant les sept à huit heures que dura notre absence, et nous les retrouvâmes couchés sur la glace à l'endroit où nous les avions laissés. Les Esquimaux, lorsqu'ils sont à l'affût d'un phoque, par exemple, les laissent toujours derrière et les habituent à cette immobilité. — Il arrive bien quelquefois que les chiens affamés profitent de l'absence du maître pour dévorer leurs harnais ou les peaux qui recouvrent le traîneau; mais rien de semblable n'est à craindre avec les nôtres, repus de chair d'ours et gras à en être gênés pour courir.

4 OCTOBRE. — Ce matin, à sept heures, le thermomètre est descendu à —17°,78 : une esparre, ou mâtereau, placée entre les deux mâts, est assujettie pour supporter la tente d'hiver; des cordes, passant par-dessus le mât d'un bord à l'autre dans des boucles fixées sur les côtés du navire, forment une espèce de charpente pour cette toiture; notre vinaigre fait éclater les bouteilles et se condense sous forme d'une neige rosée qui a tout le parfum et l'acidité du liquide lui-même. Lorsqu'il fait très-froid, je crois que Parry dit que cette neige est sans saveur, et que dans le milieu se trouve une boule qui résume en elle toutes les vertus du vinaigre. — Lorsque nous fumons sur le pont, la vapeur se condense dans le tuyau (long, en roseau) et s'y change en glace pour peu que l'aspiration discontinue; l'espèce de cabane bâtie sur le pont au-dessus de l'un des panneaux et l'absence de tous les ustensiles maritimes qui s'y trouvaient don-

nent tout à fait à notre navire l'aspect d'une maison, j'allais dire flottante.

5 octobre. — Service divin comme d'habitude; nos hommes vont se promener dans l'après-midi; pour moi, je ne saurais m'y opposer, bien que ce soit l'habitude anglaise; nos hommes n'ont guère que ce jour-là de libre pour le moment, car nous avons heureusement de la besogne à leur donner. Je m'astreins cependant pour mon compte particulier à une règle différente.

6 octobre. — Partout, dans nos chambres, où se trouve une tête de clou, petite ou grande, existe une petite couche de glace, quelquefois de plusieurs lignes d'épaisseur; dans certains endroits, le plafond et la muraille en sont également recouverts par suite de leur rayonnement. J'avais eu la pensée, dans des temps meilleurs, de fonder à cette époque un journal, dont nous eussions fait une source d'instruction et de divertissement pour l'équipage; mais, pour le moment, je n'en ai pas le courage; j'ai au cœur trop d'ennui et de chagrins.

7 octobre. — A très-peu de distance du navire, nous avons trouvé, au pied d'une ravine, les traces de six huttes d'Esquimaux; de nombreux ossements de baleines, parmi lesquels le capitaine Leask reconnaît six os de mâchoires, semblent indiquer une relâche faite pour jouir tranquillement d'une trouvaille abondante, car, bien que les os fassent reconnaître des *suckers* ou baleineaux, ils sont trop gros pour que les Esquimaux aient pu les tuer; ce sont des poissons morts que la mer avait jetés sur la côte; leur couleur et leur état de conservation font penser qu'ils se trouvent là depuis une époque antérieure même à la découverte de la baie en 1824. — M. Hepburn a trouvé aussi une douvelle de baril sans marque, laissée sans doute par un des partis de sir Ed. Parry, ou de James Ross.

8 octobre. — Jusqu'à présent j'ai essayé de tenir tête

au froid le plus longtemps possible; mais je vois que j'ai eu un peu trop bonne opinion de ma force; du moins les pieds et les mains couverts d'engelures, les oreilles à moitié gelées et des douleurs tout le long du corps me montrent que notre endurance physique ne dépasse pas des limites assez restreintes; j'en viens donc à suivre le système de mes compagnons plus expérimentés, et qui n'avaient pas besoin, comme moi, de s'endurcir et de s'*accoutumer :* aussi je porte maintenant de la laine sur tout le corps, autrement il se refroidit très-vite, aussitôt que l'on cesse de prendre un exercice un peu violent. — Je suis allé avec le docteur à huit milles du navire le long de la côte au nord pour reconnaître l'état de la glace. Les terres de l'est, couvertes de neige, sont très-distinctes, et le détroit semble pris d'un bord à l'autre; la glace ne ressemble malheureusement pas à celle de la baie, pourtant les marques nombreuses des luttes occasionnées par les vents et les marées, ces sortes de cicatrices forment autant de sillons s'entre-croisant dans tous les sens sur les bords, tandis qu'au large de hauts *hummocks* (monticules) indiquent une glace plus épaisse, sans doute celle du *pack*, qui brise devant elle les glaces plus faibles de l'année. Ces enchevêtrements d'un *floe* sur l'autre ont parfois une grande régularité; les pièces s'assemblent comme la menuiserie le mieux arrangée : la pression des pièces du dehors sur celles de la baie a occasionné dans celle-ci de longues crevasses ou craqûres qui s'étendent en ligne droite à un mille et deux milles; tout le long de la côte se trouve une sorte de mur, comme une clôture de champ, formée par le *land floe*, qui, chaque fois que la mer baisse, se brise sur les bords partout où il vient en contact avec le rivage. En somme, bien que la glace soit très-glissante, et qu'un pouce ou deux de neige fissent mieux notre affaire, je tenterais l'aventure volontiers si nos *snow shoes* étaient prêts. Çà et là quelques *pools* ou flaques d'eau, sur l'une desquelles nous avons tué un *eider-duck*, sans doute quelque traînard à moitié gelé. En remontant nous avons été frappés par des traces d'ours parfaitement dessinées, mais en relief, sur la neige, au lieu d'être empreintes en creux ; un coup d'œil jeté autour de nous nous a cependant expliqué cette apparence ; lorsqu'un corps pesant appuie sur la neige récemment tombée, cette neige est devenue plus compacte et se solidifie plus vite que celle qui l'entoure, et, lorsque le vent vient à souffler, il enlève toute la neige légère, laissant les corps plus durs en place ; or ces traces étaient placées au pied d'une colline projetée en avant dans la mer, et d'où la moindre brise fait voltiger toute la neige légère.

9 OCTOBRE. — Les montures en bois de nos *snow-shoes* sont toutes faites maintenant, et nous pouvons employer à la confection des filets trois hommes, de sorte que je pense que nous pourrons, dans une semaine, partir enfin pour le port Léopold ; cette perspective me rend un peu plus gai. Je suis allé avec le docteur sur le sommet des terres du nord de la baie, afin d'avoir une vue plus complète de l'état de la glace ; nous l'avons trouvé satisfaisant. Les glaces qui sont sur la côte est de l'*inlet* ne sont pas de la même couleur que celles de la côte ouest où nous sommes, elles sont évidemment couvertes de neige et ont l'apparence du *pack* de la baie de Baffin. Lors de mon retour à bord, M. Leask partage ma manière de voir à cet égard. Comme le vent a soufflé plus constamment de l'ouest et du nord, je pense que les glaces du détroit de Barrow, ne pouvant forcer qu'en partie la jeune glace sur la côte ouest, sont alors passées de l'autre côté. — S'il en est ainsi, la glace qui bloque maintenant le port Bowen et le port Neil est beaucoup plus épaisse que de ce côté, ce qui nous permettra d'être délivrés plus tôt ; les eaux douces de la baie aideront surtout à la rupture de nos trop solides barrières. — Le terrain du plateau n'est pas aussi égal qu'il nous avait semblé lors de notre tentative par terre, et nous pouvons le juger un peu mieux aujourd'hui que le tourbillon de neige n'est pas aussi fort qu'alors ; il semble ne jamais cesser entièrement, ce qui cause un éblouissement et une réfraction dont on ne se fait pas une idée avant d'en

avoir souffert. Ainsi à chaque instant nous trébuchons, croyant mettre le pied sur un terrain plat, et tombant au contraire dans un creux; un petit tas de pierres, à peine haut de trois pieds, nous fait l'effet, à cent mètres à peine de distance, d'une colonne de plus de dix pieds. Cette réfraction de la lumière blanche, jointe à l'espèce de gaze dont le tourbillon entoure tous les objets, rend impossible toute appréciation juste de distances ou de formes d'objets. — Après le thé, MM. Hepburn et Smith nous parlent des Indiens, de leur ressentiment des injures; ils ne font pas, du reste, mystère de leurs projets de vengeance. — M. Hepburn raconte qu'un M. Prudence, chargé du fort à Saskatchewan, entendant un coup de fusil, arrive près du cadavre d'un Indien : le meurtrier s'était enfui sans être vu; un autre Indien arrive, accuse le blanc du meurtre de son ami; celui-ci s'en défend; mais l'Indien, qui ne veut pas démordre de son idée, lui dit tranquillement : « Il n'y a que nous deux de vivants ici; ce n'est pas moi, donc c'est vous. Je vous tuerai. » Plusieurs fois il se présente au fort pour trafiquer avec M. Prudence, cause amicalement avec lui, mais terminant toujours par son refrain : « Quand je vous trouverai hors du fort, je vous tuerai. » — Saisir l'Indien, l'emprisonner, etc., était le plus sûr moyen de faire brûler le fort et égorger tous les blancs; d'autre part, vivre sous le coup de cette menace perpétuelle n'était pas tenable. On fit des recherches, et on sut que le meurtrier était un *half-breed* ou métis qui avait laissé le pays depuis peu de temps. Alors seulement l'Indien fit des excuses et renonça à ses projets de vengeance. Un fort sentiment de justice semble, du reste, dominer chez eux. M. Hepburn me raconte également qu'un Indien ayant tué les parents d'un blanc, celui-ci se rendit au milieu de la tribu, et, en présence de tous ses compagnons, qui connaissaient son crime, lui brûla la cervelle sans qu'aucun d'eux songeât à l'inquiéter. La justice pour eux, c'est la loi du talion : œil pour œil, ou plutôt peau pour peau.

10 octobre. — Nous avons, à quelque distance du navire, un trou qui est constamment entretenu ouvert, afin d'y puiser les eaux du lavage et d'y tremper les viandes salées; j'avais remarqué près des bords une quantité d'objets jaunâtres que je prenais pour de l'orge non mondé : ce matin je remarque que ce sont autant de petits crustacés généralement gros comme un grain de blé, mais dont les plus forts on les dimensions d'un petit haricot; ce sont des espèces de *shrimps* ou crevettes qui fourmillent dans les mers du nord : car, en ayant compté cinq cents sur un petit espace, je crois qu'il n'y en avait pas moins de douze à quinze mille dans le filet où l'on met la viande. — J'avais pensé que ces animaux ne s'élevaient pas au-dessus du fond de la mer. Parry raconte qu'ayant mis à tremper une oie pour les fêtes de Noël, ses hommes furent surpris de n'en plus trouver que les os. Nous mettons à profit la voracité de ces petits rongeurs en leur donnant à nettoyer la tête de notre ours. — Un accident est arrivé ce matin à nos *snow-shoes*. On les avait inconsidérément mis dans un trou de glace pour faire travailler le bois; ils se sont fixés naturellement en dessous, et, en brisant la glace pour les rattraper, on en a cassé une paire. Ce retard, l'état assez rassurant de la glace le long de la côte, moins inégale de ce côté que de l'autre à cause de la différence de nature, nous font départir de notre projet primitif : ce plan-là nous entraînerait trop loin, et, le capitaine Leask ne songeant plus à venir avec nous, j'ai décidé que nous partirions avec la paire que j'avais et une autre qui sera terminée demain. Je crains, d'ailleurs, que M. Kennedy ne nous suppose retournés au port Bowen, et qu'il ne tente de traverser l'*inlet* si nous lui en laissons le temps. Nous partirons lundi ou mardi si le temps le permet; nous devons risquer beaucoup en raison de ce dernier motif.

11 octobre. — Nos chiens ne seront peut-être pas très en état de marcher : l'un est boiteux, l'autre a des petits, et la jeune, qui est en feu maintenant, nous pro-

met des ennuis de plus d'une sorte en compagnie des deux autres. — Le thermomètre a été toute la journée entre 5 et 9° Fahrenheit, mais le temps est superbe et je hâte autant que je puis nos préparatifs; l'équipage a consenti à travailler demain dimanche afin d'accélérer nos mouvements, et maintenant il est sûr que nous partirons lundi. L'idée de partir me fait renaître l'espérance au cœur; depuis un mois je ne m'étais pas trouvé aussi content.

12 OCTOBRE. — Enfin, à force d'être sur le dos de tout le monde, à force d'obsessions près de chacun, je suis parvenu à être à moitié prêt pour demain; il est vrai que tous nos mocassins ne sont pas achevés, mais nous les finirons au port Léopold. Le traîneau est tout ficelé, et demain à quatre heures je pense que nous pourrons nous mettre en route. — Une tente pour la nuit à défaut de maison de neige, un peu de charbon de bois comme combustible, beaucoup plus d'esprit-de-vin que l'autre fois, sont les principaux objets que nous emportons pour nos campements. Je laisserai à la baie Elwin des provisions pour neuf personnes et les quatre chiens pour deux jours de marche, et j'emporte quelques effets de rechange et quelques chaussures pour nos amis. Si la glace est belle, je tâcherai de camper demain sur la rive nord de la baie Elwin; le deuxième jour, si je ne me vois pas sûr d'arriver au port Léopold et qu'une crique nous offre la chance d'un abri pour la nuit, je m'arrêterai un peu plus tôt afin de ne pas exposer notre tente à aller au vent. J'ai pris trois fusées volantes afin de leur annoncer notre arrivée le second soir, si nous ne sommes pas trop loin. — La troupe se compose du docteur Cowie, de deux hommes et de moi. Je crains que la présence du docteur ne soit plus nécessaire là-bas qu'ici, M. Kennedy ayant des rhumatismes dont il se plaignait beaucoup; et cette fois-ci j'ai prévenu les désirs de M. Cowie en le choisissant pour se joindre à nous. MM. Magnus, un des hommes du premier voyage, et Smith sont les deux autres. — Deux paires de *snow-*

shoes serviront à frayer la route si la neige est trop épaisse. Somme toute, cette expédition peut être plus dangereuse que la première; mais, si je ne me fais point illusion sur ces dangers, c'est qu'il est de mon devoir de les prévoir : je compte sur l'assistance de Dieu; s'il a disposé de nous, que sa sainte volonté soit faite! Je pars plein de confiance après avoir regardé et baisé une fois de plus les quelques lettres qui me rappellent la famille, l'amitié et toutes les affections du cœur. — Adieu! jusques à quand? — J'écris à lady Franklin.

13 OCTOBRE. — Nous voici déjà de retour après le plus malheureux des accidents, dont je suis à peine remis, tant il coupe court à des espérances si chèrement caressées. Ce matin à trois heures nous nous préparons à partir, et à cinq heures nous étions à la première pointe de la baie; le thermomètre, à —16° 67, nous promettait un voyage pas trop fatigant; un temps très clair et la glace partout très-unie ou facile à franchir, le long de la côte du moins; nos chiens tellement peu empêchés par le poids du traîneau, que, pour les suivre, nous étions obligés de trotter; car il est impossible de les retenir. Un peu après sept heures, au lever du soleil, nous arrivâmes à la limite de notre excursion du 8; deux milles plus loin, une large flaque d'eau s'étendant jusqu'au rivage me donna des anxiétés pour le reste du voyage; car pour l'état d'une route frayée sur la glace, on n'en peut juger, même à très-petite distance, si l'on n'y a passé. Cependant, comme nous étions au pied d'une coupure ou ravine où la terre est constamment couverte de neige, nous essayâmes de passer au-dessus, et, trouvant là des traces assez fraîches de deux ours, nous traversâmes aisément en suivant toujours ces traces, qui se trouvaient sur la partie la plus solide de cette croûte glacée. Mes espérances se rallumèrent lorsque, après avoir franchi ce premier obstacle, nous trouvâmes la glace suffisamment belle pour nous permettre la même vitesse; puis je réfléchis que si les vents qui soufflent toujours avec violence par le travers de ces ravines bri-

sent la glace au pied de la côte, ces ravines offrent en même temps une espèce de rive qui est toujours couverte de neige et sur laquelle on peut passer à cette époque de l'année. Partout ailleurs le *cliff* ou falaise est perpendiculaire et n'a point de plage le long de laquelle on puisse passer en été. — L'homme qui éclairait notre route ne pouvait se tenir en avant des chiens, quelque vite qu'il courût, et, lorsqu'il avait quelque avance, ceux-ci, excités à sa vue, galopaient pour le rejoindre et le dépasser. Après notre premier arrêt, j'avais formé le projet de laisser le traîneau et un homme à la baie Elwin, s'il paraissait trop difficile d'aller plus loin, et de faire le reste de la route aussi légers que possible, afin d'être sûrs d'atteindre le port Léopold le deuxième jour. A dix heures, me trouvant avec l'un des hommes à cent mètres en arrière du traîneau, il me sembla le voir verser, puis M. Smith disparaître dans la glace; je crus qu'ils étaient tombés dans un trou, et courus à leur secours si bien persuadé de cela, qu'il fallut que M. Smith, qui avait pied, me criât que la glace se brisait sous moi, et, en effet, je n'eus que le temps de sauter en arrière. Cette glace, épaisse de deux pouces seulement, était recouverte d'une neige fondue qui masquait parfaitement le danger. Voyant notre bagage et nos provisions entièrement mouillés, je résolus aussitôt de retourner à bord pour sécher tout cela; mais un autre malheur fondait sur nous : le *floe* sur lequel nous étions était brisé et séparé de la terre par la mer montante, il s'en allait au large pendant que nous cherchions à faire le sauvetage de nos affaires. Heureusement nous avions eu la prudence de nous tenir toujours près de terre, et M. Smith, étant tout mouillé, resta quelques minutes dans l'eau, et put couper quelques cordes ainsi que les traits de nos pauvres chiens. Mon havre-sac se trouvant à la partie supérieure du traîneau, nous pûmes donner quelques effets secs à M. Smith à moitié gelé; quelques autres sacs purent être jetés à terre, mais tout mouillés, et excessivement lourds aussitôt que l'eau de la mer dont ils étaient pénétrés se fut congelée. — Le docteur, que j'avais prié de ne point donner d'eau-de-vie aux hommes avant le départ, m'avait sans doute mal compris, car on n'osait me dire qu'il y en avait une petite fiole parmi les objets sauvés ; quelques gouttes eurent bientôt ranimé notre compagnon, et dorénavant si je m'oppose à une consommation régulière de spiritueux, je prendrai toujours soin qu'il y en ait une certaine quantité pour les cas d'urgence. La partie principale de notre bagage, quatre robes de buffle, la tente, notre cuisine portative, une caisse d'instruments du docteur, la seule que possédât le *Prince-Albert*, et enfin notre traîneau, tout cela s'en allait au large. Il n'y avait pas de temps à perdre. Nos effets, devenus solides, étaient d'un poids énorme, et, comme il était important que nous fussions à bord à la nuit, ne sachant pas les mouvements que pouvaient prendre les glaces, je donnai l'exemple et laissai là tous mes effets, et, à onze heures, nous reprîmes, tout tristes, le chemin que quelques heures auparavant nous parcourions pleins d'espoir et confiants dans le succès. Nos chiens, partis à toute vitesse après leur délivrance, nous attendaient à trois ou quatre milles ; mais, rendus défiants, ils ne voulaient plus nous suivre sur la glace, et nous échappèrent. Nous pensâmes, avec raison du reste, que leur instinct, celui de la chienne mère surtout, les ramènerait à bord. — A cinq heures nous fûmes nous-mêmes au milieu des nôtres, bien loin sans doute de s'attendre à un si prompt retour, mais rendant grâces au ciel comme nous de ce que notre malheur n'avait pas été plus grand et de ce que tous étaient revenus. C'est du reste une faveur dont on doit toujours se féliciter dans ces malheureuses régions, où quelques heures d'absence suffisent à faire surgir toutes sortes de dangers. — J'ai proposé immédiatement au capitaine Leask, qui l'approuve, le plan suivant : se rendre avec un canot sur les lieux et tâcher d'arriver à l'endroit de notre naufrage, afin de recueillir le plus possible des objets laissés derrière, et, dans huit ou dix jours, renouveler notre tentative. Du 21 au 25 nous aurons encore sept heures de jour, et, Dieu aidant, nous pouvons réussir. — Au milieu de toutes ces contrariétés je ne puis m'empêcher d'éprouver une certaine satisfaction en voyant que mon coup d'œil se forme et que le sang-froid me vient ; je ris moi-même de ma présomption, et cependant je pense que je puis me donner ce témoignage avec quelque justice. — J'espère que nous pourrons partir après-demain pour ce sauvetage.

14 octobre. — Thermomètre : 7 heures, — 19° ; 12 heures, — 20° ; 6 heures, — 19° ; 10 heures, — 21°. — Nous ne pourrons partir demain matin, comme je l'aurais désiré. — Deux hommes ont été envoyés pour rapporter la robe de buffle que nous avons laissée il y a un mois. Ils suivent la côte, pour remonter par la ravine près de laquelle nous avons campé à cette époque ; comme ils ne sont pas de retour à la nuit, nous sommes fort inquiets, craignant qu'ils ne soient tombés dans la neige molle et profonde de dix à quinze pieds dans ces vallées pleines de crevasses. Cependant, à neuf heures, ils arrivent harassés, rapportant cette peau, qui porte à quatre le nombre de celles qui nous restent, et les quelques livres de *pemmican* que nous avions été obligés d'abandonner. Ayant éprouvé de grandes difficultés à pénétrer dans l'intérieur, ils ont essayé de revenir par terre, mais la neige est trop épaisse et trop molle maintenant pour que l'on puisse voyager sans *snow-shoes* ; ils ont été obligés d'y renoncer et de reprendre la même route que dans la matinée. — La neige, en recouvrant la hutte que nous avions construite, en a fait une masse toute compacte et solide. — Ils ont trouvé la glace rompue même aux endroits où nous avons passé hier. Ce soir, du reste, je m'étais rendu au-devant d'eux pour faire trêve à mes inquiétudes et j'avais fait les mêmes observations ; la pleine lune, qui nous favorisait de sa clarté, nous le fait payer par de fortes marées qui brisent les *floes* de glace, et en rendent la position si instable. Somme toute, relisant ce que je disais hier de l'expérience que je gagne, je puis y ajouter que je dois me façonner également aux plus décevantes contrariétés.

15 octobre. — Je voudrais repartir pour aller chercher notre traîneau, ou du moins tout ce que nous en pourrons sauver avec un canot, car il n'y a pas moyen autrement; mais il me faut un assez grand nombre d'hommes, et ils ont tous quelque chose qui leur manque pour se mettre en route. — Dieu aidant, je me promets bien que je ne reviendrai pas d'une troisième tentative sans avoir atteint le port Léopold.

IV

EXCURSION AU PORT LÉOPOLD.

26 octobre. — Hurrah! trois fois hurrah! me voici de retour à bord, et enfin heureux, ramenant M. Kennedy et ses quatre hommes, tous en parfaite santé. Mercredi 15, malgré les difficultés que présentait l'équipement de nos hommes, après le déjeuner, il fut décidé que huit hommes viendraient avec moi pour faire notre sauvetage; comme nous devions passer la nuit, il manquait à tous quelque chose pour leur confort. A 10 heures nous partîmes, traînant notre youyou sur la glace parfaitement unie et glissante, et à quatre heures, nous étions sur le lieu de notre précédent naufrage. Après quelques recherches, nous finîmes par découvrir notre bagage porté par les courants à quelques centaines de mètres plus au nord, au milieu des glaçons broyés les uns contre les autres. — Après avoir lancé notre canot dans plusieurs flaques d'eau par-dessus les *hummocks*, nous arrivâmes près de nos effets, tous engagés dans la glace, qu'il fallait briser pour les retirer. Après deux heures de travail, nous fûmes assez heureux pour recouvrer le tout, moins une pelle et notre *consuror* (cui-

sine portative). La tente avait été dressée, et, après le souper, je communiquai à mon monde le projet que je venais de former. Le traîneau était brisé; retourner à bord, le réparer, faire les préparatifs d'un troisième voyage et revenir à l'endroit où nous nous trouvions déjà nous prendrait une semaine; le temps, beau jusqu'à présent, ne tarderait pas à changer; la diminution rapidement croissante des jours augmenterait les difficultés; je leur proposai enfin de continuer tous ensemble le voyage jusqu'au port Léopold. Les provisions pour quatre hommes que nous avions sauvées pouvaient suffire pour neuf; d'ailleurs, je comptais trouver, à huit ou dix milles sud du cap Seppings, un petit dépôt laissé par un groupe de voyageurs. Nous étions tous fort mal pourvus d'effets, puisque nous venions avec l'intention de passer une nuit et un jour seulement, mais nous trouverions amplement au port Léopold de quoi nous vêtir. — Je déclarai d'avance que si je trouvais seulement quatre hommes de bonne volonté, je partirais, mais qu'un plus grand nombre faciliterait beaucoup notre succès. — Point d'objections, excepté pour prévoir les difficultés que nous pouvions surmonter; quant à celles auxquelles nous devions nous attendre, j'étais décidé à les braver avec les quelques gens de cœur qui voudraient bien m'accompagner. Je leur donnai dix minutes pour réfléchir, et, ayant consulté M. Anderson, troisième officier du navire, M. Grate, le maître d'équipage, et le reste, je vis avec plaisir que tous acceptaient ma proposition. — Je dus cependant renvoyer l'un d'eux pour donner avis au capitaine Leask de la détermination que je venais de prendre et le tranquilliser. Je lui dis que je comprenais parfaitement toute la responsabilité de cette démarche, et que ma prudence devait être d'autant plus grande qu'il restait seul à bord avec le docteur, M. Hepburn et un autre homme. Non pas que le navire eût besoin de son monde dans le moment actuel; mais, si quelque accident nous fût arrivé, évidemment la sûreté de ceux restés en arrière était gravement compromise.

Les hommes se disputaient à qui ne retournerait pas ; mais je tranchai la difficulté en renvoyant le plus mal équipé de nous. Je regrettais vivement que le docteur ne fût pas avec nous, et pour le besoin que je croyais avoir de ses services, et pour le désir que je lui connaissais d'être de notre expédition ; mais les autres considérations étaient d'une importance majeure. — Au point du jour, nous commençâmes à nous diriger vers le nord, traînant notre canot avec quelque peine sur une glace couverte de neige fondue ; on prenait la terre quand la glace était trop brisée, et lorsque nous trouvions une sorte de plage. A toutes ces pointes, le *floe* était séparé de la terre, et la glace impraticable ; il nous fallait alors passer sur une neige où nous enfoncions jusqu'au genou. Il nous sembla bientôt que la glace cessait d'être à l'état de *floe* ; et à une pointe à six milles au nord de notre campement, le *pack*, tout près de nous, poussé par une légère brise du sud, remontait au nord avec une vitesse de quatre à cinq milles. — Réfléchissant sur ce que je devais faire, je dis à mes compagnons que mon projet était d'atteindre la baie Elwin à l'aide du canot ou autrement, d'y laisser notre tente et tout notre bagage, puis avec le canot seul, sans provisions d'aucune espèce pour être plus légers, je prendrais avec moi trois hommes pour atteindre le port Léopold dans une journée, sûrs que nous pourrions nous frayer un chemin par terre, ou sur les quelques pièces de glace que nous trouverions. Si nous ne réussissions pas en un jour, un trou dans la neige à la façon des Esquimaux nous ferait un abri pour une nuit ; Dieu ferait le reste. Nous eûmes cependant la satisfaction de voir que tout le long de la côte se trouvait une légère ceinture de glace, pas toujours très-large, mais nous étions disposés à ne pas nous montrer exigeants. — Rendu défiant par le précédent accident, je gardai toujours le deuxième officier, M. Anderson, à cinquante mètres en tête sondant la glace avec une gaffe ; malgré toutes mes précautions cependant, le maître d'équipage passa à travers une crevasse qu'il eût été possible d'éviter ; mais chacun sait combien il est difficile d'être prudents avec des matelots. — Nous pûmes le changer de vêtement immédiatement, en empruntant une pièce de notre habillement à chacun de nous ; mais il n'aurait pas fallu qu'un bain de cette nature se reproduisît : nous étions tellement dénués, que le premier avait épuisé nos ressources. A quatre heures, nous atteignîmes le côté nord de la baie Elwin, et à six heures, nous campâmes quatre milles plus au nord, dans une ravine bien fermée, où nous pûmes mettre notre tente et faire un peu de feu. — Un peu inquiet de la tournure que prendrait cette entreprise que je voulais rendre décisive, je jouissais du sommeil de mes hommes ; mais j'eus pour mon compte une nuit assez agitée. Je ne pouvais m'empêcher de sourire en voyant les nombreux contrastes que présente cette portion de mon existence. Me voici à plusieurs mille lieues de mon pays, commandant des hommes d'une nation étrangère ; officier d'une marine militaire, je suis au milieu d'hommes liés seulement par un engagement civil ; catholique, je cherche à maintenir dans leurs âmes une religion dans laquelle ils ont été élevés, mais dont je leur dis les vérités dans une langue qui n'est point la mienne ; et cependant je ne puis me plaindre de cet éloignement de tout ce qui ressemble aux conditions normales de ma vie, car il n'est pas un de ces hommes qui ne me regarde comme un des siens, pas un qui ne m'obéisse comme si j'étais Anglais. Ah ! c'est que nous sommes tous unis dans une même pensée, que nos actions convergent toutes vers un même but. — Si les hommes peuvent ainsi arriver à s'entendre, à faire disparaître entre eux toute différence d'origine, de race, de religion, de langage, pourquoi les différentes sociétés ne feraient-elles pas elles-mêmes un seul faisceau toujours dirigé vers le même point ? Noble et sublime centralisation de toutes les intelligences, de tous les cœurs, concourant à l'amélioration de la créature pour la glorification du Créateur !

Rafraîchis par un repos que rien n'était venu troubler, notre reconnaissance baptisa la ravine du nom de

Rescue-Ravine (Ravine-de-Bon-Secours), et nous nous remîmes en marche après une courte invocation. — A une trentaine de pas de notre tente, nous trouvâmes sur la neige tombée pendant la nuit les traces d'un ours que les émanations de notre camp avaient sans doute attiré; mais les sonores ronflements de quelques-uns de nous l'avaient probablement effrayé, car il ne s'était même pas approché d'un petit dépôt de *pemmican* que j'avais caché à l'entrée de la ravine pour notre retour.

Malgré les assurances réitérées de mes voyageurs de la baie d'Hudson, qui riaient tous à l'idée de prendre quelques précautions, je résolus qu'à l'avenir nous aurions toujours nos armes dans la tente et sous la main. Non pas que je croie nécessaire, ainsi que quelques personnes le recommandent, d'établir une garde au quart pour veiller l'approche de ces animaux ; il ne faut ordonner que des choses possibles, et je suis maintenant bien convaincu que pour l'homme qui a marché douze ou quatorze heures dans la neige, il n'est point d'ordre de rester éveillé, point de visite d'ours ou de loup à craindre qui puisse chasser le sommeil. — La glace plus molle et recouverte de bruine rendait notre canot plus difficile à hâler, et la neige vint bientôt augmenter nos difficultés; malgré la plus attentive surveillance, nous ne pûmes découvrir le dépôt de provisions que nous comptions trouver, soit qu'il eût été détruit par les renards, soit que la neige des hivers précédents l'eût recouvert. L'intérêt que nous attachions à cette trouvaille diminuait d'ailleurs avec notre distance du port Léopold. Partout de hautes falaises perpendiculaires, ou étagées parfois comme les gradins d'un amphithéâtre, point de rives à cette côte inhospitalière, point de plage qui permette dans l'été de suivre ses bords. — Nous avions fait seize milles le premier jour, vingt-quatre de la pointe Wreck à *Rescue-Ravine*, et nous pensions avoir environ vingt milles à parcourir; mais l'aspect de ces hautes terres est plein de déception; il semble qu'elles fuient devant vous, restant toujours à la même distance. Cette illusion augmente de beaucoup les fatigues morales du voyage;

le ciel d'un gris d'ardoise et sans clarté, l'eau courante à quelques mètres de nous, d'un vert sombre, tranchant fortement sur les mates blancheurs des glaçons dont nous ressentions en nous les grincements ; la neige qui couvre nos têtes et craque sur nos pieds, tout concourait à entretenir en nous de noirs pressentiments. A mesure que nous remontions au nord, nous revoyions d'ailleurs ces lieux témoins de nos douleurs : ici l'on avait vu la dernière fusée ; au pied de cette ravine le canot avait été aperçu pour la dernière fois, et les diverses émotions par lesquelles nous avions passé le 9 septembre revivaient en nous par la contemplation de ces falaises couvertes de neige. — Un ours réveillé par le bruit de notre petite caravane vint heureusement faire diversion à nos tristes pensées ; mais notre nombre l'effraya, et, avant que notre fusil et deux pistolets, formant notre arsenal, fussent retirés de leurs fourreaux, il avait traversé à la nage une petite lagune qui le mit à l'abri de nos poursuites ; un canard, que la réfraction nous fit prendre pour un large phoque, attira aussi quelques moments notre attention. Chaque pierre un peu saillante, chaque objet de forme un peu extraordinaire, était toujours soigneusement examiné par nous, car nous craignions d'y voir les débris du canot que M. Kennedy avait avec lui. — Vers trois heures nous atteignîmes le cap Seppings et nous vîmes devant nous la pointe Whaler avec la tente érigée pour sir John Franklin, et aujourd'hui le seul refuge qui pût recevoir nos amis. — Nous déchargeâmes nos armes plusieurs fois à de courts intervalles dans l'espérance que les échos de la baie porteraient ces détonations à leur campement et leur annonceraient plus tôt leur délivrance ; de notre côté nous prêtâmes l'oreille pour recueillir tout bruit ou son ressemblant à une réponse. La neige, qui augmentait toujours, nous dérobait la vue des terres placées devant nous. — Le cap Seppings est à environ trois ou quatre milles [1] de la pointe Waler. Nos yeux interrogeaient vainement la glace pour

---

[1] Le *mille* anglais mesure un peu plus de 900 mètres.

y trouver quelque empreinte annonçant le voisinage de l'homme ; mais la glace était muette ainsi que l'air : toute conversation avait cessé, et le son monotone de nos pas rendus pesants troublait seul la solitude. Je m'étais proposé d'abord d'user de mon privilége et de courir en avant, mais je fus heureux de trouver un prétexte pour rester à prendre ma part des difficultés que mes hommes éprouvaient à hâler le canot et de m'y atteler comme eux. — A un mille de la tente, le temps s'éclaircit un peu, et avec ma lorgnette nous distinguâmes une masse noire près de la chaloupe ; mais était-ce un canot ou la machine à vapeur ? il nous sembla que ces objets remuaient, je n'y pus tenir plus longtemps, et, courant à toute haleine, je partis en promettant à mes compagnons de leur faire connaître bientôt ce que nous devions penser. Quelques minutes après, mes hurrahs leur annoncèrent que nos amis étaient devant nous. En approchant je vis qu'ils n'étaient que quatre, et cela tempéra un peu le bonheur que j'éprouvais. Quel était l'absent ? Ils avançaient rapidement de leur côté, et bientôt nous nous embrassâmes avec toute la joie d'amis qui ont cru ne plus se revoir, car ils avaient éprouvé sur notre sort les mêmes angoisses que nous sur le leur. Leur cinquième compagnon était resté en arrière, croyant à une erreur, bien que leur attention eût été éveillée par le bruit de nos fusils, bruit de la nature duquel ils n'étaient pas certains. Une inspection rapide de nos amis nous rassura bientôt sur l'état de leur santé : tous, avec des mines plus florissantes que jamais, paraissaient avoir amplement profité des provisions déposées au port Léopold, et nous rîmes à notre aise de leurs longues barbes et de leurs bizarres accoutrements. La température ne permettant pas à nos félicitations un plus long échange à l'extérieur, M. Kennedy se mit à nous faire les honneurs de cette résidence nommée fort à propos *Camp du refuge* par Snow l'année dernière. Ayant trouvé la tente laissée par sir James Ross déchirée en plusieurs endroits et trop vaste d'ailleurs pour être convenablement échauffée par cinq habitants, ils avaient choisi la chaloupe comme plus convenable, et, après l'avoir recouverte avec les débris de la tente et des voiles, ils l'avaient divisée en plusieurs compartiments, tous suffisamment confortables, même pour nous qui n'avions laissé notre solide demeure que depuis peu de jours. Un poêle érigé sur la plate-forme de la machine à vapeur échauffait la salle à manger, qui leur servait en même temps de dortoir et de cuisine ; une cloison les séparait du vaste amas de provisions envoyées par le gouvernement anglais pour sir John Franklin et ses gens. —Ivres de contentement, nous fîmes largement honneur à l'hospitalité de nos *Léopolders*, et nous fûmes engagés, après la satisfaction de notre appétit, dans la plus douce des causeries, nous racontant mutuellement et nos anxiétés et nos souffrances. Notre chagrin, à quoi bon en parler ! tout n'était-il pas oublié dans ce moment de bonheur ? Pourquoi nous rappeler ces moments pénibles alors que nous étions réunis une fois de plus ? Enchanté de savoir le navire en sûreté, dans une baie placée si bien à portée du terrain de nos opérations, M. Kennedy me raconta comment, séparés du *Prince-Albert* par la glace, ils avaient été fort surpris de ne pas le voir dans la matinée, car nous avions rasé la côte de si près, que les projections de la rive nous avaient masqués à leurs yeux. — Il supposa que nous avions été entraînés au sud ou que nous avions regagné le port Bowen, ou peut-être hors du détroit de Lancaster, comme sir James Ross, et que nous pouvions avoir été forcés de retourner en Angleterre.

Prenant immédiatement son parti avec sang-froid et énergie, dignement secondé du reste par les braves gens qui l'accompagnaient, il s'était résigné à prendre ses quartiers d'hiver à la pointe Whaler, avec l'intention de nous chercher pendant l'hiver, et de continuer en même temps la recherche de sir John Franklin. Pensant d'abord au port Bowen, puis à la côte *Fury*, ce que je craignais, ils se disposaient à partir ; nous étions heureusement arrivés pour les arracher aux dangers que pouvaient leur faire courir cette recherche. La nuit était fort avancée lorsque le sommeil mit un terme à notre entretien ; encore me réveillai-je plusieurs fois croyant avoir rêvé, examinant avec soin les environs pour m'assurer que c'était bien une réalité cette fois. Ah ! si les mêmes émotions nous étaient réservées à l'égard de sir John Franklin ? Une des choses qui me fit le plus de plaisir fut de voir que M. Kennedy avait toujours compté sur moi, et que les hommes qui l'accompagnaient partageaient sa confiance dans les recherches et les efforts que je ne pouvais manquer de faire, disaient-ils, pour arriver jusqu'à eux. Notre réveil fut aussi plein de joie que notre arrivée ; car, s'il est dans notre nature de croire à ce que nous désirons, d'espérer en un mot ; d'un autre côté, nous craignons toujours pour ce qui est entre nos mains, et chacun avait passé par ces phases de doute. Bien que nos hommes ne fussent point très-fatigués, il était impossible de songer à aucun travail, et les plus grands détails, les incidents les plus minimes de notre vie respective, étaient écoutés avec avidité. Nos amis n'avaient éprouvé qu'un besoin qu'ils ne pussent satisfaire : quelques journaux se trouvaient à la pointe Whaler, mais pas de livres, et, pour M. Kennedy surtout, l'absence d'une Bible était la plus grande privation. — La sollicitude du gouvernement avait pourvu à tous les autres besoins de la vie ; les animaux avaient bien entamé quelques barils de provisions ; mais le reste, bien qu'éparpillé par les vents et les glaces, était cependant en bon état.

Jamais actions de grâces ne furent adressées, je crois, de meilleur cœur que par notre petite compagnie : l'effusion de la reconnaissance était dans nos âmes plus encore que sur nos lèvres. — Une de nos premières questions avait été de savoir si quelque nouvelle existait soit de l'*Erebus et Terror*, soit de l'escadre du commodore Austin, ou des autres navires engagés comme nous dans les mers arctiques. Point de nouvelles, rien depuis l'année dernière, soit que les navires aient été retenus cet été dans l'ouest, ou qu'ils aient repris la route d'Angleterre, faute d'avoir pu entrer dans le port Léopold, empêchés par les glaces comme nous l'avons été à notre première tentative. — M. Kennedy aurait bien voulu envoyer un parti à l'île Griffith, pour tâcher de communiquer avec l'escadre; mais l'état actuel de la glace ne permettait pas d'y songer. On eût été si inquiet à bord, qu'il fallait au moins informer les gens du navire de notre heureuse rencontre. Ma conviction, ainsi que celle de M. Kennedy, était qu'à cette époque un peu avancée de l'année des troupes nombreuses peuvent seules voyager avec quelque sécurité. — Nos préparatifs de voyage n'étaient pas longs à faire; cependant un traîneau à construire pour le canot nous retint deux jours; il fallut aussi faire, avec de la toile, des souliers de rechange pour tous mes hommes, venus comme moi avec leur simple vêtement habituel. — Nous profitâmes de quelques moments de loisir pour parcourir la baie du port Léopold, formée par un cap important, le cap Clarence, qui s'avance vers l'est, puis au sud, et est relié à la terre de l'ouest par une langue de terre comparativement très-basse; la baie se trouve à la croisure des grands débouchés du détroit de Barrow, du détroit de Lancaster, du canal Wellington et du passage du Régent; les quatre vents semblent s'y être donné rendez-vous, et la brise du nord surtout, s'engouffrant dans l'espèce d'entonnoir qui forme la tête de la baie, y souffle toujours avec furie, quelque légère qu'elle soit en dehors. Les restes de cinq ou six huttes d'Esquimaux avaient été trouvés sur la côte est de la baie, ainsi que des ossements de baleines, parmi lesquels se trouva une pièce d'os ressemblant à de l'ivoire, laquelle fit un excellent doublage pour les traverses de notre traîneau. — Six tombes, placées vers la tête de la baie, avaient été laissées par l'*Entreprise* et l'*Investigator* dans l'hivernage de 1848 à 1849, entre autre celles de M. Mathias, un des chirurgiens de l'expédition. Le bon naturel et la piété qui sont innés chez les marins n'ont jamais manqué de se produire en de semblables occasions, et je les ai toujours vus recueillir avec une religieuse attention ces débris qui leur rappellent la fragilité de leur existence et les chances auxquelles ils sont eux-mêmes exposés. — L'état de ces sépultures témoignait d'ailleurs d'une convenable attention de la part de ceux que Dieu avait épargnés. Quelques lignes simples et dictées par l'âme étaient inscrites sur l'une d'elles, et nous fûmes longtemps sous le poids de l'impression que cause l'idée de la mort sur une terre lointaine! Cette répulsion instinctive que nous éprouvons à songer que nos restes reposeront éloignés de tout ce qui nous fut cher, ne nous ramène-t-elle pas au sentiment élevé de l'immortalité de l'âme?

Pendant tout notre séjour, le vent avait été excessivement fort du nord et de l'est, et la neige était tombée en abondance; aussi nous attendions-nous à de plus grands obstacles qu'à notre premier voyage; mais M. Kennedy imagina de placer sur le canot, supporté par un traîneau, une large voile qui nous fut d'un si grand secours, le vent soufflant droit de l'arrière, que, lors de notre départ, le mercredi matin 22, il nous fallut courir pour suivre notre bagage qui volait devant nous. — Trois salves de hurrahs, à la mode anglaise, remercièrent le Camp du Refuge de sa bienveillante hospitalité, et, joyeux maintenant, nous reprîmes, au pas de course, la route que cinq jours auparavant nous remontions, appesantis par de mornes terreurs. La nuit nous surprit avant qu'un abri convenable eût pu être trouvé, et nous fûmes obligés de camper sur la glace, dans une sorte d'impasse formée par deux gros glaçons échoués l'un près de l'autre. La neige et le vent nous aveuglaient, de sorte qu'il nous fallut passer la nuit tous les treize dans une tente de neuf pieds de long sur six de large; ayant pris avec nous ce qui pouvait y entrer de notre bagage, nous nous assîmes les uns contre les autres, mettant à contribution les talents de chacun, et cherchant à étouffer le sentiment de notre malaise sous nos éclats de voix et le bruit de nos chants. Si quelque ours attardé passa dans notre voisinage, il dut certainement s'effrayer de ces sons confus et bruyants.

Rien de tel qu'une mauvaise nuit pour des voyageurs

pressés d'arriver. Longtemps avant l'aube, nous étions prêts à partir. Notre canot, dont la forme ne permettait pas un facile arrangement de tous nos effets, fut laissé là pour être repris au printemps, et nous continuâmes notre route, que l'état de la glace de plus en plus brisée par la tempête qui régnait encore rendait de plus en plus obstruée et pénible. Malgré les intentions pacifiques qui animaient, je le garantis, chacun de nous, jamais parti ne ressembla plus à une troupe de brigands que le nôtre. — Les petits glaçons formés par la condensation dans nos longues barbes ne contribuaient pas à nous embellir. Nous y prenant un peu plus tôt que la veille, nous choisîmes notre terrain d'assez bonne heure pour construire une maison de neige assez grande pour cinq de nous, et un sommeil réparateur nous dédommagea de la mauvaise nuit précédente. — Le troisième jour, nous campâmes à quelques milles au nord de la pointe Wreck, dans le même ordre, sentant renaître notre vigueur et notre énergie, en raison de l'habitude, de la pratique et de l'approche de notre but. — Le temps s'était éclairci et nous jouîmes à notre aise du pittoresque effet de notre petit campement. — La neige transparente de notre maison projetait au dehors des lueurs verdâtres qui lui donnaient l'air d'une fantastique illumination ; à quelques pas, notre tente de toile, d'où retentissait toujours quelque rire sonore et communicatif ; plus loin, une muraille de neige abritant notre modeste cuisine, qui consistait en une chaudière pour fondre la neige, (voyageant, en effet, comme des gens pour qui rien n'est trop bon, nous nous donnions le luxe d'une tasse de thé, dont nous arrosions notre *pemmican*); autour de ce foyer, quelques frileux cherchant à se réchauffer, apportant des débris de bois soigneusement mis de côté, un autre soufflant sur des charbons à moitié éteints pour allumer une pipe rebelle ; une vraie scène de la campagne de Russie ; des gens affamés, aux vêtements couverts de neige, piétinant pour se réchauffer, maculant de toutes parts cette belle nappe blanche : tel était le tableau. Cette agitation, ce mouvement causé par un si petit nombre de personnes, faisaient bientôt place à la tranquillité primitive, et, grâce aux fatigues du jour, nous ne tardions pas à nous endormir d'un sommeil aussi profond que si le plus moelleux édredon nous eût reçus dans ses plis. — La neige, dissoute dans l'eau de mer, ne se congèle pas aussi vite que dans l'eau douce, et le samedi 25, ainsi que les deux jours précédents, nous eûmes à tirer notre traîneau dans un demi-pied de neige fondue, qui nous glaçait les pieds à chaque moment d'arrêt; le froid devenait supportable, cependant, aussitôt que nous étions en marche. A huit milles du navire, la glace ne nous offrit plus un passage sûr, et, comme la nuit avançait, il devenait imprudent de s'engager ainsi dans l'obscurité sur une voie inconnue; point d'endroit d'ailleurs propre à un campement; nous dûmes laisser là notre traîneau et nous hâter de nous frayer une route sur la neige, au pied de la côte. Fort heureusement la glace de la baie n'avait point été entamée, et vers six heures, le capitaine Leask et les autres personnes restées à bord partageaient à leur tour les joies d'une réunion presque désespérée. M. Leask, sans croire à un succès aussi complet, avait approuvé la détermination prise le 15, la seule praticable, la seule qui pût réussir, et il ne s'était point alarmé de notre absence plus prolongée que je l'avais annoncé, pensant que le mauvais temps avait dû nous retenir. Je me réjouis d'autant plus moi-même d'avoir pris ce parti, qu'il m'est bien démontré qu'aujourd'hui nous ne pourrions pas recommencer avec les mêmes chances qu'à cette époque; et alors il nous eût peut-être fallu attendre jusqu'au printemps prochain.

J'ai observé un curieux phénomène de phosphorescence le matin du samedi 25, sur la glace fondante; je n'ai rien vu de pareil ailleurs dans les neiges imbibées d'eau salée. Ce phénomène serait-il produit par la présence d'un corps étranger, d'un débris de poisson, par exemple? Quelle qu'en soit la cause, voici l'effet : le traîneau laissait de longues traces enflammées, et il semblait que nos pas fissent jaillir des étincelles, tout le temps que nous avons côtoyé la même pièce de glace.

27 octobre. — Aujourd'hui je suis allé avec douze hommes et nos chiens chercher le traîneau que nous avions laissé derrière nous samedi dernier. Les renards ont entamé notre tente ainsi qu'un sac contenant du biscuit et du chocolat. Habituellement on met une guenille au bout d'un bâton en guise d'épouvantail; les hommes de la baie d'Hudson disent également qu'une traînée de poudre faite à l'entour des objets est un sûr préservatif. — Le traîneau recouvert de gutta-percha va très-bien sur la neige, mais non sur la glace, à cause de la nature adhérente de cette matière sans doute. Parmi notre butin se trouvent les peaux de huit renards blancs tués au port Léopold. — Helvétius parle quelque part de ces insectes qui prennent la couleur des plantes sur lesquelles ils vivent; les renards, les perdrix, les lièvres et les ours ne sont-ils pas dans le même cas? Nés au milieu des neiges, ils sont blancs comme elles. — Nous sommes de retour à bord à la nuit.

29 octobre. — Hier matin, je suis encore reparti avec quatre hommes et un traîneau pour reprendre les effets restés à la pointe Wreek. — Laissant deux hommes derrière moi à cinq milles environ avant d'arriver, je les rejoignis à la nuit, rapportant nos manteaux de buffle et notre tente, objets précieux pour nous et dont la perte eût été irréparable. Nous dûmes passer la nuit dans notre tente par une température qui, à bord, était de — 12° 22. — Un violent coup de vent s'éleva peu après le coucher du soleil, et nous nous tînmes prêts à plier bagage pour le cas où notre tente serait enlevée. Les vapeurs formées par notre haleine, s'élevant dans les parties supérieures et venant en contact avec elles, se condensaient aussitôt et retombaient sur nous à l'état presque solide. Toute la nuit nous assistâmes à ce phénomène de la formation de la neige. — Le même homme était toujours chargé des chiens, et plein de soin pour eux comme un bon cavalier pour son cheval; il s'était co-

pendant opposé à ce que je les admisse dans notre tente, prétendant que c'était les gâter, que je leur donnais trop à manger. Bien que je n'aime pas la manière des Esquimaux de les traiter, je m'étais rendu à ses prières; mais je fus excessivement inquiet au milieu de la nuit, de ne pas les apercevoir en dehors de la tente. Tourmenté par une perte aussi essentielle pour nous, j'appelai, et quelle ne fut pas ma surprise en voyant ma chienne favorite, réveillée par le bruit de ma voix, sortir de dessous un tas de neige de plus de deux pieds ! à de légères ondulations dans le voisinage, je vis que le reste de notre meute reposait de la même façon, sans paraître s'inquiéter le moins du monde de la neige qui s'amoncelait au-dessus d'eux. — A mon retour dans la tente, mes hommes m'informent que dans les Shetland on laisse les troupeaux de moutons errer ainsi pendant l'hiver, et que ces animaux sont ainsi très-chaudement couverts par quinze ou vingt pieds de neige, la chaleur de leur respiration frayant un passage pour le renouvellement de l'air vital. Nous avions formé, sur trois côtés de la tente, une muraille de neige, laissant l'ouverture seule dégagée; mais, le vent ayant tourné, nous fûmes réveillés par une masse froide qui grandissait de plus en plus en s'avançant vers nous : la neige avait trouvé une issue ou plutôt une ouverture, et un renfort continuel du dehors augmentait à chaque instant les proportions de ce commensal inattendu. — Au point du jour, les collines derrière lesquelles nous avions cru trouver un abri s'étaient effacées, et tout autour de nous s'étendait une immense plaine nivelée par la puissance du vent.

La part à faire à ce dernier de nos ennemis était sans doute fort large, mais je suis convaincu, d'après ce que nous avons vu plus tard, qu'il était tombé près d'un pied de neige. — Nous avions encore quelques provisions pour le soir, mais la perspective d'une nuit nouvelle était peu agréable; qui pouvait savoir combien cela durerait? Nous déterrâmes avec un peu de peine nos deux traîneaux, et comme il était aussi dangereux de rester que d'être en route, nous prîmes ce dernier parti.

Cette glace, que nous avions crue fixée pour tout l'hiver et qui portait dix-huit pouces d'épaisseur partout, avait entièrement disparu, brisée d'abord sur la côte par les vents du large, puis emportée au fond de l'*inlet* (passage) par la brise du nord. — Combien ne devons-nous pas de remercîments à la Providence! car certainement, si nous eussions retardé de quelques jours, nous n'eussions pu, avant l'hiver, songer à gagner le port Léopold. Le vent qui soufflait dans la direction de la côte en dehors était à l'ouest dans la baie, c'est-à-dire en plein dans notre figure; fondant sur nous par rafales tellement fortes, que parfois hommes, chiens et traîneaux marchaient en arrière; nous ne voyions pas à dix pas devant nous, et nous étions perdus si nous n'eussions retrouvé notre trace sur nos pas des jours précédents. — Dans une éclaircie, nous vîmes le navire à cent cinquante mètres peut-être; il nous fallut près de trois quarts d'heure pour l'atteindre; les gens du bord ne nous avaient pas aperçus. Le premier, je sautai à bord pour rendre compte de notre retour à M. Kennedy, qui, me voyant arriver hors d'haleine, couvert de neige et de sueur, et incapable de dire un mot, fut effrayé et crut à quelque malheur.— Notre entrée le surprit agréablement, car il craignait fort que nous eussions été incapables de lutter contre cette tempête, n'ayant jamais vu, me dit-il, un plus fort *snow-drift* (tourbillon de neige). — Mes joues étaient gelées, et l'un de mes hommes avait également le bout de l'oreille gelé, accidents dont nous ne nous étions certainement pas aperçus, mais dont le frottement fit bientôt disparaître toute trace.

Que notre pauvre petite goëlette nous parut confortable, et chaude, et hospitalière, après ces tentatives d'excursion!

30 OCTOBRE. — Les jours diminuent rapidement, et depuis longtemps déjà, à l'heure où le soleil atteint sa plus grande hauteur pour le reste de l'univers, les hauts remparts qui nous environnent projettent leurs grandes ombres sur les glaces de la baie; ce rideau peu diaphane

nous prive des quelques jours de soleil qui nous resteraient encore, astronomiquement parlant, et comme la terre s'étend au sud et à l'est du navire, pour la dernière fois aujourd'hui son disque a rasé la partie supérieure des falaises que nous voyons en face de nous. — Je voudrais bien répéter le mot de Diogène à Alexandre : « Ote-toi de mon soleil ! » Mais que sert de parler à ces pierres entêtées ?

1ᵉʳ NOVEMBRE. — Nous mettons à profit les heures de clarté, je devrais dire de crépuscule, dont nous jouissons encore pour faire nos derniers préparatifs d'hivernage : nous mettons hors du navire le plus d'objets possible, afin d'agrandir le logement de l'équipage et le nôtre, ou du moins afin de les avoir aussi dégagés que faire se peut. La ventilation est l'élément hygiénique le plus important ici : partout, sur nos cloisons, sur les parois du navire, dans tous les coins, se forme une croûte de glace qui ne serait pas par trop incommode si elle restait à l'état de glace, mais que les variations de la température, dans cette saison, fondent souvent en eau, ce qui entretient la plus malsaine humidité. — Un magasin à poudre, une forge, d'autres établissements en neige sont construits près de nous et donnent à notre séjour l'aspect d'un petit village d'Esquimaux. — Nous sommes devenus de véritables maçons bâtissant, bâtissant toujours, et se passant toute espèce de caprices, les matériaux étant en abondance et à bon marché. — Je n'ai pas encore appris à manier la truelle, c'est-à-dire le *snow-knife* (le couteau à neige), et ne sais, pour le moment, que me couvrir de neige des pieds à la tête ; mais je ne désespère point cependant de devenir un architecte de quelque valeur.

3 NOVEMBRE. — Hier, on a célébré comme d'habitude le service divin. — Des traces de loup ont été vues à quelque distance de nous ; malheureusement nos chiens tiennent tous ces animaux loin de nous, et je crains fort que notre livre de chasse n'ait pas à constater de nombreux faits d'armes. — M. Kennedy me parlait, avec un

enthousiasme que je ne puis m'empêcher de lui envier, du doigt de la Providence, qui, à notre insu et de la façon la plus détournée, à nos yeux du moins, nous conduit au but désiré : hiverner dans un port sur la côte ouest du Passage. Après avoir la première fois essayé d'entrer ici, et laissé le port Bowen, nous essayâmes d'entrer au port Léopold, et notre insuccès, notre involontaire séparation, excitèrent nos plaintes. Eh bien, me dit M. Kennedy, nous voilà maintenant à la baie de Batty, tous en bonne santé, heureux ; comment ne pas nous montrer reconnaissants? J'aime et j'admire cet excellent homme, si vraiment pieux et chrétien, si énergique et si dévoué. — Ce soir, au lever de la lune, un des hommes de quart nous appela sur le pont, et nous crûmes assister à un étrange phénomène de réfraction dont nous ne nous rendions pas compte; les bords du disque de la lune étaient tellement échancrés et d'une façon si bizarre, que nous ne savions que penser; ce ne fut qu'en regardant attentivement que l'on découvrit un *ice-berg* en écran et dont toutes les saillies se projetaient sur l'astre de la nuit, ou plutôt nous en cachaient la lumière : que de phénomènes bizarres n'ont point d'autre raison d'être !

7 NOVEMBRE. — Depuis lundi dernier, nous avons éprouvé une véritable tempête qui secoue notre mâture et nos agrès avec une rage que semble augmenter l'immobilité de notre goëlette; le *snow-drift* (le tourbillon de neige) est plus épais peut-être que le jour où nous sommes revenus de la baie Wreck. Chaque fois que le temps le permet, nos charpentiers sont occupés à bâtir un ventilateur pour le logement de l'équipage, presque toujours rempli de fumée et de vapeur qui proviennent de la cuisine; deux manches à vent servent à la fois d'introducteur à l'air extérieur et d'issue à ces dangereux commensaux : une muraille de neige est également élevée tout autour du navire et contre les flancs jusqu'à la hauteur du plat-bord; la neige étant un mauvais conducteur, cette mesure est destinée à conserver dans

le navire la même température. — Un lavoir a été construit afin que les hommes pussent tour à tour se mettre en mesure de propreté pour le reste de l'hiver, car il est dès à présent impossible de sécher quoi que ce soit au dehors ; à peine les objets placés devant nos poêles acquièrent-ils un suffisant degré de sécheresse ; quelque malsaine que soit cette disposition, nos derniers voyages nous ont forcés à reculer sans cesse l'époque de ce lavage général.

8 NOVEMBRE. — Le temps s'est un peu éclairci, et le vent est tombé. — Je me rends avec le docteur à l'est de notre mouillage, afin de faire quelques observations de réfraction ; mais les dernières brises ont détruit cette glace que nous avions crue solidement fixée à l'entrée même de la baie, et nous sommes obligés de retourner à bord sans avoir accompli notre projet. Nos chasseurs sont également revenus à vide, bien qu'ils aient trouvé de nombreuses traces de lièvres et de renards. — J'ai ri, ce soir, de tout mon cœur, en voyant l'étonnement de l'excellent M. Kennedy lorsque je lui parle de nos théâtres, de l'Opéra ; il pensait que les acteurs jouaient et chantaient en même temps. Ses questions si naïves, si ingénues, montrent si bien le véritable enfant de la nature ou plutôt des prairies indiennes, révèlent si bien la plus grande ignorance de nos vices et de la civilisation dont nous sommes fiers, que je crois parfois rêver en l'écoutant. Plus je vais, et plus je m'attache à lui, voyant combien avec ces quelques dissidences, par rapport à nos idées, il est plein de cœur et de vraie charité.

10 NOVEMBRE. — Hier, trois de nos hommes ont trouvé dans une courte promenade une tête de *musk* (musc) parfaitement conservée, les cornes encore fixées ; cette tête a sans doute été entraînée par les eaux du printemps dans la ravine où on l'a trouvée. — Un renard vint rôder autour du navire, attiré par les débris de notre ours. — Aujourd'hui, le capitaine Leask et un autre homme ont tué dix ptarmigans ou plutôt *rockers*

(*rock partridge*, perdrix de rocher). — J'ai enfin pu me rendre avec M. Gédéon Smith à l'est de la baie, et bâtir un petit observatoire de neige sur une pointe, d'où le sud est parfaitement clair et où j'aurai le soleil pendant quelques jours encore. — Un renard noir est venu mettre notre monde en émoi : la fourrure vaut vingt-cinq livres sterling; mais il paraît qu'il ne faut pas songer à les tuer, le fusil ne peut rien contre la rapidité de leurs jambes; une trappe est le seul moyen de les prendre. A notre retour, nous le rencontrons, et mon compagnon et moi nous le poursuivons sur le roc, au grand détriment de nos culottes et même de nos épidermes. La maligne bête, devinant sans doute que je n'ai avec moi que des instruments inoffensifs, se jouait de nous, et nous laissait approcher à un jet de pierre. Dans la soirée, il revient près du navire et visitant une trappe placée près du *magazine* ou poudrière, dévore le corps d'un renard blanc dont la tête seule nous reste, parce qu'elle est placée en dedans de la trappe.

11 NOVEMBRE. — Malgré la brise qui a repris un peu, je me rends de nouveau à notre observatoire, à trois milles et demi du navire et à quelques pieds de haut pour observer la hauteur du soleil; depuis dimanche dernier, la glace s'est reformée partout où la veille existait l'eau courante; elle a deux à trois pouces d'épaisseur, et nous offre sur tous les points sécurité parfaite; comme elle s'est formée en temps de calme, elle est partout très-unie. Ceci me rappelle l'étonnement de sir Ed. Parry, dans son expédition polaire (étonnement dont je ne saisis pas la cause, avec son expérience), de n'avoir pas trouvé les glaces dans l'état décrit par M. Scoresby, offrant un passage de voiture. Il est évident que cela dépendra toujours de la force de la brise, à l'époque où la glace est à l'état de formation, et que l'état des jours peut changer dans le même hiver et à plus forte raison d'une année à l'autre. — M. Leask me raconte la façon dont il a vu prendre les ours blancs vivants : le canot, lorsqu'il parvient à couper sa route dans l'eau, arrive

sur l'animal, et on lui jette autour du cou un nœud coulant que l'on passe dans le clavier que portent à l'avant les baleinières : le canot marche et les mouvements que l'animal fait pour nager resserrent le nœud; on l'élingue ensuite le long du bord, et on le place dans une cage faite avec une tonne : les débris de baleine, la queue, puis l'huile mélangée d'eau sont la nourriture qu'on lui donne; M. Leask en a vu payer un soixante-quinze guinées [1]; mais habituellement le prix est de vingt à vingt-cinq livres [2]. Les demandes du *Zoological garden* (jardin zoologique) ont fait hausser les prix de la denrée.

12 NOVEMBRE. — Neige toute la journée. — Pour l'acquit de ma conscience, je me rends à l'observatoire, mais je reviens sans résultat aucun; le soleil a sans doute fait ses adieux hier. — Le renard noir de l'autre jour traverse la baie assez près de nous, mais il est inutile de courir après, et nos chiens sont si stupides, qu'il n'y a pas moyen de les lancer sur la piste; ils auraient du reste grand'peine, je crois, à l'attraper. — M. Kennedy et moi rétablissons la trappe de la poudrière. — Le navire est maintenant entièrement couvert de bout en bout, ses flancs enceints de quatre à cinq pieds de neige; deux larges escaliers donnent entrée sur le pont, l'un devant pour jeter la neige dans la chaudière sans la répandre sur le pont ou dans le logement de l'équipage, l'autre derrière. La neige est à présent très-résistante; un peu d'eau jetée sur les parties extérieures la convertissent en glace, et ces marches donnent un aspect presque monumental à notre chétive demeure; des hauteurs environnantes, notre petite goëlette avec ses mâts sortant du milieu d'une étroite bordure noire a l'air d'une mouche renversée dans une jatte de lait.

Pendant mes observations du 10 et du 11, je me suis

[1] La guinée valait 26 fr. 45.
[2] La livre sterling vaut 25 fr. 20.

plus d'une fois brûlé les paupières en les appuyant sur la monture de la lunette ; ce qui rend encore les observations très-difficiles, c'est que, le soleil étant près de l'horizon, ses rayons éblouissent, et le champ de la lunette embrasse et l'astre et son image à la fois. Si on colore l'image, l'horizon devient obscur, et l'observation ne peut être en tous cas qu'approximative ; ajoutez à ces inconvénients que le souffle de l'observateur est converti en glace sur le verre et les miroirs.

13 NOVEMBRE. — Forte brise et encore *snow-drift*. — Un prisonnier est enfin pris à notre trappe de la poudrière ; mais il se trouve que notre renard noir est un renard bleu dont la fourrure est loin d'avoir le même prix ; il est encore vivant, trop vivant même pour nos chiens, qui en feraient bien vite bonne justice, et, comme nous tenons à en avoir au moins la peau, nous le tuons nous-mêmes. — Hier au soir M. Kennedy a envoyé deux coups de fusil dans une boîte placée près de la trappe et de la poudrière, la prenant pour le renard. — Plus de doute maintenant, le corps du délit existe et nos chiens ont été injustement accusés l'autre jour d'avoir mangé le renard blanc ; le prisonnier que nous venons de condamner à mort, bien qu'il n'ait pas fait d'aveux, est reconnu pour le seul coupable ; nous en trouvons la preuve dans les touffes de poil blanc de la fourrure de son semblable qu'il n'a pas eu le temps de digérer ; il a donc été bien et dûment convaincu, j'allais dire d'anthropophagie, et la loi du talion devait le frapper de la même peine ; mais, comme nous sommes moins cruels que lui, et puisque d'ailleurs il est mort, nous nous contentons de le manger cuit.

14 NOVEMBRE. — Le coup de vent d'hier est un peu moins violent. — M. Kennedy se rend au sud de la baie, et en dehors, pour reconnaître l'état de la glace, qu'il trouve brisée de nouveau et impraticable pour le moment. — Je suis allé à mon observatoire, mais sans voir le soleil, bien qu'ayant grimpé le long des glaciers

du nord de la baie, de cinquante à quatre-vingts pieds plus haut que les jours précédents, ce qui nous procure plus d'une fois, quoi qu'on puisse dire, le plaisir de l'exercice des montagnes russes; jouissance tempérée cependant par cette considération que nous nous fussions brisé les côtes si nous n'avions pu nous arrêter à temps.
— Le ciel s'est un peu embelli, mais rien n'a manqué à ces funérailles du soleil, ni les glapissements des brises pleureuses, ni les regards affligés d'un jour sans lumière.

Ossian est bien le poëte du nord, de cette nature qui moule les sentiments à son image, et comme elle-même les fait sauvages et désolés!

15 NOVEMBRE. — Nous avons mangé notre renard bleu, et, soit que nos palais se pervertissent, soit que nous nous trouvions dans le vrai; nous le proclamons à l'unanimité égal au meilleur gibier que nous ayons goûté. On bâtit pour le charpentier un superbe atelier le long du navire. — La course de M. Kennedy, hier, avait pour but de reconnaître s'il était maintenant possible d'aller à Fury-Beach; j'espère que nous n'y avons pas encore renoncé. — Voici ce que je lui proposais : nous rendre, à la prochaine lune, au port Félix ou au port Victoria, jusqu'à ce que nous ayons rencontré des naturels, passer avec eux l'intervalle qui sépare deux lunes, recueillant ainsi les informations qu'ils pourraient avoir sur sir John Franklin, étudiant leurs mœurs, etc., puis revenir, ramenant avec nous au moins deux d'entre eux, en janvier; passer à bord la saison la plus froide de l'année, février et la première quinzaine de mars, leur donnant le temps d'apprendre un peu notre langage, puis repartir pour nos courses du printemps, employant nos hôtes comme interprètes, et, après les avoir récompensés de leurs services, ne les renvoyant qu'à la fin de notre tournée afin qu'ils ne fissent point connaître le dépôt des provisions de Fury-Beach. — Mais M. Kennedy pense que nous ne pourrions pas faire cela, à cause de la difficulté du transport des vivres. Quant au froid,

on voyage quelquefois dans la terre de Rupert par — 31° et même — 36°.

17 novembre. — Bien que le soleil ait disparu depuis longtemps, le crépuscule nous fait jouir encore de quelques heures de clarté; ainsi, vers huit heures ou huit heures et demie, on voit suffisamment pour lire en dehors du navire; il est vrai que la lune, que nous avons constamment à cette époque, nous aide peut-être un peu; quoi qu'il en soit, ce court répit est utilement employé à compléter nos préparatifs d'hiver; nos différents ateliers, éparpillés autour du navire, feraient croire à l'existence d'un petit village; le bruit si cher de la forge, le marteau qui frappe l'enclume, les sons criards du rabot, les chants variés de nos blanchisseurs, les colloques joyeux qui s'échangent en écossais de toutes les parties de notre goëlette, le mouvement des hommes qui mettent la dernière main à notre toiture, tout est plein de vie et d'animation; on dirait l'ardeur d'une fourmilière qui déménage : le temps nous presse, mais nous ne serons pas en retard.

18 novembre. — La lune est ce matin entourée d'un magnifique halo (parasélène), que nos marins, habitués aux voyages arctiques, considèrent comme le présage d'une abondante neige destinée à tomber d'ici à peu de jours. — Tout l'équipage est envoyé à la chasse. M. Kennedy se rend au fond de la baie et m'envoie avec M. Smith pour examiner la première ravine au sud de la baie. Que de beautés présente l'aspect de ces sauvages falaises menaçantes et comme suspendues sur nos têtes! Quoique le soleil soit au-dessous de l'horizon, ses rayons glissant par dessus les montagnes, viennent colorer leurs têtes neigeuses de douces teintes roses qui semblent faire corps avec la neige, et, passant par toutes les gradations, viennent mourir dans le bleu obscur des ombres projetées par les arêtes dentelées des grands rochers. — Pour la première fois sans doute, le pied d'un Européen trouble ces pittoresques solitudes, dont les

échos obéissants émeuvent l'imagination par leurs mystérieuses voix : une pierre qui roule, la neige qui crie sous nos pas, le bruit même de nos respirations, retentissent avec un tumulte curieusement grossi par la répercussion, qui s'enfuit ensuite en mourant et comme effrayé de lui-même. L'œil ébloui se trompe à chaque instant : je crois voir bien loin de moi deux hommes démesurément grands, je distingue tous leurs gestes, je les vois charger leurs fusils; nul doute, ce sont deux de nos gens, qui marchent à notre rencontre, et, à cinquante mètres de moi, je trouve une pierre d'un pied de haut partagée en deux fragments noirs par un petit tas de neige. — La nuit nous surprend avant que nous ayons fait plus de cinq milles dans cette ravine, et nous sommes obligés de revenir sur nos pas avant de savoir si elle rejoint le bord de la mer, ou si elle se prolonge bien loin encore au sud, de façon à nous permettre de prendre cette route pour aller par terre à Fury-Beach. — Nos chasseurs ont tué en tout dix ptarmigans.

25 novembre. — Aujourd'hui nous avons eu un peu de neige; la prédiction du halo est peut-être en retard, mais nous attendons pour porter un jugement plus sûr. — Deux de nos hommes nous ont donné hier quelque inquiétude, l'obscurité les ayant pris un peu plus loin qu'ils ne supposaient; des feux brûlés en dehors du navire et une lanterne à la tête du mât nous les ont ramenés heureusement. — M. Kennedy et moi sommes allés à neuf à dix milles du navire le long de la côte sud; la glace est encore en mouvement, elle se dirige vers le sud, poussée par la brise ou le courant, et nous pensons qu'on pourrait peut-être utiliser ce mouvement comme moyen de transport si la glace paraissait moins exposée à se briser pendant les temps de repos forcé des partis qui auront à descendre la côte.

22 novembre. — Même temps. — Comme la lune est nouvelle, nous avons perdu le peu de clarté qui nous restait. Dans la soirée d'hier, le docteur et moi sommes

partis pour visiter une de nos trappes à renard, placée près du navire ; mais, après avoir tourné et retourné dans les environs pendant près de deux heures, nous avons été obligés de revenir à bord. Aujourd'hui, nous nous apercevons, à l'empreinte de nos pas sur la neige, qu'à chaque tournée nous en sommes passés à moins de dix mètres.

Les Esquimaux n'ont pas de Dieu, bien que M. Smith raconte qu'aux environs de Churchill il les a entendus parler d'un autre monde. — Les Esquimaux ne mettent pas leurs morts dans la terre, parce que leurs âmes ne pourraient pas s'envoler, mais ils recouvrent le corps de pierres, dans les interstices desquelles les esprits peuvent passer. — Les Indiens ont leurs armes et tout leur bagage près d'eux, parce que c'est la nuit qu'ils s'en vont pour l'autre monde, et ils ne pourraient les trouver s'ils ne les avaient sous la main. — La loi du talion semble être le code des Esquimaux. — Les Indiens, lorsqu'ils ont une année où les daims ont été très-abondants, en tuent au delà de leurs besoins et de la manière la plus imprévoyante, cela par un sentiment de vengeance, à cause des années où ces animaux sont rares.

24 NOVEMBRE. — Nos trappes à renard sont jusqu'à présent restées improductives. En toute conscience, nous ne pouvons mettre notre insuccès sur le compte de notre habileté, car nous avons plus de la moitié de nos hommes habiles *trappers*. Mais comme les murailles de nos trappes sont faites de neige, le rusé *vulpes*, qui sait par expérience ou par ouï-dire ce que c'est qu'une trappe, creuse par-dessous ou par-dessus ou bien au travers, et trouve moyen de déjouer nos efforts. — Je suis allé me promener dans la première ravine au nord ; elle est pleine de neige et a plusieurs centaines de pieds de profondeur dans certains endroits ; c'est un des réservoirs des cataractes inépuisables du printemps. Vers le milieu, je trouvai un trou dans lequel je m'aventurai après avoir laissé mes gants à l'entrée, afin qu'en cas

d'accident, on sût où j'étais. — Creusée sans doute par la filtration des eaux au travers de ces terrains calcaires, cette allée souterraine communique avec quelque autre ravine, car, bien qu'à la surface il fît parfaitement calme, je recevais les bouffées d'un vent froid qui rugissait dans cette espèce de couloir, et l'obscurité me força à remonter. — Ma promenade se trouva bornée à un mille par le roc perpendiculaire, dont je ne pus même approcher ; au pied était un vaste entonnoir formé par la chute des neiges fondues ; les abords mêmes devaient en être dangereux et glissants, car ma fidèle chienne Huske, qui m'y avait précédé, se mit à hurler d'une façon si lamentable quand elle me vit prendre cette direction, que j'eus peur d'aller plus loin.

26 novembre. — Plusieurs de nos hommes ont été envoyés hier à la chasse et ont vu deux lièvres et trois ptarmigans, mais ils n'ont rien tué.

Le thermomètre était, à huit heures ce matin, à environ — 25°. Mais ce qui nous fait trouver le froid plus aigu, c'est surtout le vent qui s'est élevé.

Nous avons remarqué, du reste, depuis que nous sommes ici, que la nouvelle lune et la pleine lune nous ont toujours donné du mauvais temps. — Ce matin, j'ai reparlé à M. Kennedy de nos projets pour l'hiver, de notre course à Fury-Beach, etc.

30 novembre. — Depuis jeudi dernier, un coup de vent continuel avec le *snov-drift* d'habitude tellement épais, que nous ne savons trop si la neige tombe du ciel ou s'envole de terre soulevée par le vent. Le plus bas point du thermomètre avait été jusqu'à présent — 24°, 45, mais il est subitement descendu à — 39° 44 dans la journée de dimanche. Cette brusque transition nous a trouvés d'autant plus sensibles, que, comme toujours, le vent rend l'impression du froid beaucoup plus vive, et c'est le seul jour où nous ayons réellement ressenti un certain degré de malaise. Le vent souffle avec une rage toujours croissante, et la glace se brise avec des craque-

ments que nous prenons plus d'une fois pour les cris de détresse de notre mâture qui s'agite et se tord sous ses froides étreintes.

Tout est blanc autour de nous, mais d'un blanc à donner le vertige : au bout de quelques minutes de promenade, la vue se trouble, il semble que l'air s'épaississe ; les objets perdent leurs formes, et l'on n'avance, après des chutes sans nombre, qu'à tâtons et comme le plongeur sous un élément qui n'est pas le sien.

1ᵉʳ DÉCEMBRE. — La tempête de ces jours derniers est enfin passée ou à peu près, du moins quant au vent, car le thermomètre n'est plus qu'à — 37°.

M. Kennedy m'envoie au dehors de la baie pour voir dans quel état se trouve la glace ; la neige, balayée d'abord, puis tassée par le vent, est devenue plus ferme, et il est aussi facile de marcher sur ce terrain, mouvant il y a quelques jours, que sur le pont du navire ; c'est une des conditions favorables pour voyager, et, à moins qu'on ait des *snow shoes*, il faut attendre, après une chute de neige, qu'un grand vent l'ait affermie ; l'intervalle de calme de la nuit dernière a donné le temps à la glace de se former. — Les gros fragments ont été balayés, et, aussi loin que notre vue peut s'étendre, nous contemplons devant nous, dans toute sa splendeur, ce blanc et vaste linceul de glace solide ; désormais, nous pouvons marcher à peu près partout en sûreté ; c'est ainsi que, dans une promenade, nous parcourons sept à huit milles en très-peu de temps ; une seule fois, et encore dans une fissure ou dans la séparation de deux *floes*, mon pied s'enfonce ; mais, avant que l'eau ait traversé mes mocassins de toile, nous étendons sur eux une couche de neige qui absorbe l'humidité, et, en se congelant, empêche le passage de l'air et forme bientôt autour de mon pied une véritable chaussure de glace.

C'est le meilleur, le seul remède contre ces petits accidents de tous les instants, mais qui peuvent devenir très-dangereux si on est à quelque distance du navire ; il n'y a pas moyen de rappeler la chaleur dans le membre qui s'engourdit, et c'est comme cela qu'arrivent les *frost bites* qui nécessitent souvent l'amputation. — Ainsi, nous revenons à bord convaincus que le voyage à Fury-Beach peut s'exécuter facilement, au moins en ce qui concerne les voies de communication.

Pour la première fois, j'ai essayé une capote en peau de daim que M. Kennedy m'a donnée, et des pantalons en peau de phoque ; bien que peu ou point vêtu sous ces vêtements, j'ai à peine ressenti le froid, assez vif cependant, à peu près — 37°, d'autant plus que le vent est très-violent. — Quelque épaisses que soient les étoffes de laine, elles ne garantissent que très-imparfaitement, et, comme disent nos matelots, le vent passe à travers.

Il est on ne peut plus à regretter que nous n'ayons pu trouver des peaux à acheter à Uppernavik, ou que les Esquimaux de la baie de Sounds n'en aient pas eu à vendre, car nos hommes ne sont certes pas suffisamment approvisionnés contre le froid.

Quand on est mal défendu de cet ennemi redoutable, une absence très-courte, quelques heures loin du navire, ont souvent les plus fâcheuses conséquences. — Nous ne sommes pas sur le terrain habituel des gens de la terre de Rupert, qui est très-brisée, excepté sur les côtes, et où les serviteurs de la Compagnie voyagent impunément à presque toutes les époques de l'année, parce qu'ils sont sûrs de trouver un abri suffisant chaque soir près d'un bon feu, autour duquel, après avoir séché leur équipement, ils s'étendent souvent sans autre toit au-dessus de leur tête que la voûte des cieux.

Si nous ne sommes point armés, équipés, approvisionnés aussi complétement que nous pourrions le souhaiter, je reconnais bien aujourd'hui qu'il ne faut en aucune façon en accuser, soit l'incapacité, soit la négligence de qui que ce soit. En effet, les navires de l'État sont absolument dans le même cas que nous. On a en France les idées les plus fausses sur les renseignements que possède l'amirauté anglaise. La compagnie d'Hudson, qui fait un mystère de toutes ses opérations, ne veut rien laisser publier sur les mœurs des tribus de son territoire, sur leurs ressources, sur la manière de voyager. Soit que le gouvernement n'ait pas demandé ces renseignements, soit qu'il les reçoive incomplets, pas une de ces expéditions de mer n'a eu les moyens de voyager par terre, et il n'est pas étonnant que chacune d'elles ait aussi peu produit, puisque leur saison d'opérations a toujours dû se borner au temps très-court pour lequel elles se trouvaient munies des choses nécessaires; encore, dans l'été même, leurs hommes, amollis par un hiver passé au coin du feu, n'accomplissaient-ils pas tout ce qu'on en pourrait attendre. Je ne crois point, en écrivant ces réflexions, dont l'avenir me montrera le degré de justice, obéir à un sentiment d'hostilité contre des étrangers rivaux, mais je suis frappé par les faits. Non, j'ai trop d'estime pour sir Edward Parry, et les deux Ross, je ne les attaque pas, mais je critique un système dont rien n'a pu leur montrer les défauts, pas même leur expérience dans ces mers. Il ne semble pas qu'ils aient jamais eu avec eux des gens de la compagnie d'Hudson, des voyageurs arctiques; ils ont eu des gens expérimentés dans la navigation des glaces, de bons *ice masters*, mais c'est tout; tandis que dans ce pays où le terrain est solide pendant les deux tiers de l'année, un voyage de découvertes doit se faire par terre aussi bien que par mer, et alors commence une nouvelle série d'études toutes différentes de celles auxquelles un officier de marine est habitué, car les plus petits détails de chaussures, coiffures, vêtements, nourriture, acquièrent une importance vitale.

Eh bien, l'année dernière, M. J. Smith était le seul homme qui eût appartenu à la compagnie d'Hudson. La plus grande partie de l'équipage n'avait pas vu les glaces, et rien n'était à bord de ce qu'il faut, non pas seulement pour voyager pendant l'hiver, mais à peine pour passer l'hiver à bord du navire.

2 DÉCEMBRE. — Nous sommes bel et bien entrés dans l'hiver; la température ne nous permet plus d'en douter, bien que nous nous soyons acclimatés peu à peu et sans nous en apercevoir. Je ne me rappelle pas sans rire ces

froids si vifs que je croyais éprouver dans mon bon Rochefort, alors que le thermomètre était au-dessous de zéro, et toutes les précautions que j'étais obligé de prendre à mon retour des mers de l'Inde ou du Brésil. Ce n'est pas un de mes moindres sujets de réflexion que cette faculté dont est douée notre frêle machine (pas si frêle cependant que les poëtes le disent en si beaux vers), de passer impunément par ces vicissitudes de froid intense et de chaleur insupportable.

Je me sens gagner de jour en jour à ce système religieux que j'appellerais volontiers la religion de la nature, parce que chez moi le sentiment est developpé par la contemplation des merveilles éparses autour de nous par l'admirable Providence qui préside à tout, pourvoit à tout et prévoit tout. Je m'égare, je me perds dans un labyrinthe sans issue, chaque fois que ma raison cherche à éclairer de ses lumières trop incertaines ces sombres passages, ces détours mystérieux des dogmes théologiques dont je ne puis m'expliquer la nécessité. — Néanmoins, quelles que soient les objections possibles au culte qui ne puise ses doctrines que dans les principes innés du cœur et de la conscience, là est pour moi la base de toute adoration, l'origine de cette gratitude qui nous rappelle ce que la créature doit au Créateur universel. Tous mes doutes, mes hésitations incessantes au milieu des recherches consciencieuses de la vérité, me disent que je suis rationaliste, c'est-à-dire, pour certains esprits, une âme pervertie et opposée à la foi réelle; mais qui est-ce qui peut se forcer à croire à ce qu'il ne comprend pas? Et, s'il arrive à ma pauvre tête, fatiguée, accablée d'anxiété, de s'égarer en cherchant la vraie route au milieu des doctrines si diverses du christianisme, de la justification par les œuvres ou par la grâce, je me sens toujours reposé lorsque, sautant par dessus les intermédiaires, j'arrive immédiatement à la conclusion de tous les systèmes religieux, et que directement j'adresse à Dieu lui-même une ardente prière.

3 DÉCEMBRE. — Dans les intervalles de calme que nous

laisse la brise, d'abondantes vapeurs forment un brouillard qui s'élève de dessous les glaces sur les bords de la baie par suite de la différence de température, mais je n'ai pu m'assurer encore si cela provient de la température de l'eau sous les glaces ou de celle des terres. — Nos provisions d'hiver sont enfin à peu près complètes. Une des premières occupations a été d'agrandir le logement de l'équipage, et cela aux dépens de la chambre, dont les meubles ont été préalablement déposés en grande partie sur la glace. De l'un des panneaux on a fait l'entrée d'un escalier qui aboutit en dehors de la cloison du logement, afin que l'air extérieur n'arrive pas directement chez nos hommes chaque fois qu'on ouvre la porte; les panneaux d'entrée devant et derrière ont été recouverts d'un *rouf*[1] élevé sur le pont à six pieds et donnant accès sur l'escalier; la porte ferme hermétiquement au moyen d'une corde garnie d'un poids; des *scrapers*, ou grattoirs, sont placés sur le pont afin que les hommes n'aient point de prétexte pour apporter en bas leurs souliers pleins de neige, et, avant qu'ils descendent, il leur est recommandé de bien secouer leurs vêtements, car, naturellement, toute neige est une cause d'humidité et d'évaporation. L'ennemi véritable dans un hivernage arctique à bord d'un navire, ce n'est pas le froid, duquel il est toujours plus ou moins facile de se défendre, mais l'humidité, qui engendre le scorbut et les rhumatismes. Tous les efforts, toutes les précautions, doivent donc tendre à ce but constant: éloigner ou détruire toute cause d'humidité.

Le logement des officiers est moins exposé que celui de l'équipage à ces conditions mauvaises, parce que le dernier comprend les cuisines, qui, loin d'être un confort comme élément de chaleur, sont une source continuelle d'évaporations, soit des aliments, soit de la neige qui est convertie en eau; les précautions prises pour rendre sa-

---

[1] Construction en planches de sapin revêtues de toile goudronnée, qu'on élève sur le pont à l'arrière des navires qui n'ont pas de dunette, pour servir de logement.

lubre la partie consacrée à l'état-major sont les mêmes. La différence de température de l'air sur le pont même à l'abri de la tente, et de l'air dans les parties inférieures du navire, est suffisante à quelques mètres des chaudières pour condenser et convertir en glace toutes les vapeurs qui viennent en contact avec le plafond; de sorte que presque partout, et principalement là où se trouvent des chevilles, des clous de fer, des plaques de métal, s'étend une couche de glace. Les lits de nos hommes, rangés tout autour du gaillard d'avant, n'étaient point disposés de façon à s'ouvrir pour leur laisser une suffisante liberté de mouvement; c'est pour cela que nous avons cru devoir élargir leur appartement; toutefois nous n'en avons fait qu'une seule chambre, car moins il y a de cloisons, mieux cela vaut; il est alors plus facile de diriger sur tous les points, ou du moins de faire entrer des courants d'air sec ou d'air chaud; autrement, les coins et recoins des angles deviennent pour la glace un réceptacle d'où il est difficile de la déloger. Aussitôt qu'un changement de température a lieu, que le thermomètre s'élève, cette glace se fond, non pas tout d'un coup, mais lentement, l'eau suinte partout, découle le long des murailles, et il faut enlever entièrement cette humidité qui regèlerait dès qu'il y aurait un abaissement nouveau de température; des manches en toile, traversant le pont et la tente, servent de conduit à l'humidité vaporisée qui, par sa légèreté, s'élève dans ces sortes de tuyaux et va se perdre au dehors. Une autre manche a été disposée pour établir un courant d'air qui facilite la combustion du charbon dans la cheminée de la cuisine, et en même temps le dégagement des vapeurs. L'effet excellent de ces précautions est en partie annihilé par une tolérance qui semble en contradiction avec ces mesures minutieuses; je veux parler de la permission de fumer en bas, accordée aux hommes de l'équipage; on doit, il est vrai, considérer d'un autre côté que le tabac est une des plus grandes jouissances du marin, et qu'en définitive, en prenant quelques mesures de propreté, on réussit à parer aux inconvénients les plus graves. Je pense donc qu'à la grande rigueur cette tolérance peut être maintenue. Une autre source d'humidité qu'il est impossible d'éviter, c'est le séchage du linge lavé et des effets imbibés de neige (le mot est exact, car la neige se loge sur tous les poils des étoffes laineuses, de façon à faire corps, pour ainsi dire, avec l'étoffe, et la mouille comme si on la trempait dans l'eau) ; je pense que l'on pourrait faire passer tous les tuyaux de poêle, etc, dans une même enceinte sur le pont, dont on ferait ainsi un séchoir, car tout objet exposé à l'air devient immédiatement dur, quelle que soit la force de la brise, et se déchire ou plutôt se casse très-facilement. Nous avons dû nous résigner à cet inconvénient, et les effets des officiers sont séchés dans le logement de l'arrière ; ce n'est pas qu'ils soient beaucoup plus propres après leur séchage, qui les noircit de fumée de charbon ; mais au moins ils sont dégagés de transpiration et d'éléments malsains. La cabine de M. Kennedy et la mienne, bien que situées à quelques pieds seulement de la chambre où se trouve le poêle, sont tellement froides, que pendant la nuit notre transpiration se condense et retombe sur nous en pluie fine, dont nos couvertures sont traversées ; plusieurs fois déjà nous y avons eu l'atmosphère à — 20°. Nous ne nous plaindrions pas si cette humidité restait à l'état de glace ; mais comme nous ne pourrions sans danger dormir tout l'hiver dans des appartements aussi aquatiques, nous sommes obligés de changer nos quartiers, et pour moi j'ai un cadre bien plus confortable. Quelques degrés de chaleur (10 centigrades), sont très-suffisants, et notre consommation de combustible est réglée en conséquence. Jusqu'à présent il a été trouvé inutile d'entretenir les feux allumés pendant la nuit devant ou derrière, et à l'heure du coucher ils sont éteints partout. L'absence totale de toute clarté nécessite une grande combustion de luminaire, et comme le nôtre consiste principalement en lampes devant et en chandelles ou bougies derrière, il est impossible d'imaginer combien les yeux et l'odorat en sont affectés ; la fumée du charbon de terre, volatilisant des parties solides, apporte son concours à ces causes de malaise, et nous avons été obligés d'établir au-dessus de chaque lampe des tuyaux, porte-voix, etc., qui conduisent cette fumée au dehors; il suffit de passer près de ces tuyaux pour se convaincre de la quantité de choses mauvaises qu'autrement nos organes absorberaient. Aussi souvent qu'il est nécessaire, on enlève partout la glace formée dans le logement des officiers ou de l'équipage, et la nature de cette condensation me fait penser que ce serait peut-être une bonne chose d'avoir ces logements aussi élevés que possible : on ferait, pendant l'hivernage, enlever le faux-pont (dans l'hypothèse où l'on serait sur un brick de guerre), et descendre le plancher inférieur, tandis que le pont supérieur deviendrait ainsi un condenseur, que l'on nettoierait de temps en temps ; on pourrait encore convertir en boîtes condensatives les claires-voies, etc., en élevant leur sommet. J'avais trouvé ma cabine en partie doublée, tapissée d'une étoffe de laine, qu'il m'a fallu enlever, parce que les vapeurs s'y arrêtaient. L'expérience acquise à leurs dépens par les premiers navigateurs de ces régions désolées, les progrès de la science, ont amoindri de beaucoup les dangers du scorbut; mais un des éléments qui doivent attirer tout d'abord l'attention d'un chef d'expédition, c'est la diète alimentaire de ses hommes : les ressources contre le froid consistent non-seulement dans un ménagement entendu de combustible, ou dans les vêtements, l'habillement, mais surtout dans un système bien conçu de nourriture. Les usages des naturels, Esquimaux ou Indiens, ainsi que les renseignements fournis par la physiologie, démontrent que la base de ce système doit être une grande consommation de matières animales, des matières qui contiennent le plus de sucre et de graisse, parce que ce sont celles qui, créant le plus de carbone, rendent plus rapide la circulation du sang, la distribution de la vie.

4 DÉCEMBRE. — La neige tombe par gros flocons et donne un peu de clarté dont nous jouissons encore aux environs du méridien; le reste du temps, une teinte ardoisée nous attriste et fait ressentir davantage le froid;

les objets à peu de distance de nous se confondent tous dans un gris de plomb d'un aspect funèbre. Partout, sur nos têtes, sous nos pieds, autour de nous, la neige, rien que la neige; les arêtes rugueuses du roc, ou les faces perpendiculaires des falaises, grimaçant au travers de cette enveloppe, semblent seules protester contre cette violation de leur nature, et seules nous rappellent que le monde n'est point une immense boule de neige. Et cependant il y a dans ce spectacle un charme indéfinissable qu'on ressent, et que des mots ne peuvent traduire, un charme que ceux-là seuls connaissent, qui l'ont éprouvé, parce que, hommes d'action avant tout, nous n'avons pas appris à peindre ce que nos yeux ont vu et admiré, parce que surtout, nous autres écrivains sans expérience, nous redoutons d'aller nous heurter aux mille écueils de la poésie, aussitôt que nous entrons dans cette mer inconnue que l'on appelle l'art d'écrire.
— Lorsque les Indiens se trouvent dépourvus d'un vase capable de résister à l'action du feu, d'une bouillotte en fer ou *kettle*, ils font chauffer des cailloux qu'ils placent ensuite au milieu des objets ou aliments qu'ils veulent réchauffer, après les avoir mis dans un vase de peau. — Un nouveau tuyau a été ajouté à notre poêle, qui traverse maintenant notre cabine, de l'avant à l'arrière; sur le pont une couche de terre a été placée autour du tuyau, et une couche épaisse de neige au-dessus des claires-voies et panneaux.

8 DÉCEMBRE. — Nous avons observé pendant ces derniers jours que, dans un temps très-calme, on entend la neige, recouverte d'une croûte assez dure, craquer par l'effet du froid; c'est par un phénomène semblable que l'on peut expliquer ce point qui semble encore indéterminé, de savoir si l'aurore boréale est accompagnée de cette crépitation semblable au bruit causé par les étincelles électriques; nos hommes, tous de la baie d'Hudson ou des Shetland, affirment la chose de la façon la plus positive; mais comment opposer leur témoignage non éclairé aux assertions des observateurs qui ont en vain

cherché à entendre ce bruit? — Hier, un renard blanc a été chassé et tué par nos chiens, auprès du navire ; un petit nombre de poils gris existant encore sur la queue montrent que le changement de fourrure est maintenant presque complet. L'examen prouve que le pauvre animal a été attiré près de nous par l'espoir ou l'appât d'une tout autre réception ; car ses intestins sont absolument vides. Ces animaux vivent principalement d'une espèce de souris que les derniers froids ont forcées à se cacher. Nos chiens n'ont point voulu manger le produit de leur chasse. Longueur, du nez à l'extrémité de la queue, deux pieds onze pouces; la queue seule, un pied : poids total, cinq livres.

9 décembre. — Quelques vestiges d'aurore boréale, de grandes raies blanches, légèrement safranées et convergeant vers le nord-est. Chaque fois que l'idée s'en présente à mon esprit, je déplore l'absence des instruments qui m'eussent rendu possibles des observations si intéressantes, pour moi du moins. Je comprends bien pourquoi nous en sommes dépourvus : avant mon arrivée, personne ne semblait devoir s'occuper de ces observations, et, de plus, lady Franklin aurait peut-être craint qu'elles ne détournassent du but principal du voyage ; les navires du gouvernement devraient d'ailleurs amplement pourvoir à cette partie des voyages arctiques ; ils sont mieux disposés que nous à tous égards pour cet objet. — Dans l'après-midi, au retour d'une course, je vois la lune pleine se lever au-dessus des collines du nord, et je ne puis m'empêcher de m'arrêter, frappé d'abord par l'absurde idée d'un incendie, idée qui ne dure pas une seconde, mais que ces grandes lueurs jaunâtres qui se projettent sur des plaines neigeuses font naître bien plus naturellement que ce qu'on appelle les feux du soleil.

11 décembre. — La tempête souffle avec rage au dehors, et il semble parfois que le vent perce au travers de notre double enceinte de neige et de bois. Je ne sais si c'est la cause du malaise moral que j'éprouve, mais

depuis deux ou trois jours j'ai des accès d'une farouche misanthropie qui me fait tout voir en sombre. Ce matin j'ai eu avec M. Kennedy, pour la première fois, une discussion religieuse assez vive; nous nous sommes si bien poussés réciproquement que tous deux nous restons de très-mauvaise humeur. Il croit à la révélation : pour lui l'Ancien et le Nouveau Testament ont la même autorité, et découlent directement de la Divinité. C'est ce que je ne puis admettre. Hélas! je n'ai pas la foi, et ma raison rebelle s'élève contre ce qu'elle ne peut expliquer. J'admets le Nouveau Testament comme inspiré par l'esprit de Dieu, mais je ne crois pas aux prophètes, au Saint-Esprit, ou du moins à ce dernier autrement que comme à une figure symbolique. Que faire? Ma conscience me dit que je n'ai pas tort. — Je sens bien qu'en cherchant à extraire de tous les systèmes ce qu'il y a de bon, je ne serais pas supporté dans mes discussions ; mais, ma foi, tant pis, je m'abandonne au courant de ce qui se passe en moi. En politique comme en religion, je le vois, on n'a d'amis qu'au prix de certaines concessions ; mais ce que je n'ai pas, et n'aurai jamais, ce que je ne veux pas avoir, c'est l'esprit de secte, je ne saurai jamais sacrifier mes sentiments à mes intérêts. C'est ici que je reconnais la toute-puissance du libre arbitre, la véritable, la seule liberté vraie et digne de l'homme. Pourquoi m'attacherais-je à des doctrines qui ne m'offrent pas la certitude complète de la vérité? Non, jamais je ne me mentirai à moi-même, et ma bouche ne dira jamais oui lorsque mon cœur dit non. J'éviterai, au milieu d'étrangers, comme je le fais dans mon pays, de mettre en avant même mes convictions alors que je sais bien d'avance que peu d'hommes peuvent être convaincus, et écoutent autre chose que ce qu'ils veulent entendre; mais, lorsque je serai questionné, à tout risque, je répondrai suivant ma conscience. J'ai jusqu'à présent éprouvé que tout ce qui touche à la métaphysique, aux sujets abstraits, ne se peut démontrer; il faut croire ou ne croire pas; enfin un mot résume tout ce que je pourrais dire : on a ou on n'a pas la foi.

Le vent reprend de temps en temps avec une force à laquelle nous commençons à nous habituer ; les neiges, soulevées par rafales, retombent en averses tellement épaisses, que le plus souvent il nous est impossible de dire s'il neige ou si ce que nous voyons est un tourbillon. Par ces temps-ci la neige redouble naturellement l'obscurité ; mais nous ne pouvons aujourd'hui assez admirer un remarquable effet de lumière produit par la lune, dont le disque semble une trouée faite dans cette voûte épaisse : on dirait la lumière qui arrive dans une cave par le soupirail.

13 DÉCEMBRE. — Le mauvais temps nous donne enfin quelque répit, et nous avons aujourd'hui la plus belle journée dont nous ayons joui depuis longtemps, si toutefois il est permis de donner le nom de jour à cet intervalle de temps où pour toute lueur nous n'avons que la lune et le ciel tout scintillant d'étoiles, et que naguère nous eussions appelé une belle nuit. Hélas! tout n'est donc que mensonge? Où la vérité va-t-elle donc se nicher, si on ne la trouve plus dans les proverbes, qui sont, à ce qu'on dit, la sagesse des nations? Pauvres nations! dont la sagesse refuse de croire aux étoiles en plein midi ! — Vers une heure et par deux différentes reprises, nous entendons un sourd roulement qui ne peut se comparer qu'au bruit du tonnerre ou d'un pan de muraille qui s'écroule. Ce n'est certainement pas la foudre, car on l'entend rarement gronder dans ces climats, à ce que me disent tous nos baleiniers ; nous sommes d'ailleurs hors de la saison des orages. Ce n'est également qu'au printemps que les éboulements des rocs de glace ont lieu, et la seule supposition vraisemblable que je puisse admettre est un mouvement de nos chaînes sous la glace. MM. Kennedy et Anderson, qui ont assisté à des tremblements de terre, sont d'avis qu'ils ont alors entendu le même bruit ; c'est aussi la description que m'ont donnée plusieurs officiers qui se trouvaient aux Antilles lors du tremblement de terre de 1848. — C'est aujourd'hui la Sainte-Adélaïde, et je me

reporte en France, à Rochefort, près de cette bonne mère, dont c'est la fête. Depuis onze ans que j'ai commencé ma vie errante, je me suis toujours trouvé loin du pays natal, du foyer paternel, lors de cet anniversaire. Souvenirs de mon enfance, revenez près de moi pendant mes rêves, conduisez-moi auprès de cette troupe d'enfants, joyeux d'embrasser une mère chérie, qui pleure, j'en suis sûr, mon absence avec ma sœur, ma chère Adélaïde! Pauvre mère! que d'inquiétudes ne lui ai-je pas données avant mon entrée dans la marine, par les craintes que lui causait ma turbulence; et depuis lors, que d'anxiétés nouvelles pour mon sort, que d'angoisses pour mon existence! Que ne pouvons-nous recommencer les jours passés; combien je me montrerais obéissant, respectueux et travailleur! Pauvre, bonne et excellente mère, à qui je dois tout ce que je sais, tout ce que je vois; ah! puissé-je un jour, par mes soins, par mille attentions, te rendre plus doux, plus faciles, plus agréables, les derniers jours de ta vie, presque toujours passée jusqu'à présent dans les larmes et les incertitudes du lendemain! Savons-nous jamais ce que nous avons coûté de peines et de pleurs à nos mères? Ah! que Dieu entende mes ardentes prières et puissent ces bons amis deviner ma pensée et sentir dans leur cœur l'impression des baisers que je leur envoie au travers des distances qui nous séparent!

16 DÉCEMBRE. — Un nouveau *shipmate* (compagnon de bord) nous est né, et ma chienne Husky a mis bas un joli petit chien que l'équipage a déjà baptisé du nom d'*Arctic*; le bruit souterrain d'hier a évidemment rapport à cette naissance inattendue, et cette explication peut sans doute contribuer à rassurer quelques-uns de nos superstitieux Écossais, qui prétendent que de semblables bruits dont on ne trouve pas la cause ne présagent rien de bon. — Depuis que les travaux à l'extérieur ont été terminés, tout notre monde est employé à la confection des *snow-shoes* dont chaque homme aura une paire; les uns préparent les montures en bois, les

autres coupent les lanières, ou, sous la direction de M. Kennedy, commencent les filets de ces chaussures qui ne sont point sans élégance et dont deux différents spécimens sont mis en construction : l'un rond comme les raquettes d'un volant, l'autre gracieusement recourbé à l'avant comme une babouche du Maroc.

Dans l'après-midi généralement a lieu une leçon, où les plus érudits, servant de *moniteurs*, démontrent les complications de l'arithmétique à leurs camarades moins instruits. Il n'est peut-être pas sans intérêt de signaler, comme marque du développement de l'instruction primaire dans la Grande-Bretagne, que de tout notre équipage, composé de gens qui ont tous commencé de bonne heure les travaux du pain quotidien, un seul ne sait pas écrire. (Je crois qu'en Écosse l'instruction primaire est plus répandue qu'en Angleterre.) — De temps à autre nous venons sur le pont admirer l'éclat de ces nuits splendides des régions arctiques, où la voûte du ciel est si abondamment semée d'étoiles, « ces fleurs éternelles du ciel, » comme dit Basile le Grand, et colorées par les fugitives clartés de l'aurore boréale.

19 DÉCEMBRE. — M. Hepburn, me parlant aujourd'hui de lady Franklin, me raconte qu'à la terre de Van-Diémen, elle avait acheté d'assez larges concessions de terrains, où elle établit des colons, les défrayant de toutes les premières dépenses, leur fournissant des instruments de travail, avec de telles conditions, qu'au bout de trois ans quelques-unes de ces familles étaient entièrement libérées de leurs dettes, se trouvaient dans une heureuse position, et bénissaient le nom de leur bienfaitrice. Plus je vais, plus je suis rempli d'admiration pour le noble caractère et l'intelligence supérieure de lady Franklin. Après avoir expédié le *Prince-Albert*, en 1850, elle alla passer la saison dans les Shetlands, et là elle s'occupait de recruter des colons pour la terre de Van-Diémen, où la plupart de ces malheureux, qui meurent presque de faim dans leur pays, peuvent devenir en peu de temps, avec un peu d'instruction et de conduite, de très-hono-

rables propriétaires. — La conversation tombe sur les *rein-deer* (rennes), et j'apprends sur eux plusieurs détails intéressants; leurs cornes repoussent chaque année après le printemps et sont recouvertes d'une peau semblable au reste du corps jusqu'à la pleine venue ; à ce moment ils l'enlèvent en se frottant contre les arbres, qu'ils couvrent de sang et de lambeaux de cette peau ; vers Noël le tout tombe à la fois, se séparant entièrement de la tête ; ces jeunes pousses sont très-savoureuses et agréables à manger. Les Canadiens appellent *dépouille* une bande de graisse qui existe tout le long de la colonne vertébrale ; en huit jours le *buck* ou mâle passe de cet état d'embonpoint à une maigreur extrême ; ils se battent alors avec acharnement ; quelquefois deux mâles entrelacent leurs cornes de telle façon qu'ils ne peuvent plus les dégager et meurent avant de pouvoir se séparer ; une des branches de leurs cornes retombe très-près de leur nez. On demandait pourquoi les Esquimaux ne les gardent pas en troupeaux comme font les Lapons ; pour moi, la raison m'en paraît bien simple : comment les nourriraient-ils pendant l'hiver ? — M. Kennedy a vu un mâle se séparer de son embranchement en se précipitant sur un chasseur. — Sir Ed. Parry avait des ceintures de caoutchouc dans lesquelles chaque homme pouvait porter une certaine quantité de chocolat, café, eau, etc., maintenu à l'état liquide par la chaleur du corps.

22 DÉCEMBRE. — Nous sommes enfin arrivés au jour le plus court, et nous nous rapprocherons de plus en plus du soleil maintenant ; ce n'est point que nous ayons été dans une nuit complète ; cependant, même à midi, l'obscurité a toujours été assez sombre pour nous permettre de voir un grand nombre d'étoiles ; mais aujourd'hui même, vers onze heures et demie, une bande rougeâtre vers le sud, s'étendant vers l'est, servait à signaler le crépuscule. L'hiver a été assez doux jusqu'à présent, et lorsqu'il n'y a pas de vent une température d'environ 30° centigrades au-dessous de zéro n'est nulle-

ment désagréable. Le vieil Éole est le seul ennemi acharné contre nous : ne s'arrêtant que de temps en temps pour remplir de nouveau ses outres, car depuis dimanche dernier la brise a soufflé plus que jamais, et nous avons craint plusieurs fois pour notre toiture. Les neiges d'été semblent rougir sous les regards ardents du soleil : mais alors que les lueurs blafardes et incertaines de la lune éclairent seules ces interminables steppes, il semble que tout est triste, que tout pleure un absent. Le noir, en effet, est le deuil du monde, le violet celui des rois; mais la nature, veuve de son époux bien-aimé, de celui qui fait vivre et réveille toutes les facultés, prend pour vêtement de deuil un blanc linceul de neige.

Je ne sais jusqu'à quel point il est permis d'appeler jour cet intervalle de temps où le soleil ne brille point. Comment nommer cette clarté hermaphrodite qui emprunte ses lueurs aux réfractions solaires aussi bien qu'aux fulgurantes étoiles?

25 DÉCEMBRE. — La lune était nouvelle le 22, et la grande marée d'aujourd'hui soulève les glaces au delà du niveau habituel; le bruit observé le 15 se reproduit; ajoutez à ce tapage l'effet que produit le mouvement du navire à chaque instant ébranlé par saccades; ce mouvement des glaces nous explique ce que nous ne comprenions pas l'autre jour; pour moi, je pense que, le bâtiment étant plus soulagé que d'ordinaire, les chaînes subissent une nouvelle tension dans l'eau, et ce sont les efforts du *Prince-Albert* qui occasionnent ces frémissements.

Le jour de Noël, qui n'est pas observé par l'église d'Écosse, est cependant un jour de réjouissances comme notre premier de l'an. Une dérogation à notre diète habituelle a été faite en faveur de l'équipage, et quelques gouttes de *l'eau de feu* ont bientôt monté les têtes à un diapason d'allégresse qu'on est heureux de pouvoir créer si facilement. Cette ressource, ménagée habilement n'est certes pas à dédaigner dans un pays où il en existe si peu. Cette infraction à la règle est une utile condescendance de M. Kennedy, mais il est impossible de ne pas attribuer à son système de tempérance la bonne harmonie, le désir mutuel d'obligeance, et enfin la bonté des hommes de notre équipage. Qu'on ne s'y trompe pas cependant, une profonde répugnance pour les liquides n'est pas précisément leur défaut, et ils sont loin d'avoir une foi aveugle dans les mérites d'un régime à l'eau claire. Mais ne doit-on pas trouver dans leurs fatigues incessantes, dans leur dévouement de toutes les heures, de tous les instants, et surtout dans les détestables idées avec lesquelles ils grandissent, une suffisante excuse à une faiblesse que compensent tant de qualités? Qui sait d'ailleurs si une physiologie indulgente ne lui découvrira pas, à une époque plus avancée de la science, une raison d'être dans une nourriture exclusivement composée de viandes salées, voire même dans les émanations de l'élément où se consume leur existence? « Que celui qui est sans péché leur jette la première pierre! » A ceux qui les commandent, d'autres devoirs et d'autres attentions; ici, comme partout, il vaut mieux prévenir qu'avoir à réprimer. Sir John Ross attribue à un système à peu près semblable l'absence du scorbut pendant le long hiver de cinq années qu'à duré sa détention (1829 à 1834), et notre expérience actuelle semble prouver que dans ces climats, le plan d'alimentation doit être organisé à l'exclusion des boissons spiritueuses. Jack Tar, ainsi que ses confrères d'outre-Manche, n'approuve pas une réforme complète apportée à ses mœurs, surtout en ce qui touche son péché mignon, parce que le matelot semble narguer les différences de caractères créées par la géographie, parce qu'avant d'être Français ou Anglais il est matelot, et que les mêmes besoins développent les mêmes habitudes; mais, encore une fois, il doit être amélioré en dépit de lui-même; pour ses propres intérêts, le matelot est un mineur qui doit se soumettre, et dont on ne doit pas écouter les préjugés.

28 DÉCEMBRE. — Le ciel a généralement été clair ces

jours derniers, et ce soir nous jouissons pour la première fois d'une complète aurore boréale, ou des *northern lights* (jours du nord), comme nos Shetlanders les appellent (ils les appellent aussi *dancing lights*, jours de danse); de grandes raies lumineuses comme la voie lactée et ayant une légère teinte jaunâtre divisent la voûte du ciel, partant du zénith et retombant comme les feuilles du palmier en s'élargissant vers la base. Je ne sache pas que nulle part il ait été fait mention de ce phénomène singulier. — Nous devons quitter dans quelques jours notre attitude purement défensive, M. Kennedy ayant l'intention de se rendre avec trois hommes et moi à Fury-Beach pour reconnaître l'état où se trouvent les provisions. Bien que l'absence de peaux de daims soit un grand obstacle, nous ne saurions regretter d'avoir perdu notre temps à préparer tout notre attirail de la belle saison, car, pendant les trois mois que nous avons passés ici, nous avons subi pour ainsi dire un continuel coup de vent. L'équipage peut prendre un peu de récréation, et le jeu populaire de *foot-ball* (ballon) le remplit d'animation. Nous avons tous remarqué avec quelle facilité on se trouve hors d'haleine, bien que le baromètre n'indique pas une grande pression, et nous eussions peut-être attribué cet effet au défaut d'exercice, si nous ne nous rappelions que les Américains ont eu l'occasion de faire la même remarque pendant tout leur hiver. En dépit de tout cependant, il faut amener le matelot à se remuer; l'exercice est ici le grand secret de la santé, et on ne doit rien négliger pour vaincre la répugnance que des hommes ordinairement actifs éprouvent à se donner du mouvement, paresse dont le plus grand motif est un changement de température de 15 à 20 degrés, et souvent davantage. Cette paresse va bien plus loin. Les premiers froids produisent une torpeur morale, une somnolence d'esprit qui, chez moi, se montraient principalement lorsque je voulais écrire. En relisant mon journal, je trouve souvent des mots anglais qui ne sont là que parce qu'il m'eût fallu chercher un peu pour trouver le mot propre français, et que, dans ces derniers temps, les mots anglais me sont devenus plus familiers.

V

1852

1ᵉʳ JANVIER. — La brise qui nous empêche de sortir à cause des tourbillons de neige, et de nous livrer aux quelques jeux, seules distractions que nous ayons, nous amène à des réflexions assez naturelles, et à une comparaison involontaire avec ce que le même jour est généralement chez nous au sein de la famille, au milieu des joies du foyer. Sans éprouver un profond et véritable regret de notre situation actuelle, nous ne pouvons nous empêcher de laisser nos âmes faire un retour mélancolique vers le passé. Tous nous sommes entrés avec ardeur et de notre plein gré dans la cause sacrée où nous sommes aujourd'hui engagés, et pas un, j'en suis sûr, ne songe à compter les fatigues ou les privations et à tourner les regards en arrière ; non, c'est dans l'avenir et en avant que nos yeux se portent. Quelques lignes reçues avant le départ, aimé et précieux souvenir de la patrie absente, de tout ce qui nous est cher, sont des reliques devant lesquelles le cœur se recueille, et, loin de s'affaiblir, l'esprit prend dans cette prière intime un nouvel élan ! Le souvenir, n'est-ce pas la force et le courage ? Pour mon compte, j'ai passé toute la journée et les deux nuits qui la précèdent et la suivent à fouiller et à refouiller tous les coins et recoins de ma mémoire, cherchant à me rappeler quelque détail nouveau qui m'eût échappé des relations si bonnes de l'amitié et de tout ce qui touche au cœur. Chers bons amis, s'il existe entre les êtres sympathiques de ces influences dont parlent les magnétiseurs, vous devez savoir combien chaque soir vos noms sont tous réunis dans une fervente prière, et combien, dans toutes les heures qui précèdent ou interrompent mon sommeil, vous venez tour à tour occuper ma pensée entière ! — Nos pauvres matelots n'ont peut-être pas autant que nous cette ressource des excursions dans un passé agréable; plus d'une physionomie se montre tant soit peu allongée par l'absence du souverain élixir, qui, le jour de Noël, avait si bien égayé leurs franches et bonnes figures. Singulier privilége de notre espèce, que cette faculté du retour vers le passé, et surtout des empiétements sur l'avenir !

Où étais-je l'an passé à cette époque ? où serai-je l'an prochain? Le passé, hélas ! nous ne le connaissons souvent que trop, mais l'avenir nous semble toujours plus riant et gros de promesses qu'il ne tient pas toujours. Quant à moi, je dois remercier la Providence qui m'a doué à un si haut degré d'une rare dose de confiance dans le futur. Pour cela seulement je veux faire usage de la prédestination, et, comme je le disais ce matin à M. Kennedy, quand ma conscience me montre le but, j'adopte cette idée très-vite; mais cependant je reconnais combien, dans certains cas, elle peut devenir dangereuse.

Bon courage, donc, et à l'an prochain ! je verrai ce qui adviendra de mon espoir !...

3 JANVIER. — Les deux journées ont été passées en préparatifs pour nous rendre à Fury-Beach. Le temps est beau, et la lune sera pleine lundi; nous aurons peut-être une heureuse course, bien que je pense qu'elle sera plus longue que M. Kennedy ne le croit. Comme je serais bien fâché que la moindre des choses se fît sans que j'y fusse, et précisément à cause de la répugnance que nos hommes montrent pour voyager en cette saison, je serais enchanté de leur montrer une fois de plus qu'un officier français ne restera jamais en arrière, et même songe toujours à se porter en avant. La brise d'est nous a amené une hausse de 6 à 9 degrés, et nous trouvons qu'il fait réellement très-chaud avec — 20°. M. John Smith surtout, qui est resté longtemps dans la

baie d'Hudson, est celui qui fait le plus de difficultés, en raison de notre maigre équipement. Nous prendrons la tente avec nous, ce qui ne laisse pas que d'être un peu encombrant. Mais je suppose que M. Kennedy, et je l'en approuve beaucoup, s'y est décidé afin de ne pas être à la merci des caprices de M. John, qui est notre seul constructeur de maisons de neige, j'entends le seul habile. — Un renard a été tué par nos chiens à une petite distance du navire; la pauvre bête est tellement maigre, qu'il est évident que c'est en quête de nourriture qu'elle affrontait notre dangereux voisinage. C'est une des contradictions qui m'étonnent là où on n'en trouve guère. Comment se fait-il que ces animaux soient abandonnés par la nature, sans ressources contre la faim? Tous les navires qui ont hiverné dans ces régions parlent du grand nombre de renards attirés par les émanations du bâtiment, et il est probable que nos chiens seuls les en éloignent. M. Leask dit qu'il a trouvé des trous où les renards avaient déposé du gibier en réserve.

Le temps est clair et tout à fait favorable, mais nous ne partirons que lundi afin d'observer le dimanche.

4 janvier. — Un second renard est trouvé sur la glace, mort de faim, n'offrant que le squelette d'un renard; deux autres dans la journée viennent rôder autour du navire, alléchés par l'odeur des viandes que l'on a exposées en dehors pour les dessaler; la faim les a tellement apprivoisés, que c'est presque à coups de pied qu'il faut les chasser; encore ne s'éloignent-ils qu'avec regret, et en tournant fréquemment la tête vers le fruit défendu. Nos chiens sont heureusement endormis, et nos habitudes du dimanche protégent suffisamment les visiteurs affamés contre le danger d'être tombés de Charybde en Scilla.

11 janvier. — Nous voici encore une fois de retour chez nous, et tous sains et saufs, après une excursion à Fury-Beach.

VI

EXCURSION A FURY-BEACH.

12 janvier. — MM. Kennedy, John Smith, W. Miller, W. Adamson et moi, nous partîmes, le lundi 5 janvier, avec un traîneau indien et quatre chiens, emportant des provisions pour plusieurs jours, nos effets de campement, une tente et une caisse de *pemmican* d'environ quatre-vingt-dix à cent livres. Une partie de l'équipage nous accompagna en dehors de la baie ; et bien que la glace parût brisée à peu de distance de la côte, la température, assez douce (—29°), nous promettait un voyage facile. Cependant, à peine avions-nous été laissés à nous-mêmes, que nous rencontrâmes des difficultés plus grandes que nous ne nous y attendions : la glace, très-inégale, et la résistance de nos chiens qui se voyaient pour la première fois attelés à un traîneau indien. Les Esquimaux les attèlent deux par deux ou par couple, et les rênes consistent en lanières de cuir simplement passées autour du cou et du corps, tandis que les Indiens les attèlent un par un ; notre traîneau est aussi de ceux appelés *flatsleds*, composés de longues planches recourbées à l'avant, de façon à former un arc assez prononcé ; une corde, qui va d'une extrémité à l'autre, sert à lui donner du ressort ; avec ses seize pouces de large et ses douze pieds de long, il a une telle flexibilité, que sous un poids d'environ cinq cents livres, il glisse d'un glaçon sur l'autre et sur la neige, sans danger de se briser, là où le traîneau esquimau ne résisterait pas et serait bientôt en pièces. Lorsque la neige est encore molle, il offre également l'avantage de ne s'y point enfoncer, tandis que les traîneaux esquimaux s'y enfonceraient de toute leur épaisseur. Mais, en partageant la besogne

avec nos quadrupèdes, nous atteignîmes une distance de dix milles avant l'obscurité. Notre tente fut bientôt établie, et une muraille de neige de trois à quatre pieds de haut lui servit de doublure. Dormir sous une tente avec le thermomètre à —31° peut sembler assez peu raisonnable; mais l'absence du vent nous favorisait, et les fatigues de la journée avaient si bien préparé les voies que nous nous endormîmes d'un profond sommeil, si profond que pas un de nous ne songea au mauvais temps qui pouvait survenir. L'avouerai-je? un clair de lune magnifique, un halo resplendissant de clartés, les bizarres découpures de la côte, les ombres qui se jouaient au milieu des glaces que la marée soulevait en gémissant, tous cela fut sans charmes pour des gens épuisés de fatigue comme nous, et nous fûmes moins sensibles au plaisir de cette contemplation qu'à la douceur du matériel tribut payé aux faiblesses de notre nature. A notre réveil, nous trouvâmes le temps couvert : la brise s'était élevée du côté du sud, c'est-à-dire dans la direction où nous voulions aller; et, le crépuscule, sur lequel nous comptions pour nous mettre en route, nous manquant, il nous fallut attendre jusqu'au lever de la lune (la lune reste fort peu sous l'horizon en ce moment, et nous eussions joui d'une clarté bien plus longue, si nous n'avions voyagé le long de la côte toute bordée de falaises de plus de deux cents pieds de haut). Comme nous nous y attendions, les vapeurs de notre respiration avaient couvert les parois de notre tente, et retombaient sur nous en petite pluie de neige chaque fois qu'un mouvement un peu brusque en ébranlait la charpente. C'était d'ailleurs surtout comme précaution contre un soudain changement de temps que nous avions pris cette tente, car, après une longue marche, il pouvait nous être impossible de construire assez vite une *snow-house* (maison de neige), qui demande une heure et demie ou deux heures d'un travail rendu pénible par la neige qui vole et entre dans les yeux, la bouche, la gorge, les manches et pénètre partout enfin. — A quatre ou cinq milles plus loin, nous reconnûmes sur la neige dure des traces parfaitement imprimées : des pieds d'hommes se trouvaient marqués d'une façon si peu indécise que cela nous causa quelque anxiété; car si les Esquimaux étaient venus aussi loin vers le nord, ils auraient certainement dû passer par Fury-Beach, et par conséquent ce dépôt de provisions si nécessaire à nos opérations n'existerait plus. Notre inquiétude se calma bientôt cependant, par suite d'une nouvelle découverte, faite un peu plus loin, de charbons éteints et de trois caisses de conserves qui eussent infailliblement été ramassées par les gens venus au nord. C'était probablement un des campements du lieutenant Robinson. Nos craintes apaisées nous donnèrent un nouvel élan, et vers dix heures du soir, nous fîmes halte, ayant avancé d'une douzaine de milles dans la journée; le ciel était couvert et nous annonçait une chute de neige prochaine; et comme après tout il était prudent de nous assurer un refuge pour le retour, nous construisîmes une spacieuse *snow-house*, nos chiens étant chaque soir abandonnés à eux-mêmes, à leur propre industrie pour se créer près de nous un logement convenable.

Une toile de mackintosh étendue sur la neige afin qu'elle ne fondît point au contact, une couverture de laine pour chaque personne et deux peaux ou robes de buffle pour nous cinq, formaient notre lit habituel; et un morceau de *pemmican*, avec quelques gouttes d'un thé que nous trouvions délicieux, faisaient notre repas; c'est un luxe que nous nous sommes permis, parce que notre course ne doit pas être longue, et que nous avons pu emporter un peu de charbon pour faire bouillir notre eau. Mais comme il est rare qu'un appétit mieux aiguisé assaisonne un repas, nous savourons toujours le nôtre avec délices. La viabilité du pays est tellement restreinte, que la considération des poids à emporter ne saurait être perdue de vue, et les armes, les quelques objets de rechange, avec les provisions, finissent toujours par constituer une masse plus lourde qu'il ne faudrait.

Nous venions de parcourir sept à huit milles, dans

notre troisième journée, lorsque M. Kennedy, qui était en avant pour reconnaître la route, revint sur ses pas, nous annonçant que décidément nous étions battus ; la glace était tellement brisée au pied de la falaise qu'il n'y avait pas la moindre possibilité pour nous d'y passer avec le traîneau. Pendant les deux jours précédents nous avions surmonté tant d'obstacles que nous ne pensions plus qu'il y en eût de capables de nous arrêter : tantôt hissant avec peine notre traîneau au sommet d'un glaçon de plusieurs mètres de haut; tantôt roulant, hommes et chiens, au bas d'un monticule formé par la collision de deux *floes;* errant le plus souvent à tâtons, dans une route si imparfaitement éclairée par la lumière douteuse de la lune; instruits de la direction qu'il ne faut pas prendre seulement par les chutes fréquentes de notre guide, mais en même temps ignorant la direction la plus sûre; parfois pressés entre le traîneau et les aspérités rocailleuses des glaçons lorsque nos chiens tournaient trop court, ou tombant dans un trou et entraînés sur la neige avant que nous eussions le temps de nous relever.

Il nous fallut cependant nous rendre à l'évidence, et, une excavation de la neige nous offrant une besogne à moitié faite, nous bâtîmes une demeure assez durable pour le cas où nous serions obligés d'attendre des circonstances plus favorables. Après quelques heures de repos, il fut décidé que MM. Kennedy, J. Smith et moi tâcherions de nous rendre à *Somerset-House* sans bagages, et que les deux autres hommes nous attendraient dans la *snow-house* avec les chiens, notre but, dans cette excursion, ayant été surtout de reconnaître l'état des choses à Fury-Beach et de voir si de nouveaux visiteurs s'y étaient présentés depuis la visite faite par le détachement de sir James Ross.

Les indications assez imparfaites que nous possédions sur cette partie de la côte, et l'estimation peu certaine du chemin que nous faisions chaque jour, nous laissaient dans une ignorance à peu près complète de la distance où nous nous trouvions; nous prîmes à tout hasard une journée de vivres sur nous. A la tombée de la nuit, nous arrivâmes au pied d'un haut précipice, que nous pensions devoir être celui décrit à trois ou quatre milles au nord de l'endroit où la *Fury* fit naufrage en 1825. La côte, à partir de ce point, s'abaisse graduellement, et plusieurs ravines que nous passâmes dans l'obscurité, tout en nous aidant à reconnaître les lieux, faillirent à différentes fois nous être funestes. On ne saurait en effet se figurer combien, même dans la nuit, les apparences présentées par la neige sont trompeuses et incertaines : tous les objets se confondent dans une teinte uniforme; les différents plans s'effacent, les contours disparaissent; on s'agite dans un brouillard semi-transparent; l'œil fatigué par une attention continuelle ne distingue plus rien; le pied se lève pour franchir une ondulation de terrain et retombe dans le vide; le sol semble s'étendre horizontalement devant vous, et tout à coup vous roulez le long d'une colline escarpée. Nos bâtons seuls nous prévenaient quand la chute était imminente, et, après un long détour, nous reconnaissions que nous étions venus sur le bord d'un torrent desséché. Ainsi que dans l'automne, la glace était toujours plus en désordre à toutes les pointes projetées en avant; et ici les *hummoks* s'élevaient en quelques endroits à quinze et vingt pieds; des blocs énormes de plusieurs années de formation atteignaient même des dimensions doubles. — Quelquefois il fallut nous frayer un chemin par dessus les pointes de neige glacée, ou glaciers, en taillant des échelons dans la neige avec nos haches, là où des piétons pouvaient passer, quoique non entièrement sans danger, puisque l'eau se trouvait au bas et que la conséquence d'une immersion eût infailliblement été la mort de l'un de nous. A plusieurs reprises, nous crûmes reconnaître dans l'éloignement l'objet de nos recherches : une pierre plate, de petite dimension, une saillie de roc nous avait semblé la vaste tente qui avait si longtemps servi de refuge aux naufragés de la *Victory*. Quelques débris de caisses en bois et en fer nous annoncèrent cependant que nous n'étions pas éloignés de *Somerset-House*, et, nous rappelant le dessin inséré dans le récit de sir John Ross, nous fûmes bientôt arrivés.

Nous poussâmes un cri de joie, mais personne ne répondit à notre exclamation. Le toit de la maison, composé d'un hunier recouvert par les manœuvres courantes de la *Fury*, était encore entier. — Le rapport du lieutenant Robinson parle d'un *cairn* surmonté d'une croix que nous n'avons pas trouvé. — Les ours seuls et les renards s'étaient frayé un passage au travers de la muraille de toile de la chétive demeure, aussi somptueuse pour nous cependant, dans ce désert de neiges, que la plus verte oasis au milieu d'un océan de sables.

Une de nos espérances s'était dissipée; car, bien que sans entretenir, pour ma part du moins, aucune pensée que sir John Franklin eût laissé ici de ses nouvelles, nous avions cru, en dépit de nous-mêmes, que peut-être un des navires de l'escadre arctique aurait pu y envoyer quelque document. Mais non : tout se trouvait dans l'état où le lieutenant Robinson l'avait décrit; nous ne pûmes même trouver les papiers qu'il y laissa en 1849. Nos perquisitions, il est vrai, ne pouvaient être fort étendues, n'ayant avec nous aucun luminaire. A la tristesse occasionnée par ce désappointement se joignait une impression bien facile à comprendre, et dont se rendront compte surtout les marins qui ont vu les restes d'un naufrage.

Lorsque la *Fury* fut poussée par les glaces sur la plage à laquelle elle a légué son nom, la prévoyance du capitaine sir Édouard Parry et du commandant fit retirer du navire tout ce qu'on en pouvait emporter; mais la plus grande partie des agrès, des voiles, les ancres, durent être laissés là. Les provisions furent également placées aussi loin que possible des atteintes de la mer, et, bien que le séjour d'un an de sir John Ross y ait fait une brèche assez large, la plage est encore littéralement jonchée de débris : ici de hautes piles de caisses en bois, en fer, de toutes formes, de toute grandeur; là des barriques de farines, de salaisons; plus loin les ancres, les grappins du navire, puis deux canots en partie défoncés, des avirons, des mâts d'embarcation : toutes choses dont une expérience, même assez courte, apprend à un matelot l'inappréciable valeur, dans une contrée surtout où on ne pourrait se les procurer, et dont une grande quantité sera sans doute perdue, puisque nous ne pourrons les emporter avec nous. Ces tristes réflexions sont cependant adoucies par un certain sentiment de plaisir d'avoir mis la main sur ces ressources, dont la valeur a doublé pour nous, puisque nous n'avons pu toucher au passage de Navy-Board ; mais nous ne pouvons nous empêcher de plaindre les pauvres Esquimaux de Boothia-Felix, pour qui un si grand dépôt de fer et de bois eût été une mine riche et mille fois plus enviable que les plus abondantes mines d'or et d'argent pour nous.

Une faim assez vive à satisfaire et le désir naturel de savoir à quoi nous en tenir sur le degré de conservation de cet approvisionnement nous engagèrent à ouvrir quelques-unes des boîtes de conserves prises au hasard : toutes étaient gelées ; néanmoins elles avaient encore un goût parfait, et certes cela prouve beaucoup en faveur de cette Providence des navigateurs, puisque à trente ans d'intervalle les légumes que nous dégustâmes avaient encore la même saveur et le même goût qu'au jour où ils avaient été embarqués. Nous nous rappelâmes les suggestions de sir John Ross sur la facilité avec laquelle Pompéï et Herculanum nous auraient fait connaître le système d'alimentation des Romains, s'ils eussent connu l'art de conserver leurs viandes et leurs diverses productions. Un petit baril de *lime-juice* (jus de limon) était à peine gelé, et, à quelque distance d'un feu que nous allumâmes, il fondit immédiatement. Après nous être restaurés et avoir poussé nos recherches autant que possible, nous reprîmes, vers minuit, le chemin de notre *snow-house*, enchantés d'avoir au moins quelque bonne nouvelle à donner à nos compagnons, M. Kennedy ayant décidé que nous rejoindrions le navire, pour venir avec le reste de l'équipage, ce qui pouvait être accompli, maintenant que nous étions sûrs de notre subsistance à

Fury-Beach. — A cinq heures du matin nous arrivâmes à notre campement, dont les gardiens, inquiétés par notre absence prolongée, avaient décidé qu'ils se mettraient en marche à notre recherche dès le point du jour.

La brise s'était tournée contre nous, ce qui fit que notre voyage de retour fut un peu plus désagréable que le voyage d'aller. Les éboulements de pierres de ces rocs hauts de trois et quatre cents pieds, et des blocs de glace parfois gros comme une barrique, gisant sur la neige, nous montraient qu'il n'était pas toujours très-sûr de les ranger de trop près ; aussi restions-nous en général sur la glace ; mais presque partout l'eau libre coulait à distance de la côte, les glaçons dérivant au sud. C'est une circonstance assez remarquable dont Parry fut frappé en 1825, que, sept jours sur dix, les glaces sont entraînées au sud ; où vont-elles ? Y a-t-il donc une issue au fond du passage à la baie de Brentford, ou même à la baie de Pelly ? (Et à ce propos, plusieurs personnes doutent fort que le docteur Rae, qui n'a jamais obtenu ses longitudes autrement que par à peu près, ait été fort exact en général, et surtout très-justifiable en n'examinant pas le fond de la baie de Pelly.) Ce qui ajoutait à notre malaise, c'était l'état de nos vêtements tout imbibés de neige, que la chaleur de nos corps fondait pendant la nuit, et qui, le jour suivant, se transformant en glace, les rendait lourds, durs et froids comme s'ils étaient de plomb.

Nos hommes voyageurs de la baie d'Hudson sont moins accoutumés aux courses dans ces régions nues et entièrement découvertes que dans des pays boisés, où chaque soir un bon feu dont le voisinage fait largement les frais leur permet de se réchauffer, et de sécher les différentes parties de leur accoutrement. Peu de précautions sont nécessaires, avec l'assurance de cette ressource, et, l'habitude de la négligence l'emportant, ils ne prennent pas toujours le soin, aussi exactement qu'on peut le désirer, de secouer la neige qui se glisse par toutes les ouvertures des vêtements. Ils sont aussi fort mal vêtus pour notre situation, étant couverts de laine, et l'on sait que les étoffes laineuses sont merveilleusement disposées pour retenir toutes les particules de neige, et surtout lorsque cette neige, fine et sèche comme la poussière de nos grandes routes, vole en nuages chassés par le plus léger souffle de vent. La sécurité du voyageur et même son existence sont garanties par une foule de précautions qui ne semblent point puériles à ceux qui peuvent en apprécier l'utilité. Il ne faut point, pour se garantir du froid, trop se couvrir de chaudes étoffes qui amènent tout de suite une abondante transpiration, cette transpiration se convertissant en glace au moindre abaissement de température, dès que l'on s'arrête pour se reposer, ou qu'on cesse un violent exercice. C'est ce qui donne un grand avantage aux vêtements de peau de daim, qui sont légers à la fois et imperméables au vent. Mais cette même imperméabilité est une cause de transpiration; aussi, dès que nous sentions nos mains en moiteur, nous retirions nos gants, jusqu'à ce qu'une nouvelle sensation de froid nous forçât à les recouvrir; nous en faisions autant pour la tête. En dépit de ces précautions, nous avions chaque soir à sécher nos chaussures et nos gants, ce qui ne peut se faire qu'en se les appliquant sur la poitrine ou sous les aisselles; cela n'est guère sain, mais cependant c'est la seule méthode, et il n'est pas difficile de comprendre la rapidité avec laquelle les rhumatismes arrivent sous un pareil régime. Le nez et la bouche sont les parties de la figure les plus sensibles au froid, mais il n'est guère possible et même il serait peu prudent de les couvrir, à cause des vapeurs qui s'en échappent; ceux de nous qui pour les garantir s'étaient entourés de cravates, cache-nez, etc., ne purent les retirer à la fin de la journée. Nos couvertures étaient toujours gelées, quoi que nous puissions faire, et, le samedi matin, bien que nous fussions à deux jours de marche de la baie Batty, nous nous déterminâmes à donner un coup de collier et à ne nous arrêter qu'à bord du *Prince-Albert*. Quoique nous ne fussions pas très-fatigués, ce fut le jour où nous eûmes le plus à souffrir : la brise du nord nous fouettait le visage, et on ne peut se figurer l'impression qu'on en ressent lorsque le thermomètre est à 34° centigrades au-dessous de 0. Nous comparions la douleur que nous éprouvions à celle d'un homme dont on cinglerait la peau avec des lanières de cuir; il semble, en effet, que chaque bourrasque emporte des lambeaux de l'épiderme. A cette cuisson de la peau succède un état d'engourdissement pendant lequel les parties affectées deviennent bleuâtres. Le sang se retire; si par malheur elles blanchissent, c'en est fait, elles sont irrévocablement gelées. De temps en temps nous étions obligés de nous arrêter pour nous examiner réciproquement, car, par un froid vif, et surtout si on est arrivé à la période d'engourdissement, on ne sent point qu'on est *frost-bitten* (expression qui rend bien la chose : mordu par la neige). Pour moi, je payai mon noviciat par de plus nombreuses gelures que les autres, ce qui, au milieu des Indiens ou des Huskies, m'eût exposé aux sarcasmes et aux moqueries des jeunes filles ou des loustics du pays. Les gens expérimentés savent en effet que, dès qu'ils ressentent une démangeaison, ils sont *frost-bitten*, et alors il ne faut pas craindre d'ôter ses gants et de bien frotter avec le doigt la partie affectée; c'est une honte pour un homme de se laisser geler, et le jeune Indien met sa gloire à se tirer du froid sain et sauf. Une pincée de neige rétablit, du reste, la circulation du sang.

Lorsque la rafale était trop forte, nous n'avions d'autre ressource que de tourner le dos; mais la neige nous entrait dans la gorge, dans les narines et surtout entre les cils, ce qui fait que souvent les paupières se joignaient, et il nous fallait en arracher les glaçons. Nous avions cru trouver une armure ou plutôt un abri contre le froid dans nos longues barbes; mais la neige qui s'y fixe invariablement et s'y condense en épais glaçons la joignait aux parties avoisinantes de nos vêtements, et nous nous trouvâmes fort heureux d'avoir des ciseaux pour nous débarrasser de cet hôte incommode. Les Esquimaux sont généralement imberbes, et, en consultant un peu mieux les voies de la nature, nous aurions dû arriver à cette conclusion : le même inconvénient accompagne toute espèce de masque, cache-nez, placé sur la figure, et la meilleure mesure de prudence c'est d'habituer l'épiderme à ces basses températures.

Nous étions partis à deux heures du matin, sans déjeuner, nous proposant un court répit en route; mais à peine nous fut-il possible de fondre quelques gouttes d'eau et de prendre dans nos doigts rendus impuissants par le froid un morceau de biscuit; nous ne pûmes retenir nos éclats de rire plusieurs fois à la vue des singulières grimaces faites par chacun, lorsque approchant de ses lèvres un vase de ferblanc plein de neige fondue, il le rejetait avec des rugissements de douleur mêlés, il faut bien le dire, aux imprécations des moins patients d'entre nous. On ne sent point d'abord l'impression produite par le contact du métal, mais une douleur aiguë causée par la peau qui s'arrache et reste collée aux bords du vase vous rappelle bien vite les lois de l'équilibre des températures. — A cinq heures du soir, nous étions à l'entrée de la baie, roulant, tombant la tête en bas au milieu des *ice-bergs* échoués sur le récif, et nous dirigeant tant bien que mal vers le navire dans l'obscurité et le brouillard formé par les vapeurs qui s'échappent des crevasses du *floe*. — En passant au pied d'un *berg* où la neige était saturée d'eau de mer, nous vîmes le même effet de phosphorescence qu'au mois d'octobre à la pointe Wreck; mais cette fois il est évident que c'est à l'eau de mer elle-même, et non à la présence de débris de poissons que ces lueurs sont dues. Notre arrivée surprit l'équipage du *Prince-Albert*, qui ne nous attendait pas sitôt, et, une fois de plus, nous jouîmes des conforts qui nous semblent exquis, d'un bon feu et d'un bon lit bien sec et bien chaud. — Quelles affreuses souffrances que celles des malheureux qui ont faim et froid ! Que certains de nos législateurs ne sont-ils envoyés pour quelques mois d'hiver à voyager dans les régions arctiques !

Nous n'avons vu, pendant cette excursion, que les traces d'un ours, mais ces traces étaient anciennes; de deux renards qui suivirent notre marche, depuis notre troisième campement jusqu'à Fury-Beach, et deux *crows* ou gros corbeaux noirs que nos hommes se seraient bien gardés de tuer. — Nous avons laissé cent livres de pemmican et les armes au troisième campement, la tente et ses pieux au deuxième.

VII

A BORD.

19 JANVIER. — Nous subissons aujourd'hui le plus fort coup de vent que nous ayons encore éprouvé. Que de remercîments ne devons-nous pas à la divine Providence pour notre préservation, car dans l'état où se trouvaient nos couvertures et notre équipement, il est difficile de deviner ce qui serait advenu de nous si nous eussions été en route. Nous ne pouvons trop nous féliciter de notre arrivée, et reconnaître combien souvent nous sommes trompés dans nos jugements, et menés par la main au port; rien ne nous annonçait l'approche du mauvais temps, et certes nous ne nous serions pas exténués de fatigue pour arriver tout de suite, si ce n'eût été le désir d'être à bord pour y passer le dimanche. L'accomplissement de ce devoir religieux a été pour nous peut-être une cause de salut.

Tout l'équipage est activement employé à se préparer pour une excursion plus complète qu'elle ne devait être d'abord, et profite, pour la confection des vêtements, de l'expérience que la semaine dernière nous a donnée, en nous faisant reconnaître le peu de défense contre le froid et la neige qu'offrent les habillements européens. Nous avons adopté ce qui devrait être la règle en tout pays, autant que possible, la forme des vêtements des naturels; fermés sur le devant, ils ne laissent à la neige aucune entrée et sont surmontés d'un capuchon que l'on rétrécit à volonté jusqu'à ce qu'il encadre parfaitement la figure. Nos hommes, qui savent peut-être un peu trop tout ce qui nous manque, ne voient pas sans quelque répugnance entreprendre une pareille course à cette époque de l'année, dépourvus de tout comme nous le sommes. Une paire de mocassins dure à peine quelques jours, et nous devons partir avec deux paires chacun.

M. Kennedy, qui ne connaissait point le pays et comptait trouver ici des peaux de daim, etc., leur avait donné l'assurance qu'ils seraient munis à bord de tout ce dont ils auraient besoin, et c'est ce qu'ils lui reprochent maintenant, disant qu'ils se seraient procuré cela par eux-mêmes avec facilité.

C'est dans de telles circonstances, quand il est nécessaire que chacun sache se résigner à la situation qui lui est faite, et apporter au bien-être et au succès de tous le concours de son intelligence, de sa propre industrie et de son bon vouloir, qu'apparaît clairement la supériorité que donne aux humains une bonne éducation. — O mon Dieu ! que je vous remercie de m'avoir fait trouver cette éducation, là où si peu de pauvres enfants la peuvent recevoir ! — Plus je suis allé en avant dans ma carrière, et plus j'ai reconnu cette vérité ; et je voudrais pouvoir composer un équipage d'officiers exclusivement : je serais sûr d'arriver à tout ce qui est humainement possible.

16 JANVIER. — Toujours le même coup de vent. — Nous commençons à nous remettre de nos *frost bites*, que la chaleur du navire a rendues plus apparentes ; nos figures sont couvertes de taches qui ressemblent à des meurtrissures ; la peau s'enlève par écailles larges comme des pièces de cinquante centimes, et le nouvel épiderme est tellement sensible, qu'il est presque aussitôt *frost-bitten* (gelé) de nouveau. A part cela, nous n'avons conservé de notre excursion si courte qu'un violent appétit que nous pouvons à peine satisfaire ; c'est là un des côtés mauvais de ces exercices prolongés du corps : tout se matérialise en nous et en dépit de nous. La fatigue physique tue la pensée, et il me faut dire que plus d'une

fois je me suis pris songeant à une tasse de café, ou à un morceau de pain frais avec une tranche de jambon.

16 janvier. — Il ne faudrait pourtant pas, même dans notre palais du *Prince-Albert*, pousser nos désirs bien loin pour rencontrer l'impossibilité de les satisfaire. Les provisions de l'année dernière débarquées à Aberdeen, et réembarquées cette année, n'ont nullement été soignées dans l'intervalle, et sont aujourd'hui tout à fait détériorées. Les salaisons, le porc, tout presque est hors de service ; un de nos barils de *lime-juice* était gelé et avait perdu toute acidité ; nous nous trouverons bientôt à court de tout, bien qu'ayant des dépôts au port Léopold, à Fury-Beach et au passage de Navy-Board, parce qu'il nous sera impossible d'y arriver.

17 janvier. — L'ouragan s'est enfin apaisé, mais pour combien de temps ? L'atmosphère est d'une clarté dont nous n'avons point l'idée dans nos climats du sud ; ces collines, couverte d'une neige qui paraît avoir le poli et la dureté du marbre le plus blanc, semblent jaillir de l'horizon ; les profils ressortent avec une incroyable netteté, et leurs plus petits détails se détachent en noir sur la voûte bleuâtre.

Le crépuscule nous donne aujourd'hui plus de six heures de jour, et ce n'est pas sans une joie bien grande que nous acceptons l'augure de journées moins sombres. Rien n'est plus fastidieux que l'existence aux lueurs fumantes d'un navire : cette lumière artificielle fatigue et cause un affaiblissement de la vue dont tous nous avons ressenti les atteintes. Je crains beaucoup les effets du printemps sur mes yeux ; mais pour le reste, tout va bien. Le pauvre M. Kennedy est le plus écloppé de nous tous, et je vois bien qu'il a toujours été le même, plein de mépris pour les souffrances du corps, et cependant, à trente-cinq ans, il est perclus de rhumatismes.

Que de mauvaises nuits nous passons bien souvent lorsque, harassés de fatigue, nous ne prenons pas le temps de nous bâtir une *snow-house*, et nous couchons tout couverts de neige, mouillés, sans même avoir le soin de changer nos effets humides! La nuit se passe à trembler; il nous faut tous changer de côté en même temps, nous frotter le dos, les pieds pour nous réchauffer un peu ; le lendemain matin personne n'est reposé, et chacun est mécontent de soi.

Comme il est d'usage à bord de tous les navires, quelques provisions mieux choisies avaient été embarquées pour l'usage de la cabine ; mais nous avons tout partagé avec l'équipage, et constamment suivi le même régime, ce dont j'approuve M. Kennedy de tout mon cœur, car, si nous partageons les privations, nos matelots seront moins disposés à rester en arrière pour le reste.

Notre espérience, bien que de peu de durée, a suffi à me montrer que tout ce qu'un homme peut endurer, je puis le supporter aussi; d'ailleurs, ma conviction est de plus en plus arrêtée que la volonté et l'énergie du moral peuvent suppléer dans tous les cas à la force physique, et j'espère bien sortir de toutes ces épreuves avec honneur; Dieu merci ! D'ailleurs, je n'ai point été élevé dans une boîte à coton.

19 janvier. — Ce coup de vent est décidément le plus fort que nous ayons éprouvé ; ces tristes journées d'hiver se suivent et se ressemblent d'une façon passablement monotone. Bien que nous soyons aguerris contre le froid, nous n'avons pu mettre le nez dehors, tant la brise est aiguë. — La petite goëlette, si chaude et habitable comparativement, tremble sous les brusques étreintes des rafales ; elle voudrait s'élancer de son lit de glaces, et on dirait que la brise a pris à tâche de déraciner nos deux mâts, qui, sortant de la neige, ressemblent avec leurs vergues aux branches sans feuillage des arbres dénudés de l'hiver.

21 janvier. — La brise s'est enfin ralentie, et telle est la différence des sensations causées par le vent, que, bien que le thermomètre soit tombé de $-23°$ à $-32°$, il nous semble que la température a subi une agréable

élévation. Nous sommes tous occupés à nos préparatifs de voyage. Lundi prochain est le jour désigné, et, malgré notre dénûment, de suffisantes raisons nous engagent à accélérer notre départ. La glace est brisée et rendue impraticable par chaque coup de vent, mais quelques heures de calme suffisent sous cette température pour la reformer assez épaisse pour rendre franchissables les différentes ouvertures. L'hiver ayant été assez doux, la fonte des neiges aura lieu de bonne heure et augmentera les difficultés de notre retour ; de plus, et pour la même raison, les glaces seront bientôt en mouvement dans la baie, à cause des torrents d'eau douce que versent les nombreuses ravines dont elle est bordée. Nous partons avec tout l'équipage, et le navire aura besoin de son monde ; il y aura une grande quantité de lest qui ne sera transportable que sur la glace, surtout n'ayant qu'un canot. Quant à nos courses par dessus les collines, elles seront moins pénibles, car la neige est maintenant dure et offre une plus grande facilité de locomotion.

Le but principal de l'expédition ne doit pas être perdu de vue ; nous ne serons pas favorisés dans l'exploration des terres encore inconnues, puisque nous n'aurons que peu de soleil, mais les recherches peuvent se faire avec la plus grande facilité, et cette absence d'une lumière un peu prolongée est pour nous, dans ce cas, pendant une partie du temps que nous marchons au sud, ce qui éloignera à peu près de nous le danger du *snow-blindness*. Après tout, nous ne sommes point venus ici pour nous divertir et nous donner du bien-être, et, pour ma part, j'approuve hautement M. Kennedy de sa décision et de son intrépidité.

Nous avons pensé que vers cette époque de l'année le passage devait être pris d'un bord à l'autre, mais cette année au moins il n'en sera pas ainsi, et une fois de plus nous bénissons la Providence, car, si nous avions hiverné au port Bowen, notre excursion n'eût pu se faire dans ce mois-ci, et l'année eût été entièrement perdue pour nous, toute recherche devenant impossible, ou au moins devant nous exposer alors aux plus grands périls.

22 janvier. — Le thermomètre est descendu ce matin à — 42°, un degré seulement plus haut que la température éprouvée par les Américains l'année dernière ; soit que notre mercure ne soit pas très-pur, ou que notre thermomètre soit inexactement gradué, une certaine quantité de ce métal mis dans un vase de faïence, mais placé sur les bastingages, et recevant peut-être par les bois du navire une partie de chaleur, ne s'est congelé qu'à — 41°, et la douleur causée par le contact était très-vive ; à — 39,5, il était pour ainsi dire à l'état fondant, et, en agitant le vase, nous le ramenions à l'état liquide. — Une aurore boréale très-brillante hier au soir, et une autre aujourd'hui à cinq heures, sont considérées par nos hommes du Nord comme indices d'un temps très-froid et sec. La brise n'est, dit-on, jamais forte par une basse température, mais ce soir, à — 37°,21, nous avons cependant une brise assez vive de nord-ouest. La manière dont nous devons pousser notre reconnaissance au sud est encore indéterminée ; M. Kennedy m'avait parlé il y a quelques jours de diviser notre parti en deux détachements, l'un sur la côte est, l'autre sur la côte ouest de Boothia-Félix.

25 janvier. — Toujours le même coup de vent. Un renard alléché, etc., vient sans honte ni vergogne à notre charnier ; je lance les chiens, et, emporté d'ardeur, je les suis sans réfléchir ; le froid piquant m'avertit de l'imprudence, et, bien que je n'aie pas été plus de cinq minutes dehors, je reviens à bord le nez et les joues gelées ; la peau s'enlève comme si j'étais échaudé.

26 janvier. — Il nous faut différer notre départ, parce que nous ne sommes pas prêts, et que le temps n'est pas assez bien établi ; la partie est remise à lundi prochain. — La brise étant tombée, M. Kennedy et moi nous nous rendons au dehors pour reconnaître l'état de la glace. A peu de distance du rivage elle est encore brisée, et elle court au sud, offrant un superbe *floe* très-uni, mais dont la glace imprégnée d'eau de mer est

tout humide et bourbeuse, ce qui mouille les pieds en quelques minutes et rend le halage des traîneaux très-difficile. La perspective n'est pas encourageante en un mot, et il est peu probable que nous puissions accomplir tout ce que nous voulons ; mais cependant je pense comme M. Kennedy qu'il nous faut essayer. Il ne semble pas que cette année l'*inlet* (passage) doive être pris, ce qui aggrave nos chances contraires, et il est vraisemblable que l'année dernière c'était la même chose. Pour moi, je pense qu'après nous être résolus à marcher nous devons fermer les yeux, et ne regarder en arrière que lorsque nous serons bien loin.

M. Smith fabrique pour chacun une paire de *guggles* (masques) avec une toile de fil d'archal. — Un couvercle a pu être fait pour notre deuxième chronomètre, qui heureusement ne semble pas dérangé par nos trois mois de repos ; il ne sera pas possible cependant d'avoir l'heure de Greenwich, à cause des grandes variations que nos instruments semblent avoir éprouvées dans le voyage ; celui que M. Kennedy porte change sa marche tous les jours, suivant qu'il a été dehors plus ou moins de temps ; mais enfin ils nous seront fort utiles au moins pour les observations.

Quatrième changement de plan. Il est dit cette fois que nous voyagerons tous ensemble : les matelots et les mauvais marcheurs ne nous accompagneront que jusqu'à la baie Brentford ; nous avons calculé que, passant par le cap Bird, le pôle magnétique, le cap Félix, la pointe Franklin, l'île Montréal, la baie Pelly, le port Félix, et remontant la côte au nord, nous parcourrons un trajet de quatorze cents milles qui nous prendra quatre mois, ce que nous nous garderons bien d'annoncer aux hommes de peur de les effrayer, car jamais pareil voyage n'a été fait dans cette saison de l'année, surtout par des gens mal pourvus comme nous le serons. Nous comptons sur la Providence pour notre nourriture et nos vêtements !

J'aime à retrouver en M. Kennedy cette noble nature que j'ai tant admirée et aimée, cet ardent enthousiasme qui seul triomphe des difficultés. J'ai hâte surtout de voir arriver un changement de vie qui efface les contrariétés inséparables d'une existence en commun dans de si affreuses régions, et parmi des individus d'éducation et d'idées si différentes.

27 janvier. — Les apprêts de notre voyage final, les mille petites choses dont on ne sent bien la nécessité qu'au dernier moment, ne nous laissent pas un instant de repos; c'est un avantage que nous avons sur les autres expéditions, dont le plus grand souci était de trouver une occupation pour les hommes pendant l'hiver.

Le capitaine est inquiet pour le navire, et la chose n'est pas difficile à expliquer : c'est le résultat naturel de cette séparation d'attributions qui existe chez nous. Je cherche à faire prévaloir l'idée d'emporter avec nous un de nos *cloak-boats;* autrement, si nous avons au sud du port Victoria à traverser les deux ou trois chaînes de lacs qui séparent les deux mers, nous pouvons rencontrer les plus grandes difficultés.

Au printemps, ou plutôt dès que le soleil a paru, la fonte des neiges cause des inondations qui peuvent intercepter les routes; les lacs débordent et, se rejoignant par dessus les terres peu élevées qui les séparent, forment un petit océan qui peut nous arrêter longtemps. De plus, la saison sera plus avancée cette année que d'habitude, et nous pouvons être arrêtés au pôle magnétique ou sur la péninsule du cap Félix par une débâcle inattendue. Nous serions donc excessivement coupables d'imprévoyance dans tous les cas, et mal venus à nous plaindre plus tard, si nous ne profitions de tous les moyens qui sont à notre disposition.

Somme toute, et considérant l'état de la saison, je crois que j'aurais adopté le plan suivant : envoyer de Fury-Beach à la baie Brentford et au cap Bird des dépôts de provisions, explorer les baies Brentford et Creswel, ainsi que la côte ouest, depuis les lieux visités par sir James Ross, en 1849, jusqu'au cap Bird; envoyer prendre le canot que nous avons laissé à Fury-Beach, et le youyou au cap Seppings; descendre ces embarcations à la baie Brentford, s'il y a un passage, ou s'il est possible de les hisser par terre et de l'autre côté.

Les côtes qui ont un aspect accidenté sont toujours libres de glace les premières; par conséquent on peut espérer que vers le mois d'avril il serait possible de naviguer en canot le long de la côte ouest de Boothia-Félix, et nous pourrions alors faire en deux jours ce qui nous en prendra peut-être dix à pied.

Après tout, je ne veux pas dire que ce plan ne présenterait pas quelques difficultés d'exécution : nous savons tous trop bien ce qu'il faut attendre de tous les beaux projets tranquillement médités près d'un bon feu, non loin d'une table qui ne manque jamais à l'appel ; mais je prévois les obstacles que pourront opposer à notre marche, pendant les beaux jours, la fonte des neiges, la fatigue, l'insuffisance de nourriture et de vêtements, et enfin le *snow-blindness*.

En tout cas, nous serions très-sûrs de ne pas perdre nos embarcations, tandis que, pour le moment, j'en crois au moins deux aventurées. Quoi qu'il en soit, et comme je ne déteste rien tant que de douter toujours du succès avant d'avoir rien tenté, j'ai hâte de nous voir partis.

Les renards viennent toujours rôder autour de nous, et malheureusement nous n'avons pas établi de trappes, parce que nos chiens les détruisent; autrement, nous aurions fait usage de l'ingénieux moyen employé par sir James Ross au port Léopold : comme ces animaux parcourent de vastes distances, tous ceux que l'on prenait vivants étaient lâchés, portant un collier de cuivre qui indiquait la présence des navires et des provisions déposées à cet endroit.

30 janvier. — Pendant une éclaircie, et malgré des apparences de neige, j'ai transporté quatre caisses de *pemmican* (trois cent soixante livres) et environ cinquante livres de charbon, en avance sur notre future route.

Le temps était doux comme il l'est toujours quand le ciel est chargé de neige ; mais le revers de la médaill est que la neige est si molle et si humide qu'il nous a fallu nous y reprendre à deux fois, de sorte que la distance en réalité de huit milles seulement nous a fait faire un trajet de vingt-quatre milles. Pour la première fois depuis longtemps, la glace est fixée au rivage et assez unie, aussi loin que la vue peut s'étendre; mais elle est aussi tellement molle, que trois hommes et nos cinq chiens pouvaient à peine tirer deux cents livres sur le traîneau. — Ce sont ces petites difficultés qui rendent les voyages si pénibles ici, et il n'est peut-être pas sans enseignement de voir à quel fil menu tient notre existence.

S'il vente, nous sommes *frost-bitten*, pour peu qu'il fasse froid; s'il fait moins froid, nous ne pouvons marcher. Faites donc quelque chose, quand tous les éléments conspirent ainsi votre perte!

Une trace de lièvre a été trouvée au lieu où nous avons déposé notre fardeau; quelques touffes d'une herbe jaunâtre, préservée sans doute par la neige, prouvent que ce lieu doit être un rendez-vous pour les herbivores. J'apprends également à mon retour que des traces de perdrix ont été reconnues à terre.

31 JANVIER. — Je me suis rendu à mon observatoire du mois de novembre, espérant y découvrir le soleil, qui devait, si la réfraction était la même, faire aujourd'hui son apparition.

Bien que le temps fût assez clair, l'horizon était entouré d'un bain de brume noire qui cachait la terre à l'est et que les rayons du soleil sont encore impuissants à percer. Cependant au-dessus de cette brume, quelques nuages richement teints de pourpre et de longues traînées de lumière, convergeant vers l'horizon, montraient que le foyer n'était pas loin. Depuis quelques jours déjà la clarté diurne apparaît à travers nos verres lenticulaires, et réjouit l'intérieur de nos cabines. Cette dispensation de lumière naturelle, économe pour ne pas dire avare, ne laisse pas que de nous ranimer, et il nous semble renaître à la vie.

2 février. — Chute de neige depuis hier en grande abondance ; le vent a pris à l'est en augmentant de force, ce qui occasionne une hausse correspondante du thermomètre, la neige étant mauvais conducteur de la chaleur. Ceci nous cause une nouvelle vexation, puisque nous ne pouvons nous mettre en route maintenant, avant qu'un autre coup de vent ait chassé ou tassé et durci cette neige. Notre impatience est d'autant plus grande, qu'il serait indispensable de savoir de bonne heure si notre plan d'opérations est susceptible de succès, ou s'il faudra le changer du tout au tout.

Pour ma part, je suis aujourd'hui convaincu que nous trouverons parmi les Esquimaux de Boothia-Félix quelques hommes de sir John Franklin, ou au moins des traces de leur passage. S'il est arrivé que ces hommes aient perdu leurs officiers, n'ayant aucune idée des distances, des configurations de la côte, ignorant la position de Fury-Beach et ne sachant pas qu'on a laissé des canots au port Élisabeth, ils auront préféré rester avec les naturels.

5 février. — La neige a continué de tomber pendant ces deux jours, et c'est peut-être la seule vraie chute de neige que nous ayons vue depuis le commencement de l'hiver. Les étranges êtres que nous sommes, et que Bossuet eût bien pu ajouter un chapitre intitulé : *Des voyageurs arctiques* à son *Histoire des variations!* Nous n'avons cessé de déplorer, pendant le mois dernier, les coups de vent se succédant sans intervalle, qui nous empêchaient de partir, et c'est aujourd'hui le bienfait que nous demandons à grands cris : Un coup de vent ! un coup de vent ! mon royaume pour un coup de vent !

Je suis de très-mauvaise humeur par suite d'un accident irréparable ici. Le chronomètre de poche que j'avais avec moi étant tombé, il s'est arrêté, et nous sommes ainsi privés d'une moitié de nos ressources. Cependant, comme nous n'emportons qu'un sextant à cause du poids, un deuxième chronomètre n'eût servi que comme moyen de vérification.

7 FÉVRIER. — Plusieurs de nos chasseurs se sont mis en quête des traces de *ptarmigan* ; mais la neige, profonde en certains endroits de plusieurs pieds, rend toute espèce d'assurance impossible à ceux qui n'ont point de *snow-shoes*. Un de ces derniers tue quatre perdrix sur six qu'il a fait lever. Le retour de la gent emplumée, ou plutôt sa réapparition, nous semble un heureux présage; je dis sa réapparition, parce qu'il semble que les perdrix au moins passent l'hiver enfoncées sous la neige, et sans doute à l'état torpide ; plusieurs *burrows* (terriers) ont été vus par M. Leask dans le détroit Wolstenholm. Un ou deux larges corbeaux ont été vus également. Ce qui nous intrigue beaucoup, c'est de savoir de quoi ils se nourrissent. Les estomacs des *ptarmigans* contenaient les bourgeons du saule nain ou du *dwarf-birch* (bouleau nain).

M. Kennedy a vu hier le soleil du haut des collines à l'est de la baie. — Nous avons constaté que l'épaisseur de la glace bien dégagée de neige est de cinq pieds dans la baie, près du navire.

10 FÉVRIER. — Un jour il neige, le lendemain il vente, le jour suivant il neige de nouveau, de sorte que, si cela continue, nous en avons pour longtemps. — Trois renards ont été pris par nos chiens ces jours derniers, et leur succès leur donne une ardeur dont ils semblent fiers; le résultat de leur chasse nous est annoncé le plus souvent par eux-mêmes : ils sautent autour de nous, pétillants de joie, lorsque, pendant la nuit, ils ont fait quelque prouesse, et nous conduisent immédiatement au lieu où gît leur victime. Les pauvres renards sont revêtus de leur blanche fourrure d'hiver, que pas un poil noir ou gris ne dépare; le nez et les yeux d'un noir d'ébène semblent seuls jaillir de cette robe immaculée, et rien n'est gracieux comme les mouvements de ces animaux (lorsqu'ils ne sont pas exténués d'inanition), se jouant des efforts des chiens les plus alertes et les distançant en quelques bonds.

Une forte brise de nord-ouest balaye les neiges amassées sur le sommet des collines, et les torrents qui rou-

lent sur les falaises du sud de la baie forment une véritable cataracte d'une énorme épaisseur, qui se brise à une grande distance de la muraille perpendiculaire.

12 FÉVRIER. — La neige durcie se fendille et fait entendre, le soir, des craquements qui sont parfaitement indépendants de l'aurore boréale; je crois de même l'aurore boréale parfaitement étrangère à cet accompagnement dont on ne connaît point l'origine. Les diverses explications qu'on avait cherché à en donner me paraissent d'autant plus étranges, que, au mépris de toute étude physique, on cherchait à déterminer la cause avant d'avoir bien reconnu l'existence du phénomène.— Les lectures, les danses, le violon de notre artiste M. James Smith, l'orgue donné par le prince Albert, font, comme d'habitude, les frais de nos soirées.

14 FÉVRIER. — Nous sommes de retour après une petite course qui a failli nous coûter cher. Hier matin, M. Kennedy et moi, avec M. Anderson, le charpentier, et M. Andrew-Irvine, nous étions partis pour transporter en avant une autre portion de nos provisions. Le temps n'avait pas très-belle apparence; mais, précisément pour cela, et afin de ne pas avoir l'air de reculer, j'avais rejoint le groupe que M. Kennedy commandait lui-même. La neige, encore toute molle au dehors de la baie, nous rendit la route assez pénible jusqu'au petit dépôt formé par moi la semaine précédente; mais la glace étant fermée et bonne, nous ajoutâmes nos provisions et transportâmes deux mille plus loin cinq caisses de *pemmican* (quatre cent cinquante livres), six gallons d'esprit-de-vin (soixante-quinze livres) et quatre mousquets, en un mot, tout ce que nos chiens pouvaient traîner. Le temps qui s'obscurcissait et le tourbillon qui commençait à épaissir nous avertissaient depuis longtemps que le retour ne s'accomplirait pas avec facilité.

A peine avions-nous tourné la figure au vent, que nous fûmes tous violemment *frost-bitten* (gelés); fort heureusement la brise cessa de souffler avec la même force, et en nous frottant à tout moment la figure avec de la neige, nous reprîmes tant bien que mal, cahin-caha, notre route vers la baie Batty. Il faisait tout à fait noir avant que nous eussions atteint la pointe sud de la baie. N'ayant rien pris depuis le matin qu'un morceau de biscuit sans eau, afin de ne pas perdre de temps, nous étions tous fort affaiblis, et tour à tour nous nous étendions sur le traîneau ; craignant de ne pouvoir avancer davantage, nous proposâmes de nous couvrir d'une peau de buffle (une seule pour cinq) et de nous coucher tant bien que mal sous la neige, ou de retourner à l'endroit où étaient nos provisions ; mais cependant il fut décidé que de préférence on prendrait le parti de continuer en avant.

Quand nous eûmes quitté le côté sud de la baie, l'obscurité devint si complète, que la rive opposée, distante seulement d'un mille, disparut ; et le vent, changeant à chaque instant, cessa de pouvoir nous aider à nous guider, de sorte que nous errâmes à l'aventure jusqu'au moment où, dans une éclaircie, l'apparition de l'étoile polaire nous montra la direction qu'il fallait prendre. Cette circonstance nous permit d'atteindre le côté nord de la baie ; mais, une fois là, nous ne pouvions distinguer si nous étions à l'est ou à l'ouest du navire ; même sur la plage, au pied des hautes collines qui la bordent, ces mêmes collines, ensevelies sous la neige ou disparaissant dans le *drift*, ne pouvaient se distinguer, et, après avoir suivi pendant un temps qui nous semblait bien long la direction qui nous avait paru la meilleure, il nous fallut rebrousser chemin, reconnaissant que nous étions sortis de la baie.

La brise était encore à affronter de force ; nos chiens, éreintés de fatigue, s'arrêtaient, et, bien que nous les eussions lâchés, se couchaient et se refusaient à nous guider ; peut-être d'ailleurs étaient-ils aussi égarés que nous-mêmes. Les hommes qui composaient notre troupe étaient un peu hors d'eux-mêmes et abattus par l'incertitude de notre situation ; tout du reste se réunissait pour rendre la perspective assez peu plaisante. Toutes les cinq minutes nous nous arrêtions pour nous frotter la figure et fondre la neige qui collait nos paupières ; les pierres de la grève, que nous n'osions laisser de peur de nous égarer, nous rompaient les pieds. Le pauvre M. Anderson roulait à chaque instant d'une pierre sur l'autre, et nous fûmes obligés de le guider par la main. Heureusement ceux de nos chiens qui étaient lâchés tombèrent sur une de leurs précédentes traces, et, accompagnés de ceux qui étaient attelés au traîneau, partirent au galop, nous montrant enfin que nous étions dans la bonne voie, ce qui vint à propos pour ranimer notre courage. Suivant les sinuosités de la baie, nous arrivâmes à notre poudrière que nous eussions manquée à quelques mètres de nous sans un aviron dont la couleur, tranchant sur la neige, appela notre attention.

Le navire, à deux cents yards (cent quatre-vingt-deux mètres [1] environ) de la poudrière, n'était pas visible ; mais, nous étendant sur une ligne parallèle au rivage et en vue l'un de l'autre, nous arrivâmes enfin à bord, où nous fûmes chaudement fêtés et comblés des félicitations de tous nos hommes, qui étaient déjà fort inquiets sur notre compte. Il était dix heures, et, comme nous étions arrivés vers cinq heures de l'autre côté de la baie, nous avions été cinq heures errant et tournant près du navire. On était d'autant plus alarmé à bord, que les deux chiens lâchés étaient arrivés vers neuf heures, et que l'on avait en vain cherché sur eux quelque billet ou quelque indice qui pût faire connaître notre position.

Une fois en sûreté nous-mêmes, nous songeâmes à nos trois pauvres chiens, qui étaient sans doute retenus par le traîneau engagé parmi les glaçons de la côte ; mais la tempête était trop affreuse pour que l'on pût envoyer un homme hors du navire, notre plus puissant fanal ne se distinguant pas à vingt mètres de distance.

Toute la nuit le vent souffla avec une rage croissante et qui nous disait assez clairement ce qui serait advenu de nous si la Providence ne nous eût guidés. Fort heureusement, dans une éclaircie, ce matin, on a pu retrou-

---

[1] La mesure est exacte. Le *yard* anglais fait 0^{m}91.

ver les chiens, arrêtés comme nous le supposions, et tellement entortillés dans les rênes, qu'ils ne pouvaient avancer ; nous ne pûmes trop envier la facilité avec laquelle ces pauvres animaux supportent les rigueurs d'un pareil climat. Enfin, Dieu merci ! hommes et bêtes sont maintenant sains et saufs : les premiers, forcés toutefois de reconnaître leur infériorité sur les autres par les nombreuses marques qu'ils portent sur leurs figures et leurs mains. Malgré ce léger inconvénient, nous ne pouvons trop remercier cette divine miséricorde qui nous protège visiblement au milieu de ces dangers divers. Le moindre éloignement du navire peut à chaque instant devenir fatal, et ces petites excursions sont même plus dangereuses qu'un voyage réel dans lequel on est préparé contre toute occurence.

M. Andrew-Irvine s'était presque trouvé mal avant d'arriver à la pointe sud ; le docteur nous apprend que nos trois compagnons étaient tellement abattus, que, sur la route, ils récitèrent leurs prières. — Ce matin, étant parti avec quatre hommes à la recherche de vêtements tombés du traîneau, je reconnais l'endroit où nous avions abordé hier au soir, tout près du tas de pierres élevé sur la pointe nord à environ trois cents mètres du navire.

Après de pareilles courses, celui de tous les besoins qui se fait le plus vivement sentir est le besoin de sommeil.

Nous ne pouvons à présent nous empêcher de rire en voyant nos grotesques figures toutes boursouflées, et les meurtrissures qui ressemblent à des marques de coups de poing. Le docteur a craint un instant que le nez de M. Kennedy fût entièrement gelé. Pour moi, Dieu merci ! je me trouve le moins écloppé de la bande, par suite de la constante attention que j'apportais à entretenir la chaleur sur toutes les parties exposées, ne craignant point pour cela d'ôter au besoin mes mitaines ; et l'on me proclame un *voyageur expérimenté*. Un peu d'intelligence et de force morale ont bien vite, je pense, donné cette expérience, et me font bien présager de nos futures excursions. Après tout, nous sommes entre les mains de celui qui veille sur toutes ses créatures ! mais il faut s'aider un peu soi-même.

Nos hommes sont restés renfermés pendant l'hiver un peu plus peut-être qu'il ne l'eût fallu, mais non cependant sans se livrer à des travaux nécessités par notre dénûment. La conséquence de cette clôture prolongée est qu'ils sont plus sensibles aux attaques du froid ; il est en effet possible de familiariser l'épiderme avec ces basses températures, si on ne peut le rendre tout à fait invulnérable; mais, quoi que l'on fasse, surtout à l'égard des matelots, ils arrivent à faire les choses à leur guise, et leurs vêtements, leurs exercices, les soucis de leur santé, ne peuvent jamais être surveillés de trop près, au risque même de leur rendre cette surveillance ennuyeuse.

Nous avons trouvé sur la neige les empreintes récentes d'un ours se dirigeant au sud, et vu deux corbeaux ; les renards avaient ouvert notre sac de charbon, et essayé d'entamer les caisses de *pemmican* : mais il est probable qu'ils s'y sont échaudés, car des feuilles de ferblanc se collent à la peau comme de la glu.

15 FÉVRIER. — M. Kennedy est retenu dans son lit par une violente inflammation de la joue et surtout des paupières. Quand on fond la neige qui s'introduit sous les paupières et joint les cils entre eux, on les tire, on les arrache, ce qui produit immanquablement cette inflammation.

A onze heures moins dix minutes, le soleil a pour la première fois fait son apparition au sud de la baie, salué de nos vivats bien sentis! Son disque tout entier s'est élevé au-dessus des collines, et, comme nous ne l'avions pas vu depuis le 30 octobre à bord du navire, il est resté caché cent-huit jours pour le *Prince-Albert*, bien que nous eussions dû le voir hier et même avant-hier, si le temps eût été propice. Ses rayons sont encore sans chaleur, j'imaginerais presque moins chauds que le clair de lune de Mozambique, si les physiciens ne disaient le contraire;

mais ils n'en sont pas moins les bienvenus, et je comprends parfaitement aujourd'hui le culte que rendent à cet astre certaines peuplades et les fêtes instituées par les anciens Scandinaves.

18 FÉVRIER. — Je suis allé avec six hommes lundi dernier bâtir une maison de neige à la pointe sud, en y laissant les moyens d'allumer un bon feu. Un pareil abri nous eût plusieurs fois tirés d'inquiétude, s'il eût été plus tôt installé, et je crois que la mesure est recommandable ; ce serait, au commencement de l'hiver, un utile exercice pour les hommes. — Remarquable effet de lumière verticale.

19 FÉVRIER. — Changement de plan pour l'excursion que nous allons entreprendre. M. Kennedy pense qu'il nous sera impossible d'accomplir à pied l'expédition projetée, et il est à présent décidé que nous n'irons qu'au pôle magnétique. Je crois que c'est une modification raisonnable ; seulement, il est question de revenir par la même route, de prendre alors les canots ou le canot, de repasser à la baie Brentford, pour les ou le faire naviguer ensuite par les lacs de Boothia ; mais je propose, en allant chercher les embarcations au port Léopold, de contourner North-Somerset, puis, descendant par le cap Walker, d'explorer les terres vues par sir James Ross en 1849, et de revenir après avoir poussé au sud jusqu'à la terre Victoria et la côte à l'est de la rivière Coppermine, pour repasser à la baie Brentford : dans mon plan, nous pousserions à pied jusqu'au cap Isabelle, et reviendrions par les ports Félix, Victoria et Élisabeth ; de la sorte, nous saurions tout de suite au moins si quelqu'un des malheureux naufragés se trouve parmi les Esquimaux.

20 FÉVRIER. — Nous apportons près du navire environ trente tonneaux de pierres pour lest ; le bâtiment étant allégé par notre consommation de l'hiver, la pression de la glace tendra à le hisser de plus en plus ; et puis, il

est évident que le navire étant à vide offrirait moins de résistance à cette pression extérieure que l'on peut éprouver lors de la débâcle.

Notre traîneau esquimau, dont les semelles ont été frottées avec un mélange d'*oatsmeal* ou *powidge* (farine d'avoine ou soufre) et de neige, fait merveille sur cette glace unie, et les chiens halent sans peine près d'un tonneau chaque fois.

22 février. — Hier nous avons éprouvé un petit coup de vent pendant lequel les renards sont venus rôder autour de nous pour chercher, comme d'habitude, un abri contre la tempête, et parce qu'ils avaient aspiré sans doute à plus grande distance les alléchantes émanations du navire ; l'un a été tué par nous, l'autre par un de nos chiens, qui l'a chassé à courre et l'a étranglé en quelques minutes.

Le temps s'est embelli, et les clartés qui naguère se réfugiaient au sommet des collines inondent aujourd'hui les coteaux exposés au midi ; le soleil chasse les ombres qui hier lui disputaient le terrain et ne cédaient que pas à pas ; tout sourit au grand prêtre de la nature, le chant des oiseaux seul nous manque pour faire croire à des régions plus favorisées ; tout est resplendissant autour de nous, et personne ne songe à remarquer l'absence de toute végétation.

Le thermomètre à midi marque à l'ombre, c'est-à-dire à bord, — 21° environ, et au soleil, c'est-à-dire en plein air, — 32° ; l'avantage est décidément acquis à notre centre d'attraction.

23 février. — Nous faisons nos préparatifs pour demain ; six hommes seulement nous accompagneront ; les paresseux et les convalescents ne nous rejoindront que dans quelques jours ; et comme, après tout, cette détermination était nécessaire, je me réjouis qu'on l'ait résolûment prise. J'ai hâte de nous voir entrés enfin dans la partie plus active de notre expédition, ce qui fera sans doute disparaître toutes les tracasseries d'une vie si

pleine de craintes et de tourments de toutes sortes.

Lumière zodiacale ou verticale avec un remarquable parhélie dans le vertical du soleil, le parhélie surmonté de deux arcs en forme de cornes, et joint au disque même par une traînée perpendiculaire.

28 février. — Après avoir été retenus mardi dernier par le mauvais temps, nous avons pu enfin nous mettre en route avec nos deux tonneaux et nos cinq chiens, résolus à nous arrêter aussi longtemps qu'il le faudrait pour emporter les provisions que nous avons déposées à différentes reprises sur la côte. Campé la première nuit à environ treize milles du navire le jeudi matin, je rassemble à notre campement les dépôts échelonnés entre ce point et la baie Batty, et, vers dix heures, sous la direction de M. Kennedy, nous transportons le tout huit à neuf milles plus loin, et revenons coucher dans la même *snow-house*.

Vendredi matin je vais à bord pour prendre charge du reste des hommes et les conduire à Fury-Beach, où M. Kennedy espère m'avoir précédé de quelques jours. Bien que la brise du nord me soit contraire et souffle très-fraîche, je pars d'autant plus gaiement que M. Kennedy m'a demandé si je consentais à revenir *seul*; et comme, même avec des voyageurs expérimentés, il est considéré comme très-imprudent d'aller à quelque distance que ce soit autrement que par groupes de deux au moins, cette confiance dans mon habileté me rend quelque peu orgueilleux; mais, à mon arrivée à bord, je ne me vante pas de m'être laissé geler un pouce.

A peine suis-je rendu que le docteur me conte ce que je savais déjà, que M. Kennedy a laissé des instructions cachetées en cas de décès, lesquelles me transfèrent le commandement; et une lettre à moi adressée contenant une médaille. C'est une des médailles que lady Franklin a fait frapper pour l'expédition, et déjà, au mois de novembre, M. Kennedy m'a assuré qu'il ne pouvait mieux commencer la distribution que par moi, etc., etc.

Cette attention de ce brave et bon commandant m'a trouvé très-sensible.

Parmi les hommes laissés à bord, les uns ne sont pas remis des suites de la journée du 13, véritable échauffourée s'il en fut; d'autres ont une dyssenterie opiniâtre, et Adamson, notre *dog-driver* (dresseur de chiens), a un doigt de pied gelé. M. Kennedy lui-même a encore la figure couverte de cicatrices, mais il n'est assurément pas homme à rester en arrière, et je ne sais qui pourrait se plaindre lorsqu'il donne ainsi l'exemple.

Nous avons vu un corbeau le jour de notre départ; ces oiseaux sont les seuls compagnons fidèles pendant tout l'hivernage. — De quoi vivent-ils?

29 février. — Nos apprêts sont terminés, et, pour peu que la brise qui mugit plus que jamais me donne un moment de répit, j'aurai encore le temps de prendre les dernières mesures de prévoyance demain matin. Quelques privations auront bien vite habitué nos novices au régime des excursionistes, et ce qu'il y a de mieux est de les pousser en avant, sûr que je suis qu'une fois au milieu du courant ils se débattront et se remueront. J'en suis venu à bannir toute anxiété d'avenir; un coup d'œil à ces chers souvenirs écrits de France, une bonne prière le soir, et puis advienne que pourra! Mes jours sont comptés, et rien n'arrivera que si Dieu le permet.

Dans la journée, le thermomètre s'est élevé à — 5°,56, au soleil, à 12°,22, à l'ombre, tellement que la neige qui couvre notre tente tombait en gouttes de pluie se succédant sans intervalle; l'intérieur de nos *snow-houses* est également couvert d'eau.

Quelle heureuse année serait celle-ci pour un navire engagé à la recherche du passage du nord-ouest, et que je voudrais me trouver à bord d'un des bâtiments de l'expédition Collinson avec le capitaine Mac Clure! Mais ici cette température est une mauvaise chance de plus contre notre voyage à pied.

2 mars. — J'ai été retenu ces deux jours passés par

un coup de vent du nord qui ne me laisse pas sans inquiétude sur l'état de malaise du pauvre M. Kennedy et de ses hommes; mais cependant j'espère qu'ils auront pris le parti de gagner *Somerset-House*. Autrement, je crains les effets d'un pareil début sur le moral de nos hommes. Leur provision de charbon était épuisée quand je les ai quittés, les renards ayant mangé le sac que j'avais transporté en avant, mais ils ont heureusement une ample provision d'esprit-de-vin. Une alimentation froide donne très-vite des crampes d'estomac, et d'ailleurs il est impossible de se procurer de l'eau autrement qu'en fondant la neige. C'est ce que ne comprennent pas les personnes étrangères à ces climats barbares, qui s'imaginent la neige aussi facile à avaler que dans nos hivers comparativement si doux. L'énorme différence de température des intestins et de la neige ou de l'air extérieur cause une sorte de suffocation, ou plutôt de sensation de brûlure intolérable.

Le soleil est déjà très-fort, et la réverbération des neiges nous avait tous fatigués dans la journée du 26, bien que nous trouvassions un grand plaisir à examiner la splendide parabole aux couleurs d'arc-en-ciel marchant devant nous comme la colonne de feu devant les tribus d'Israël. — Je suis tout dérouté de voir aussi peu d'enthousiasme dans quelques-uns de nos compagnons, qui semblent n'avoir pas prévu qu'un service comme le nôtre ne pouvait s'accomplir qu'en surmontant un grand nombre d'obstacles, et passant par quelques privations. Ah! si tous avaient l'énergie et le vouloir qui animent M. Kennedy, nous pourrions faire beaucoup.

Si M. Kennedy voulait m'en croire, nous n'userions de tout notre monde que comme agent de transport pour former un large dépôt à la baie Brentford, par de petites portions amenées successivement et de point en point le long de la côte; puis, prenant deux hommes de bonne volonté et nos chiens, nous procéderions aussi bien que possible à l'accomplissement de notre besogne. Je crois décidément que de petits détachements sont seuls capables d'agir, surtout avec des chiens; car un chien n'a pas besoin d'autant de nourriture qu'un homme, et il ne lui faut ni combustible, ni ustensiles de cuisine, ni objets de couchage, ni abri quelconque; ainsi, calculant que chaque homme porterait ou traînerait un poids équivalent à celui de son propre bagage, et qu'un chien hale cent livres sur un traîneau, ce qui est la moyenne, nos chiens haleraient cinq cents livres de nourriture qui, à neuf ou dix livres pour cinq chiens et quatre hommes par jour, nous donnerait la possibilité de voyager trente jours, à partir du dernier dépôt; et comme le poids diminuerait plus vite que nos forces, il est certain que la chose pourrait se faire; tandis qu'avec un parti de douze hommes, la force est dépensée à haler les effets de campement et autres, et que quatre à cinq heures sont nécessaires pour la préparation des repas et d'un logis convenable.

Enfin que Dieu nous vienne en aide! nous en avons besoin.

30 MAI. — Nous voici une fois de plus à bord, grâce au ciel, et en sûreté, le parti qui a fait la campagne d'exploration en bonne santé relativement, et tous sains et saufs ou à peu près. Malheureusement, il n'en est pas tout à fait de même de ceux que nous avons laissés derrière nous, parmi lesquels le scorbut a fait des ravages; cependant, Dieu merci, aucun ne manque à l'appel, et il y a tout lieu de croire que maintenant que nous sommes tous ensemble la joie de se revoir dissipera toute préoccupation d'esprit, et que la guérison totale arrivera bientôt. Pour moi, j'ai le cœur plein; la reconnaissance déborde, et je ne sais comment témoigner mes adorations à celui qui nous a conservés et soutenus dans nos divers périls, qui m'a sauvé sans doute pour me rendre à ma famille et au bonheur d'embrasser tous ceux qui me sont chers.

PSAUME 103.

« O mon âme! bénissez Dieu, notre Seigneur! que

tout ce qui est en moi s'émeuve pour célébrer et bénir son saint nom.

» Bénissez, ô mon âme! le Seigneur notre Dieu, e n'oubliez jamais les gracieuses faveurs dont il vous a comblée.

» Bénissez le Seigneur, qui a bien voulu pardonner vos iniquités, qui guérit vos afflictions et soulage vos souffrances;

» Qui vous rachète de la mort, et couronne votre existence d'une bonté pleine d'amour, d'une miséricorde pleine de tendresse;

» Qui satisfait vos besoins par une continuelle abondance, si bien que votre jeunesse se renouvelle comme la force de l'aigle.

» Le Seigneur fait passer sa justice sur tous les opprimés; il fait connaître ses voies à Moïse, ses actes aux fils d'Israël.

» Le Seigneur notre Dieu est plein de miséricorde, de grâce et de patience, plein de compassion, et sa colère s'allume difficilement.

» Il ne gronde pas continuellement, et sa colère bientôt s'éteint; il ne nous traite pas suivant nos péchés, et ne nous rend pas le mal pour le mal.

» Car de même que le ciel, dans son élévation, couronne au loin la terre, ainsi ses dispensations couvrent ceux qui le craignent.

» Autant l'est, où le soleil se lève, est distant de l'ouest, où le soleil se couche, ainsi il a rejeté loin de nous, dans son amour, la charge de nos iniquités.

» Le Seigneur montre à tous ceux qui le craignent la même pitié que le plus tendre père a pour ses chers enfants.

» Il se rappelle que nous ne sommes que poussière, et connaît la fragilité de notre existence.

» Pauvres mortels! leurs jours sont comme l'herbe des champs, comme la fleur des prairies; ils grandissent.

» La brise passe sur leurs têtes, et ils ne sont plus; et de la place qu'ils occupèrent, aucune trace ne reste.

» Mais, pour ceux qui vivent dans sa crainte, les bontés du Seigneur sont inépuisables, ses faveurs s'étendent aux enfants de leurs enfants.

» A ceux qui observent ses saints commandements, et se rappellent ses saintes lois pour obéir,

» Le Seigneur a préparé un trône éternel dans les cieux, et tout ce qui respire reconnaît sa puissance.

» O vous, ses anges, qui excellez en force, bénissez le Seigneur; vous, qui écoutez ses ordres et suivez ses commandements,

» O vous, sa glorieuse armée, bénissez et célébrez le nom du Seigneur, vous, les obéissants ministres de ses volontés sacrées.

» Oh! bénissons tous le Seigneur, nous qui sommes son œuvre, nous qui habitons le monde qu'il a créé; mon âme, bénissez le Seigneur! »

31 mai. — Comme je l'écrivais hier, nous avons retrouvé une partie de nos compagnons attaqués par le scorbut, qui ne nous a point épargnés non plus, mais dont nous n'avons ressenti que de légères atteintes, en comparaison de ceux qui sont restés à bord. Le mauvais état des provisions du navire, l'humidité qui a prévalu pendant l'hiver, et surtout le manque d'exercice suffisant, pendant la période d'octobre à mars, en sont évidemment les causes; mais le mal n'est heureusement point sans remède, et nous pouvons espérer que la Providence, qui nous a jusqu'ici tous protégés d'une façon si éclatante, si manifeste, ne nous abandonnera point. Celui de tous nos patients qui me donne le plus d'inquiétude et dont j'ai souvent désiré pendant notre absence prendre la part de maladies, est le vieil et excellent M. Hepburn [1], pour lequel je suis plein de respect et de vénération; mais je suis sûr que l'anxiété que tous ressentaient depuis longtemps sur notre sort a eu la plus grande part dans sa maladie, et qu'il se rétablira promptement. Sachant la petite quantité de provisions

---

[1] M. Hepburn avait alors soixante-deux ans.

que nous avions emportée avec nous, la plupart nous considéraient déjà comme des gens qu'ils ne devaient plus revoir, d'autant plus qu'un parti de quatre hommes, revenu il y a quatre jours de Fury-Beach, n'annonçait pas notre retour. Mais enfin nous voici, et arrivant du port Léopold, d'une direction tout opposée à celle d'où nous sommes attendus; trêve donc à nos inquiétudes respectives, et ne songeons plus qu'à rendre grâce au Créateur de toutes choses, à Dieu, dont la main tutélaire nous a relevés chaque fois que nos pieds chancelants ont trébuché.

J'ai, pendant notre absence, tenu régulièrement chaque jour un journal que je recopie ici avant de reprendre la rédaction journalière de mes impressions.

VIII

EXPLORATION DES TERRES.

4 MARS. — Le temps n'est pas beaucoup plus beau qu'il ne l'était ces jours derniers; mais chaque jour qui s'écoule loin de nos compagnons de voyage me semble perdu; et comme je ne pense pas que nous puissions compter beaucoup sur de plus beaux jours dans cette saison de l'année, je me suis déterminé à partir. Nous trouverons sur la route des logis tout faits, et cette portion de la besogne nous étant épargnée, je pense qu'il nous faut prendre le reste comme il viendra. Cinq matelots (Magnus-Mc Currus, Linklater, Irvine, Adamson et Kenneth le charpentier), R. Grate, le maître d'équipage, et M. Anderson, le troisième officier, forment la petite caravane placée sous mes ordres; deux traîneaux contiennent notre bagage et un petit renfort de provisions. — Portion supérieure d'un halo et un parhélie

horizontal. — Atteint le premier campement, après huit heures de marche.

5 mars. — Beau temps ; vent du sud. — Après dix heures de marche, atteint le deuxième campement, situé à treize milles du premier. Je lis un petit billet de M. Kennedy, m'annonçant qu'il y a été retenu par le dernier coup de vent, et que nous trouverons sur la route un dépôt de cinq caisses de *pemmican*, quatre gallons d'esprit-de-vin et des fusils. — Un parhélie sans halo.

6 mars. — Beau temps. La réfraction est telle au lever du soleil, que le diamètre vertical de l'astre du jour paraît n'être que la moitié du diamètre horizontal, ce qui donne ainsi au soleil l'apparence d'une ellipse très-allongée.

Mes hommes, un peu fatigués, se récrient par avance sur l'idée de prendre avec nous le surcroît de charge qui nous est annoncé ; mais j'ai trouvé que, comme dans beaucoup de circonstances, il valait mieux ne rien leur dire de ce que j'avais l'intention de faire : et, après avoir atteint notre troisième campement, situé seulement à six milles du deuxième, je leur fais préparer une goutte de thé, et, lorsque la liqueur bienfaisante a ramené l'hilarité au physique, je leur expose que différer l'accomplissement de cette corvée c'est en augmenter la difficulté, ou, à tout le moins, reculer pour mieux sauter ; la journée est d'ailleurs favorable, et j'ai la satisfaction de voir enfin toutes nos provisions à un jour de marche seulement de Fury-Beach. Ce campement est celui où nous avons été arrêtés en janvier, et, après nous être creusé un passage à travers la toiture, nous trouvons la maison par nous taillée dans un banc de neige, tellement affaissée, qu'il nous faut faire de nouvelles excavations. Ce travail ressemble un peu à la besogne souterraine des mineurs ; heureusement, notre terrain n'est point dur, et il s'entame avec facilité, sans que besoin soit d'y faire jouer la mine. — Un parhélie et portion d'un halo,

7 mars. — Beau temps. A une heure de l'après-midi j'ai le plaisir de serrer la main de M. Kennedy, heureux de le trouver, ainsi que les autres, en bonne santé. Nous n'étions pas attendus avant la fin de la semaine prochaine, et il me complimente sur mon activité et le zèle que je mets à pousser de l'avant. Ils ont été retenus plusieurs jours au deuxième campement, où, après avoir épuisé leur esprit-de-vin, ils ont été obligés de brûler les pieux de la tente laissée en janvier; une avalanche est tombée à peu de distance de leur camp, qui les eût écrasés sous ses débris si elle avait eu lieu plus près d'eux. A part les *frost-bites*, auxquelles on doit naturellement s'attendre à cette époque de l'année, tous sont vigoureux.

A l'endroit où nous fûmes arrêtés en janvier, ainsi que sur plusieurs points de la côte, il nous a fallu couper à la hache des marches sur les bancs de neige que nous n'aurions pu passer autrement à cause de l'inclinaison des faces.

Somerset-House est, à ce qu'il semble, un abri peu confortable, du moins dans l'état actuel, et les trois jours qu'ils y ont passés leur ont paru bien froids. Heureusement M. Kennedy ne leur donne pas le temps de s'engourdir, et leur montrera certainement la manière de se réchauffer par le travail. — Personne n'a visité ces lieux depuis nous, et cette fois la notice laissée par le lieutenant Robinson a été trouvée à quelque distance de la maison, placée sur un poteau, où l'obscurité nous avait empêchés de la voir.

8 mars. — Nous sommes tous occupés à rebâtir *Somerset-House*, ce qui n'est pas aussi facile qu'en 1832. Le nom de maison (*house*) ferait croire à une manière d'abri quelconque, mais le fait est que la chose désignée sous ce nom, peut-être mérité jadis, consiste aujourd'hui, purement et simplement, en quelques mâts ou minces espares formant une charpente recouverte d'une voile, maintenant pourrie ou à peu près et déchirée dans tous les sens, et dont les restes n'ont échappé à

une dispersion totale que grâce à une couche de cordages placés sur le sommet.

Heureusement la maison avait été construite dans des dimensions convenables pour une résidence de plusieurs mois, et, bien que nous soyons presque aussi nombreux que l'était l'équipage de sir John Ross, en nous contentant de la moitié de son emplacement, nous trouvons assez de lambeaux de toile pour entourer la portion jadis consacrée au logement des officiers. Une muraille de neige, de six à dix pieds d'épaisseur, montant jusqu'au toit, suffit à peine à nous garantir des effets d'une brise qui semble se faire un jeu de nous tourmenter, et il nous faut entasser charbon sur charbon dans les deux poêles qui ont été trouvés et réparés, avant que nous puissions éprouver quelque chose qui ressemble à de la chaleur. Le combustible se trouve heureusement en abondance : une dizaine de tonnes de charbon de terre, des débris de barriques, de mâture, etc., gisant sur la plage.

Un double halo : l'arc extérieur n'étant distinct que sur une étendue de 30° de chaque côté du diamètre horizontal.

Somme toute, l'état des provisions trouvées ici est tel qu'elles peuvent servir comme une réserve pour le retour à ceux qui iront en avant. Une quantité considérable de légumes conservés, de soupes, de farines, de sucre ; quelques barils de *lime-juice*, plusieurs de pois secs, sont dans un état parfait de conservation. Malheureusement les cordages, dont plusieurs ont été laissés sur le sol, ne sont plus bons qu'à faire de l'étoupe ; la variété et le grand nombre d'objets de toutes sortes : lances, harpons et autres ustensiles de pêche, plomb de chasse, mitraille, couteaux, objets d'échange, tout enfin témoigne de la sollicitude avec laquelle la *Fury* et l'*Hécla* avaient été armés, et du soin avec lequel sir Édouard Parry, au milieu des préoccupations d'un naufrage, fit déposer à terre ce qu'il ne pouvait emporter.

Comme je l'ai fait observer en janvier, sir John Ross a dû à ces soins un renfort considérable d'approvisionnement en 1829, et l'existence de son équipage en 1832-1833. Des deux embarcations, bâties en acajou, qui se trouvaient ici, l'une est tout à fait défoncée et hors de service, l'autre peut être réparée, après avoir reçu un bon calfatage, car les étoupes sont sorties de toutes les coutures, ce qui semble être l'effet des froids secs, qui agissent sur le bois de la même façon que la chaleur excessive dans les régions tempérées.

Nous nous sommes fait des lits, où nous couchons deux par deux, en préparant une espèce d'encadrement ou bois de lit sur lequel nous enroulons des cordes en guise de sangles ; mais la fumée est telle qu'il nous faut, bon gré mal gré, ouvrir une tranchée dans la toiture, ce qui est loin de contribuer à notre confort.

Plusieurs de nos hommes sont malades ou se disent souffrants ; l'un affecté d'un incurable rhume de poitrine, tel autre de rhumatismes ou de douleurs qui le clouent sur sa couchette. M. Kennedy croit remarquer chez ceux-ci une mauvaise volonté trop manifeste et un désir de se soustraire aux fatigues de notre excursion ; il les prévient qu'il ne veut emmener avec lui que des hommes décidés à faire tout ce qui est en leur pouvoir et suivant la mesure de leurs forces ; mais que rien n'altérera sa détermination, et que si lui et moi restons seuls, seuls nous marcherons à l'accomplissement de notre entreprise. Je n'étais point présent à ces explications, mais j'ai été bien content que M. Kennedy comprît combien je suis décidé à le soutenir de mon concours et de tous mes efforts. Soit qu'il se fût trompé, soit que la honte les ait rappelés au sentiment du devoir, tous se récrient contre l'imputation de mauvaise volonté, et une fois de plus la paix est rétablie parmi nous.

Le temps n'a pas encore été un seul jour favorable aux observations, et hier, mercredi, le vent soufflant avec force du sud, le thermomètre à — 29°, je me mettais en mesure, lorsqu'en prenant mon sextant je vois dans le miroir que mes deux joues sont entièrement gelées, ce qui me fait envoyer les observations au diable.

Il est certainement facile, au coin d'un bon feu, assis

dans un bon fauteuil, de combiner des plans d'expéditions, puis, lorsqu'elles reviennent, de critiquer ce qui a été fait, de se plaindre du peu de résultats obtenus ; mais qu'on envoie ici ces beaux fils, qu'on les mette à l'œuvre et qu'ils disent si les plus petites choses, qui de loin paraissent si aisément accomplies, ne sont point accompagnées de difficultés capables de rebuter les gens le plus patients et les mieux disposés.

12 MARS. — Les provisions trouvées ici se composent uniquement de légumes, et plusieurs de nos gens commencent à ressentir les effets d'une diète exclusivement végétale ; d'autre part, nous ne pouvons pas entamer déjà nos réserves, sous peine de nous trouver à court pour notre excursion. En conséquence, M. Kennedy s'est déterminé à m'envoyer à bord avec cinq hommes : (G. Smith, Mc Currus, Webb, Grate et Linklater), deux traîneaux et quatre chiens, pour y prendre un renfort de viandes salées, de *pemmican* et de biscuit, le biscuit trouvé à Fury-Beach étant avarié et hors d'usage.

En cinq heures de marche rapide nous atteignons le deuxième campement.

13 MARS. — Beau temps, froid ; nous nous arrêtons au premier campement pour le réparer, et, à six heures de l'après-midi, nous arrivons à bord du navire, ayant fait aujourd'hui une course de vingt-cinq milles.

Les peaux d'ours et quelques autres spécimens laissés par l'expédition de M. Ross ou de M. Parry, sont tous dans le plus déplorable état.

Pendant notre absence, les hommes restés à bord, au nombre de quatre, ont été suffisamment occupés à sécher les couchettes humides de nos compagnons et de la cabine. Quels seront les effets de l'humidité constante dans laquelle beaucoup d'entre nous ont ainsi vécu ? Je les redoute en raison de ce que j'ai lu dans les relations de voyages, et aussi en raison de ma propre expérience ; mais enfin le mal est fait à présent, il sera temps d'y songer lorsqu'il paraîtra. — Ils ont été visités par un ours, qui depuis quelque temps sans doute avait pris connaissance des viandes placées sur un échafaudage en dehors du navire pour dessaler ; des coups de fusils tirés en différentes occasions avaient été impuissants contre les tentations d'un succulent repas. (Des pieds de cochon et des quartiers de bœuf, monsieur l'ours!), et, lorsqu'il ne pouvait mieux faire, il était venu plusieurs jours de suite se coucher sur la glace, non loin du navire et de ces appétissantes viandes qu'il couvait de l'œil. Sûrs que la destinée est proportionnée aux attractions, nos amis s'étaient mis à la veille, et, dans la nuit du 8 mars, ils le virent s'approcher sournoisement, puis sauter avec l'agilité d'un chat sur l'échafaudage élevé de plus de quatre pieds au-dessus des neiges ; les fusils étaient prêts cette fois et un cri terrible annonça que le voleur avait été puni. Il était impossible et peut-être dangereux de le poursuivre dans l'obscurité ; mais, le lendemain, une longue traînée de sang, les traces d'une jambe qu'il traînait après lui, de nombreuses chutes sur la neige témoignaient qu'il avait reçu une blessure mortelle ; plusieurs renards avaient suivi la même piste, se promettant sans doute une abondante curée. Ces animaux sont tellement effrontés, que, pendant que l'ours était un jour couché sur la glace rongeant les débris de ses larcins, l'un d'eux vint en jouant se jeter sur lui, et ne prit la fuite qu'après un coup de patte et un grognement significatifs.

Un renard bleu et deux renards blancs ont été tués ; les derniers commencent à laisser leur fourrure d'hiver, et quelques poils gris ressortent sur leur robe blanche. On a profité de l'absence des chiens pour établir des trappes à renards, mais jusqu'ici sans succès.

14 mars. — Petite brise de sud-ouest dans la matinée, temps clair; dans l'après-midi, calme. A huit heures du soir, le thermomètre est à — 43°,80, et l'un des hommes de l'équipage affirme l'avoir vu vers dix heures à presque — 45°. Il fait calme et la sensation de froid éprouvée hors du navire n'est en aucune façon perçante ni désagréable.

Toute la journée se passe pour nous en nettoyage, lavage et autres apprêts du départ, car, bien que j'aie tenu jusqu'ici à observer religieusement le dimanche, je crois devoir et pouvoir prendre sous ma responsabilité la violation des lois du sabbat dans les circonstances où nous sommes. Je dois faire remarquer ici que la constitution anglaise reconnaît et prescrit le droit au repos du dimanche pour chacun ; pourtant, je n'ai rencontré aucune opposition chez les hommes placés sous mes ordres.

16 MARS. — Le mauvais temps est encore venu me contrarier et retarder notre départ. — Ce soir et hier l'aurore boréale a été visible.

17 MARS. — La brise ayant tourné au nord-ouest, malgré sa force et le *drift* que nous recevons sur le dos, je me suis décidé à partir. J'ai remarqué avec plaisir que ceux que nous laissons derrière n'étaient pas sans émotion en nous serrant la main ; mais, pour les disposer par mon exemple à l'entrain et à la gaieté, j'ai donné le signal des trois hurrahs, *John Bull fashion* (à la manière de John Bull). Tout bien considéré, c'est eux que je plains de rester derrière ; le capitaine Leask, M. Hepburn, le docteur ! le docteur et le *cook* composent maintenant l'équipage du petit *Prince-Albert*, et ils auront fort à faire pour se préserver de attaques de l'ennui. — Un seul homme doué d'un nez peut-être trop saillant se plaint de *frost-bites*. — Couché au premier campement.

18 MARS. — Nous sommes réveillés un peu plus tôt que nous ne l'eussions désiré. Un de nos chiens, poursuivi par les autres, s'étant réfugié sur le toit de notre *snow-house* qu'il défonce, est venu tomber tout effaré au milieu de nous avec accompagnement de neige. Le pauvre animal est si sot, si stupéfait, que nous réprimons la première impression de mauvaise humeur, et que, mettant à profit notre réveil matinal, nous atteignons le troisième campement dans la même journée.

19 MARS. — A onze heures du matin, j'ai le plaisir de

surprendre une fois de plus M. Kennedy par notre prompt retour; les renards, qui ne sont plus tenus à distance par les chiens, ont fait à nos amis de fréquentes visites; sept ont été tués, ainsi qu'un lièvre blanc, deux perdrix, ou *willow-birds*. Des ours de toutes les tailles sont également venus rôder dans les environs. Le fait suivant montre combien le renard arctique est familier : l'un deux, qui avait été pris vivant, fut orné d'un collier de cuivre avec inscription et renvoyé avec le plus de bruit possible et au milieu de tout ce qui pouvait l'effrayer; et, en dépit de cela, le lendemain, il venait se faire tuer au même endroit. Plusieurs fois, lorsque les chiens ne les voyaient pas, ou ne leur donnaient pas la chasse, ils semblaient ne prendre que peu d'ombrage de la présence de l'homme, sautant, courant, se cachant derrière un glaçon ou un amas de neige, et regardant de quel côté se portait l'ennemi, n'ayant enfin recours à la fuite que devant des démonstrations par trop sérieuses. Les Américains, pendant l'hivernage dans le *pack*, n'ont pu se débarrasser d'un ou deux renards qu'ils avaient à bord, et qui finirent par mourir dans la cale; c'est décidément le plus gracieux et le plus aimable animal de ces contrées. Dimanche dernier, M. Kennedy est allé reconnaître la route au sud; elle paraît excellente : la glace semblait unie et facile aussi loin que la vue peut s'étendre du sommet des collines.

23 mars. — Nous avons continué à être favorisés, car notre retour a été suivi d'un mauvais temps qui nous eût considérablement gênés s'il nous eût pris sur la route. Les jours derniers se sont passés en apprêts d'un départ définitif : réparations de nos traîneaux, dont deux déjà menacent ruine, confection de chaussures, etc., et tout le train-train des voyageurs arctiques, qui n'est pas très-amusant, mais du moins est nouveau pour moi. Nous nous consolons du mauvais temps qui nous afflige en pensant qu'il comptera peut-être pour les coups de vent de l'équinoxe auxquels nous devons

nous attendre. — Un four est venu ajouter à la chaleur des deux poêles, qu'il nous faut quelquefois tenir allumés toute la nuit; deux hommes boulangent sans cesse pour les nécessités de notre voyage.

24 MARS. — Pour la première fois j'ai pu prendre des observations dont je suis content. Le *snow-drift*, plus encore que le froid, a jusqu'ici été un constant obstacle. C'est au pied de la tombe du charpentier de sir John Ross que j'ai pris ces observations. Cette tombe se compose d'une pile de pierres entassées autour du cercueil. La terre était gelée si dur que les matelots n'avaient pu l'entamer et lui confier les restes de leur infortuné compagnon.

26 MARS. — La réfraction est telle dans la matinée, que nous prenons tous un renard, couché sur le sommet d'une petite falaise, tout près de nous, pour un ours, dont chacun, même à la longue-vue, croit reconnaître les mouvements et les détails. On se divise en deux bandes, qui l'attaqueront de deux côtés différents, armés, les uns de fusils ou de pistolets, les autres de harpons ou de baïonnettes, lorsque l'animal décampe avec une prestesse dont l'ours est incapable, et M. J. Smith, s'étant détaché à sa poursuite, rapporte bientôt un pauvre renard qui paie cher notre méprise.

Dans l'après-midi, un ours pour tout de bon, un vrai ours, est chassé jusque sur les glaces mouvantes, où il est impossible de le suivre.

J'ai oublié de noter que le *floe* du large a été constamment séparé du *land-floe* par un ruisseau d'eau courante, dont la largeur varie avec la force et la direction de la brise. Ce ruisseau ne paraît pas toutefois s'étendre bien loin au sud.

27 et 28 MARS. — Fort coup de vent d'ouest; *snow-drift*. Nos préparatifs sont terminés, et demain matin nous nous mettrons en route si le temps est favorable. La journée du dimanche est consacrée au repos et à la prière,

ainsi que nous l'avons toujours fait quand les circonstances ne s'y sont pas opposées. — Ce n'est pas seulement à cause du reflet moral que les observances religieuses jettent naturellement sur des officiers, mais surtout parce que je m'y sens porté par les cris intérieurs de la conscience, que j'aime à me réfugier de temps en temps dans la prière.

J'ai accompli, il y a huit jours, ma vingt-sixième année ; j'ai, dans ces dix dernières années, passé par plus de dangers que n'en ont rencontré généralement les hommes de mon âge : de toutes ces épreuves je suis sorti sain et sauf, et, quand je parle de mon heureuse étoile ou de la prédestination, je n'entends point rapporter cette confiance à quoi que ce soit d'astrologique, ce serait trop absurde et trop impie. Non ; ma confiance est placée plus haut ; je ne crois pas que la Providence m'ait guidé et soutenu jusqu'ici pour m'abandonner au milieu de la plus difficile épreuve. Je n'aime point à m'embarrasser dans le labyrinthe des systèmes religieux, où je crois qu'il n'y a à peu près rien que des sophismes plus ou moins captieux ; mais j'écoute cette voix intime qui me dit que nous ne sommes point jetés sur la terre au hasard, sans boussole de conduite, sans tuteur qui nous protége. Ma prière est directement adressée au trône du Tout-Puissant qui m'a créé et chaque jour me donne l'existence. — Avant d'entreprendre un voyage dont les péripéties sont impossibles à prévoir, je veux encore une fois me placer au milieu de tous ceux que j'aime et appeler sur eux et sur moi la bénédiction céleste. Plein de confiance dans la divine miséricorde, je reconnais toutes les fautes de mon imperfection, et, si ma conscience est en repos, c'est que je compte, non sur ma propre justification, mais sur une bonté inépuisable, comme elle est sans bornes.

A moi maintenant la lutte avec les difficultés physiques et morales de la vie d'ici-bas : je me sens plein de force, de courage et d'espérance ! Mon frère, mon Alphonse, si mes conseils ne peuvent t'être donnés, cher enfant, souviens-toi, avant de commencer toute tâche un peu rude, d'invoquer celui qui a dit : « Frappez, il vous sera ouvert ! Demandez, il vous sera donné ! » Et alors, avec ta conscience pour guide et ton cœur dans la main, en avant, marche sans crainte !

29 mars. — Thermomètre : huit heures, —32°; midi,— 24°,4; dix heures,—31°.— Enfin, nous voici sur la grande route de l'inconnu et de l'imprévu. A quatre heures du matin le temps s'est un peu embelli, et aussitôt de faire nos paquets, ceux que nous emportons et ceux que nous laissons, de charger nos traîneaux et de mettre tout en ordre dans cette demeure, qui n'a ni nos regrets ni nos remercîments, mais cependant à laquelle nous devons quelque reconnaissance, même pour son abri imparfait.

Qui sait d'ailleurs si….

M. Kennedy n'a pas cru devoir suivre son idée première d'envoyer quelques provisions échelonnées sur la route, et nos douze hommes nous accompagnent. Huit d'entre eux, on n'a pas encore déterminé lesquels, retourneront de la baie *Brentford* à bord du navire, formant une escorte de fatigue ; le charpentier et quelques hommes auront ensuite à revenir de la baie *Batty* à *Fury-Beach* pour réparer la meilleure des embarcations.

Le plan de voyage est ainsi arrêté : nous suivons la côte jusqu'à la baie Brentford, où nous traverserons l'isthme de cinq milles de large que l'on croit exister entre les deux mers; peut-être même y a-t-il un passage sans interruption du tout. De là nous descendrons au pôle magnétique, et, suivant l'époque à laquelle nous y serons, suivant l'état de nos provisions, suivant, enfin, que nous y rencontrerons ou non les naturels, qu'ils seront ou non capables de nous donner des vivres pour nos objets d'échange, nous bornerons là notre course, ou procéderons plus au sud. Ayant laissé sur la route des caches de provisions pour diminuer notre bagage, nous reviendrons en suivant la même côte, et, au lieu de retraverser à la baie Brentford, nous remonterons au nord jusqu'à la limite des courses de sir James Ross, et passerons à la baie *Creswell* pour rejoindre Somerset-

House. M. Kennedy n'ayant pas adopté mon plan, qui consistait à visiter d'abord l'autre côte, mon attention s'est dirigée sur celui-ci, et je pense que puisque notre chef ne s'en tient pas au plan primitif et originaire de notre expédition, son idée peut avoir sur la mienne l'avantage que voici : si sir John Franklin a abordé quelque part sur Boothia-Félix, venant de l'ouest, nous pouvons rencontrer ses traces, ou les Esquimaux peuvent nous donner des renseignements ; dans le cas contraire, la question ne sera résolue négativement qu'après une autre exploration, celle de la côte orientale, moins cette fois pour y trouver des traces de débarquement que pour savoir si quelque homme est là, qui ait échappé au désastre de l'*Erebus* et du *Terror*. Ma seule objection est celle-ci : si les naturels ne sont point rencontrés au pôle magnétique, il nous faut les aller chercher loin au sud ; tandis que sur l'autre côte les deux Ross les ont trouvés bien plus au sud, et je crois qu'il serait essentiel de communiquer au plus vite avec eux pour rassurer des malheureux qui, depuis longtemps peut-être, ont renoncé à tout espoir, ou pour recevoir nous-mêmes des renseignements de la plus grande importance.

Les nouvelles sont loin de circuler avec rapidité parmi ces peuplades qui ne se meuvent que dans des cercles étroits de pêche ou de chasse ; mais, par sir James Ross, nous savons que les Boothiens communiquent avec des naturels de l'ouest, peut-être de la terre de Victoria ou de celle de Wollaston ; par le docteur Rae, nous savons qu'ils sont en relation avec ceux de la baie Repulse. Ainsi, il n'est pas improbable que, si les blancs ont touché là, ou dans le voisinage, nous n'en ayons connaissance.

Pour ma part, j'attache la plus grande importance à cette enquête près d'eux, parce qu'il est impossible qu'un parti d'Européens, si réduit en nombre qu'on l'imagine, échappe aux reconnaissances que pendant le printemps et l'été ils font sur les côtes, tandis que nous, nous pouvons passer tout près de marques évidentes sans nous en douter. C'est ainsi que les Américains avaient passé au cap Riley sans voir les traces que le lendemain trouvait le capitaine Ommaney. Quant à mes plans et objections que je donne ici sans réserve, je n'ai pu que les hasarder timidement près de M. Kennedy, qui, sans doute, sait mieux que moi ce qu'il y a à faire; mais surtout parce que je vois qu'il prend aisément ombrage. Pour moi, je pense que mon opinion m'étant demandée par mon commandant, je dois lui dire toute ma pensée, ne rien lui taire des objections que mon esprit me dicte à tort ou à raison; que son autorité ou sa plus grande expérience décident alors. Il en a le droit; seul il est responsable, et j'obéirai avec empressement, même aux ordres les plus contraires à ce que j'aurais décidé.

Légère brise de l'est; les terres s'abaissent graduellement, et, dans plusieurs endroits, sont tellement recouvertes de neige, qu'on ne reconnaît le terrain qu'à de petites tâches noires apparaissant çà et là; la glace est parfaitement unie, et nous faisons rapidement seize à dix-huit mille géographiquess, de dix heures du matin à sept heures du soir. Notre caravane se compose de quatorze personnes. M. Kennedy marche en tête afin de choisir les meilleures routes, et nos quatre traîneaux, à deux desquels les chiens sont attelés, viennent en file joyeuse; la route étant animée par l'espérance, la monotonie de la côte, que rien ne varie, n'est même pas sans plaisir pour nous, parce que cette côte est inconnue. M. Kennedy ne m'a pas donné d'ordre sur ce que j'avais à faire; mais je me suis volontiers et gaiement attelé à l'un de nos traîneaux, afin de montrer l'exemple du bon vouloir. Je rougirais, d'ailleurs, de profiter de ma position pour ne rien faire, alors que les autres travaillent, surtout parce que M. Kennedy veut que les instruments d'observation avec les quelques livres indispensables que nous emportons (une Connaissance des temps, une Table de logarithmes, nos portefeuilles et un compas d'Azimuth avec deux petits compas de poche) soient placés avec le reste du bagage, ce qui, je crains, pourrait les déranger, si je ne restais pas à portée d'y veiller moi-même.

L'immense *snow-house* qu'il nous faut bâtir, pour quatorze personnes, nous prend près de cinq heures, si bien qu'il est une heure du matin avant que nous soyons sous nos couvertures. M. Kennedy me dit les craintes qui le tourmentent : Nos hommes ne seront-ils pas bientôt un peu dégoûtés de l'expédition? Il est en effet plus sage, je crois, au début, de procéder avec modération, et, lorsque l'habitude de la marche est venue, de pousser un peu plus loin; cependant, pour une journée de fatigue, nous n'en mourrons certainement pas. — A un mille plus au nord que notre campement, M. Kennedy, qui a suivi la côte pour l'examiner pendant que nous marchions sur la glace, qui est plus facile pour nos traîneaux, a trouvé deux caisses vides de viandes près des ossements d'une *white-whale* (baleine blanche). Ce sont, sans doute, les traces du dernier campement du lieutenant Robinson, et demain nous verrons le *cairn* qu'il a élevé avant de retourner au nord.

30 MARS. — Thermomètre : huit heures, — 30°; midi, — 23°; neuf heures, — 31°. — Petite brise de sud-est, ciel couvert. Nous ne faisons aujourd'hui que douze milles.

Chaque fois que la côte ou la plage forment une petite anse, nous la traversons d'une pointe à l'autre, tandis que M. Kennedy reste sur la plage, examinant ce qu'elle peut offrir d'intéressant. Nous n'avons point aperçu la pyramide de pierres du lieutenant Robinson, bien que quatorze paires d'yeux (moins un) l'aient cherchée partout; la croix qui la surmontait a probablement été renversée par le vent, et la pyramide démolie par les animaux. Si les Esquimaux fussent venus jusqu'ici, cela les aurait certainement mis sur la trace de Fury-Beach.

Le plan qui est maintenant adopté pour notre logement de nuit est de bâtir deux *snow-houses*, avec une muraille contiguë, percée d'une porte de communication. — Campé à un demi-mille de la plage sur la glace.

31 mars. — Thermomètre : huit heures, — 32°; midi, — 23°; huit heures, — 26°. — Temps couvert, petite brise de l'est ; nous sommes à l'entrée de la baie Creswell ; mais, comme la glace ne paraît pas détachée du fond de la baie, nous nous dirigeons immédiatement sur la pointe sud, ou cap Garry : la glace est maintenant très-irrégulière comme partout où il y a du courant pendant la saison d'eau libre, et, après douze milles, nous campons sur le *floe* et la foi des traités, sans être en aucune façon troublés pendant notre sommeil par la crainte d'être emportés au large.

M. Kennedy a presque une velléité de traverser à l'ouest de cette baie, ce dont je serais bien aise, parce que nous arriverions tout de suite au dernier point, vu par sir James Ross, en 1849, et que nous aurions ainsi une occasion de régler la montre ; mais, d'autre part, l'isthme à traverser ici a vingt milles de large et les terres paraissent composées de collines élevées et irrégulières, où nos traîneaux pourraient se briser, tandis qu'à la baie Brentford il n'y a que cinq milles au plus : décidément, nous irons à la baie Brentford.

1er avril. — Thermomètre : six heures, — 15°; midi, — 13°,89; huit heures, — 13°,89. — Petite brise d'ouest, temps nuageux et épais; neige dans la soirée. Après treize milles de marche, nous nous trouvons sur la côte, à une distance que nous supposons cinq ou six milles ouest du cap Garry ; les terres sont très-basses, et, une fois sur la plage, nous ne voyons aucune pointe ou proéminence méritant le nom de cap. Nous campons à quatre milles des terres les plus avancées à l'est. M. Kennedy a trouvé sur la côte les vestiges d'une vingtaine de tentes d'Esquimaux avec les ossements de baleines que l'on rencontre partout où les Esquimaux ont campé, parce que dans leurs pérégrinations ils s'arrêtent là où ils trouvent à manger et qu'une baleine échouée est une bonne aubaine dont ils ne laissent que ce qui est par trop rebelle à la digestion. Des traces toutes fraîches de *musk-oxen* (bœufs musqués), l'empreinte de leurs sabots, depuis la dernière chute des neiges, annoncent qu'ils fréquentent en assez grand nombre ces parages, soit dans leur migration au nord, soit comme résidence habituelle. La plage, ou plutôt les terres plates et basses qui paraissent s'étendre à un mille jusqu'au pied des collines, sont couvertes d'herbe et de bruyères.

Comme le prouvent les indications qui précèdent, le temps neigeux et couvert fait promptement remonter notre thermomètre.

2 AVRIL. — Thermomètre : six heures, — 17°,22; midi, — 11,11; dix heures, — 10,56. — Temps couvert et nuageux; nous tournons le cap Garry et campons dans la baie Fearnall; les terres sont toujours basses, autant que nous pouvons en juger, longeant la côte aussi près qu'il est possible, mais cependant restant sur la glace à cause du gravier et des cailloux de la plage qui endommageraient nos traîneaux. — Nous observons une piste d'ours très-récente, et les traces de quelques *snow-birds* (oiseaux de neige). Ces derniers sont généralement considérés comme avant-coureurs des jours plus chauds, et ce qui peut sembler étrange, cela ne nous sourit guère, car aujourd'hui le travail de halage nous a semblé pas mal pénible à cause de la chaleur.

3 AVRIL. — Thermomètre : sept heures, — 16°,11; midi, — 15°,56; huit heures, — 17°,22. — Temps nuageux et couvert; — à la pointe sud de la baie Fearnall, nous trouvons des touffes de poils et des lambeaux de chair qui ont appartenu à un daim; nous pensons d'abord être tombés sur un dépôt ou *cache* des Esquimaux, mais des pistes de loups, la neige couverte de traces sanglantes, montrent assez que cet endroit a été, il y a peu de temps, le théâtre d'une de ces luttes fréquentes que le loup livre au renne.

Les terres sont toujours basses; dans l'après-midi, une forte brise de sud-ouest s'élève et, vers cinq heures, nous force à camper à deux milles environ au nord du mont Oliver.

4 avril. — Thermomètre : huit heures, — 28°; midi, — 17°,22 ; six heures, — 25°. — Continuation du mauvais temps; forte brise de sud-ouest et *drift* dans la matinée; le temps s'embellit dans l'après-midi. Nous sommes forcément condamnés au repos, et je dis condamnés, parce que l'extrême lassitude que nous ressentions dans les premiers jours est grandement diminuée et disparaîtra sans doute avec un peu plus d'habitude. Nous dormons comme des loirs, et en vertu du proverbe : « qui dort dîne, » il est résolu, afin d'économiser nos provisions, que dans nos jours de repos nous ne prendrons qu'un repas. Nous brûlons également autant de mousse que possible, afin de ménager notre combusticle. Ceux qui n'ont pas voyagé dans les mêmes circonstances riraient peut-être en entendant nos projets de cuisiniers économes, nos plans, les améliorations que nous tâchons d'apporter dans nos dépenses journalières; mais ceci est du dernier sérieux pour nous : quelques jours de vivres de plus ou de moins à la fin de notre voyage peuvent mettre notre existence en danger, ou avoir une influence décisive sur nos opérations. La moitié du monde, dit-on, ignore comment vit l'autre moitié; mais, qu'on s'y intéresse ou non, il est de la plus haute importance pour nous que les mousses que nous trouvons soient sèches, au lieu d'être mouillées par les neiges, et brûlent facilement, pour nous donner à volonté... quoi ? de l'eau, rien de plus !

5 avril. — Thermomètre : cinq heures, — 30°; midi, — 9°,44; huit heures, — 31°. — Petite brise d'ouest, temps clair tout le jour : à deux milles au sud du mont Oliver, nous avons rencontré les traces d'une douzaine de tentes d'Esquimaux avec l'accompagnement habituel d'ossements de baleines. Nous marchons rapidement, suivant la côte au sud. A midi, la hauteur du soleil nous fait voir que nous sommes à environ un mille et demi au nord de l'endroit où sir James Ross prit possession de ces terres, en 1829. Ainsi que cet officier le fut lui-même, nous nous trouvons fort embarrassés de distinguer, au milieu des

terres plates et noyées qui forment la partie nord de la baie Brentfort, les îles véritables des petites péninsules qui se relient au continent. Sur l'un de ces terrains, où M. Kennedy s'enfonce plus à l'ouest, pendant que nous nous tenons en dehors, nous trouvons des empreintes que tous nous pensons être celles de deux Exquimaux, un homme et un enfant, marquées sur cette neige friable, celle qui conserve le plus longtemps de pareils vestiges. Bien que ces traces ne semblent pas récentes, nous concevons aussitôt l'espoir de rencontrer les naturels, et voici nos raisons : les daims, dans leur migration vers le nord ou vers les bords de la mer, en été, marchent toujours par bandes nombreuses, et la chasse se fait avec d'autant plus de succès, que le terrain qu'ils ont à traverser se compose de vallées étroites et gorges dans lesquelles ils peuvent difficilement échapper [1]. L'isthme étroit qui réunit Boothia à North-Somerset, est donc, suivant toute probabilité, un excellent terrain de chasse où les naturels doivent se rendre à cette époque de l'année. M. Kennedy a trouvé les terres qu'il a visitées battues en tous sens par les rennes et leurs continuels persécuteurs, les loups. Au nord des terres que nous supposons être *Brown's-Island* (l'île de Brown), s'étend un *inlet* qui court droit à l'ouest.

Un épais brouillard qui s'élève au fond de cet *inlet* nous semble annoncer la présence d'eau libre; mais, avant que nous puissions nous en assurer, la nuit qui

---

[1] Les *land-marks* ou *stone-marks*, dont il est souvent question dans les endroits où les *deer* ont coutume de passer, me sont expliquées de le façon suivante : Les rennes émigrent à des époques et dans des directions réglées; à cette saison, les naturels se rendent dans les passages étroits, tels que des isthmes, des vallées encaissées par de hautes collines, des gorges, etc. Mais, comme ces animaux sont timides et prudents, il les trompent en plaçant des pierres de chaque côté de la route. Ainsi, la chasseur se tient à une extrémité de la gorge. Le renne, effrayé par la première pierre, prend une direction qui l'en écarte; après un certain trajet, il rencontre une autre pierre qui le fait également changer de direction, et ainsi de suite ; et, en fin de compte, et par une sorte de louvoyage, le pauvre animal se jette dans les bras de son ennemi. Des branches ou tout autre objet peuvent remplacer les pierres.

arrive nous force de camper sur la côte nord de cette île. Les terres qui nous entourent sont plus élevées que nous ne les avons trouvées jusqu'ici, et les îles paraissent être des roches de granit; sur les bords, nous trouvons en abondance une mousse que nous pouvons employer comme combustible. Jusqu'ici nous avons brûlé seulement du bois et du charbon de terre, afin de réserver notre esprit-de-vin, qui est infiniment plus léger, pour ceux qui iront au sud; mais l'une des jarres de fer blanc qui le contiennent a été brisée sur un des traîneaux, et une partie du liquide perdue. Dans la soirée, un ours vient flairer notre bagage à quelques mètres seulement de nous, et, pendant notre souper, les chiens lui donnent la chasse et sont bientôt hors de vue.

6 AVRIL. — Thermomètre: sept heures, — 25°; midi, — 18°,33; huit heures, — 26°. — Ainsi que le montrent les observations thermométriques, le thermomètre a varié de 21° de cinq heures du matin à midi, et un peu plus encore de midi à huit heures du soir; si ces extraordinaires variations de température ont une mauvaise influence sur la santé, nous ne nous en apercevons point. Il est certain que dans des climats plus doux de pareilles variations n'auraient pas lieu impunément pour nous.

Beau temps, légère brise du nord. M. Kennedy s'est déterminé à renvoyer notre *fatigue-party* (nos hommes de fatigue), qui nous a soulagés au moins du poids de toutes les provisions et du combustible nécessaire pour la route de Fury-Beach à la baie Brentford, sept jours de marche, ou plus de cent kilogrammes. Quelques denrées doivent être envoyées du navire à Somerset-House. Ce qui nous reste et forme notre cargaison se compose d'à peu près quatre cents livres de *pemmican*, cent cinquante livres de biscuit, un peu de thé et de sucre, et cinq gallons et demi d'esprit-de-vin. Notre esprit-de-vin pesant environ trente-huit livres anglaises, le tout fait à peu près six cents livres de provisions. Nous avons en outre chacun une couverture, une peau de buffle pour deux, une toile mackintosh, le sextant, le bateau à air, les objets d'échanges pour les Esquimaux, trois fusils et leurs munitions, et une vingtaine de paires de mocassins ; nous portons sur nous tout le linge de corps dont nous devons user pendant le voyage. La charge d'un chien dans la baie d'Hudson pour un voyage de quelque durée est évaluée à cent livres; ainsi nos cinq chiens devaient tout juste suffire à traîner le poids de nos provisions de bouche, et ce qui restait pour cinq de nous devait au moins atteindre le même chiffre.

Nous sommes maintenant abandonnés à nous-mêmes au nombre de six : M. Kennedy et moi, MM. J. Smith, W. Adamson, A. Irvine et R. Webb, l'ancien sapeur. Ce sont des gens sur qui nous pouvons compter. M. J. Smith est celui qui s'entend le mieux à construire une maison de neige; un autre est notre *dog-driver* (directeur des chiens), et de plus *a good shot*, un habile tireur, ce qui n'est point à dédaigner, car il peut arriver que nous ayons à dépendre de notre chasse.

M. Kennedy ne m'a encore rien dit sur ce qu'il comptait faire (pour les observations) avant le départ du navire. Voici le plan que j'ai arrêté pour moi, s'il m'est permis de le mettre à exécution : on a laissé arrêter la montre à Fury-Beach, et je n'ai pu prendre qu'une série d'observations; peut-être ne pourrons-nous pas d'ailleurs compter sur sa régularité ; et je compte déterminer les longitudes autant que faire se pourra par des distances lunaires. Dailleurs, si la côte joint le cap Bird au pôle magnétique, elle gît presque toute sur un méridien. En tout cas, n'ayant pu régler la montre à l'endroit de prise de possession, je compte la régler sur le cap Bird au pôle magnétique en allant et en revenant au point le plus éloigné des lieux visités par sir James Ross, puis de nouveau à Fury-Beach. — Quant aux latitudes, je les chercherai aussi souvent que possible par l'excellente méthode des deux hauteurs à court intervalle ; et les relèvements astronomiques que je prendrai simultanément, avec les observations d'angle horaire, me donneront en même temps un moyen de contrôle sur les longitudes. Pour les variations du compas, je compte les déterminer par toutes les méthodes possibles, mais en employant la simple méthode du premier vertical pour l'usage commun de la route. Malheureusement on a dit à M. Kennedy une chose, vraie sans doute, mais dont on fait une fausse application : que nous ne sommes pas ici pour faire des observations scientifiques, mais bien des recherches. Avec ces idées il est à craindre qu'on ne prenne quelquefois pour des observations scientifiques les simples observations qui doivent déterminer notre position et montrer où et comment se sont dirigées nos recherches. Tout n'est pas dit par ce qu'on a beaucoup marché, et marché à une grande distance.

Deux de nos hommes restent au campement pour faire sécher nos couvertures et M. J. Smith et moi allons de l'autre côté de l'île, MM. Kennedy et Adamson à l'ouest, dans la direction de l'eau libre vue hier, afin de reconnaître l'aspect du terrain et de voir si nous trouverons un passage à la mer de l'ouest. — Après avoir suivi les endentures de la côte, et tâché de découvrir la plus haute colline, nous gravîmes non sans quelque difficulté ces blocs granitiques, et, arrivés à une élévation d'au moins cent pieds, nous découvrîmes la baie au sud et à l'ouest de nous. Ayant marché avec l'idée préconçue et chaudement caressée de trouver un passage, mon premier mouvement fut un cri de joie en voyant la mer; mais le soleil directement au-dessus la montrait au sud et non à l'ouest, car il était à peu près midi (nous avions laissé le camp vers dix heures), et par conséquent le soleil au sud. Par les ordres de M. Kennedy, j'avais donné notre petit compas de poche au parti qui retournait à bord, et je n'avais pu en prendre un avec moi, M. Kennedy étant sorti avec M. Adamson avant M. Smith et moi, et ayant l'habitude d'emporter notre unique compas azimuthal et son compas de poche.

J'avais sur moi un livre de notes prises pendant l'hiver avec la description des parties de la côte que nous pourrions visiter, et une copie de la carte de sir John Ross représentant la baie Brentford.

Les terres au sud paraissent très-basses, soit que le soleil nous éblouisse, ou peut-être à cause des vapeurs qui s'élèvent des neiges ; mais nous les rattachons en ligne continue avec les terres de l'ouest, sur lesquelles nous marquons du doigt les différents passages et les rivières marquées par sir John Ross ; seulement ces terres, dont par notre estimation nous ne devions être éloignés que de sept à huit mille, paraissent être à une distance au moins double. Au nord, nous ne pouvons rien voir parce que nous ne sommes pas sur le sommet de l'île.

Nous poussons plus à l'ouest après être descendus sur la mer que nous prenions pour un lac ; et, après avoir remonté sur les roches escarpées et couvertes de neige fondue sans rien découvrir de nouveau, nous reprenons la route du camp.

Nous sommes tombés à notre retour sur un passage assez irrégulier entre l'île où nous avons campé et la terre plus à l'ouest, qui est sans doute l'île longue de Ross.

Quelques ptarmigans, des traces nombreuses de daims, que M. Smith dit dater de l'automne dernier, ont été vus par nous. Dans la matinée et sur notre route de retour, nous trouvons les neiges qui recouvrent la glace parcourue en tous sens par des ours de différentes tailles, entre autres par une ourse accompagnée de deux petits (on dit qu'elles les ont par deux — Scoresby) qui semblent avoir cabriolé autour d'elle. En suivant leur piste, nous arrivons à un trou naturel entre deux immenses glaçons, mais agrandi et amélioré sans doute par la femelle avant qu'elle mit bas. Comme nous n'avons qu'un fusil, nous ne nous soucions pas trop de déranger l'intéressante famille, et sans nous assurer s'ils sont dans leur terrier, nous laissons leur demeure en paix. A quelque distance nous acquérons la preuve qu'au moins une fois cette ourse a mangé de l'herbe. On ne sait si comme d'autres plantigrades ils se sucent les pouces pour toute nourriture pendant l'hiver, mais est-ce une diète habituelle, ou purement une médecine ? — M. Kennedy, revenant de son excursion, dit que les terres dans la direction de l'ouest sont éloignées de trente ou quarante milles, et de l'autre côté de la mer, qu'il a vue à l'ouest également. Ce sont, je pense, les îles vues par sir James Ross.

Ils ont côtoyé l'eau libre sur laquelle nos conjectures ne nous avaient pas trompés hier, et où il a vu des glaçons filant cinq nœuds à l'heure. Malheureusement cette eau ne s'étendait pas fort loin. Ils ont, ainsi que nous, trouvé de nombreuses pistes de rennes, et même une biche et son faon ont traversé pendant leur absence la route qu'ils avaient prise le matin.

7 avril. — Thermomètre : six heures, —32°; midi, — 27°; six heures, —36°. Nous prenons avec nos deux traîneaux et les chiens la route que M. Kennedy a suivie hier, et nous trouvons sur notre chemin, outre la pièce d'eau principale, deux petites pièces sur lesquelles, ainsi qu'hier M. Kennedy l'a observé, les glaçons se meuvent avec une grande vitesse et décrivent de rapides tourbillons. L'air dans le voisinage de ces pièces d'eau s'est empreint d'une humidité qui nous glace ; et la brise qui suit tous les contours de cette côte, nous frappant au visage, nous fait éprouver le froid le plus vif que nous ayons ressenti de longtemps ; le soir nous portons presque tous sur le visage de nombreuses marques de *frostbites*. Mon pauvre nez est ce qui souffre le plus chez moi, assez même pour me donner quelques inquiétudes, car j'ai déjà une cicatrice qui partage en deux une des narines.

Vers midi, nous arrivons à un *inlet* perpendiculaire à la direction générale que nous avons suivie jusqu'à présent. Je mets les pieds dans un tas de neige ou glace fondante ; mais, en raclant soigneusement la chaussure, l'humidité restante se congèle bien vite, et le pied est froid et non mouillé. Il faut faire attention à cela cependant, car une chaussure qui n'est pas souple peut vous faire geler les orteils.

Descendant au sud en suivant cet *inlet*, dont la direction générale est du nord-nord-est au sud-sud-ouest, nous trouvons sur la route plusieurs pistes de renards et d'ours. Vers six heures, nous campons à l'extrémité sud du bord ouest. Une observation du soleil à son coucher donne pour variation du compas nord 144° ouest, tandis qu'à Fury-Beach elle n'était que de 132°. — A l'entrée de cette baie, les Ross trouvèrent en 1829 l'inclinaison de l'aiguille aimantée 89°, et en conclurent justement que le pôle magnétique n'était pas loin. Le souvenir des observations intéressantes faites à ce sujet m'a fait regretter plus d'une fois que nous n'ayons pas avec nous pendant notre long hiver les instruments nécessaires pour les renouveler [1].

8 AVRIL. — Thermomètre : huit heures, — 27° ; midi,

---

[1] Il est très-difficile, pour ne pas dire impossible, de concilier ce que dit Bellot en rendant compte des événements survenus dans les journées des 7, 8, 9, 10, 12, 16, 18, 20 avril, 24 mai, 9 juin 1852, etc., avec l'exposé fait par le capitaine Kennedy (journée du 7 avril) dans sa relation (*Short Narrative of the second voyage of the Prince-Albert in search of sir John Franklin*) publiée à Londres en 1853. Nous croyons devoir nous borner à traduire ici littéralement, et sans observations, le récit de M. Kennedy, en ce qui concerne le détroit auquel il a donné le nom de Bellot : « Mercredi 7 avril (1852), levés de bonne heure, nous prîmes le canal
» septentrional, exploré en partie par moi-même dans la journée d'hier,
» et continuâmes de le suivre jusqu'à six heures après midi, que nous
» atteignîmes son extrémité occidentale, distance de pas moins de vingt
» milles, en y comprenant ses différentes sinuosités. D'une colline élevée,
» près de notre campement à cet endroit, nous observâmes un large canal,
» N. N. E. et S. S. O. vrai (variation 140), qu'on avait pris d'abord
» pour une continuation de la baie Brentford, jusqu'à ce que sa grande
» étendue nous eût convaincus que nous étions tombés sur une mer occi-
» dentale ou canal, et que le passage que nous venions de traverser (*we
» had just gone through*) était, en réalité, un détroit conduisant au dehors
» du canal (*inlet*) du *Prince-Régent*. Il est indiqué sur la carte de nos
» découvertes sous le nom de détroit de Bellot (*Bellot-Strait*), juste tribut
» aux importants services rendus à notre expédition par le lieutenant
» Bellot. L'île qui forme ses bords méridionaux fut appelée île Leves-
» que, conformément aux désirs que lady Franklin m'avait exprimés
» avant mon départ, de nommer quelque lieu en l'honneur de cet estima-
» ble ami, de ce généreux soutien de l'expédition originaire du *Prince-
» Albert*. Nous nous sommes assurés, depuis notre retour, que la mer occi-
» dentale dans laquelle s'ouvre le canal est l'extrémité septentrionale du
» *détroit de Victoria*, exploré partiellement par le Dr Rae, venant d'une
» autre direction. La colline sur laquelle nous étions est probablement
» une portion de la haute terre vue par sir James Ross en 1849, et con-
» serve, en conséquence, le nom de *Cap Bird*, que lui donna cet officier
» distingué. Sur le côté méridional de l'entrée du canal est une autre
» élévation remarquable, à laquelle je donnai le nom de *Cap Hodgkin*,
» en l'honneur de mon estimable ami le docteur Hodgkin, de Londres... »
(Note de M. de la Roquette).

— 20°; huit heures, — 37°. Petite brise du nord. Nous nous dirigeons vers la partie nord-ouest de la baie, et dans une direction où il nous semble voir une ouverture; mais après douze milles (au nord-ouest, quart ouest) péniblement faits sur une glace très-inégale, nous voyons au coucher du soleil la terre se dessiner au fond de cette ouverture, et la fermer ainsi devant nous.

M. Kennedy attribue l'état raboteux des glaces à un courant qui existait dans un passage à la mer de l'ouest; mais pourquoi ne serait-ce point un courant tout autour de la baie? Je n'aime pas, en matières géographiques, à me lancer dans des conjectures, et je ne crois qu'à ce que je vois, bien qu'après tout son hypothèse soit possible. Seulement, jusqu'ici nous ne pouvons rien décider. — Un halo.

9 avril. — Thermomètre : sept heures, — 29°; midi, — 21°; huit heures, — 37°. — Nous dirigeons aujourd'hui notre course un peu plus au sud (ouest-nord-ouest), et vers une autre ouverture; les terres paraissent continues au nord. M. Kennedy et deux autres de nos hommes commencent à ressentir les atteintes du *snow-blindness*, ou cécité causée par la neige. Les doctes de la faculté diffèrent dans leurs opinions sur les causes de cette affection ophthalmique. Quelques-uns l'attribuent à la puissante réflexion de la lumière sur cette surface blanche; mais il est certain (*experto crede Roberto*) que l'effet produit est le même par les temps de brume et de brouillard épais si communs dans ces régions. Les préservatifs employés sont une pièce de gaze ou de crêpe coloré en noir ou en vert, ou des *gogles*, en fil de laiton très-fin, à travers lesquels tous les objets revêtent des nuances moins offensives à l'œil; mais je pense qu'il ne faut en faire usage que lorsque la lumière est trop éclatante, et irrite la rétine. Nos voyageurs les portent en tout temps; mais il me semble que lorsque l'œil distingue à peine les objets devant lui, c'est augmenter les causes d'inflammation que d'interposer un écran qui rend ces objets encore moins distincts, car cette tension plus grande et plus

soutenue des organes visuels doit être une source d'inflammation. Jusqu'à preuve contraire, je me bornerai donc à n'user de ces préservatifs que lorsque le soleil brille d'un éclat inaccoutumé.

Brise d'est. Après cinq milles, nous nous arrêtons à midi sur une sorte de récif près duquel la latitude observée est 71° 58″, et nous reprenons la même direction, marchant encore six milles de plus sur la même espèce de glace où nous n'avançons que lentement, les intervalles entre les glaçons étant remplis d'une neige molle où nos chiens et nous enfonçons quelquefois à plus d'un pied. Au coucher du soleil, nous voyons encore une fois la terre au fond de l'ouverture sur laquelle nous nous dirigeons. On se détermine à persister dans la même direction ; autrement nous pourrions côtoyer toute la baie sans trouver le passage que nous cherchons, et qui, après tout, ne nous est pas indispensable, puisque l'isthme n'est ici que de cinq milles de large, et même moins que cela ; j'observe aussi que nous sommes beaucoup plus à l'ouest que la côte marquée sur la carte au fond de la baie. — Campé sur la glace.

10 AVRIL. — Thermomètre : sept heures, — 22° ; midi, —22° ; six heures, — 21° — Forte brise d'est qui augmente continuellement et soulève en tourbillons la neige qui recouvre la glace maintenant beaucoup plus unie que les deux jours précédents ; nous nous arrêtons à midi pour obtenir la latitude 72° 3′ dans une brume assez gênante qui nous cache la terre sur laquelle nous marchons, et que nous croyions encore loin de nous quand, à notre surprise grande, et après quelques minutes seulement de marche, nous nous trouvons sur la plage. Nous redescendons un peu au sud pour entrer dans l'*inlet* en vue hier ; mais la brise et le *drift* augmentent d'une façon si incommode, que nous sommes forcés de nous arrêter.

Nous procédons immédiatement à la construction de notre *snow-house*, et de temps en temps nous laissons là l'ouvrage pour piétiner, afin de nous réchauffer les pieds et les mains. Nous sommes parvenus à bâtir nos murailles, en deux heures; deux d'entre nous étaient les ingénieurs de la chose, pendant que le reste préparait les matériaux, l'un coupant ou sciant la neige en longues pièces rectangulaires; un autre les enlevant avec une pelle ou un coutelas, et les deux autres les portant à nos maçons. Ce qui nous prenait le plus de temps au commencement était l'édification de la voute; mais, laissant de côté les règles de l'art, et considérant que nos demeures ne sont que temporaires, nous plaçons les pièces de neige transversalement, et aussi bien que possible sur le sommet des murailles élevées de façon à se rapprocher dans le haut. Un Esquimau sourirait peut-être à la vue de nos chefs-d'œuvre; mais, comme ils nous abritent suffisamment, c'est tout ce que nous pouvons désirer. Avant tout, d'ailleurs, notre but est la célérité, car il n'est rien moins qu'agréable de patauger, par des froids de 20 à 30° au-dessous de zéro, dans les décombres et les sciures de ces bâtisses; surtout s'il faut pour cela braver le vent et l'infernal *drift*.

Une fois la construction achevée, nous nous mettons tous à cimenter les joints avec de la neige, et, lorsque le *drift*, par là-dessus, a recouvert toute la hutte d'une nouvelle couche, la chaleur intérieure produite par notre cuisine à l'esprit-de-vin et nos respirations ne trouve aucune issue; un Européen croirait à peine que souvent nous avons été incommodés par la chaleur. Il faut cependant que toutes les ouvertures soient bien closes, autrement un petit trou du diamètre d'un tuyau de plume a bientôt servi d'entonnoir à un boisseau de neige lorsqu'il vente ou qu'il *drifte*.

Tout travail porte avec lui sa récompense; nous sommes bien fatigués, certes, lorsque après une journée de marche il nous faut songer d'abord à l'opération encore plus fatigante de bâtir, de porter ou de scier cette neige dure et pesante comme de la pierre de taille; mais on ne peut s'imaginer quelle sensation de plaisir et de confort nous éprouvons lorsqu'il nous est donné enfin de fermer notre porte, et de nous allonger sur nos sacs!

Nos pauvres chiens eux-mêmes, après avoir gloutonnement happé leur ration de *pemmican*, qu'ils digèrent sans doute comme le boa, s'étendent nonchalamment sur la neige, peu soucieux de celle qui tombe et les recouvre entièrement, la considérant plutôt comme un supplément ajouté à leur épaisse fourrure. Heureux chiens! qui n'ont rien à bâtir, et se moquent parfaitement de la direction où nous nous engageons, pourvu que cela ne leur rapporte pas trop de coups de fouet!

11 avril. — La tempête de neige gronde au dehors, si bien que nous n'osons sortir de notre hutte, heureux que nous sommes de l'abri chaud et confortable qu'elle nous procure; mais nous ne sommes pas sans inquiétudes pour ceux qui nous ont laissés mardi matin. Nous craignons qu'ils ne soient encore vers le milieu de la baie Creswell, sur les glaces de laquelle cette tourmente peut avoir quelque effet. Nous ne pouvons que faire des vœux pour eux et demander en leur faveur cette même protection dont nous éprouvons si visiblement les effets. Comment ne pas admirer la Providence qui change en abri tutélaire cette neige qui serait bien vite l'instrument de notre destruction; alors que tout autour de nous semble conspirer notre perte, ne jouissons-nous pas d'un bien-être réel? Quelle force on puise dans la confiance en Celui sans la permission duquel un cheveu ne saurait tomber de notre tête!

12 avril. — Thermomètre: dix heures, — 13°,89; midi, — 12°,22; dix heures, — 22°. — Dans la matinée, le mauvais temps paraît vouloir continuer; mais nous profitons d'un répit pour partir un peu avant midi, et nous sommes favorisés, pendant le reste du jour, d'une petite brise d'est. Nous traversons la petite baie où nous nous sommes engagés le samedi 10. Après une course d'environ trois milles à l'ouest, et après avoir gravi une pente assez douce, nous arrivons sur un terrain presque uniformément plat; un monticule un peu au sud est le seul objet qui rompe cette uniformité. Changeant alors

de direction, nous marchons pendant cinq ou six milles environ vers l'ouest, sur une neige molle et sèche dans laquelle nous n'avançons que difficilement.

Temps neigeux et couvert. Nous ne pouvons voir à une grande distance, mais nous avançons avec plaisir, comptant, demain, voir la côte de cette mer de l'ouest après laquelle nous avons couru plus longtemps que nous ne comptions et sans la rencontrer.

13 AVRIL. — Thermomètre : sept heures, — 15°, 56 ; midi, — 14°, 44 ; huit heures, — 16°, 67. — Il semble que tout soit contre nous : nous nous trouvons au milieu d'un brouillard si épais qu'il est presque impossible de se diriger plusieurs minutes de suite dans la même voie. Pour surcroît d'ennui, l'aiguille aimantée est devenue excessivement paresseuse et le compas indique souvent trois ou quatre directions différentes pour celle que nous voulons prendre ; comme nous le disons en langage nautique, le *compas dort*, et ce n'est qu'en le remuant et en comparant avec lui nos petites boussoles de poche que nous pouvons avoir quelque confiance.

Peut-être la côte n'est-elle qu'à quelques centaines de mètres seulement et suivons-nous une direction parallèle. Ceux d'entre nous dont les yeux sont en mauvais état souffrent beaucoup des efforts qu'il leur faut faire, même pour regarder à leurs pieds. En somme, il ne paraît pas que nous avancions le terme de notre voyage par une marche aussi incertaine, et à deux heures de l'après-midi nous campons.

Hier et aujourd'hui, chaque élévation de terrain était saluée par nous comme étant peut-être une des arêtes dont le versant forme la côte ; les nuages bleus nous semblaient annoncer la présence de la mer, et même la réflexion de l'eau libre. Nous remarquons ce soir, comme plusieurs fois déjà nous avons eu occasion de le faire, que la neige qui repose sur la terre en couches peu épaisses consiste en une espèce de cristallisation, due sans doute à la filtration ou à la précipitation aqueuse occasionnée par la chaleur du sol ou des herbes, et que ces pièces de neige sont extraordinairement transparentes et conductrices du son.

Le monticule vu le samedi 10 est maintenant, à l'est de notre campement, à trois ou quatre milles, et, non loin de son pied, court une petite ravine qui aboutit sans doute à la plage.

Bien que le thermomètre ne soit pas beaucoup au-dessus de zéro Fahrenheit ou — 17°,78, nous trouvons encore que la chaleur augmente d'une façon très-sensible avec l'état nuageux du ciel, ce dont les lois physiques, d'ailleurs, rendent parfaitement compte.

14, 15 et 16 AVRIL. — Continuation du même temps : le brouillard est tellement épais au dehors que nous ne pouvons nous aventurer à quelques pas de notre maison sans la perdre entièrement de vue, et l'inactivité forcée qu'il nous faut ainsi subir nous paraît certes bien plus intolérable que la route la plus rocailleuse que nous ayons encore parcourue. Ce contre-temps augmente d'autant plus notre dépit que nos provisions se consomment sans profit pour notre course, ce qui fait autant de jours à retrancher de notre travail effectif. La philosophie la plus stoïque, d'ailleurs, trouverait matière à s'exercer dans une hutte de neige de huit à dix pieds de long sur cinq à six de large et trois à quatre de haut; car la chaleur produite par notre séjour prolongé a affaissé notre bâtisse. Vendredi, pendant une courte éclaircie, M. Kennedy est allé avec deux hommes un peu en avant pour reconnaître la route et voir la mer, que nous appelons à cor et à cris, mais sans succès, les terres étant presque au même niveau aussi loin qu'ils ont pu voir.

17 AVRIL. — Décidément notre impatience ne change rien à l'état des choses et il faut s'armer de résignation. La pipe devient le refuge de notre espoir trompé, et nous fumons, nous fumons avec une telle persistance et une telle régularité, que point n'est besoin de la montre pour savoir l'heure. « Quelle heure est-il, Dickie ? — Il

est tant de pipes, sir. » — Ce qui est une indication aussi exacte que les meilleures horloges du monde. Avec une route pas trop mauvaise et trouvant la côte comme elle est marquée sur la carte, nous serions maintenant au pôle magnétique, peut-être parmi les Esquimaux ! quelle rage !

18 AVRIL. — Thermomètre : six heures, — 20°; midi, — 18°33; six heures, —17°78.—A notre grande joie, car nous sommes las de repos, le temps nous permet enfin de reprendre notre route sous un soleil radieux et une légère brise. Tout près de notre camp nous rencontrons un loup gris, dont les pistes montrent qu'il a dû rôder une partie de la nuit dans les environs. Le coquin, s'il est affamé maintenant, n'a point toujours jeûné, s'il faut en croire certains indices où se trouvent des ossements de daims ou caribous. Il nous suit pendant la plus grande partie du jour, se tenant à distance respectueuse après qu'une balle l'a averti qu'il ne faut point se hasarder trop près de nous, mais il nous poursuit de ses hurlements. C'est ainsi que dans la baie d'Hudson ils attirent souvent (*to decoy*), pour les leurrer, les chiens avec lesquels d'ailleurs ils ont, surtout dans ces contrées, plus d'un degré de parenté. Rien n'est plus lugubre que ce cri plaintif qui résonne encore à nos oreilles après que l'animal a disparu. Soit insouciance du reste, ou sentiment de leur sûreté, nos chiens n'ont point semblé faire à lui la moindre attention.

La neige commence à ressentir les atteintes du printemps, ce qui augmente les difficultés de notre route dans le terrain ondulé et coupé de ravines que nous rencontrons aujourd'hui. Le sol est couvert en plusieurs endroits de petites touffes de lichen (*heather*) et de branches de saule nain ; les perdrix, friandes des bourgeons de cet arbuste, ont creusé la neige de leurs becs, et nous voyons aussi de nombreuses pistes de renards courant au sud, ou vers les endroits fréquentés par les perdrix. La neige nous permet ainsi presque partout de reconnaître dans ces étonnantes contrées que tous les animaux semblent généralement procéder par groupes de deux espèces dont l'une vit aux dépens de l'autre.

Il a fait tellement chaud dans la journée, que nous avons pu nous permettre la jouissance d'une ablution partielle avec quelques poignées de neige. Nous avons fait environ douze milles vers l'ouest et quelques milles au nord, et nous campons à quelques milles d'un monticule assez élevé. L'observation à midi nous met en latitude à 72° 03', c'est-à-dire à peu près par la même que le cap Bird, que nous n'avons pas encore vu cependant. Nous étions à midi près d'une ravine courant nord et sud, dont les bancs escarpés nous donnent un peu de *sport*, ayant eu à dételer nos chiens et à lancer nos traîneaux, qui glissent sur la neige, et courent à une grande distance, comme un navire fait en descendant de ses chantiers.

Pendant la plus grande partie du jour, le ciel à l'ouest a été chargé de vapeurs noirâtres que nous nous plaisons à prendre pour le *blink of open water* (l'effet produit par l'eau libre). Je n'ai point vu jusqu'à présent que des observations hygrométriques aient été faites ici. La peau devient tellement sèche sous l'influence de cette sécheresse toute particulière des froids excessifs que l'épiderme est extrêmement irritable, et que la chaleur du soleil crée un hâle et des gerçures aussi fortes que la bise la plus piquante ; je pense qu'à cela sont dues la plupart des ophthalmies comprises sous le nom générique de *snow-blindness*.

19 AVRIL. — Thermomètre : neuf heures, — 5° 56 ; midi, — 3° 33 ; dix heures, — 5° 56. — Légère brise du sud, temps couvert et neigeux. — Nous prenons de nouveau notre course à l'ouest, ou du moins nous tâchons de nous diriger à l'ouest. A environ quatre milles de notre campement, nous tombons sur une rivière ou sur un lac gisant nord et sud, assez étroit, mais qui paraît s'étendre au loin dans la direction du nord. Afin d'économiser notre combustible en buvant pour la soif à venir, nous creusons la glace à plus de quatre pieds et cherchons

sans y réussir à briser la couche solide du fond par quelques balles. Notre peine ne sera pas entièrement perdue cependant, car nous remplissons notre bouilloire et le reste de nos ustensiles des fragments de cette glace d'eau douce, ce qui nous prendra moins de temps et d'esprit-de-vin que s'il fallait fondre de la neige. J'ai été fort étonné de voir les balles rebondir en haut de ce trou, bien que le pistolet fût tenu verticalement. Déjà, en septembre dernier, j'ai vu les balles, après avoir frappé la glace, revenir en arrière, contrairement aux lois de la réflexion.

Il nous faut consulter le compas à chaque instant, et comme la contrée que nous traversons maintenant est assez irrégulière, par suite des détours que nous prenons pour éviter des coteaux trop rapides pour nous ou trop pierreux pour les traîneaux, nous faisons peu de chemin en *bonne route*. Après sept ou huit milles de montées et de descentes continuelles, les vallées généralement du nord au sud, nous arrivons à une ravine plus profonde que celles rencontrées jusqu'alors. Le terrain redescend par une pente graduelle à un état si parfaitement de niveau et si peu accidenté de pierres, que plusieurs fois nous nous prenons à penser que nous sommes arrivés à la mer sans nous en apercevoir ; et ce n'est qu'après avoir creusé la neige, et trouvé le sol à un pied au plus, que nous sommes détrompés. Les terres que nous laissons à l'ouest, et que nous voyons se terminer sur cette espèce de plateau, contribuent d'ailleurs beaucoup à créer ou à entretenir l'illusion. L'expérience des quelques jours suivants nous montre le danger de ces idées préconçues surtout chez un voyageur, car, nous attendant à trouver ici les glaces de la mer polaire, la tentation eût certainement été très-forte de croire à leur existence.

Afin de compenser les retards causés par les brumes du 14 au 17, et dans une impatience facile à concevoir, nous poussons en avant vers l'ouest, ne nous arrêtant qu'après une course de vingt-deux heures, dans laquelle nous avons dû faire, sur l'appréciation la plus modeste, de quinze à dix-huit milles, c'est-à-dire un degré de longitude à l'ouest. M. Kennedy a, de plus, résolu que dorénavant nous voyagerons la nuit et dormirons le jour. Nos chiens souffraient beaucoup de la chaleur, qui nous incommodait également pendant la besogne fatigante du halage ; l'un d'eux a même eu un accès d'épilepsie. Notre nouveau système de voyage nocturne est surtout favorable aux yeux, qui se fatiguent bien moins de la blancheur sans éclat de la neige dans la soirée et dans la nuit. Les vallées que nous venons de traverser contenaient généralement de l'eau. La neige est aussi très-molle, ce qui augmente notre labeur, mais nous ne pouvons nous en plaindre, car cela ménage nos traîneaux, qui, sur un terrain un peu plus dur, seraient bien vite en pièces. Nous passons sur de nombreuses pistes de renards, perdrix et souris blanches.

Du 20 au 21 avril. — Thermomètre : neuf heures du soir, — 22° ; minuit, — 23° ; neuf heures du matin, — 23°. — Petite brise du sud. — Nous avons fait vingt milles géographiques à l'ouest au milieu de ces steppes de neige, encore les mêmes, encore si uniformément plates, et dont rien ne varie la monotonie, si ce n'est une pierre de temps en temps, ou une légère ondulation sur laquelle se trouvent des mousses goûtées par les rennes. Nous voyons encore de nombreuses pistes de renards et plusieurs petits terriers creusés dans la neige par la souris arctique. Il nous semble décidément impossible d'atteindre la côte de l'ouest, qui sans doute fuit devant nous, si le compas ne nous trompe ; mais, quelque peu de confiance que nous mettions dans ses indications, à cause du voisinage du pôle magnétique, notre distance parcourue à l'ouest, que j'ai toujours estimée au plus bas, nous met à plus de quatre degrés des îles Brown. Le soleil, pendant les intervalles où nous l'avons vu, nous a toujours servi, d'ailleurs, à contrôler l'aiguille aimantée. En tout cas, il est évident que la mer, placée à l'ouest de la terre de Somerset, est fermée au nord du cap Bird, et que le meilleur moyen est de couper droit au nord, où nous devons tôt ou tard rencontrer la côte que nous pourrons suivre alors. Les ravines que nous avons traversées ces jours derniers rejoignent la mer très-probablement et mon opinion serait que si demain, après une dixaine de milles au nord, nous n'avons point trouvé la mer, nous devrions nous diriger vers le nord-est, route qui, partant de la latitude où nous sommes, même en nous supposant à plus de cent milles à l'ouest (ainsi que le pense M. Kennedy) nous amènerait infailliblement sur la côte le jour suivant.

Jusqu'ici j'ai espéré que sir James Ross ne s'est point trompé dans ses conjectures, mais il n'y a plus moyen d'en douter; il est d'ailleurs fort peu positif dans ce qu'il dit à cet égard de l'endroit où il était, c'est-à-dire à ..... milles[1] au nord du cap Bird. Il a examiné le pays; le jour était, dit-il, remarquablement favorable par sa clarté, et toute terre, d'une grande élévation, aurait pu être vue à une distance de cent milles. Or les terres que nous avons passées sont tellement plates que nous, sur les lieux mêmes, n'avons pu croire que le témoignage de nos yeux, et, après avoir pris plusieurs fois ce plateau peu élevé au-dessus de l'Océan pour l'Océan lui-même, nous avons dû nous rendre à l'évidence Il ne serait donc pas étonnant qu'à une distance même plus rapprochée il eût commis l'erreur que nous commettions pour ce qui était à nos pieds. Les îles qu'il marque sur la carte, un peu au nord de nous, seraient alors les divers monticules que nous avons vus, ou des collines encore plus au nord que nous n'avons pu distinguer. Quant au moment présent, nous ne saurions compter sur la montre, et ce n'est qu'une fois à bord que nous pourrons dire exactement où nous sommes allés.

Trois alternatives nous ont été, hier, proposées par M. Kennedy : 1° continuer à l'ouest encore un jour; 2° retourner sur nos pas à la baie Brentford, où il compte tuer, en huit jours, un grand nombre de daims, et, avec ce renfort de provisions, nous diriger par terre vers le pôle magnétique ou le port Élisabeth; 3° enfin

---

[1] Dans le manuscrit le chiffre est en blanc.

nous rendre au cap Walker. Mon opinion a été de continuer à marcher un jour de plus à l'ouest, et, après cette journée, de prendre une décision nouvelle, suivant ce que nous verrions. Quant à retourner à la baie Brentford pour, de là, nous rendre au sud, ce serait mon plus grand désir si la chose était possible; mais, contrairement aux espérances de M. Kennedy, je doute fort qu'il puisse compter sur une chasse heureuse, ou du moins ainsi qu'il la faudrait. Il le reconnaît d'ailleurs lui-même. Si, après une semaine passée à chasser sur les îles de la baie Brentford, nous n'avons point été suffisamment heureux, le manque de provisions nous obligera à retourner à Fury-Beach, et alors quel désagrément pour nous! Autrement j'eusse été heureux de nous diriger de ce côté, parce que c'est là que nous sommes envoyés par lady Franklin. Cela rentrait dans le plan que je lui avais proposé en février : ce point est plus important d'ailleurs à explorer que le cap Walker, qui doit avoir été visité par l'un des quatre navires du commodore Austin ou par sir John Ross. — Nous avons marché un jour de plus à l'ouest, et comme M. Kennedy nous demande à tous notre avis, j'ai pris ce soir occasion de bien expliquer le mien, qui serait d'aller au nord-est dans l'espoir de rencontrer la côte le plus tôt possible. M. Kennedy désire aller droit au nord afin de rester sur la terre et sur la neige, moins dangereuse pour nos traîneaux que la glace que nous pouvons rencontrer sur la côte et non dans l'intérieur. A cela je réponds que si l'expédition de sir John Franklin a pénétré au fond de cette impasse, nous trouverons des traces de son passage sur la côte et non dans l'intérieur. « Cela est vrai, dit M. Kennedy; mais, pour le moment, je veux me rendre au cap Walker le plus tôt possible, et la côte sera examinée par les embarcations pendant l'été. » Il ne me reste qu'à m'incliner, une fois que j'ai bien établi ma manière de voir.

Du 21 au 22 avril. — Petite brise du sud, temps brumeux. Nous gouvernons au nord, du moins autant que nous le pouvons, car il nous faut consulter le compas à chaque instant. La seule manière dont nous puissions nous diriger consiste à prendre pour guide un objet au nord, et à marcher vers lui jusqu'à ce que nous apercevions un autre objet situé plus loin et dans la même ligne ; mais après nous être arrêtés pour choisir de pareilles marques, et avoir pris un bloc qui nous semble assez gros et éloigné de nous, nous arrivons, au bout de quelques instants de marche, sur une petite pierre dont la réfraction seule a grossi les dimensions. Rien de plus vexant que ces contrariétés incessantes mises en travers de notre avance, et de plus fatigant à la fois, surtout pour les yeux de celui qui marche en avant, en cherchant à percer le brouillard pour y trouver la route à suivre ou ces marque de jalonnement, et qui éprouve une sorte d'éblouissement qui l'aveugle.

De temps en temps, l'un de nous prend la place de M. Kennedy, qui d'ordinaire est en tête de nos traîneaux, et bien que nous soyons tous très-attentifs à surveiller les mouvements de notre guide, chaque fois que le compas est consulté, nous nous trouvons insensiblement écartés de la route que nous voulions suivre. Aussi, bien que nous ayons fait près de dix-huit milles géographiques, je ne pense pas que nous ayons en résultat plus de huit à dix milles de route au nord.

A trois milles de notre campement nous sommes tombés sur un terrain également plat, mais où ne se trouvaient plus de ces lichens si abondants la veille ; de nombreux remblais de petites pierres plates et arrondies lui donnaient le caractère d'une plage, et nous nous attendions à un changement complet dans la nature du sol. Mais après douze milles, nous retombons sur la même espèce de plateau, couvert de lichens, que nous avons vu le 20.

Dans la matinée du 22, la brume est tellement épaisse que, peu accoutumés comme nous le sommes encore à voyager la nuit, il nous serait impossible par le témoignage de nos sens de dire s'il fait jour ou nuit maintenant. — Vu un ptarmigan.

Du 22 au 23 avril. — Thermomètre : neuf heures du soir, — 11°, 11 ; minuit, — 3°, 89 ; onze heures, — 3°, 89. — Légère brise de sud-est et de sud ; neige, brouillard épais. — C'est avec la plus grande difficulté que nous pouvons nous diriger vers le nord ; nous ne voyons même pas une pierre sur laquelle nous puissions nous guider. Après avoir placé des jalons dans la direction donnée par le compas, deux de nous marchent en ligne droite l'un derrière l'autre, pendant que les traîneaux suivent et se tiennent dans le même alignement, ou bien l'un marche en tête, et l'autre en queue, les traîneaux au milieu ; en dépit de notre surveillance, le compas nous montre qu'après quelques minutes de marche, nous allons quelquefois 45° et même 90° du nord. Le compas est fort paresseux aujourd'hui ; nous pensons avoir marché plus de quinze milles, mais nous ne devons guère avoir fait plus de huit à dix milles en bonne route.

Nous n'avons pas eu d'observations depuis plusieurs jours, de sorte que nous ne savons pas au juste quelle est notre avance de chaque jour ; nous ne distinguons rien à une centaine de pas devant nous, puisque souvent notre guide à trente mètres est à moitié caché par la brume ; tout contribue donc à rendre ces journées de marche longues et ennuyeuses. Le sol semble, autant que nous pouvons en juger, toujours le même.

Du 23 au 24 avril. — Petite brise d'est ; neige au commencement de la nuit ; vers minuit le temps s'éclaircit et nous promet un beau jour. — Au milieu de ces immenses solitudes, les spectacles variés des régions arctiques laissent sur l'esprit une impression toute particulière : par ces temps de brumes, le coucher du soleil, aussi bien que son lever, ont lieu sans le splendide cortége des jours plus clairs ; un disque pâle et affaibli descend sans pompe derrière les limites blanchâtres de l'horizon ; la scène prend un caractère à la fois doux et triste, qui cependant n'est point sans solennité.

Nous estimons avoir fait quinze milles ; mais, pour les

raisons énoncées hier, je ne crois pas que nous puissions compter plus de huit à dix milles en bonne route au nord.

Nous nous surprenons plusieurs fois goûtant la neige pour nous assurer qu'elle n'est point saumâtre, tant les apparences de la contrée sont trompeuses. Avant midi, le ciel est plus couvert que jamais et nous laisse dans la même ignorance de notre position.

Nous avons souvent entendu le cri des *ptarmigans* ou *rockers* tout près de nous; nous en avons vu sept aujourd'hui, mais nous ne pouvons perdre de temps à les chasser. Un seul, étant resté à portée de fusil, a été tué. Nous le laissons geler après l'avoir dépouillé de ses plumes, et, doutant de ce que nos gens du nord-ouest me disaient, j'ai voulu voir par moi-même si ce gibier cru et gelé est réellement mangeable; à mon grand étonnement, je l'ai trouvé délicieux.

Depuis trois jours, j'ai chaussé les *snow-shoes* ou raquettes, ce dont je me trouve fort bien et sans éprouver les inconvénients habituels décrits par M. Hood, si ce n'est une grande pesanteur dans les jambes, effet dont l'habitude m'empêchera sans doute bientôt de m'apercevoir. Le reste de notre troupe en fait autant aujourd'hui, et cela nous soulage d'autant mieux que ces chaussures ne nous gênent point pour haler les traîneaux.

Du 24 au 25 avril. — Thermomètre : neuf heures du soir, — 5° 56; midi, — 2° 78. — Même brume épaisse, temps nuageux. Au revers d'un pli de terrain, sur lequel nous avions campé, nous nous trouvons presque sans transition sur la glace, qui pour nous tous a un goût salé assez prononcé; mais, après nos déceptions des jours passés, nous n'osons nous décider pour l'affirmative; les marques laissées par les marées n'existent point, mais cependant deux longues crevasses peuvent en tenir lieu dans la petite anse où nous sommes, placée sans doute au fond d'une baie que nous ne pouvons distinguer. La côte, sur les deux bords, aussi loin que nous pouvons voir, c'est-à-dire à un demi-mille à droite et à gauche, relevée au nord-ouest et au sud-est.

Cette anse est fermée au sud-ouest, et appartient évidemment à la partie ouest des terres vues par sir James Ross. Nous continuons notre route au nord et le terrain devient un peu plus ondulé. A l'est paraissent être des îles très-basses ou éloignées de nous. Le ciel s'étant éclairci dans la matinée, nous pouvons gouverner en bonne direction ; après avoir fait dix-huit milles, suivant notre appréciation toujours approximative, nous trouvons tout près de notre campement une glace bleuâtre sur la nature de laquelle nous ne pouvons nous tromper cette fois ; la mer ne saurait être loin de nous. Nous avons vu une perdrix, deux *snow-birds* (oiseaux de neige) et des pistes de renards.

En l'absence des glaçons ou *rough-ice* que laissent les marées, ce qui nous paraît une raison suffisante pour nous faire croire à la présence de la mer, c'est le caractère des petites pierres qui sont maintenant d'une forme tranchante, découpées en lames minces et hérissées, comme cela a lieu en général près des côtes, tandis que c'étaient des pierres rondes et unies que nous trouvions jusqu'ici.

Nous obtenons enfin des observations qui nous mettent en latitude 73° 50′ 30″ nord, ce qui s'accorde assez bien avec mon *estime*. Pour la première fois, depuis plus de sept mois, le thermomètre s'est élevé au-dessus de zéro centigrade, et nous inaugurons l'ère nouvelle des températures par un glorieux défi : nous couchons en plein air, sans autre abri qu'une petite muraille de neige entre le vent et nous. L'espoir, le beau soleil, tout contribue aujourd'hui à ranimer notre ardeur. Nous humons avec délices les senteurs d'un thé que nous faisons généralement bouillir trois ou quatre fois, comme l'avare, afin de prolonger nos ressources ; notre morceau de *pemmican* nous semble plus savoureux que de coutume, et nous nous plongeons sous nos couvertures pleins de confiance dans le réveil.

Du 25 au 26 avril. — Thermomètre : sept heures du

soir, — 10° 56 ; minuit, — 6° 67 ; midi, — 5° 56. — Petite brise de sud-est et d'est, brume plus épaisse que jamais ; nous essayons tous les moyens possibles pour aller dans la même direction, marchant en ligne, nous guidant sur la brise, ou sur un pavillon d'étoffe légère. Ainsi que les jours précédents, nous reconnaissons, en consultant le compas, que nous nous écartons de vingt, de quarante, et parfois même de quatre-vingt-dix degrés de la route. Nous sommes tous *snow-blinded* maintenant, et M. Kennedy et moi nous trouvons obligés de nous relever de temps en temps à la pénible besogne de battre la route (*beating the track*). Le compas est encore très-paresseux. Le terrain a évidemment pris un nouveau caractère et paraît s'élever graduellement en passant d'une colline à l'autre. Nous rencontrons à plusieurs reprises les pistes toutes fraîches de quatre bœufs musqués que nous découvririons peut-être non loin de nous si le temps était favorable. La nature du sol n'offre plus les mêmes avantages pour nos traîneaux ; si d'ailleurs les brumes continuent, il nous est impossible d'avancer avec rapidité. Il semble donc plus opportun de nous tenir sur la côte que nous pouvons suivre, quelle qu'en soit la direction ; aussi, après avoir fait une dizaine de milles au nord, nous nous dirigeons à l'est pendant deux heures avant de camper au pied de trois monticules assez remarquables, qui sont probablement ce que nous avions pris hier pour des îles, ou du moins pour les îlots situés le plus à l'ouest. — Pendant que je prends des observations, à midi, le vent fait tomber le niveau à esprit-de-vin de notre horizon artificiel et le brise sur une caisse de *pemmican* ; fort heureusement pour moi, c'est M. Kennedy lui-même qui l'avait placé là.

Nous voilà maintenant au dépourvu, M. Kennedy n'ayant pas voulu emporter, ainsi que je le lui conseillais, notre horizon à mercure, sous prétexte qu'il pesait trop, et, par ce simple accident, nous sommes empêchés de prendre des observations jusqu'à ce que nous soyons sur la côte où j'aurai l'horizon de la mer ; cela devient d'autant plus vexant que, d'aujourd'hui seulement, nous aurions pu avoir des distances lunaires qui nous donneraient la longitude et nous permettraient de nous passer de la montre.

Du 26 au 27 avril. — Thermomètre : huit heures du soir, — 25°; minuit, — 23°; midi, — 22°. — Nous avons marché les jours précédents dans une mer de brume où les sommets des terres percent comme autant de petites îles, et ce n'est point la moindre cause de nos déceptions, car nous reconnaissons aujourd'hui que la plupart des îlots vus la veille ne sont pas autre chose. — Forte brise du nord-ouest. — Nous passons un petit lac placé au pied des trois collines, et nous nous dirigeons à l'est, gravissant pour cela un coteau assez escarpé, dont le sommet se joint à un terrain pierreux et de niveau où le vent a toute prise sur nous. Le thermomètre a d'ailleurs éprouvé une baisse de 30° sur la moyenne des jours derniers, et nous commencions à nous accoutumer à cette température plus agréable. *L'œs triplex* du premier navigateur, d'Horace, serait ici un vêtement peu chaud, et certainement inférieur à une triple chemise de laine. Nous avons vu deux nouvelles pistes de bœufs musqués se rendant au nord comme ceux d'hier. Après quelques détours faits pour en suivre les sinuosités, nous campons dans le lit d'une rivière, gelée maintenant, qui court à l'est, venant de l'ouest, mais dont nous ne pouvons déterminer la latitude à cause de la violence de la brise. Nous avons fait une vingtaine de milles en une étape de quatorze heures; mais peut-être pas plus de dix milles en longitude à l'est.

Du 27 au 28 avril. — Thermomètre : huit heures, — 25°; minuit, — 21°; midi, — 16°. — Temps clair, brise du nord. — Après trois milles à l'est, nous arrivons sur le sommet d'une colline au bas de laquelle s'étend une plaine de neige que nous prenions d'abord pour la mer. A l'est, des terres assez élevées que nous pensions être des îles. Découragés à la fin, nous nous promettons de ne plus rien conjecturer, et, comme l'incrédule, de ne croire qu'à ce que nous toucherons du doigt. Nous passons à cinq cents mètres de deux rennes, l'un semblant faire sentinelle, pendant que l'autre se repose. MM. Kennedy et John Smith rampent sur la neige pour arriver jusqu'à eux, à la manière des Indiens, plaçant leurs fusils en croix au-dessus de leur tête pour figurer les cornes de deux autres rennes, tandis que les hommes restés près des traîneaux, élevant leurs bras en l'air, se balancent d'un pied sur l'autre; soit que l'imitation fût trop imparfaite, soit que nos rennes fussent trop défiants, ils détalent hors de portée de fusil. Voilà bien ce qui me faisait appréhender que la chasse à la baie Brentford ne fût infructueuse; je me rappelais notre mauvaise chance à l'égard de toute espèce de gibier.

Enfin, après quatre milles de plus à l'est, ou sept depuis le campement, nous arrivons sur les bords d'une baie assez profonde, dont les terres, vues à l'est ce matin, forment la pointe du sud; plusieurs îles sont à l'entrée. Cette fois, il est impossible aux plus sceptiques d'entretenir le moindre doute, et joyeusement nous nous dirigeons au nord vers ce qui paraît être l'autre pointe de la baie. — Point de *tide-marks* ou de traces des marées. A deux milles de l'endroit où nous sommes sur la glace, la baie paraît avoir quatre milles de large, et s'élargir à mesure que nous avançons au nord. Nous nous arrêtons vers neuf heures, à sept milles du fond, et à peu près à la même distance de l'entrée au nord. La brise est encore trop forte pour que je puisse me servir d'une fiole de liniment dont le docteur nous a munis, et dont je comptais faire un horizon, expérience facile, à cause de la couleur noire du liquide, et de l'esprit camphré qui l'empêche de geler.

Du 28 au 29 avril. — Thermomètre : huit heures du soir, — 25°; minuit, — 19°; midi, — 12°. — Temps clair. Après quelques milles, nous arrivons au pied du cap, au nord de la baie, cap formé d'un pierre rougeâtre dont les débris couvrent la terre, et que M. Kennedy pense être du grès (*sandstone*). Nous continuons à avancer rapidement sur cette plage basse qui s'étend peu à peu vers l'est, pendant que M. Kennedy suit les contours des terres aux environs du cap et gravit un des rochers pour avoir une vue de la mer et des îles à l'est. — Ce que nous pensions hier être des îles forme une ligne continue, et, à ce qu'il croit, la côte ouest de North-Somerset. Pour moi, comme ces terres ont une direction nord-ouest, et puisque la côte de Somerset court au nord, je pense qu'il est dans l'erreur; mais j'aime mieux ne rien dire, et, pour me mettre à couvert, déclarer que l'état de mes yeux malades m'empêche de porter un jugement. Après avoir passé ce cap, les terres s'abaissent presque subitement pour ne se relever que beaucoup plus au nord. Nous campons sur la côte, ayant fait une vingtaine de milles au nord-nord-ouest. Vers la fin de la nuit, la brise passe du nord à l'est, et le temps se met à la neige.

Je ne sais si j'ai manqué de fermeté en ne m'opposant pas à la déclaration que les terres vues à l'est sont celles de North-Somerset (ce que les journées suivantes ont démenti), mais je dois laisser au capitaine la responsabilité de ses déclarations. Après avoir passé le cap dont j'ai parlé, M. Kennedy se tourne vers nous et nous annonce que ce cap sera désormais nommé le cap Bellot, l'*inlet* désigné par le nom de M. Grinnel, et la terre par celui du *Prince-Albert*. Je le remercie avec effusion, et le prie de me permettre de décliner cet honneur, et de me joindre à nos gens qui veulent lui donner le nom de notre commandant, auquel je pense qu'un pareil honneur est dû avant moi. Refus absolu de sa part [1].

Toute la gloire que je puis acquérir ici consiste à avoir joint cette expédition. En France, on croira peut-être que j'ai trouvé ici des routes toutes frayées et on ne peut plus faciles à suivre; seuls les officiers et l'équipage du navire seraient compétents à rendre témoignage; mais Dieu me garde jamais d'en appeler à eux. Après avoir offert mes services, je me rends cette justice in-

---

[1] Voir ci-après la note de la page 286.

partiale, parce que je la puise non dans mes passions, mais au fond de ma conscience, que j'ai fait plus qu'on ne pouvait espérer de moi à cause de mon inexpérience dans ces contrées. Qui saura jamais ce que j'ai sacrifié d'espérances, de joies, de bonheurs pour entreprendre cette campagne?

Du 29 au 30 avril. — Thermomètre : huit heures du soir, — 30° ; minuit, — 29° ; midi, — 12°, 22. — Nous avons vu hier des pistes de renards et deux ptarmigans. — Temps couvert et neigeux. — Nous gouvernons pour passer à l'est de l'îlot le plus loin en vue, et sommes arrêtés par la brume après treize heures de marche pendant lesquelles nous pensons avoir fait dix-huit milles géographiques au nord-ouest, sur la même espèce de terrain, couvert d'une neige sèche, dont les couches inférieures montrent, par leur couleur et leur consistance, qu'elles datent au moins de l'année dernière.

Vu plusieurs pistes de rennes et cinq ptarmigans, dont trois ont été tués. Les oiseaux commencent à prendre leur plumage du printemps, c'est-à-dire que quelques plumes grises se mêlent au reste. Les trois que nous avons tués suffisent à un repas pour nous six, arrivant ainsi fort à propos, car nous commençons à être à court de provisions. Il a été décidé hier que nous ne ferions plus de thé qu'une fois par jour, afin d'économiser notre esprit-de-vin, qui diminue aussi assez rapidement. Jusqu'ici notre repas se composait, le matin et le soir, d'un morceau de *pemmican* d'environ une demi-livre, un peu de biscuit et une pinte de l'infusion que nous décorons du nom de thé ; mais, comme il faut que l'eau bouille pour cela, nous nous contenterons, le matin, d'avoir une pinte d'eau froide. A notre départ de Fury-Beach, sybarites que nous étions, à peine trouvions-nous à notre goût le plat succulent que les Canadiens du nord-ouest appellent *rababou*, mélange de biscuit et de farine, bouilli avec le *pemmican* ; les délices du *réchaud* composé des mêmes éléments, avec une simple poignée de neige pour empêcher le *pemmican* de brûler, chatouillaient à peine nos palais blasés. Les mauvaises langues diraient peut-être qu'ils sont trop verts, mais nous décrions fort les épicuriens, qui ne peuvent se passer de pareilles somptuosités.

Du 30 avril au 1er mai. — Thermomètre : huit heures du soir, — 30°; minuit, — 8°,89; midi, — 11°,11. — Brume épaisse, temps nuageux. — Au départ, la pointe nord de la grande île est exactement à l'est, et une petite île, tout à fait à gauche, nous montre sa partie ouest droit au nord. La chaîne d'îlots devant nous semble rejoindre les terres plus à l'ouest, bien que nous ne puissions nous en assurer à cause du brouillard. Le terrain est très-accidenté, et nous nous tournons au nord-est, afin de passer en dehors des îles où nous nous tiendrons sur le *floe*. A cinq heures du matin, entre la grande île et l'îlot au nord, notre route coupe pendant dix minutes la glace d'une pièce d'eau salée dont l'ouverture doit être au nord. La brume devient de plus en plus épaisse; nos chiens eux-mêmes semblent être aussi affectés que nous de *snow-blindness*, car plusieurs d'entre eux quêtent sur la route, n'y voyant plus assez, et après treize heures de marche, nous nous arrêtons, pensant avoir marché vingt milles, ce qui ne fait sans doute guère plus de douze à quinze en bonne route.

Dans la brume, un pauvre renne se dirige de notre côté; nous nous couchons à plat ventre, et comme le vent vient de sa direction, il nous prend sans doute pour une de ces petites élévations couvertes de lichens; le brouillard est tellement épais, que nos chasseurs le manquent à moins de trente mètres; il semble étonné par les détonations et continue à s'avancer vers nous, lorsqu'un de nos chiens, se délivrant de son harnais, s'élance après lui, et tous les deux sont bientôt hors de vue. En outre d'une occasion si belle, et qu'un chasseur, dit M. Kennedy, n'a point deux fois en sa vie, nous nous désespérons d'avoir perdu le meilleur de nos chiens; mais ce dernier revient heureusement après une demi-heure de chasse, haletant, et ayant à la gueule, prétendent quelques-uns, des poils de l'animal.

Ce n'était point sans intérêt pour moi que de voir ce pauvre animal se précipitant pour ainsi dire au devant d'une mort certaine, élevant et abaissant sa tête chargée d'un bois complet, comme fait un navire au roulis. Nous avions si souvent vu, en expectative, un renne tué par nous; nous l'avions si bien dépecé et cuit d'avance que c'était un désappointement assez sérieux, et le reste de la journée se passe à déplorer notre infortune. Le seul soulagement apporté à notre *snow-blindness* a été de nous arrêter un peu plus tôt, et dans cette même intention, aussi bien que pour prendre un peu de repos, dont nous avons besoin après les quinze derniers jours de marches forcées.

1er et 2 MAI. — Nous passons la journée du dimanche dans notre même campement; il vente d'ailleurs au dehors une forte brise de sud-est. *Drift* et temps épais. — Plusieurs d'entre nous ressentent dans leurs jambes des douleurs que nous attribuons à la fatigue, et que j'ai éprouvées pour la première fois le jour où nous couchâmes en plein air, n'ayant point changé ma chaussure qui était humide. M. Webb a de plus sur les jambes des taches bleuâtres, que plusieurs de nos hommes déclarent être le scorbut. Je combats cette idée autant que possible; mais, quand nous sommes seuls, M. Kennedy m'assure qu'il croit en effet que c'est le scorbut : hélas! comme nous n'y pouvons rien faire, il est mieux de n'y point songer; pour moi, je ne veux même pas regarder mes jambes jusqu'à ce que nous soyons arrivés au terme de notre voyage.

Je n'ai pu prendre des observations à l'horizon des glaces; toutes mes tentatives pour former un horizon artificiel ayant échoué, soit avec le liniment du docteur, de l'encre étendue d'eau, de la poudre dissoute dans de l'eau, la température, la brise et le *drift* ont été des empêchements insurmontables; j'ai même essayé de faire geler de l'eau, à l'endroit où je voulais observer, afin que cette glace fût horizontale; mais cette glace était trop molle et trop terne pour servir comme réflecteur. Aussi, en de semblables expéditions, recommanderai-je toujours d'emporter l'horizon à mercure, car le mercure ne se congèle qu'à —40°, et il est peu probable qu'on ait à faire des observations par une température plus basse; on ne peut se figurer qu'après les avoir éprouvées les difficultés qu'on rencontre quand on veut essayer de niveler l'horizon à glace avec un thermomètre de 20 ou 30 degrés, dont l'horizontalité, d'ailleurs, ne reste jamais parfaite, la neige qui entoure le support cédant sous le poids ou le changement de température. Je me servais d'une espèce de support, dont la verticale s'altérait à chaque instant; ou, si j'employais un corps massif, l'équilibre des températures occasionnait un mouvement continuel.

Du 2 au 3 mai. — Thermomètre : huit heures du soir, — 32°; minuit, — 23°; midi, — 14°,44. — Petite brise du nord-ouest, temps clair. En sortant de notre campement, nous voyons, à notre grande surprise, que les îles au milieu desquelles nous pensions nous trouver sont autant de masses insulaires de *lime-stone* (pierres calcaires) reliées entre elles par les langues de terres basses, sur lesquelles nous avons passé; une fois de plus, enfin, nous voyons combien les apparences de ce sol couvert de neige sont décevantes à l'œil, surtout dans un temps brumeux. Nous aurions probablement dû passer au dehors de toutes ces masses pour rester sur la mer qui est à notre droite; afin de nous dégager au plus vite, nous dirigeons nos courses droit à l'est, et, après environ cinq milles, nous arrivons de nouveau sur la côte. Cette côte, sur notre droite, court à peu près au sud-sud-est, se composant de *cliffs* assez rapprochés les uns des autres, et, sur notre gauche, se trouve une très-petite anse, terminée par un cap élevé, au delà duquel nous ne pouvons encore rien voir; mais la portion que nous découvrons jusqu'à ce cap court droit au nord.

Pour la première fois, nous retrouvons, depuis la baie Brentford, sur les bords de la mer, les glaçons empilés les uns sur les autres par l'action des marées. (Il faut se rappeler que M. Kennedy avait vu les îlots joints entre eux dans la journée du 28 au 29; mais je ne m'étais point trompé en pensant que ce ne pouvait être la côte de Somerset.) Nous ne pouvons donc être bien loin de l'ouverture de cet *inlet*, ou golfe, ce que nous ignorerions autrement, n'ayant point eu d'observations depuis le 26 avril.

Un peu au-dessus de l'horizon, au nord-est et à l'est-nord-est, nous trouvons des terres qui appartiennent enfin à *North-Somerset-Land*, et que nous supposons être les caps Granite et Pressure. M. Kennedy reste sur la plage, pour examiner la côte, pendant que nous suivons ses contours sur la glace. Des restes assez nombreux de campements esquimaux d'une date ancienne jonchent cette portion de la côte. Sir Ed. Parry a trouvé les mêmes indices sur les îles Parry; il ne saurait donc être douteux qu'une portion des habitants primitifs ont successivement été chassés ou forcés d'émigrer vers les régions du sud, quelles que soient les chances en faveur de l'existence d'une population indigène habitant les parties encore inconnues des régions qui avoisinent le pôle nord du monde. Nous avons trouvé nous-mêmes ses traces tout le long de la côte de Somerset. Quelles ont pu être les causes de cette émigration? Les animaux qui hantent les parages situés plus au nord ne les ont point délaissés, puisque le bœuf musqué, le renne, plusieurs espèces de volatiles, ont été récemment trouvés, et que, d'ailleurs, leurs migrations annuelles ont toujours lieu dans cette direction. Seraient-elles la conséquence du refroidissement de ces contrées? Il n'est guère supposable qu'il ait été tel que des Esquimaux y eussent fait grande attention. Quoi qu'il en soit, ici ont passé ces tribus errantes auxquelles la vie de chaque jour est si péniblement acquise, et cela redouble l'aspect imposant et sévère de ces *cliffs* noircis par les âges; ils semblent regarder avec hauteur les misérables ruines qui contrastent si bien avec leur immuable antiquité. L'ours polaire, le renard arctique, seuls, reviennent périodiquement dans ces régions jadis habitées, mais aujourd'hui complétement abandonnées, même par la race si endurante des Esquimaux. Ici des générations peut-être ont vécu, à qui les lumières vantées de la civilisation ne parvinrent jamais, et cependant ils eurent comme nous leur part des joies et des chagrins d'ici-bas. — Mais, quelque intéressants que soient pour nous et ces restes et les réflexions qu'ils suggèrent, c'est avec plus d'intérêt et de soin que nous examinerions des traces plus récentes d'habitation, les traces de ceux à la recherche desquels nous sommes venus. Nous ne sommes plus fort éloignés du cap Walker, ce premier point que sir John Franklin devait visiter, et d'où il devait s'avancer au sud-ouest. Peut-être ses navires ou ses embarcations ont-elles touché non loin de nous, et notre ardeur s'exalte en songeant à ce que chaque minute de notre course peut maintenant nous découvrir d'inattendu et d'inespéré !

Depuis que nous sommes arrivés sur la côte, nous avons fait sept à huit milles au nord, et, après avoir passé ce cap, la terre s'incline vers le nord-nord-ouest jusqu'à un autre cap élevé, dans la direction duquel nous faisons huit milles de plus. — Je n'ai point eu de difficulté à reconnaître que les terres à l'ouest, vues par sir James Ross en 1849, et qu'il a marquées comme des îles, sont celles mêmes que nous foulons ; car celles de Somerset nous apparaissent exactement de la même façon, les baies et les dentelures de la côte formant des vides qui donnent à cette ligne continue l'apparence d'une chaîne interrompue de caps élevés. La certitude que nous avons acquise maintenant nous rend tous joyeux et contribuera, je l'espère, à nous faire trouver plus agréable la fin de notre course, quelles qu'en puissent être encore les péripéties.

Je dois rendre surtout à deux hommes de notre équipage, à MM. A. Irwine et R. Webb, l'ancien sapeur, la complète justice de dire que ce sont deux hommes aussi dévoués et soumis que je désire jamais en avoir sous mes ordres. Quant à moi, personnellement, je n'ai qu'à me louer de chacun de nos compagnons, pour leurs attentions, leurs égards même dans l'association forcée de la vie commune, vie forcément intime, et où l'égoïsme a le plus de prise, à cause des privations de chaque jour ; et je ne pourrai plus tard me rappeler les incidents de notre voyage sans reconnaissance pour ces braves gens.

Du 3 au 4 mai. — Thermomètre : huit heures du soir, — 24° ; minuit, — 25° ; midi, — 9° 44. — Petite brise du nord-est, temps excessivement clair. Hier, le soleil ne s'est point couché ; et nos jours recommencent une durée de vingt-quatre heures de clarté continuelle. Dans la disposition d'esprit où nous sommes, notre admiration est vivement sollicitée par cet orbe que grossit la réfraction, décrivant lentement une légère courbe au-dessus de l'horizon, et comme incertain s'il doit ou non s'y plonger ; il a si peu de temps à s'y reposer, que décidément cela n'en vaut pas la peine !

A six ou sept milles de notre campement, nous atteignons le cap qui était en vue au nord-nord-ouest, et, après l'avoir gravi, nous reconnaissons devant nous le cap Walker, dont nous sommes séparés par une large baie, et à l'est l'île Limestone. Possession est prise de cette terre nouvelle au nom de S. M. la reine Victoria. La terre est baptisée du nom de S. A. R. le prince Albert ; l'*inlet*, qui s'étend au sud, portera le nom de M. Grinnel, le négociant américain qui a envoyé deux navires à la recherche de sir John Franklin, et enfin M. Kennedy donne au cap sur lequel nous nous trouvons le nom de cap Bellot ; M. Kennedy a tenu, nous déclare-t-il, à réunir dans le même jour et sur les premières terres qu'il a découvertes, les noms de trois membres des trois grandes nations qui ont pris part à notre expédition, en même temps que comme un témoignage de ses sentiments pour la France et les États-Unis ; de triples salves de hurrahs saluent les noms de la reine et du prince royal, ainsi que des souhaits pour la prospérité et l'union des trois peuples. J'eusse décliné l'honneur de voir mon nom ainsi joint à celui du prince

Albert et de M. Grinnel, à cause de la participation si modeste que j'ai eue dans notre entreprise, et par un sentiment de haute convenance ; mais les paroles dont M. Kennedy a accompagné ses déclarations ne me permettent d'éprouver qu'une vive gratitude, et je lui tends la main. Ce jour est d'autant plus remarquable pour moi, que c'est l'anniversaire de celui où j'ai reçu les lettres de lady Franklin et de M. Kennedy, en réponse à ma demande de me joindre à l'expédition. Il me rappelle encore une autre solennité, et lorsque, à notre campement, mes pensées se reportent vers Rochefort, vers la France, je songe de nouveau aux événements [1] qui, en ce moment, y ont lieu. Quels sont-ils ? quelle en est l'issue ? Ah ! que ne suis-je petit oiseau !

Le *cap Bellot* donc, puisque cap Bellot il y a, est un cap assez élevé, formé d'une pierre calcaire jaunâtre dont je prends un fragment avec moi [2], rugueux et hérissé comme tous ces *cliffs* auxquels ma science géologique, ou plutôt mon ignorance du même nom, ne me permet point d'assigner un caractère exact. Il forme avec le cap Walker l'entrée d'une baie à laquelle M. Kennedy donne le nom de M. Mac-Léon, l'auteur du plan de notre expédition ; ancien officier et actionnaire de la compagnie d'Hudson, qui a mis en rapport lady Franklin et notre commandant [3].

En examinant les environs, nous avions remarqué un petit *cairn* de pierres, et comme il se trouve exactement sur une ligne nord et sud avec le cap, nous concevons aussitôt l'espoir qu'il a été élevé par des Européens.

---

[1] Bellot fait allusion aux événements attendus en 1852 et que le coup d'État de 1851, qu'il ne connaissait pas, a supprimés d'avance.

[2] Ce fragment de pierre calcaire, Bellot l'a rapporté à sa famille, qui le conserve comme un cher et précieux souvenir.

[3] Quoiqu'il semble, au premier aperçu, qu'il existe ici un double emploi inexplicable avec ce que Bellot a déjà raconté plus haut (journée du 28 au 29 avril, page 278), nous ne croyons cependant pas devoir rien supprimer. Mais ce qui paraît certain, c'est que le récit du lieutenant de vaisseau français diffère de l'exposé de M. Kennedy. En le faisant observer sans aucun commentaire, nous donnerons sur notre carte le nom de Bellot au cap dont il est question, séparé du cap Walker par une grande baie. (Note de M. De La Roquette.)

Mais ce n'est qu'une ancienne *cache* ou dépôt d'huile des Esquimaux, qui renferme l'huile qu'ils tirent des phoques ou des baleines dans des outres, qu'ils enterrent ainsi et recouvrent de pierres.

De l'endroit où nous sommes, le cap Walker paraît fort élevé, et a une magnifique teinte d'un rouge brun qui nous le fait supposer de *red-sandstone* (grès rouge); un autre cap, également remarquable par la même couleur et son élévation au fond de la baie Mac-Léon, est nommé cap J. Barrow en l'honneur du fils de sir John, auquel notre expédition doit tant, et qui m'a comblé de tant de politesses en Angleterre. M. Kennedy me déclare que lady Franklin lui a recommandé (ce que je savais) de donner les noms de plusieurs de mes amis à une partie de la côte que nous reconnaîtrions; je l'en remercie, parce que je pense plus convenable de songer d'abord à ceux qui ont contribué à l'équipement du navire, et que même, pour satisfaire à ces obligations, nos découvertes seront malheureusement trop restreintes; autrement, les noms de MM. Bonnaudet, de Lescure et Desfossés, à qui je dois ma position et ce que je suis, eussent été les premiers évoqués de mes souvenirs, surtout l'excellent M. de Lescure, sans lequel je n'eusse jamais pu entrer au collége ni à l'école navale; et mes deux seconds pères, M. Bonnaudet, de Brest, et M. Romain-Desfossés, de Bourbon. Les amis de mon cœur aussi eussent certainement eu une place sur la ligne de nos découvertes, et ma mère, et ma sœur Estelle, et d'autres enfin. Plus tard, peut-être ! Qui sait si l'avenir...

J'insère ici le passage des instructions écrites par lady Franklin, relatif aux noms à donner: «M. J. Bellot et ses amis; que tous les noms français soient sur une même portion de la côte, afin de mieux appeler l'attention ! »

Une petite île basse, ou plutôt un récif couvert de glaces, s'étend vers le milieu de l'entrée, et au moment où nous allons le dépasser, un gros ours s'en échappe, mais hors de portée du fusil. Nous voyons également au fond de la baie un *inlet*, un chenal, dont sans doute nous avons traversé la queue samedi matin, 1er, avant de camper.

En dépit de nos efforts, la chaleur était devenue trop considérable et trop fatigante, avant que nous eussions atteint ce cap Walker auquel s'est attachée une triste célébrité, et nous devons nous arrêter à quelques milles au sud-est sur la glace de large. Nous sommes donc obligés de renvoyer au jour suivant les recherches que nous voulons y faire, et, afin d'épargner un temps précieux, quelques pièces de neige sont rapidement jetées entre le vent et nous en guise de campement.

Du 4 au 5 mai. — Dans la soirée, MM. Kennedy, J. Smith et moi, nous nous dirigeons sur la côte; les trois autres hommes restent à la garde de notre bagage. M. Smith se rend un peu à l'est, et, pendant que M. Kennedy examine la plage, je me tiens un peu au large sur la glace, afin de voir s'il n'y a point quelque mât ou signal, ou tout autre objet placé sur le sommet des falaises pour appeler l'attention. Après avoir dépassé les faces rougeâtres du cap Walker, les terres s'abaissent peu à peu et s'inclinent insensiblement vers l'ouest : la plage, très-étroite, est couverte d'un gros gravier, de petites pierres et de fragments de *limestone* (pierre de chaux). Après trois heures et demie d'une marche très-rapide, nous nous rejoignons sur la côte; M. Kennedy, qui était le plus en avant, avait gravi une colline, d'où les terres lui ont paru suivre d'abord une direction sud-ouest.

A notre immense étonnement, pas la moindre trace, ni des navires de sir John Franklin, ni même des navires du commodore Austin. Les Européens ne semblent pas avoir encore abordé sur cette partie de la côte, car pas un ne l'eût fait, surtout les derniers navires, sans élever quelque signal, sans laisser enfin quelques vestiges de leur passage.

Nous nous estimions alors à six milles à l'ouest du cap Walker; le temps était assez incertain à notre départ du campement, mais la brume était devenue si épaisse et la brise s'élevait au sud-est avec une telle force que, bon gré mal gré, il nous fallut songer au retour. Bien que nous eussions pris au compas les relèvements de l'endroit où se trouvait notre bagage, nous perdîmes notre route dans le brouillard, nos *snow-shoes* n'ayant point laissé de marques sur la glace non couverte de neige. Fort heureusement les hommes restés au campement avaient eu l'idée de tirer de temps à autre des coups de fusil, et comme le vent portait vers nous, cela nous tira d'un embarras qui pouvait devenir sérieux.

Je ne sais comment les choses seront envisagées, mais je crains que M. Kennedy ne soit blâmé pour n'avoir rien laissé, soit comme marque de sa visite, soit pour en donner avis à ceux qui pourraient y venir, si les navires de l'escadre arctique sont encore dans le voisinage. Je lui propose d'aller, aussitôt que le temps se sera éclairci, avec M. J. Smith, au pied du cap Walker pour y élever un *cairn* et y déposer les documents qu'il jugera nécessaires; mais comme il a perdu un petit livre de notes et quelques papiers qui devaient être déposés dans ce *cairn*, il croit que nous pouvons nous en dispenser.

Nous n'avons plus que soixante livres de *pemmican*, sans biscuit, ni thé, pour nos chiens et pour nous-mêmes, et nous sommes encore à cent vingt milles en droite ligne, qu'il faut estimer à cent cinquante en réalité, du port Léopold, le seul endroit où nous puissions trouver des provisions. Nous nous résolvons avec douleur à reprendre le chemin de l'est, et, je le dis en toute vérité, avec douleur, surtout dans l'état actuel des choses, aucun navire ne semblant avoir pénétré jusqu'ici. Quelques jours de plus seulement, et nous aurions pu pousser cinquante milles plus à l'ouest, et qui peut dire ce que nous y trouverions? Mais, à moins de se lancer dans un nouveau danger, M. Kennedy ne pouvait prendre une autre détermination. Les cinq cent cinquante livres de *pemmican* et de biscuit que nous avions au départ de la baie Brentford, en supposant une livre de biscuit équivalente à une livre de *pemmican*, ne devaient nous durer que vingt-deux jours, à la ration ordinaire de deux livres par homme et par chien ; ces provisions nous ont fait trente jours, et si, à l'entrée du passage Grinnel, les glaces étaient brisées, s'il nous fallait redescendre au sud, avant de traverser ce passage !

Ah ! si nous eussions traversé la terre Somerset à la hauteur de la baie Creswell ! Nous eussions été ici peut-être quinze jours plus tôt, et alors... — Mais qui eût pu prévoir ce qui nous est arrivé, comment les choses ne seraient point trouvées par nous comme elles étaient annoncées, comment les brumes nous retiendraient, etc.?

Nous sommes forcés par le mauvais temps de bâtir notre hutte de neige, ou plutôt notre demi-hutte habituelle, car depuis une quinzaine de jours nous avons trouvé plus expéditif d'élever simplement une muraille circulaire que nous recouvrons d'une large pièce de toile. — A notre retour sur la côte, nous trouvâmes des empreintes de pas sur l'origine desquelles nous commencions à émettre des opinions diverses, lorsque enfin nous pûmes reconnaître à des marques certaines que c'étaient les traces de notre passage quelques instants auparavant, mais à présent recouvertes par le *drift*. Ce qui nous montre une fois de plus combien on doit être réservé dans toute assertion sur des traces de cette nature. Nous avons vu également des pistes de rennes de l'automne dernier, et M. Smith croit avoir reconnu un peu à l'est du cap Walker les restes d'un campement d'Esquimaux, mais de très-vieille date.

Du 5 au 6 mai. — Thermomètre : six heures du soir, — 8°, 33 ; minuit, — 15°, 56 ; six heures, — 20°. — La température s'élève rapidement sous cette brume épaisse, et nous sommes réveillés par la neige qui se fond sur notre toit d'étoffe, et tombe goutte à goutte sur nos couvertures. Heureusement une forte brise du nord-ouest dissipe en partie le brouillard, et, à six heures du soir, nous nous mettons en route pour le cap Pressure, sur la rive opposée de l'*inlet*. Après quinze heures d'un halage assez pénible sur les glaçons et la neige molle qui forment notre route, nous campons encore en vue du cap Walker et des terres au sud-est. Celles où nous nous rendons paraissent de temps en temps dans les éclaircies. Nos chiens sont devenus tellement voraces qu'ils mangent tout ce qu'ils peuvent trouver de cuir, nos gants, nos chaussures, nos *snow-hoes*, et nous sommes obligés maintenant de prendre tout cela avec nous dans l'intérieur de notre campement. Si l'*inlet* de Grinnel n'est pas toujours entièrement ouvert pendant l'été, il est certain que l'entrée du moins l'est de temps en temps, ainsi que le témoigne la glace irrégulière (*rough-ice*) qui s'y trouve.

Du 6 au 7 mai. — Thermomètre : six heures du soir, — 19°; minuit, — 23°; six heures, — 20°. — Temps clair, petite brise d'ouest; vers minuit, nous perdons de vue le cap Walker, qui disparaît dans la brume droit à l'ouest, derrière nous; mais nous distinguons parfaitement l'île Limestone à l'est et le cap Pressure. Nous réveillons un ours plus gros que ceux vus jusqu'ici; il se frotte les yeux, et, après un long circuit, vient se placer en travers de notre route, comme disposé à nous disputer le passage; l'animal se met à l'affût, n'ayant peut-être jamais vu d'hommes auparavant, et nous prend pour quelque sorte de bipède dont il compte faire chère lie. Le voyant prêt à livrer bataille, nous préparons tous nos armes, et quatre d'entre nous marchent droit à lui; il nous laisse approcher jusqu'à trente mètres, mais, nos fusils lui faisant peut-être deviner instinctivement ce que nous voulons, il s'éloigne avec une rapidité telle qu'après un quart d'heure nous sommes forcés d'abandonner la chasse. Son imprudence eût mérité un châtiment plus sévère, et il est probable que, si nous l'eussions tué, nous serions retournés au cap Walker.

A sept heures du matin, nous assistons au plus splendide phénomène météorologique. Le soleil, élevé d'environ 24° au-dessus de l'horizon, est entouré d'un halo parfaitement dessiné aux deux parhélies horizontaux et au parhélie vertical inférieur; une couronne horizontale de lumière blanche, ou cercle parhélique, passe par le centre du soleil, et s'étend sur la voûte du ciel, parallèlement à l'horizon ; sur cette couronne deux disques brillants, mais de lumière blanche, ou paranthélies, forment avec le soleil un triangle équilatéral. Au-dessus du halo enfin, une portion d'arc circumzénithal d'environ 40° reproduit toutes les couleurs de l'arc-en-ciel. Quelques portions du halo inférieur étaient également visibles. Malheureusement M. Kennedy ne voulut pas s'arrêter pour prendre les dimensions exactes de ce phénomène et il était trop tard lorsque nous campâmes. Le thermomètre marquait — 19°, 44 et l'air était rempli de particules neigeuses très-visibles à l'œil nu.

Dans la matinée, le soleil était environ à 6° au-dessus de l'horizon ; une partie du halo se dessinait avec les parhélies qui projetaient de longues bandes de lumière blanche. Une croix solaire, élargie vers la base de la colonne verticale, partageait en deux les bandes du halo. — D'autres soins appelaient plus immédiatement notre attention; mais, on le voit, presque chaque jour nous présentait un spectacle météorologique intéressant; il semble en effet que la nature tienne en réserve les plus magnifiques phénomènes comme compensation aux fatigues que le voyageur rencontre dans ces régions de frimas. O Dieu! que tes œuvres sont belles!

Notre route était aujourd'hui un peu meilleure qu'hier, mais cependant M. Kennedy et moi nous avons encore été obligés de marcher en tête, battant la route avec nos *snow-shoes*, afin de tasser la neige, où autrement les traîneaux s'enfonceraient. Nous avons également trouvé des pistes d'ours si nombreuses et si variées et dans toutes les directions que cet *inlet* nous a tout l'air d'être pour eux un lieu de rendez-vous. Nous campons sur la glace à deux milles à l'ouest de l'île Limestone.

Du 7 au 8 mai. — Thermomètre : six heures du soir, — 18°, 33; minuit, — 22°; six heures, — 19°, 44. —

Brise de sud-ouest. — Après avoir dépassé l'île, et, pour abréger notre route, nous cherchons à camper en droite ligne dans la direction du cap Rennel; mais, après nous être fourvoyés dans les glaçons et les neiges molles du large, nous sommes obligés de revenir sur la côte. Bien que le thermomètre ne soit pas très-bas, et que nous devions être accoutumés au froid maintenant, nous ne laissons pas que d'en ressentir les effets plus vivement, peut-être en raison de la réduction croissante de notre nourriture, car il faut nous contenter désormais d'un petit morceau de *pemmican*, à peine cinq ou six onces, que nous faisons dissoudre dans de l'eau bouillante, et cette espèce de bouillon, assez léger sans pain, ne nous soutient guère, on le pense bien, dans notre besogne fatigante. L'imagination prend sa revanche, et nous ne pouvons que rire en remarquant combien dans ces derniers jours nos conversations tombent presque infailliblement sur les plats que chacun préfère, sur ce que nous ferons au port Léopold, où les provisions sont abondantes; bref, c'est toujours de manger qu'il s'agit et de se dédommager avant peu de la diète où nous sommes à présent réduits. Ce n'est point vers une nourriture somptueuse que nos pensées se dirigent, mais vers une nourriture abondante, du *pemmican* à volonté, et nous fouillons et refouillons nos poches pour y trouver les quelques miettes de biscuit qui ont pu y être oubliées dans les temps d'abondance.

Du 8 au 9 mai. — Thermomètre : six heures du soir, — 16°, 11; minuit, — 18°, 33; six heures, — 18°, 89. — Un halo et deux parhélies. Temps couvert, *snow-drift*. Petite brise du sud-ouest qui nous fait trouver le froid excessif. Après quatorze heures de marche rapide sur la plage et sur la glace, nous campons à deux milles Est du cap Rennel, ayant traversé le passage Cunningham à quatre heures du matin. — Vu plusieurs pistes d'ours. Il commence à être temps que nous arrivions...

Nous philosophons beaucoup sur les conforts que nous nous reprochons de n'avoir pas assez appréciés au temps où nous les avions; mais je crois qu'entre tous les traités de Sénèque et un morceau de bœuf salé, « le moindre grain de mil ferait mieux notre affaire. » — *Proh pudor!*

Du 9 au 10 mai. — Thermomètre : six heures du soir, — 18°, 89; minuit, — 23°; six heures, 17°, 22. — Temps clair, petite brise d'ouest. — Nous coupons en ligne droite sur le cap Maclintock et campons à l'ouest de la baie Garnier, après treize heures de marche sur la plage et sur la glace. Nous traversons encore de nombreuses pistes d'ours venant ou allant en toutes directions. Quatre d'entre nous ressentent à présent des douleurs sur l'origine desquelles il n'est pas possible de se tromper, bien que nous éloignions notre conversation de ce sujet; j'ai aperçu sur mes jambes les petites taches noirâtres qui sont les symptômes les plus certains du scorbut, mais qu'y faire !

Du 10 au 11 mai. — Thermomètre : six heures du soir, — 18°, 33; minuit, — 20°; six heures, — 18°, 89; neuf heures, — 18°, 33. — Temps clair, petite brise d'ouest. — Nous continuons notre course sur le cap Maclintock, à l'ouest duquel nous campons à une distance de trois ou quatre milles après une course de douze heures. Dès le commencement de la soirée nous avons vu l'île Léopold et le cap Clarence : rien de plus magnifique que l'admirable superposition des couches dentelées de *limestone* dont cette île se compose, et dont les facettes chatoyantes nous renvoient les rayons du soleil de l'ouest. Mais qui d'entre nous songe à admirer ces beautés? Cap Clarence, port Léopold, n'ont plus pour nous qu'une signification; c'est une immense enseigne d'hôtellerie avec ces mots : *Table d'hôte et pension!* Au-dessus de l'horizon nous voyons au nord l'autre rive du détroit de Barrow. Il fait calme; le thermomètre est à — 18°. Afin d'être plus tôt prêts à partir enfin pour le port Léopold, nous étendons une toile cirée sur la glace, et nos couvertures par-dessus; c'est un moyen de gagner du temps et de sécher notre bagage, qui sera ainsi plus léger. Pour avoir à déjeuner demain matin, nous donnons à nos chiens nos vieilles chaussures, des gants déchirés et une peau de bison avec les poils, et nous gardons pour nous leur ration de *pemmican*. C'est la première fois d'ailleurs que nos chiens n'ont pas eu la meilleure part. Nos provisions étant ainsi épuisées, il nous faut demain donner un coup de collier, et il est décidé que MM. Kennedy et Smith se rendront en avant au port Léopold, y prépareront notre logement, et même viendront nous trouver avec les éléments d'un repas. Les trois autres hommes et moi devons poursuivre avec les traîneaux et le bagage aussi vite que nous pourrons. — Vu de nombreuses pistes d'ours.

Du 11 au 12 mai. — Thermomètre : six heures du soir, — 20°; minuit, — 23°. — Bonne brise d'ouest, temps froid et humide. A trois heures de l'après-midi nous nous mettons en route. MM. Kennedy et Smith sont bientôt hors de vue. Après environ trois milles de marche, nous les voyons à notre surprise arrêtés au pied d'un cap situé immédiatement à l'ouest du cap Maclintock, et nous en concluons qu'ils ont dû trouver quelque chose d'important; c'est en effet un dépôt de provisions laissées en 1849 par sir James Ross pour sir John Franklin, ainsi que l'annonce un billet laissé par cet officier dans un étui de ferblanc. Plusieurs barils ou barriques recouverts de neige ou de glace, car l'eau de mer les a atteints, contiennent une assez grande quantité de biscuit, de sucre, de *pemmican*, de chocolat et de viandes conservées, du bois et du charbon de terre que nous trouvons aussi ne nous laissent plus rien à désirer : nos chiens et nous prenons un ample à-compte et nous nous mettons à bâtir une *snow-house*, afin de nous reposer un jour entier; deux de nos hommes sont détachés aux fonctions culinaires, et bientôt nous avons oublié, sous la bienfaisante influence d'un chocolat bouillant, les privations des jours derniers ; nous oublions même les règles de la prudence et de la sobriété, oubli dont plusieurs ressentent assez comiquement les effets. Nous nous accordons tous à baptiser ce cap sans nom de celui de *cap Mercy*, par un sentiment de reconnaissance qui n'a pas besoin de commentaires. Dire cependant combien nous regrettons que ce dépôt n'ait pas été rencontré par nous au cap Walker ou à l'île de Limestone, serait difficile.

Du 12 au 13 et au 14 mai. — Temps épais et neigeux, petite brise d'ouest qui souffle par rafales. Nous passons ces trois jours à manger, boire, dormir; boire, dormir et manger; dormir, manger et boire, insouciants des conséquences. Cependant M. Kennedy a été assez souffrant le deuxième jour pour rendre nécessaire une station d'une journée de plus; le mauvais temps seul nous avait retenus la veille, mais d'ailleurs nous ne sommes plus aussi pressés d'arriver au port Léopold.

Du 14 au 15 mai. — Thermomètre: six heures du soir, — 15°; minuit, — 16°, 67; six heures du matin, — 17°, 22. — Le temps s'éclaircit dans l'après-midi du 14, et nous nous mettons en route, éprouvant un état de fatigue bien plus grand qu'avant ce repos de trois jours. Les terres au nord s'aperçoivent très-distinctement, et, à mesure que nous approchons du cap Clarence, nous voyons les signes non équivoques qui indiquent la présence d'eau courante au nord de ce cap et à l'est. Vers trois heures, nous prenons un mât de signal placé sur la rive sud du détroit de Barrow en 1849, et traversant la langue de terre basse qui joint le cap Clarence à la grande terre: nous sommes enfin sur les glaces du port Léopold. En octobre dernier, nous avions laissé la chaloupe qui nous servit alors de demeure parfaitement recouverte et close, et nous comptions y trouver un logis tout prêt; mais, à notre vif désappointement et à notre grande colère, un maudit ours ayant crevé la toiture, cette chaloupe est maintenant remplie d'une neige parfaitement tassée et si dure, qu'il est encore moins long de nous bâtir une hutte de neige. Ce n'est pas cependant sans répéter les imprécations d'Amilcar contre la race oursine, que nous nous mettons à la besogne. Gueux d'ours, va !

Du 15 au 16 mai. — Forte brise du nord et *snow-drift*. — Décidément, nous sommes tous plus ou moins attaqués du scorbut ; il est inutile aujourd'hui de se le cacher et il ne faut plus songer qu'à s'en débarrasser au plus vite. Nos inquiétudes sont grandes sur le sort de ceux qui sont à bord, et très-probablement dans le même cas que nous ; de plus, notre absence s'étant prolongée au delà de ce qu'ils ont calculé, ils sont sans doute assez peu tranquillisés sur notre compte ; ces raisons nous eussent fait désirer de nous rendre auprès d'eux le plus tôt possible. Mais il n'en est point deux parmi nous qui seraient capables à présent de se rendre à la baie Batty ; nous avons du reste ici tous les éléments de guérison en plus grande quantité et en meilleur état qu'au navire, c'est-à-dire : *lime-juice*, légumes, viandes fraîches, salaisons, confitures et autres rafraîchissements. M. Kennedy décide donc que nous resterons ici jusqu'à ce que notre santé s'améliore. Nous nous bâtissons une maison plus spacieuse, et une tente est construite avec des lambeaux de toile pour y faire la cuisine, afin d'éloigner de nos objets de couchage les causes d'humidité qui seules ont pu occasionner le scorbut chez nous. Pour la même raison, nous revenons au mode de vie habituel, c'est-à-dire que nous dormirons pendant la nuit afin de faire sécher nos effets pendant le jour.

Après la première bombance, comme nous disons à Rochefort, la satiété a heureusement fait disparaître cet appétit monstrueux, ou plutôt cette appétence qui semblait devoir être éternelle, et menaçait d'envahir toute autre faculté ; nous sommes enfin revenus à un état raisonnable, et nous nous contentons de jouir avec modération des ressources considérables déposées sur la pointe Whaler. Après cinquante jours, pendant lesquels il était difficile de disputer la moindre goutte d'eau à une soif inextinguible, ce n'est point une petite jouissance que la possibilité de songer à la propreté corporelle ;

pour me résumer enfin, tout nous est jouissance matérielle. Peut-être cette intronisation nous empêche-t-elle de sentir assez vivement ce que nous devons à la Providence. Que fût-il advenu de nous si le scorbut s'était ainsi manifesté au cap Walker, ou plus loin encore? La réponse est à peine douteuse. Et même dans ces derniers jours, où le froid et la faim diminuaient nos forces, la brise nous est toujours venue de l'ouest, c'est-à-dire derrière nous; les glaces que nous pouvions trouver ouvertes entre le cap Walker et l'île Limestone, nous ont donné un passage court et facile. Je ne crois point m'exagérer les dangers auxquels nous avons échappé; non, je crois avoir toujours été de sang froid, mais quelles sont les choses, si petites qu'elles soient, où vous ne reconnaîtrez point le doigt de Dieu? Attribuez cela au hasard, à la bonne chance, à ce que vous voudrez; mais plutôt, interrogez votre cœur, si votre esprit se meut dans ces ténèbres où le regard de la Divinité ne brille point!

17 MAI. — Thermomètre : six heures du matin, — 8°, 33; midi, — 11°, 11; six heures, — 9°, 44. — Forte brise du nord, accompagnée de l'éternel *snow-drift*. — Nous avons achevé aujourd'hui notre *snowhouse* où nous nous trouvons si bien, que notre regret est de n'avoir pas fait de même à Fury-Beach, car une *snow-house* eût certainement été plus confortable qu'une maison de toile avec la fumée qui nous aveuglait; elle est assurément plus chaude. Un des deux poêles laissés par sir J. Ross est fixé dans notre tente de cuisine, et suffit à tous nos besoins. — L'ours tué par M. Kennedy en octobre avait été placé dans une des chaudières de la machine à vapeur de la chaloupe, une des portes en a été arrachée, et les traces laissées sur la neige montrent qu'un ours est encore l'auteur de ce méfait, dont les circonstances nous donnent à penser qu'il y a autant de malice que de force dans ce pesant animal.

18 MAI. — Thermomètre: six heures, — 5°, 56; midi, — 11°, 11; six heures, — 8°, 33. — Légère brise d'ouest.

Temps un peu plus clair. — Nous passons la journée à étendre et à battre nos effets afin de les bien sécher, Dans une courte promenade au pied du cap Clarence, nous voyons un chenal d'eau courante qui s'étend à l'est aussi loin que notre vue peut s'étendre, et au sud plus loin que le cap Seppings, à environ une dizaine de milles ; nous sommes tous munis de béquilles et ressemblons assez à un détachement d'invalides, mais nous tâchons d'entretenir parmi nous la gaieté et surtout l'activité. C'est le mouvement et l'exercice qui sont les principaux remèdes contre le scorbut ; et tous les moyens d'excitation devraient être employés contre ceux qui s'obstinent à rester couchés. Les nerfs ou les muscles se contractent si vite et avec tant de persistance, qu'il faut apporter la même persistance à combattre le mal. Grâces à Dieu, j'ai encore bon courage et j'espère que quelques jours de notre régime avec un peu d'exercice m'auront rétabli. Mes jambes sont fort enflées, surtout en dessous du genou, et les taches noires n'ont pas encore disparu. MM. Kennedy et R. Webb sont les plus maltraités de tous, et je crains que chez le premier cela ne se joigne aux rhumatismes pour lui jouer un mauvais tour ; mais il ne le cède à aucun de nous pour l'activité, et les encouragements qu'il prodigue à nos malades, surtout en leur prêchant d'exemple, auront, j'espère, un bon effet sur leur santé. Le plus dur est fait, je pense, de cette épreuve, et je crois avoir dignement soutenu mon rôle ; ce c'est point que, intérieurement, je n'aie cru (par deux fois différentes) que le courage m'abandonnerait ; mais, au moment de la défaillance, je me suis heureusement rappelé et ma position et mon caractère ; que le ciel en soit loué ! car j'avais un dur apprentissage à faire, et tous ici, excepté moi, avaient des fatigues de pareils voyages une expérience qui m'était complétement étrangère ; que de tourments au moral, d'ailleurs, n'avais-je point, qui se joignaient aux difficultés matérielles ! Mais j'ai renfermé en moi-même ces luttes d'un moment, et personne ne peut dire qu'un officier français a fléchi là où d'autres ne faiblissaient point.

19 mai. — Thermomètre : huit heures, — 5°, 56 ; midi, — 2°, 78 ; six heures, — 2°, 22. — Petite brise d'ouest, temps clair. Les neiges fondent tout autour de nous, et l'ouverture des glaces semble s'étendre davantage vers le sud-est ; nous passons la journée à extraire de la neige le canot de gutta-percha laissé ici en octobre, car la vue de l'eau courante nous a donné l'idée de nous rendre en canot à la baie Batty, ce qui nous éviterait une grande fatigue, et nous permettrait en même temps d'apporter à nos hommes du bord un renfort de *lime-juice*, médicament dont ils doivent avoir besoin, celui du navire étant très-inférieur en qualité, et d'ailleurs en petite quantité. Afin d'éviter l'humidité de ces neiges sous l'action des rayons solaires pendant le jour, nous revenons à notre premier plan, et travaillons maintenant la nuit. Dans la soirée du 19, la brise a augmenté de force, et le *snow-drift* épais nous force à rentrer au logis, malgré le désir et le besoin que nous avons des occupations corporelles.

Du 20 au 21 mai. — Thermomètre : six heures du soir, — 11°, 67 ; minuit — 13°, 33 ; six heures, — 9°, 44. — Petite brise du nord, temps nuageux ; nous cherchons tous les moyens possibles de nous créer un travail pour les bras et les jambes, et nous nous mettons à déblayer la chaloupe de la neige dont elle est pleine. Cette neige est tellement tassée, qu'il nous faut l'entamer avec la hache et en scier les morceaux. Cette besogne peut être utile à cause du poids de plusieurs tonnes dont la neige presse ainsi les côtés de la chaloupe, la toiture s'élevant de cinq à six pieds au-dessus de cette embarcation.

Du 21 au 22 mai. — Thermomètre : six heures du soir, — 11°, 67 ; minuit, — 9°, 44 ; six heures, — 3°, 89. — Petite brise du nord, neige de temps en temps. — Nous avons achevé les excavations commencées hier. Nous nous mettons ensuite à mâter, gréer et voiler notre canot, qui avait laissé le navire sans mettre sa voilure, le 9 septembre. Nous jouissons d'avance de la surprise de nos *shipmates*, en nous voyant arriver en canot, et du port Léopold, car, s'ils nous attendent de quelque part, on le leur donnerait en mille, avant qu'ils devinassent que nous viendrons du nord. Il est assez remarquable que nous n'ayons vu ici d'autre animal que deux corbeaux, qui nous ont laissé les approcher de très-près, et paraissaient plus surpris qu'effrayés de la présence d'envahisseurs. On se rappelle que, pendant nos excursions d'hiver, c'est le seul oiseau que nous ayons rencontré ; de quoi vivent-ils dans cette saison de l'année?

Le temps redevient épais et neigeux dans la matinée du samedi. Mais enfin nos préparatifs sont à peu près finis ; et un mieux sensible se manifeste même chez les plus malades ; il est donc décidé que nous partirons lundi matin, si cela plaît à Dieu, et si le temps le permet.

22 ET 23 MAI. — Thermomètre : huit heures du matin, — 5°, 56 ; midi, — 3°, 89 ; six heures, — 3°, 33. — Forte brise d'ouest ; temps épais, *drifting snow*. La journée du dimanche se passe dans le repos, et pour la première fois depuis longtemps, nos voix se réunissent pour formuler des expressions de gratitude, et implorer de nouvelles faveurs de celui dont la bonté inépuisable n'est jamais lasse de donner.

24 MAI. — Thermomètre : huit heures du matin, — 4°, 44 ; midi, — 2°, 22 ; quatre heures, — 3°, 89. — Forte brise d'ouest, *snow-drift*, temps épais qui nous cloue dans notre habitation. La note suivante placée avec les autres papiers que les commandants des diverses expéditions ont déposés ici, est laissée par M. Kennedy :

« La présente a pour but de faire connaître que le
» petit navire de lady Franklin, le *Prince-Albert*, a passé
» l'hiver de 51-52 à la baie Batty. En janvier, un déta-
» chement du navire a visité Fury-Beach, sans trouver
» aucune trace de sir J. Franklin ou de ses hommes ;
» les provisions qu'y avait laissées la *Fury* étaient
» encore en bon état. Dans le mois de février 52, qua-

» torze personnes ont de nouveau laissé le *Prince-Albert*
» pour Fury-Beach, d'où, après quelques préparatifs pour
» un long voyage au sud, ils partirent enfin le 29 mars.
» Leur intention était de se rendre d'abord à la baie
» Brentford, et là de traverser à l'ouest, dans le but d'at-
» teindre la mer que sir J. Ross (*the supposed sea of sir
» J. Ross*) y a placée, et alors de suivre la côte jusqu'au
» pôle magnétique. Après avoir fait, cependant, environ
» cent milles dans l'intérieur et à l'ouest, ils n'y trouvè-
» rent rien qu'une plaine uniforme, que l'on supposa
» pouvoir s'étendre jusqu'à la terre de Bank. Comme
» ils n'avaient point de ressources suffisantes pour at-
» teindre ce point éloigné, ils se dirigèrent vers le nord
» (espérant trouver un chenal conduisant au sud-ouest),
» jusqu'à ce qu'ils eussent atteint le cap Walker, où ils
» arrivèrent le 4 mai. Ils trouvèrent cette terre non inter-
» rompue (*continuous*), et lui donnèrent le nom du
» *Prince-Albert*. Du cap Walker, ils ont gouverné, à
» cause du manque de provisions, pour cette pointe où
» ils sont arrivés le 15 mai. Pendant le voyage, pas la
» plus petite trace de sir J. Franklin n'a été trouvée : le
» cap Walker a été soigneusement examiné, mais il
» ne portait aucun indice d'une visite quelconque des
» Européens.

» Des quatorze hommes (compris les officiers) qui
» laissèrent Fury-Beach, huit formaient un détachement
» de fatigue qui nous accompagna jusqu'à la baie Brent-
» ford, d'où ils sont retournés à bord du navire. Ceux
» qui ont accompli le voyage mentionné étaient les per-
» sonnes suivantes : W. Kennedy, J. Bellot, J. Smith,
» A. Irvine, R. Webb et W. Adamson; avec cinq
» chiens esquimaux.

» Quand ils atteignirent cette pointe, ils étaient tous
» tellement affectés du scorbut qu'ils durent s'arrêter
» ici plus d'une semaine, afin de se rétablir. Ils sont
» maintenant (25 mai) prêts à retourner à bord, et n'at-
» tendent plus qu'un changement du présent mauvais
» temps. Le passage du Prince-Régent et le détroit de
» Barrow étant ouverts, aussi loin que la vue peut s'é-

» tendre, ils procéderont dans le *Gutta-Percha*, par eau,
» aussi loin qu'ils le pourront.

» Après avoir rejoint le navire, l'examen du fond du
» passage Grinnel (à l'ouest de la terre de North-Somer-
» set) sera leur premier travail ; et puis ensuite, proba-
» blement, ils visiteront le chenal Wellington, c'est-à-
» dire tout autant que des traces de sir J. Franklin n'au-
» raient point été trouvées dans cette direction.

» Toute personne trouvant cette note est priée d'en
» envoyer copie à lady Franklin.

» Signé : KENNEDY,

« Commandant l'expédition arctique de lady Franklin. »

Je suppose que la dernière partie de cette note se rapporte à un plan dont le premier j'ai parlé à M. Kennedy, mais auquel il paraît qu'il avait songé. Lorsque nous mîmes en délibération le voyage au cap Walker, mon avis eût été de faire une pointe au nord-est, afin de remonter la côte que nous aurions alors redescendue au sud, pour remonter ensuite au nord, jusqu'à la hauteur de la baie Creswell, où nous aurions trouvé la pyramide, ou *cairn*, élevée par sir J. Ross en 1849, et traverser dans la direction de Fury-Beach. Je pensais alors que l'ouverture au moins de cet *inlet*, c'est-à-dire le cap Walker et ses environs avaient été examinés par l'escadre arctique l'année dernière, et qu'alors il valait mieux, pour nous, explorer le fond de l'*inlet* et reconnaître la côte jusqu'aux Quatre-Rivières. Cependant, dans l'état actuel et apparent des choses, je ne doute pas, si en effet seuls nous avons visité le cap Walker, que cela ne donne beaucoup plus de satisfaction et à lady Franklin et au public en Angleterre ; mais je n'insistai pas, sur son observation que cela serait fait par des embarcations pendant l'été, ce que je ne crois guère possible maintenant, d'après ce que nous avons vu.

25 MAI. — Thermomètre : six heures, —7°,78 ; midi, —2°,78 ; six heures, —2°,22. — Continuation du même temps, qui nous consigne dans notre demeure ; forte brise

du nord de neuf à six heures, *snow-drift*, et neige. Nos pauvres chiens semblent souffrir du *drift* et de la neige fondue qui se colle à leur longue fourrure. A titre d'observation relative à leur instinct, nous notons qu'ils s'approchent de nous, sans que nous devinions ce qu'ils veulent; nous ne le comprenons qu'en les voyant se débarrasser mutuellement de ces glaçons qui les incommodent.

26 mai. — Thermomètre : huit heures,—3°, 89 ; midi, — 4°, 44 ; six heures,— 4°, 44.—La brise étant tombée, nous mettons tout en ordre, et en plusieurs voyages nous transportons à un demi-mille sur le bord de la glace notre embarcation et notre bagage. Nous éprouvons tous une joie enfantine à nous sentir sur l'eau et à voir glisser notre embarcation au milieu des glaces flottantes que la brise et la houle détachent à chaque instant du *land-floe*; la scène est d'ailleurs animée par les cris des oiseaux de mer que nous dérangeons, et que nous reconnaissons en poussant des cris de joie ; ici les *gulls* (mouettes) ordinaires, là le gracieux plongeon ou *diver*, la gloutonne *molly-knock*, le *kittiwake*, le *canard édredon* ; de gros phoques aux moustaches rébarbatives s'élancent hors de l'eau pour nous voir et disparaissent aussitôt. L'un de nous a même cru reconnaître le remou causé par le passage d'une baleine.

Nous comptions arriver à la baie Batty demain matin, mais la glace nous barre le passage à une quinzaine de milles au sud du port Léopold; il nous faut donc débarquer de nouveau tout notre bagage sur la glace, et le transporter à terre ainsi que notre embarcation au pied d'une large ravine, où nous passons la nuit et la journée suivante. Quoi qu'il en soit, le peu de chemin que nous avons fait est autant de gagné pour nous. Ce qui nous contrarie, c'est de ne pouvoir transporter avec nous quatre barils de *lime-juice*, et trois de conserves que nous avions destinés au navire, et dont nous aurons à regretter la privation si le scorbut est à bord. Dans la route, nous passons tout près d'un ours porté sur un glaçon, et sans doute à l'affût des phoques.

Du 28 au 29 mai. — Thermomètre : six heures du soir, — 4°, 44 ; minuit, — 4°, 44 ; six heures, zéro. — Brise du nord, temps couvert et neigeux. — Dans l'état où nous sommes, il est essentiel que nous rejoignions le navire au plus vite ; et, laissant derrière nous l'embarcation et tout ce qui ne nous est pas indispensable dans notre bagage, nous nous mettons en route dans la soirée du vendredi, pédestrement, c'est-à-dire accompagnés de nos traîneaux, qui, malgré la légèreté de leurs charges, enfoncent et n'avancent que lentement au milieu des neiges fondues qui recouvrent la glace ; car, non-seulement l'action du soleil, mais encore celle de l'eau salée tendent à présent à dissoudre la neige, qui forme ainsi une espèce de pâte visqueuse que les matelots appellent *slush*. — A la hauteur de la baie Elwin, un ours paraît un instant, mais décampe avec une telle rapidité que nous hésitons à croire que ce soit un ours jusqu'à ce que nous soyons venus sur la piste. Il est probable que ces animaux jeûnent souvent pendant cette saison, car les phoques sont excessivement ombrageux, et ne nous laissent jamais approcher d'eux. Le *floe*, mesuré à un de leurs trous, n'avait que deux pieds et demi d'épaisseur. Vers huit heures du matin, nous campons sur la glace du large à cinq milles au sud de la baie Elwin : le thermomètre est à 0° centig., et nous nous dispensons de tout abri autre que nos couvertures et la voûte du ciel.

Du 29 au 30 mai. — Thermomètre : six heures du soir, — 1°, 67 ; minuit, — 3°, 89 ; six heures, — 3°, 33. — Beau temps, petite brise de sud-est. — Nous reprenons notre course pendant la nuit du 29 au 30, ce dont nous nous félicitons avec raison, car la plage où nous sommes obligés de nous tenir à cause du mauvais état de la glace est littéralement jonchée de pierres énormes, et détachées des *cliffs* par la filtration des neiges, et surtout par la chaleur du jour ; quelques-uns de ces blocs ont un poids de plusieurs tonnes ; en deux endroits, des traces d'avalanches ou chutes de neige nous prouvent suffisamment qu'il ne serait pas sûr de passer au pied des falaises pendant le jour. — Nous voyons trois ours; l'un d'eux s'est approché si près qu'il reçoit deux balles qui le renversent, et nous nous portons en avant pour l'achever, mais il s'enfuit en laissant une longue trace de sang, qui donne à penser que la blessure doit être mortelle.

A l'entrée de la baie, nous remarquons dans le *floe* de larges crevasses dont la vue nous réjouit; c'est le signe d'une dissolution certaine, et, nous l'espérons aussi, d'une délivrance peu éloignée pour nous. — A cinq heures du matin nous sautons à bord, mais un pressentiment de quelque fâcheuse nouvelle nous retient et nous empêche de donner explosion à notre joie. Le capitaine Leask est le premier dont nous serrons la main, et, au milieu de ses félicitations, et avant qu'il nous parle du reste de nos compagnons, nous avons deviné que tous ne sont pas en aussi bonne santé que nous le voudrions. Nos craintes, en un mot, étaient fondées. Qui oserait murmurer après tant de bontés de la Providence? Nous voilà une fois de plus réunis! Ce que Dieu fait est bien fait!

IX

RETOUR A BORD.

31 MAI. — Ainsi que je l'ai dit avant d'écrire le journal de notre voyage, la plus grande partie de nos hommes ont été attaqués par le scorbut; seuls le capitaine, M. H. Anderson, le troisième officier, MM. R. Grate, G. Smith et Linklater en sont exempts; l'état de plusieurs des autres est effrayant; le docteur et M. Hepburn sont assez bas. Les jambes démesurément enflées et contractées, la peau des extrémités inférieures d'un bleu noirâtre, sont les signes repoussants de cette maladie,

dans laquelle les gencives sont également affectées. Leur petite provision de *lime-juice* a été d'autant plus vite épuisée, qu'ils ont trouvé le baril congelé, et l'essence de *lime-juice* concentrée dans une sorte de boule au milieu, le reste insipide comme de l'eau ordinaire.

1ᵉʳ JUIN. — Nous ne pouvons décidément nous trouver bien malades près de ceux qui le sont beaucoup plus que nous, et j'offre à M. Kennedy de conduire une partie de nos hommes valides et des convalescents à l'endroit où nous avons laissé le renfort que nous destinions au navire.

Nous partons dans la soirée du mardi avec une brise du nord à laquelle nous ne nous serions pas exposés impunément quelques mois plus tôt, mais dont nous ne faisons pas grand cas maintenant. Un traîneau esquimau et les cinq chiens transportent rapidement notre léger bagage ; et, après avoir dormi pendant la journée du mercredi sur la glace, nous sommes le jeudi matin, 3, à notre dépôt, où nous retient un coup de vent du nord pendant la journée du 4. Nous devions tâcher de prendre avec nous le *Jolly-Boat* ou *Youyou*, laissé sur la côte en octobre 1851 ; mais un des côtés a été déchiré à belles dents par un ours, dont les traces accusatrices sont là et nous confirment encore dans nos idées de vengeance, si l'occasion s'en présente.

Nous traînons l'embarcation au pied de la ravine où se trouve déjà le canot de *Gutta-Percha*, et force nous est de l'y laisser, à cause du mauvais état de la route, ce que nous regrettons fort, c'est la plus utile de nos embarcations sur une rade. Nous voyons une bande de *blue-wearies* ou outardes (oies du Canada, *anser Canadensis*), qui se dirigent au nord, avant-garde sans doute d'un nombreux corps d'armée ; j'écoute, sans trop savoir pourquoi, les cris que nos hommes poussent à l'envi et de toute la force de leurs poumons, et, à ma surprise, je vois toute la bande répétant les mêmes cris, s'approcher, tourner au-dessus de nos têtes plusieurs fois, et reprendre enfin sa course sans être inquiétée, notre fusil n'étant pas en état. Ces oiseaux, dit le naturaliste Audubon, passent l'hiver en bandes nombreuses dans les savanes de la Floride et de l'Arkansas, et commencent leur migration au nord à la première fonte des neiges entre le 20 mars et la fin d'avril. J'apprends également que rien n'est plus facile que de les attirer avec des guenilles disposées en forme d'oiseaux.

Le vendredi 4 au soir, nous nous remettons en route, et il n'est pas difficile d'observer une dissolution rapide dans l'état de la glace, bien différent déjà de ce qu'il était il n'y a pas huit jours. Nous voyons quatre ours sur notre passage, et, pendant que nous dormons sous notre tente, un animal de la même espèce vient flairer notre bagage à vingt pas de la tente, et sans que nos chiens, trop fatigués sans doute, se réveillent ; deux jeunes chiens qui nous ont suivis du navire donnent enfin l'alarme et le mettent en fuite. Nous avons souvent au commencement de la campagne ri des frayeurs que les ours inspiraient à d'autres voyageurs ; mais une expérience plus complète nous a démontré qu'au moins n'est-il pas prudent d'être tout à fait sans précaution à leur égard, surtout à l'époque où les femelles ont leurs petits, et où elles rôdent partout pour trouver leur nourriture. L'un de ceux que nous voyions était couché sur la glace, épiant l'apparition d'un phoque. On dit que, se tenant en arrière, ils passent leurs pattes autour du trou et étreignent l'animal lorsqu'il s'élance hors de la glace. M. John Smith me dit avoir vu un ours se jeter à l'eau et en sortir tenant un phoque dans sa gueule, ce qui prouverait qu'ils peuvent nager plus vite ; mais je ne sais jusqu'à quel point la chose est authentique. — Les cris et la présence de plusieurs oiseaux de mer au-dessus d'une carcasse sanglante nous firent penser que l'ours du 30 était mort de sa blessure, mais ce n'est que le squelette d'un phoque qu'un ours a traîné pendant plus d'un mille (ainsi que le prouve une trace sanglante), pour le dévorer plus à l'aise. Les trépignements dont la neige est couverte, de nombreuses marques de chutes, annoncent que l'amphibie a dû se débattre longtemps avant de mourir sous la dent d'un adversaire, implacable quand la pêche est si peu abondante.

6 juin. — Dans la matinée du 6 nous arrivons enfin à bord, joyeux d'avoir fait quelque chose d'utile, si nous sommes bien fatigués, et ne nous trouvant pas plus mal de cet exercice. Le bruit de notre traîneau fait plonger une bande de seize phoques, paresseusement étendus au soleil, sur les bords d'une crevasse du *floe*. Nous avons vu une seule piste de renard, ce qui n'est plus très-commun maintenant, et un hibou blanc (*white-owl*).

Je vais maintenant insérer ici le récit de ce qui s'était passé à bord pendant notre absence, c'est-à-dire depuis le 17 mars, jour où j'ai laissé le navire avec un renfort de provisions pour me rendre à Fury-Beach.

X

A BORD PENDANT NOTRE EXCURSION.

Du 18 mars au 16 avril. — La même série de coups de vents, de temps neigeux, par laquelle nous avons passé a eu lieu dans la baie Batty. La chaleur du soleil seule occasionnait des changements remarquables dans l'état de la neige et sur les falaises, qui faisaient entendre, dit le docteur, de sourds craquements. Plus d'une fois, le pont a été couvert par l'eau qui ruisselait de la toiture de laine du navire. Les hommes de l'équipage avaient profité de l'absence de la plus grande partie de nos chiens pour placer des trappes à renards, dans l'espérance d'en prendre de vivants, pour les lâcher ensuite avec un collier portant une inscription, ainsi que je l'ai dit. Mais les deux jeunes chiens laissés à bord allaient toujours les visiter avant eux, et lorsqu'on les renfermait dans nos divers magasins bâtis en neige, ils s'y creusaient bien vite un passage, de sorte que deux renards seulement avaient été pris dans les trappes, mais morts. La chasse, le seul plaisir des gens restés à bord, a été infructueuse, à l'exception de deux ptarmigans tués le 18 mars, et seuls, les renards, compagnons fidèles du navire, venaient de temps en temps leur fournir une occasion, après laquelle il était inutile de courir; quatre de ces animaux ont été tués à la fin de mars en outre des deux pris dans la trappe. L'un d'eux paraissait mieux nourri que les autres, mais son estomac ne contenait que des morceaux de toile et de vieilles mitaines. Un ou deux corbeaux voltigèrent autour du navire, et, comme toujours, évitèrent de se faire tuer, en dépit du désir que de tout temps nous avons eu de savoir de quoi ils se nourrissent.

Pour la première fois, le 10 avril, nos hommes virent les pistes d'un lièvre, et, le 12, deux *snow-buntings* (traquets de neige), que, ainsi que nous, ils saluèrent comme les avant-coureurs du printemps. — Le 14 avril, M. Hepburn commença à montrer des symptômes de scorbut d'une nature peu inquiétante, il est vrai, si le 8 on n'eût trouvé le seul baril de *lime-juice* gelé et si insipide, qu'une bouteille entière ne donnait pas l'acidité de la dose habituelle, demi-once liquide.

Le 16 avril, M. Anderson rejoignit le navire avec les hommes qui nous avaient laissé le 6 à l'entrée de la baie Brentford, tous en bonne santé, à l'exception de deux, dont l'indisposition paraissait légère; le reste n'ayant souffert depuis le six que d'inflammation des yeux.

Du 16 au 27 avril. — Le docteur avait reçu de M. Kennedy l'ordre de transporter à *Somerset-House* quelques provisions pour notre retour, puis d'aller examiner le fond de la baie Creswell, pour savoir s'il y existe un passage à l'ouest, mais l'indisposition de l'un de ses patients le retint plusieurs jours, et, lorsqu'il se trouva mieux, des symptômes de scorbut se manifestèrent chez le même homme (Miller) et chez le charpentier, les genoux considérablement enflés. M. Hepburn, dont la bouche seule avait été affectée, se rétablissait; le traitement de cette maladie étant assez simple, le docteur se détermina à se mettre en route le 27, surtout ayant en vue de rapporter avec lui de Fury-Beach quelque *lime-juice*, qui était devenu d'autant plus essentiel, qu'une sorte d'oseille (*sorrel, scurvy-gras* des baleiniers), abondamment trouvée dans ces régions par nos prédécesseurs, n'avait été rencontrée nulle part dans les environs de cette baie. Dans l'intervalle, le reste de l'équipage fut employé à mettre sur la glace tout ce qui embarrassait la cale, et à démolir les remparts de neige élevés autour du navire; cette neige fondante paraissant entretenir l'humidité à l'intérieur. La cale ainsi dégagée, on put enlever la glace (*scrape-out*), formée le long des poulies et des cloisons, dans nos cabines et partout. Je crois avoir dit que dans nos différentes *snow-houses*, élevées sur la glace, l'eau s'était montrée filtrant à travers la neige dès la fin de février; aussitôt que les flancs de la goëlette furent dégagés, la même glace fondante se montra sur l'un des côtés, bien que ce fût celui du nord, le 20 avril.

Du 27 avril au 21 mai. — Le docteur étant parti dans la matinée avec quatre hommes, il ne paraît s'être passé pendant son absence rien d'intéressant ou de digne de remarque, si ce n'est la continuation de l'espèce de dégel que j'ai mentionnée; la principale occupation ayant été le réarrimage de la cale et les soins plus particuliers de propreté ou de séchage donnés au navire.

Un ours avait été tué par le capitaine Leask tout près du bord; quant au reste, la chasse avait été nulle. Le 21, trois des hommes qui accompagnaient le docteur revinrent annonçant qu'ils l'avaient laissé à Fury-Beach avec le quatrième matelot, malade et incapable de supporter les fatigues de la route. Eux-mêmes étaient gravement attaqués du scorbut, qui, j'oubliais de le dire, avait continué ses progrès à bord. M. Anderson, le troisième officier, le maître d'équipage Grate, et le *cook*

Glennie, partirent aussitôt pour ramener le docteur, que les premiers n'avaient pu prendre avec eux dans l'état de faiblesse où ils se trouvaient eux et lui. J'emprunte au journal du docteur le compte rendu de son voyage à la baie Creswell jusqu'à son retour à bord.

« Ils arrivèrent à *Somerset-House*, le 30 au matin, après de grandes difficultés dues au mauvais état des neiges dans lesquelles ils enfonçaient jusqu'aux genoux, et souvent jusqu'à la ceinture; un de leurs traîneaux, avarié par les inégalités de la glace (*hummocky-ice*), dut être réparé; la tente, mangée par les renards, avait aussi besoin de réparations; le mauvais temps enfin les retint jusqu'au 4 mai. MM. Linklater, McCurrus, Gédéon Smith et Matheson formaient le détachement.

» Mardi 5, campé près de notre première *snow-house*, ayant trouvé la glace si polie et si dénudée de neige qu'ils pouvaient à peine s'y tenir en équilibre. — Mercredi 5, suivi les contours de la terre sur le *floe*, où la neige était épaisse d'un pied. Dans cette journée, ils virent inopinément sept ours se diriger de leur côté, ce dont ils se seraient d'autant mieux passés, dit le docteur, qu'ils n'avaient qu'un fusil. Ils allumèrent du feu, espérant les éloigner, et conservant leur mousquet pour dernière ressource; mais heureusement quatre d'entre eux s'enfuirent, les trois autres se tenant à un quart de mille de distance. — Après d'assez longs détails sur ce qui leur est survenu jusques et y compris la journée du 10, détails parmi lesquels je note seulement ce passage à la date du 7 mai : « Vers huit heures nous sommes par le
» travers de la haute terre qui forme la fin d'une chaîne
» de collines, courant dans une direction nord et sud.
» Du pied de ces collines, une plaine d'une étendue con-
» sidérable et très-basse, s'étend jusqu'au rivage qui se
» dirige d'abord au sud, puis vers   [1], à la tête de la
» baie, dans une direction ouest. Vu ce soir la terre
» s'étendant tout autour de la baie, et je n'hésite pas
» par conséquent à dire qu'il n'existe point de passage à

---

[1] Le mot est resté en blanc dans le manuscrit.

» l'ouest de cette baie...., » après ces détails, le docteur ajoute que, ses observations ayant été notées un peu précipitamment, il les reverra plus tard à tête reposée. — Vers minuit arrivé au même endroit où nous avions fait halte le 5. — Vu deux ours.

» Mardi 11, campé à la même place que le 4, fait leur thé en partie avec du bois, en partie avec des mousses. — Mercredi 12, rejoint *Somerset-House*, où ils trouvèrent une barrique où nous avions mis (M. Kennedy et notre parti) nos effets, ouverte par les ours, qui n'ont d'ailleurs endommagé qu'une botte à travers laquelle leurs dents ont passé en brisant les douvelles.

» M. McCurrus s'est plaint toute la journée de ses jambes, et le docteur se trouve les chevilles enflées. Le mauvais temps s'oppose à leur retour à bord. — Le 13, un ours. — Le 14, M. Matheson montre ainsi que M. Magnus McCurrus des symptômes de scorbut. — Le 15, le docteur en est décidément atteint. — Le 17, M. Linklater est pris aussi, et M. Gédéon Smith est le seul qui en soit exempt. — Après une semaine entière d'un coup de vent de nord-nord-ouest, ils se mettent en route le 19, emportant avec eux une petite quantité de *lime-juice*, mais ils sont obligés de revenir à *Sommerset-House*, trouvant impossible d'avancer avec tout leur bagage, et déterminés à tout laisser derrière, et à ne prendre que leurs couvertures, et autant de *pemmican* dans leurs poches que chacun voudra ou pourra en porter. — Le 20, ils font une nouvelle tentative, mais le docteur est obligé de retourner sur ses pas, et, ne pouvant recevoir d'assistance que du navire, d'y renvoyer ceux qui sont capables de s'y rendre ; le pauvre docteur d'autant plus chagrin, qu'il pressentait que sa présence à bord pouvait être nécessaire. Le mieux portant resta avec lui, et les autres, comme je l'ai écrit, atteignirent la baie Batty le 21, ayant marché sans relâche. — Deux ours étant venus s'attabler à une barrique de sucre, il ne fallut pas moins de quatre coups de pistolet pour les chasser. — Le lendemain, un second ours vint de nouveau rôder parmi les futailles à la porte de la maison, et,

à travers une fente de la toile, le docteur l'étendit roide.
— Le 23, M. Anderson et le maître d'équipage avec le *cook* arrivèrent à Fury-Beach, ayant ainsi mis à faire la route la même ardeur qui les avait portés à s'offrir pour aller chercher le docteur, ce dont l'excellent garçon leur a certainement une vive reconnaissance. Pour ma part, je serai enchanté de cette occasion de rendre un témoignage public du caractère de M. Anderson, vrai type du matelot, franc, ouvert, comme je les aime.

» Le docteur fut mis sur le traîneau, et non sans peine, à cause des pierres qui tombaient des *cliffs* au pied desquels il leur fallait passer, aussi bien que des neiges molles ; ses compagnons et lui arrivèrent enfin à bord dans la soirée du 27. MM. Kenneth Sutherland, le charpentier, Matheson, M. McCurrus, Miller, A. Linklater, le docteur et Hepburn avaient le scorbut. M. Grate était un peu souffrant ; les quatre autres, compris le capitaine, assez bien portants ; mais le navire était sans *lime-juice*, le remède essentiel. Ils commençaient en outre à concevoir des inquiétudes sérieuses sur notre compte, car ils pensaient que nous pouvions être quelque part au sud, cloués au sol par le scorbut. Tout contribuait donc à rendre le moral triste chez eux, autre influence si pernicieuse pour les scorbutiques, et ce ne fut point sans larmes aux yeux que le pauvre M. Hepburn et le docteur nous revirent. La dernière cause d'anxiété morale étant évanouie, ils ne tardèrent pas à se rétablir, et, à l'aide de la petite quantité de *lime-juice* que nous avions apportée, je remarque le mieux sensible qui s'est opéré cette semaine. »

---

8 juin. — Avec le renfort de *lime-juice* que nous avons rapporté, il y a maintenant de quoi satisfaire à tous nos besoins, et nous sommes tous mis à ce régime, les convalescents en recevant deux onces (liquide) par jour, et les malades de quatre à huit onces ; la dernière quantité étant la limite que le docteur croit imprudent de dépas-

ser ; l'usage de cet acide est en effet très-affaiblissant et abîme l'estomac, ce que nous avons ressenti au port Léopold, où nous en usions un peu trop librement. Un régime spécial a été également recommandé par le docteur : il se compose naturellement de légumes, de viandes fraîches, de riz, de pommes de terre, de fruits secs en tartes ou puddings, d'achards et de *berries*.

Le cresson, que nous faisons pousser près des cuisines, est également un excellent antiscorbutique, ainsi que la moutarde. Après quinze jours, les jeunes pousses avaient généralement atteint une longueur de trois à quatre centimètres, et, mangées crues, elles sont fort agréables. Sir Ed. Parry avait employé ce moyen dans l'hiver 1819-1820, et c'est une pratique à recommander. Avec ce régime intérieur, la plus grande propreté, un lit bien sec et le plus d'exercice possible font le reste, et nos scorbutiques sont envoyés au dehors, les moins malades s'employant aux petits travaux du bord. Il est facile de suivre les progrès de la convalescence chez les plus énergiques d'entre eux, c'est-à-dire ceux qui s'imposent un certain nombre d'heures de promenade ou d'exercice par jour.

Notre voisinage est de temps en temps égayé par les visites du *snow-bird*, qui vient, avec la familiarité de notre moineau, voltiger au-dessus du pont ou sautiller près du navire, épluchant les débris et les miettes de la table, et ne s'enfuyant, pour revenir aussitôt, que lorsque nos jeunes chiens le poursuivent. Je ne puis m'empêcher de faire un rapprochement entre ce besoin de communication avec notre espèce qu'ont certains animaux et les gracieuses fictions de la métempsycose.

Le 4 de ce mois, la toiture ou *tilt-cloth* du navire, a enfin été enlevée, et l'air circule maintenant partout, ainsi que la lumière. Cette toiture eût certainement pu être plus tôt mise de côté, et en général je pense que la garder au delà du temps strictement nécessaire, c'est prolonger volontairement la durée de l'hiver ; mais, pour nos malades, c'était un abri sur le pont, leur unique lieu de promenade. La poudre, qui pendant l'hiver est restée dans notre *snow-magazine*, est mise à bord en parfait état. Le dépôt de pierres pour lest formé près du navire en février s'est enfoncé dans la glace, et nous recommençons la besogne, qui n'est pas petite, car il ne nous faut pas moins de trente tonneaux. Le navire est encore retenu dans sa prison ; il est encore supporté maintenant par la glace qui l'entoure, il ne flotte pas. Le joyeux printemps n'a fait que commencer pour nous, mais avec la santé et le soleil qui dore tout, notre activité redouble, en travaillant d'avance aux préparatifs du départ de la baie. De larges mares d'eau fraîche se sont formées sur la neige, à la surface du *floe*, ce dont nous profitons pour remplir nos barriques, économie de charbon et de travail ; tous les objets inutiles, les débris, les immondices rejetés de la cale, s'enfoncent dans la neige, et un peu plus lentement dans la glace elle-même, quelle que soit leur nature, bois, métal, etc. ; les phoques eux-mêmes semblent vouloir coopérer à la tâche par les nombreuses trouées qu'ils font dans le *floe*, pour venir s'y étendre au soleil ; la décomposition marche donc à grands pas, et il est fort probable qu'avant peu il sera impossible de se rendre à terre à pied sec. Les terres qui forment le contour de la baie, naguère couvertes de neige, en sont maintenant dépouillées, et les terrains plats au pied des collines, détrempés par la fonte des neiges, forment autant de marais boueux où l'on ne peut marcher.

Des bandes d'oies ont passé près du navire, mais hors de portée. M. Kennedy a tué aujourd'hui un phoque, qui, avec l'ours de M. Leask, remplit notre garde-manger de venaison ; nos hommes, encouragés par l'exemple, sans doute, commencent à se défaire de leurs préjugés, mais il est un peu tard pour cela.

9 JUIN. — A mon grand étonnement, M. Kennedy me communique aujourd'hui une idée qui a dû germer dans son esprit seulement dans ces derniers jours, savoir : que nous avons traversé la baie Brentford le jour même où nous avons cru camper à l'entrée et sur la côte nord, c'est-à-dire que nous avons campé au fond de la baie, le

lendemain traversé l'isthme étroit qui sépare la terre Somerset de Boothia-Félix, et que la mer traversée par nous pendant les journées des 8 et 9 avril est la mer de sir James Ross à l'ouest. Il m'est impossible de trouver à première vue des objections à son idée, à cause de la négligence apportée à déterminer la route que nous suivions ; il aurait dû, en effet, relever au compas cette route chaque fois qu'elle était changée. Nous avons certainement été surpris à cette époque de trouver le terrain si différent de ce que nous nous attendions à le voir que j'ai voulu admettre l'hypothèse, et en faisant un point de départ, chercher à expliquer ce que nous avons vu. Repassant les notes de mon journal pendant les journées des 6, 7, 8 et 9 avril, je vois que les terres s'étendaient tout autour de nous : au nord, à l'ouest et au sud, elles avaient été vues basses et fort loin ; ainsi, en admettant que nous eussions traversé la baie Brentford le 5, reste toujours cette chose inexpliquée : la terre au nord, c'est-à-dire rejoignant la terre Somerset aux terres de l'ouest. Cela, M. Kennedy l'oublie, et il déclare : 1° que Somerset est une île ; 2° qu'il y a un passage entre l'*inlet* du Régent et la mer de l'ouest ; 3° que la mer se rend sans interruption du cap Walker ou de l'île Limestone au pôle magnétique. Je ne crois pas pouvoir souscrire à la troisième proposition, et quant aux deux autres, je ne puis les affirmer que comme probabilités. Cela ne le satisfait pas ; mais je suis bien décidé, quoi qu'il en puisse arriver, à ne jamais donner l'autorité de mon assentiment à ce dont je ne suis pas sûr. Nous différons également dans quelques détails, car la route parcourue le 6, que je crois avoir été en équerre, il affirme maintenant qu'elle était en ligne droite, mais à l'ouest, au lieu de sud-sud-ouest et ouest-nord-ouest, comme le relèvement me l'a donnée. Il invoque sa mémoire pour les heures, les directions, les distances, enfin les différents détails de notre voyage, et n'est pas content que je ne veuille rien admettre sur l'autorité de sa mémoire ou de la mienne, à deux mois d'intervalle, et que, pour des détails de cette nature, je préfère m'en rapporter au journal que j'écrivais régulièrement et chaque soir. Je ne sais quelles peuvent être ses raisons, à moins qu'il ne craigne maintenant de se trouver en contradiction avec sir James Ross ; fort heureusement pour moi, il y a des preuves irrécusables qu'en tout cas il a attendu un peu longtemps avant de changer d'avis, et de ces preuves les meilleures sont : 1° que nous avons poussé à l'ouest, alors que nous eussions dû suivre au sud, si à cette époque il eût cru la chose possible ; 2° le nom d'*inlet* Grinnel, qui montre la persuasion où il a été, jusqu'au cap Walker et plus loin, que le passage était fermé ; 3° la notice laissée par lui au port Léopold, et dont j'ai souligné plusieurs passages. Ce qui me confirme dans mon opinion, c'est le rapport du docteur, dont la plaine si large, dans les deux sens, nord et sud, et est et ouest, au dire même de M. Kennedy, est la mer, et qui était bornée au sud par les terres que j'ai vues au nord. — Ces circonstances me rendent très-malheureux, parce que M. Kennedy ne comprend pas le degré de bonne foi qu'il faut que j'apporte en ceci, et comme je l'ai toujours fait, en lui disant ce que je crois être la vérité, au risque, et je puis le dire, aux dépens de ma paix et de ma tranquillité dans l'expédition. Je ne sais comment ensuite on pourra interpréter cette contradiction que j'oppose à ce que sir James Ross croit avoir vu ; les uns y verront l'orgueil d'un jeune présomptueux que toute une carrière d'homme de talent n'a point arrêté dans ses attaques, parce qu'il croit sans doute mieux faire ; d'autres me jugeront peut-être animé par un sentiment d'amour-propre national blessé, alors que, Dieu le sait, j'ai eu au contraire des lances à rompre presque tous les jours pour la défense des œuvres, non-seulement des Ross, mais de Parry et d'autres.

J'ai malheureusement consenti à prendre quelques-unes des observations indispensables, et on me considérera naturellement comme ayant eu charge de ces observations, imaginant que ce soin m'a été conféré. Ainsi, de tout ce dont j'espérais tirer quelque honneur, à force de dévouement et de zèle, je n'aurai peut-être que dégoûts et ennuis. Ah ! toutes les fleurs des arbres au printemps ne donnent pas de fruits en automne !

10 juin. — Je reviens au sujet d'hier : les observations que j'ai prises ici me montrent qu'il n'y a pas à compter sur le chronomètre de poche que nous avions avec nous : par conséquent nos longitudes ne peuvent être déterminées que par l'estime ; autrement, il y eût eu un arbitre dans nos différences d'opinions. En somme, nous avons plus souffert, plus voyagé, enduré plus de privations qu'aucune expédition jusqu'ici, mais nos labeurs excessifs n'auront produit aucun résultat.

Au surplus, qui pourrait me demander compte de la marche d'une expédition où la seule chose que l'on pouvait attendre de moi était que j'exécutasse avec zèle les injonctions de notre commandant? J'ai donc résolu de laisser à chacun sa responsabilité, et d'être bien soigneux, à notre retour en Angleterre, de ne rien écrire ou avancer dont je ne sois sûr, me lavant les mains du reste. Ah! quand je me reporte aux premiers jours de notre voyage, aux espérances que je concevais, combien je trouve la réalité actuelle différente ! L'espérance, dit-on, est le rêve des gens éveillés ; oui, mais c'est un rêve que l'on ne recommence pas.

14 juin. — Nous avons eu de la neige le 11 et ce matin ; les coutures du pont ont été aussi bien ouvertes par le froid de l'hiver qu'elles le sont par les chaleurs des tropiques, et hier, une averse de neige fondue, *wet-snow*, qui ressemblait fort à de la pluie, a presque converti notre cabine en une salle de douches. — La semaine dernière a été successivement employée à l'arrimage du lest, au réarrimage de la cale, et à passer les manœuvres courantes : les voiles ont pu être larguées pour les sécher, et elles se sont conservées sur les vergues en aussi bon état que dans les soutes les plus sèches. Il est à observer que les premiers navigateurs qui ont hiverné se croyaient obligés à déverguer les voiles. — La quantité d'eau que faisait le navire n'a point augmenté pendant l'hiver, ou plutôt par suite de l'hiver.

Des douze malades du docteur, la moitié seulement est encore assez gravement affectée, le reste est en voie de guérison. — Une forte brise d'est a soufflé pendant les trois jours passés, ce dont nous ne nous plaignons plus maintenant, car des coups de vent seuls peuvent briser les glaces qui nous emprisonnent, et les éloigner de la côte. La brise d'est et la houle font la première moitié de ce travail, et la brise d'ouest fera la seconde.

Pour la première fois, cette année, nous avons ce soir de la pluie réelle, c'est-à-dire de l'eau qui traverse l'atmosphère sans être congelée.

15 juin. — J'ai proposé à M. Kennedy de nous rendre tous deux avec un seul traîneau et les chiens à Fury-Beach et à la baie Brentford pour résoudre les doutes si fâcheux qu'à soulevés notre discussion, mais il ne pense pas que la chose puisse se faire, et il compte que nous pourrons y envoyer un canot, ou du moins jusqu'à la baie Creswell, par l'examen de laquelle il croit pouvoir se prononcer sur le reste. Je crains fort qu'il n'y ait jamais de canot envoyé dans cette direction, à moins que ce ne soit jusqu'à Fury-Beach, où nous avons laissé une barrique pleine de nos effets, livres, etc. Je ne sais même ce que nous pourrons faire à cet égard, car il n'y a maintenant qu'une seule embarcation à bord du navire.

17 juin. — Le beau temps et les flots de clarté qui inondent la baie nous feraient oublier que nous sommes par 73° de latitude nord, n'étaient les troupes d'oies et de canards qui, se dirigeant au nord, nous rappellent que seuls encore nous sommes retenus; mais, pour prendre patience, nous réparons les armes avec lesquelles nous nous sommes frayés un passage dans la baie de Baffin, les longues scies, les pétards destructeurs, etc.

La neige, encore assez compacte dans certains endroits, forme un véritable réflecteur; de sorte que, d'un côté, il est presque impossible de faire une longue course dans le jour sans revenir *snow-blinded*, et, de l'autre, la chaleur éprouvée est aussi intense, je dirai même aussi insupportable que celle de nos étés brûlants. On a peine à se persuader que les rayons solaires n'émettent pas plus de chaleur (et même ont une influence directe moindre) qu'à l'équateur.

Nous avons profité de ce beau temps pour peindre le navire et calfater le pont; les perroquets sont en croix.

21 juin. — Le capitaine Leask a tué, en deux fois, cinq oies et une perdrix sur les terres plates et détrempées du fond de la baie, et on a vu deux lièvres; mais ces animaux sont très-sauvages et ne se laissent pas approcher. — Presque tous les oiseaux que nous voyons passer sont par couples; ceux qu'on a tués pesaient en moyenne trois livres, et leur estomac contenait de l'herbe et du sable. Ils se nourrissent évidemment des boutons d'une sorte de bruyère dont les plages de la baie Batty sont couvertes, et dont les jolies fleurs roses réveillent en nous le souvenir de régions plus fortunées; mais ici même le printemps revendique ses droits, et, bien que sans parfum, ces touffes de bruyères, avec les lichens aux teintes vertes et rougeâtres, nous font un agréable jardin. Comme nous avons trouvé ces plantes en février, et dans l'hiver en grattant la neige, il est évident que c'est sous la neige même et dans l'espèce de serre chaude créée par la feuille de glace, que la chaleur rayonnée de la plante arrondit en dôme au-dessus d'elle, que c'est sous cet abri, dis-je, qu'elle trouve sa protection contre le froid extérieur. Je laisse aux botanistes à dire quels éléments humides ces plantes rencontrent dans cette terre pierreuse ou gelée au point d'être aussi dure qu'une pierre. Le sol, dans les parties les plus sèches, est également couvert de branches du *dwarf-willow*, ou saule nain, dont les pousses, longues de quinze à trente centimètres, rampent sur le sol ou s'étalent en éventail. Cette plante peut-elle être réellement considérée comme un arbuste?

Toutes les sinuosités du terrain servent de rigoles, à la dissolution des neiges, et de toutes les faces de la baie, au pied de toutes les ravines, courent des ruisseaux, torrents en miniature, écumeux et bruyants, qui se brisent en cataractes sur les débris de pierres calcaires, ou, disparaissant sous les plus épaisses couches de neige, se montrent un peu plus loin sur la plage, où ils s'étendent en nappe, et contribuent avec la pluie à hâter la dissolution des glaces de la baie. L'eau que nous buvons a été pendant quelques jours recueillie à la surface du *floe*; mais, soit par la filtration, soit plutôt par l'effet de l'attraction capillaire, l'eau de mer, montant à la surface, l'a rendue saumâtre, et nous roulons maintenant nos pièces à eau à la plage. Il est également plus commode pour nos hommes de laver dans ces ruisseaux, et d'étendre leur linge sur les pierres plates, où le soleil et la chaleur même de ces pierres le sèchent très-promptement. Je surprendrai peut-être plus d'un sceptique en disant qu'un des jours actuels nous offre des scènes pleines de charme. Mais quoi! notre esprit n'est-il pas à l'unisson de ce qui nous environne, et, parce que les paysages d'automne à la chute des feuilles ne produisent pas sur nous la même impression que les scènes magiques d'un printemps fleuri ou les *Moissonneurs* de Léopold Robert, en a-t-on jamais nié les beautés? Les oiseaux ne chantent pas, il est vrai, mais la beauté de leur plumage le fait oublier, lorsque surtout, dans le silence de la baie, alors que les travaux du jour laissent à nos hommes le loisir de fumer, nous prêtons l'oreille à ce murmure presque harmonieux des neiges qui se dissolvent et se hâtent de toutes parts pour accélérer le moment de notre délivrance. — Le 19, nous entendîmes un bruit qui ressemblait aux grondements du tonnerre, mais auquel nous sommes trop habitués maintenant pour nous y méprendre : il était causé par l'éboulement des neiges dans le fond des ravines ou des terres que la filtration de l'eau détache, aussi bien que la chaleur ou le froid excessif.

26 juin. — MM. Kennedy et Smith rapportent de leur chasse deux *cider-ducks* et une perdrix ; le mâle a sur le nez une excroissance jaune que n'a pas habituellement l'édredon. Ils ont vu trois grues. Jusqu'ici un seul phoque

a été tué, non pas qu'ils soient très-difficiles à approcher, car si on se dirige sur eux en sifflant, ils prennent assez peu ombrage; mais ce qui les éloigne de nous, c'est la poursuite de nos chiens, qui semblent prendre plaisir à les chasser de trou en trou ou le long des craqûres de la glace, où nous les voyons en grand nombre : nous en avons compté jusqu'à cinquante, il y a peu de jours, d'une seule bande. Leur nourriture se compose principalement, sans doute, des petites crevettes dont j'ai parlé l'automne dernier et d'une sorte de buccins que nous avons découverts jeudi sur une tête de renard plongée dans la mer. Ces buccins, longs de plus de trois centimètres, sont fort bons à manger d'ailleurs ; mais ce qui les rendait intéressants pour nous, c'est que nous n'avions pu jusque-là nous expliquer la présence de coquilles bivalves que nous avions ramassées même à cinquante pieds d'élévation dans la baie. — Le *floe* est enfin couvert de larges feuilles d'algue marine (quelques-unes ont cinquante centimètres de long et trente à quarante de large), qui remontent à la surface partout où il existe un trou de phoque, ou même à travers les fissures du *floe*. Ces plantes, décolorées sans doute par leur croissance loin de la lumière, dans les ténébreuses profondeurs de la mer, ne sont pas les seules herbes marines qu'on trouve dans ces contrées, puisque dans la baie de Baffin nous avons vu flotter des touffes de varech. La lumière n'est cependant pas indispensable à la coloration des plantes, car il paraît que dans les mines il croît de certaines plantes vertes. Quelques feuilles de la même espèce, que j'ai vues depuis, et leurs tiges, étaient d'un jaune très-pâle, les feuilles ayant quelquefois des nuances de lie de vin.

Vu un ours samedi soir ; il passe au sud, bien que nous brûlions de la graisse pour l'attirer.

3 JUILLET. — Depuis deux jours, nous éprouvons un coup de vent d'est qui nous rappelle les tempêtes de l'hiver, mais qui nous réjouit par l'idée des ravages qu'il doit causer parmi les glaces du passage. Déjà, au com-

mencement de la semaine, M. Kennedy a vu que l'eau s'étend maintenant sur cette côte jusqu'à la baie Elwin, où nous avons passé le 10 juin. Nous n'avons pas à nous plaindre, et pourtant je suis impatient. Je voudrais trouver quelque occupation matérielle qui donnât le change à mes idées, et je désirerais que par terre nous nous rendissions à l'endroit où sont les deux embarcations ; mais je ne veux ni ne puis prendre l'initiative de la proposition ; il me faut donc attendre.

M. Leask a tué deux autres *cider-ducks*, le mâle et la femelle, car ils sont toujours par couples, la femelle (*duck*), au plumage tacheté, et exactement semblable à celui des perdrix de la Plata, rougeâtre avec bandes noires ; le mâle (*drake*), ayant le ventre d'un bleu noir, ainsi que le sommet de la tête, la poitrine blanche, et sur le cou de splendides teintes verdâtres qui se fondent en approchant du dos.

Trois autres grues ont été vues ; quoique loin d'être aussi savoureux que les oies (*brent-geese et weavies*), ces oiseaux ne sont nullement désagréables à manger, si l'on a soin d'enlever la peau et les parties graisseuses. Sir John Ross paraît même être d'opinion que la plupart des oiseaux de mer sont rendus mangeables quand on les prépare de cette manière.

8 juillet. — Continuation du coup de vent d'est, dont les résultats ne sont pas aussi favorables encore que nous le voudrions, peut-être parce que la brise, soufflant toujours de cette même direction, pousse les glaces et les retient contre la côte. Du sommet des collines et à la longue-vue, la côte est de l'*inlet* paraît dégagée même au sud du port Bowen ; et notre désir est tel que nous nous inquiétons de ne pas voir les glaces s'ouvrir devant nous. Hier, M. Kennedy a essayé trois ou quatre *blasting-cylinders* de sept à dix livres de poudre, à la pointe nord, mais sans succès, le *floe* étant de cinq pieds dix pouces d'épaisseur. Plusieurs couples de lièvres ont été vus en face de nous, mais nos chasseurs n'ont pu en approcher.

En revanche, nous avons été visités par plusieurs ours,

dont un dans la matinée du mardi est venu assez près du navire et a essuyé bravement une volée de huit à dix coups de fusil. Nous aimons à penser qu'il était trop loin. Un deuxième, dans l'après-midi, s'étant montré à l'entrée de la baie, nous nous rendîmes à la pointe nord (à côté du navire), et attendîmes, couchés sur les galets, qu'il vînt passer près de nous; mais, soit qu'il eût éventé le piége, ce qui n'est guère probable, puisqu'il venait du vent à nous, soit caprice de sa part, il s'enfuit par un endroit où nous ne pouvions le viser sans nous montrer, compromettant ainsi les chances de succès qui nous seraient restées dans le cas où il viendrait à repasser près de nous. Comme tous ceux que nous avons vus, il est en quête de nourriture, et il se promène le long des crevasses dans lesquelles il se plonge de temps en temps; puis, remontant sur la glace, il se roule sur la neige, les jambes en l'air, poussant des grognements de plaisir, comme fait un âne sur la poussière des routes. Lorsqu'il est plus avant dans la baie, trois autres hommes se détachent du navire pour le rabattre sur nous, et nous espérons pendant quelque temps le tenir; enfin, l'animal, ne semblant pas se douter de la nature de ces bipèdes qui le poursuivent, se couche sur la neige pour les guetter; mais, lorsque après un long détour ils arrivent près de lui, et ouvrent leur feu, il part au galop avec une agilité qui m'étonne chaque fois davantage, et, en un clin d'œil, grimpant sur les coteaux où nous ne pourrions le suivre, nous dépasse, et est bientôt hors de portée. Un de nos jeunes chiens l'a poursuivi et lui mord de temps en temps les talons, car nous le voyons faire volte-face et lancer un coup de patte que la petite bête évite très-adroitement. Nous revenons à bord un peu honteux. Si nous pouvions mettre nos chiens après l'un d'eux, je pense qu'ils le tiendraient en arrêt, et nous donneraient le temps d'approcher, mais ils sont trop occupés ailleurs dans cette saison du printemps. Deux autres ont paru dans la matinée à l'entrée de la baie, mais n'y sont pas entrés. Bien qu'il ne soit pas possible d'affirmer que ce ne sont pas les mêmes, cela n'est guère probable, et nous pensons qu'il y a une émigration générale des ours du fond de l'*inlet* au nord, où l'absence des glaces leur promet une pêche plus facile. Nous continuons à préparer nos instruments à glace, aiguisant les scies, etc.

10 juillet. — Vendredi matin m'étant rendu à la pointe nord pour prendre des angles, je vis un autre gros ours tout près, qui, en me découvrant, changea sa route au sud, quoique sans montrer beaucoup de frayeur. Une fois à bord, je suivis ses mouvements à la longue-vue; quand il fut près de la côte, un éboulement eut lieu tout près de lui sans qu'il semblât y faire attention. Il est remarquable que chaque fois que ces animaux sont venus près du navire, le moindre bruit leur a fait dresser les oreilles; ils flairent l'horizon avec inquiétude et vivent continuellement sur leurs gardes; mais les voix pour nous si redoutables de la nature les trouvent insensibles. A ce sujet, M. Kennedy me dit que, dans les bois de la terre de Rupert, il a observé souvent des phénomènes analogues chez le *moose deer* (daim américain), un des animaux les plus défiants de la création; il est parfaitement à l'aise alors que la tempête mugit au travers des branches et tord les arbres; mais si, au milieu de ce tintamarre, un bruit qui n'est pas dû à la même cause arrive à lui, par exemple, le craquement d'une branche qu'un Canadien brise exprès, le quadrupède décampe aussitôt.

On a essayé hier de couper la glace près du navire pour jeter un de nos filets; elle était de cinq pieds dix pouces d'épaisseur.

Un de nos cylindres à explosion a été essayé, mais de nouveau sans résultat, bien que la secousse ait ébranlé la goëlette, dont la partie la plus proche est à vingt mètres de distance. Le navire est toujours supporté par la glace, de sorte que pendant l'hiver, il est fort probable qu'il n'avait point ou avait fort peu d'eau sous sa quille. Deux de nos hommes, qui se sont rendus sur le sommet des terres jeudi dernier, rapportent que le plateau est partout couvert de neiges, comme il l'était en septembre dernier, neiges dans lesquelles ils enfonçaient parfois jusqu'à la ceinture. Il est à remarquer cependant que, pendant cet hiver, nous n'avons eu qu'un petit nombre de journées de neige véritable, le *drift* (tourbillon) ayant été le caractère le plus saillant de cette saison. J'ai trouvé les petits ruisseaux de nos ravins considérablement grossis, soit par les pluies des derniers jours, soit par l'accroissement des neiges fondues. Seules les falaises qui s'élèvent à une hauteur considérable aux deux pointes de l'entrée de la baie sont nues et contrastent avec la rade par leur hideuse stérilité. Comme je l'ai dit, ces roches se composent de couches de pierres calcaires primitives, généralement horizontales, quelquefois placées régulièrement les unes au-dessus des autres, mais ailleurs empilées de la façon la plus bizarre, en masses sourcilleuses et renfrognées.

12 juillet. — Deux autres *eider-ducks* (la paire) ont été tués. — M. Kennedy est allé ce matin en dehors de la baie et du sommet des *cliffs* au nord; il a vu l'eau s'étendre jusqu'à l'autre côté et au sud à environ deux milles au nord du navire, le long de la côte; il y a quelques trouées entre les pointes nord et sud de la baie; mais ce qui m'étonne, c'est qu'il n'y ait pas d'eau là où, pendant tout l'hiver, il y en a constamment eu. Samedi dernier, la glace s'étendait sur cette côte jusqu'à la baie Elwin, et ce balayage a eu lieu pendant le coup de vent de dimanche. Une ou deux journées, comme on le voit, peuvent avancer bien vite la besogne. A son retour à bord, il a trouvé au pied des *cliffs*, et au milieu des débris de cette avalanche dont j'ai parlé, une couche d'un sel que personne ne reconnaît, d'un pouce d'épaisseur, et qui paraît avoir été précipité du sommet par la neige. Ce sel déposé en tablettes existe sans doute sur le sol à l'état efflorescent.

On a trouvé aujourd'hui sous la neige le corps d'un de nos chiens, mort il y a six mois; et, quand on le dépèce pour en faire des appâts de pêche, il est trouvé parfaitement frais. Nous nous livrons en grand maintenant à la pêche des *wilkes* ou buccins, qui sont excellents, et dont un demi-cent font un assez joli plat pour notre table de sept personnes. Au printemps, c'est une chose excellente, je pense, pour les scorbutiques, à défaut de poisson frais. — M. Kennedy retrouve une lettre du lieutenant Robinson, qu'il ne se rappelait pas avoir reçue ; il semble que le dépôt de provisions sud du cap Seppings, que j'ai si bien cherché en octobre, se trouve dans la ravine même, où nous avons campé, ou du moins qu'il y fut déposé en 1849.

Les *heathers* (bruyères) aux petites fleurs roses sont déjà flétries et presque détruites par les fortes brises, et nous trouvons maintenant de petites fleurs jaunes, dont mon ignorance en botanique ne me permet pas de savoir le nom. Je suis un peu plus heureux, bien que non moins ignorant en conchyliologie, car j'ai reconnu trois espèces différentes parmi les coquilles roulées trouvées à terre (toutes trois bivalves), une espèce de *cyclostome* sur la glace, et une sorte de moule, en outre des *buccins* que nous donne le filet. J'ai également trouvé, parmi les plantes marines, les débris d'une autre coquille ou d'un zoophyte que je ne connais point encore, et ce soir un des hommes me rapporte de terre une belle chenille.

Que de choses je préparerais et que d'études intéressantes j'entreprendrais si je devais recommencer une semblable campagne !

Le capitaine Leask a tué un lièvre mâle dans la soirée, près de l'endroit où il a blessé mortellement la femelle il y a quelques jours. Le lièvre a quelques touffes de poils gris. MM. Kennedy et Smith ont tué à fleur d'eau vingt *dovekies,* deux *gulls* et un *kittywake*.

13 et 14 juillet. — Je me suis rendu ce matin avec M. Smith à l'endroit où commence l'eau libre, et, dans une demi-journée, nous tuons quatorze *dovekies* et quatre *gulls*. (Nous avions avec nous le *halket-boat* dont je ne saurais trop recommander l'usage en de pareilles circonstances ; il serait mieux que ces bateaux fussent,

dans la partie insufflée, divisés en compartiments, en cas d'accident.)

La chasse était abondante au commencement : des centaines de *dovekies*, charmants oiseaux, au corps tout noir, avec deux taches blanches sur les ailes, les pattes et le bec d'un rouge de corail; de nombreux vols de canards, d'*eider-ducks*, de *wild-ducks*, et quelques oies, ont passé non loin de nous, mais cependant hors de portée; nous avons vu également une *wite-whale* (baleine blanche) et de jeunes phoques nés cette année, mais trop facilement effrayés pour que nous eussions la moindre chance de les tuer. L'un de nous se tenait sur la glace pendant que l'autre, *pagayant* le canot à la façon des Esquimaux, se portait au large, rabattant le gibier à terre, ou ramassant celui qui était tué. Rien de plus amusant que les jeunes *seals* (veaux marins) semblables à de petits singes, montrant au-dessus de l'eau une petite tête qui disparaît à la moindre alerte, en reniflant avec bruit. Ils ont sans doute un instinct bien sûr des animaux ennemis de leur race, car les appels criards des bandes de *kittywakes*, le bruit retentissant des *white-whales*, quand elles font remonter de leurs évents une colonne d'eau et de mucilage, ne les effraient pas, tandis que la vue de notre chapeau au-dessus des glaçons qui nous cachaient les fait disparaître. Quant aux *dovekies* que nous chassons plus spécialement, parce que c'est le meilleur gibier, ils plongent avec une telle rapidité, soit au bruit de la capsule, soit à la lueur qui précède la détonation que nous avons vu très-souvent, et tout amour-propre de chasseur à part, le plomb frapper tout autour de l'endroit où ils étaient, et le petit oiseau reparaître à quelque distance, souvent trente secondes et plus après, se balançant gracieusement et plongeant sa jolie tête sous l'eau. Après une heure de chasse ils étaient devenus un peu moins hardis; mais, aussitôt que nous apportions quelque relâche à leur poursuite, ils accouraient bien vite en bandes, près des bords de la glace, le long de laquelle, sans doute, ils trouvent leur nourriture en insectes, excréments de phoques, coquilles, etc. Le soleil étant devenu très-chaud vers midi, de temps en temps un craquement se fait entendre dans le *cliff* et les pierres roulent sur les plans inclinés que surmontent les falaises étagées par couches horizontales; chaque petite pierre, tombant sur les débris minces et en feuilles d'ardoises, les fait résonner comme autant de tessons. *Much ado about nothing* (beaucoup de bruit pour rien).

Les *cliffs* sont d'une telle hauteur, que les oiseaux qui s'élancent de leur sommet sur la glace font en traversant l'air un bruit prodigieux que je ne sais si je dois attribuer à la propriété résonnante de cette atmosphère. Bref, soit que je n'eusse pas pris d'exercice depuis longtemps déjà, soit que cela ait apporté une trêve à mes tristes pensées, je me suis trouvé tout le jour fortement intéressé par la vue de la mer et de ses milliers d'habitants, *sub et super* (dessous et dessus), par la contemplation des différentes mousses et des herbes ou petites plantes qui percent les pierres partout où la neige laisse quelque humidité, et je reviens à bord tout joyeux, d'autant plus joyeux que j'apprends que demain l'embarcation doit se rendre au port Léopold pour ramener nos deux autres canots.

Le capitaine rapporte de sa chasse trois jeunes levrauts, ceux dont il a tué les parents; ils sont tout gris. On me dit que le vrai lièvre d'Europe n'a jamais plus de deux petits, et il m'a toujours semblé que le lièvre arctique ressemble un peu plus au lapin qu'au lièvre.

XI

VOYAGE AU PORT LÉOPOLD.

Du 15 au 21 juillet. — Je suis très-heureux d'avoir demandé à M. Kennedy de faire partie de ce petit voyage, afin que rien ne se fasse sans que j'aie ma part des fatigues ou des travaux, même les moins intéressants de notre campagne. Dix hommes et les chiens traînent le canot (*mahogany*) près de l'ouverture, avec assez de peine, bien que nous n'ayons autre chose que les mâts et avirons avec les voiles, et je doute que l'équipage de ce canot, cinq hommes seulement, pût en aucun cas suffire aux exigences d'un moment de danger. A six heures, nous nous mettons de nouveau en route avec nos effets de couchage et nos provisions sur un traîneau. Pour la première fois, nous voyons parmi les autres membres de la gent ailée, les *loons*, qui diffèrent du *dovekie* en ce que le dernier a seulement une tache blanche sur chaque aile, tandis que le *loon* a tout le ventre blanc, et est généralement un plus gros oiseau. D'un seul coup de fusil M. Kennedy en tue neuf pendant que nous déchargeons le traîneau ; ils ne sont point aussi agréables que le *dovekie* comme aliment, et doivent être dépouillés de toute graisse avant qu'on les fasse cuire.

Dovekie ou *sea-pigeon* (pigeon de mer) ; dovekie est un mot écossais.

Le *kittywake* est ainsi nommé à cause de son cri, qui reproduit assez bien le son du mot.

La glace est continuellement minée en dessous par l'action incessante des lames qui en enlèvent chaque fois une petite portion et M. Anderson, s'étant un peu trop avancé sur les bords, voit la glace se briser sous ses pieds ; il tombe à la mer, fort heureusement à portée du canot, et en est quitte pour un bain un peu froid. — Au moment du départ, il s'élève un épais banc de brume qui nous cache la terre et la route que nous voulons prendre, parce qu'il est poussé par une légère brise du sud ; c'est la première brume véritable que nous ayons observée, soit que dans la rade elle n'existe pas à cause de l'absence d'eau, soit que nous nous couchions trop tôt pour la voir. Cependant, durant le dernier mois, vers cinq et six heures, les vapeurs qui s'échappaient de la terre formaient toujours un brouillard assez épais pour voiler le soleil et contrarier mes observations. J'ai ramassé sur le *floe* plusieurs oursins (hérissons de mer), dont le plus grand a quatre centimètres de diamètre ; ils sont morts ; leurs coquilles ont été emportées sans doute par les herbes qui à présent jonchent le *floe*, et que j'avais à tort supposées venir du fond, tandis qu'évidemment elles ont été retenues et incrustées dans la glace en septembre, lors de la formation de ce même *floe*.

Le bruit de notre sillage force à s'envoler des centaines de volatiles de toutes espèces, qui nous maudissent de leurs voix criardes et dans tous les tons des oiseaux de mer (Toussenel ne manquerait pas d'y trouver une analogie avec les accents rauques et rogommés de de nos *blue-jackets* (bas-bleus). — Plusieurs *white-whales* viennent passer autour de notre embarcation et font entendre, lorsqu'elles sont à une certaine profondeur, un bruit que les matelots appellent leur sifflement; il est occasionné sans doute par le dégagement des organes de la respiration. — Les baleines sont très-communes dans la baie d'Hudson où on les chasse facilement à cause de leur couleur blanche qui les fait voir à une grande profondeur. Les baleiniers peignent leurs canots en blanc pour ne pas les effrayer. Bien que timide, lorsqu'il a reconnu l'existence du danger ou de la poursuite, ce cétacé semble être d'une nature curieuse, car aujourd'hui et aux différentes fois que nous les avons rencontrés, ils sont toujours venus passer près de nous, et, mardi dernier, le capitaine Leask, dans le *halkett-boat*, a été obligé de se rendre à terre, craignant que deux de ces baleines qui le poursuivaient ne renversassent son canot.

Les avirons et la voile tour à tour nous amènent à quatre heures du matin, à l'endroit où sont nos deux embarcations, qui n'ont point été dérangées depuis le 3 juin, et nous nous rembarquons après avoir pris une chaude et confortable tasse de thé.

Sur les *cliffs* qui précèdent le cap Seppings, nous reconnaissons plusieurs minces filets blanchâtres, de la substance apportée à bord, et les cannelures qui descendent jusqu'au bord de la mer servent de conduits à des masses d'eau et de neige glissant du sommet avec un bruit certainement plus formidable que le volume de matières qui cause ce fracas; sous le soleil ardent qui précède midi, ces détonations se succèdent presque sans intervalle par les mille gouttières de la côte. L'air froid et humide de la nuit a fait place à une chaleur presque insupportable; à peine y a-t-il quelques glaçons devant nous, et, n'étaient les torrents de neige que charrient les inépuisables sources de la côte, nous nous croirions volontiers à quelque soixante degrés de latitude plus au sud.

Le parcours des mêmes lieux nous ramène naturellement aux souvenirs de septembre et d'octobre derniers, et le contraste ne peut certainement qu'éveiller en nous des sentiments de joie et de plaisir. Vers midi, le vendredi 16, nous abordons à la pointe Whaler; la baie est dégagée de glaces sur plus d'un quart de sa longueur, et la pointe, maintenant entièrement dénudée, étale à nos yeux ravis l'abondant dépôt de provisions dont jusqu'à présent nous n'avons vu qu'une partie.

Notre belle construction, notre splendide château de neige du mois de mai s'était naturellement évanoui, entraînant dans ses décombres, et dans un état de singulière promiscuité, des débris de provisions, de vieilles chaussures, et de vieux journaux avidement parcourus dans nos heures de paresse scorbutique, notre toiture de laine, et des outils couverts de rouille. Le désordre était heureusement facile à réparer, et nous eûmes bientôt construit une tente avec ce qui restait des matériaux laissés par sir James Ross. Les lettres adressées aux malheureux équipages de l'*Erebus* et du *Terror* gisaient sur la grève plus ou moins endommagées par l'humidité ou la dent impie des renards, et ce n'est pas sans un certain serrement de cœur que nous en ramassâmes les débris pour les envelopper avec soin et les mettre en sûreté. Les différentes pièces appartenant à la machine étaient éparses dans toutes les directions, et incontestablement hors d'usage; mais il n'y a point à douter du soin avec lequel le tout avait été déposé sur la plage.

Seulement il est probable que les glaçons portés par de hautes marées ou lancés par la mer ont dû les entraîner. Je pense aussi que cette pointe, composée d'une terre friable et de petites pierres, est incessamment rongée par l'action des vagues ; la chaloupe est encore en bon état, car l'eau provenant de la neige ne s'en était point échappée. Nous passâmes la journée du samedi à la mettre en ordre, et à haler un peu plus à terre ses différents agrès, une *ancre à jet* de trois cent-trente livres, et un fort palan destiné à la lancer ; nous ne pûmes songer à la haler ; nos forces n'y eussent point suffi, mais il est à craindre qu'avant peu elle ne soit emportée par les glaces. Il est évident qu'elle n'a été placée là qu'afin de rendre possible, même à un parti réduit en forces et en nombre, de la lancer aisément. Toutes les barriques ont été mises sur le côté afin que l'eau ne puisse séjourner sur leurs fonds et pénétrer à l'intérieur. Les voiles sont soigneusement pliées et suspendues, avec un approvisionnement d'aiguilles, pommelles, toile, fil pour les réparer, ainsi que tous les morceaux de toile, ou d'*awning* (tendelet) que nous pouvons trouver. (Je pense que dans une mission de la nature de celle de sir Jhon Ross, il vaudrait mieux bâtir un certain nombre de petites tentes qu'une seule très-grande, à cause de la difficulté qu'on aurait à échauffer une large bâtisse, si on prend les chances d'hivernage en considération). — Dans la soirée de samedi, un ours traverse la baie, mais se dirige au sud avec rapidité, après que la brise lui a fait connaître notre présence ; c'est sans doute un de ceux que nous avons chassés déjà. — Dimanche, je dirige ma promenade du côté des tombes au fond de la baie, accompagné de M. Kenneth, le charpentier. Les neiges forment autour de cette partie une chaîne de petits lacs d'eau douce, sur l'un desquels il nous semble reconnaître une grue.

Les *head-boards*, ou planches tumulaires des six tombes creusées par l'*Entreprise* et l'*Investigator*, ont été abattues par la brise, et nous les relevons avec ce recueillement instinctif qui nous saisit, là où l'idée de la mort nous frappe le plus, près de dépouilles naguère semblables à notre enveloppe. Ce sont presque tous des hommes jeunes, de vingt à trente ans, qui ont succombé.

Nous visitons la pierre des marées, où, dans le granit, sont gravés les signes

$$\left[\begin{array}{c} \mathrm{E} \ \mathrm{I} \\ = \ = \\ 1849 \end{array} \right]$$

En face de nous, au sud, est une ravine où la neige se trouve encore en couches de trente ou quarante pieds d'épaisseur. — Les mousses et les bruyères sont encore en fleur ici; à la baie Batty elles sont déjà flétries et desséchées : la floraison a sans doute lieu quelques jours plus tard à cause de la différence de latitude, car la pointe Whaler est balayée par toutes les brises de l'horizon. Le temps a été brumeux dans le jour, et, au soir, une forte brise d'est s'élève accompagnée de pluie.

Lundi matin, nous trouvons que les glaces venues du détroit de Lancastre ont rempli la baie, et la côte est entourée d'un banc de glaçons plus large que ne l'était la glace en mai. La houle soulève ces nouveaux venus, qui s'entre-choquent d'une façon peu rassurante pour l'embarcation qui se risquerait au milieu d'eux, et il nous faut remettre le retour projeté. Mardi 20, le beau temps a reparu, mais sans amener de changement dans l'état des glaces qui nous environnent; elles ne font que se mouvoir en cercle autour de la baie avec la marée.

Un de nos hommes croit avoir vu un navire à l'est, et nous nous rendons tous au pied du cap Clarence pour avoir un meilleur point de vue; mais nous sommes obligés de renoncer à l'espoir si vite conçu de nouvelles des autres expéditions, de lettres *from home*. Quelles ont dû être les angoisses des deux Ross en 1833, lorsque, après cinq ans d'absence, ils épiaient sur les mêmes lieux l'indice d'une ouverture dans les glaces, ou d'un navire qui seul pouvait mettre fin à leur misérable condition! La pointe est jonchée d'ossements de baleines, et nous n'avons pas compté moins de sept crânes de ces animaux, circonstance sans doute à laquelle elle doit son nom. Ainsi que la côte est de la baie, elle contient aussi de nombreuses ruines d'habitations des Esquimaux, habitations d'hiver aux murailles épaisses, et communiquant de l'une à l'autre par des passages souterrains. Nous fouillons sans succès plusieurs de leurs tombeaux, où quelques ossements épars ont seuls échappé à la voracité des renards et des ours, ou à la curiosité quelque peu sacrilége des différents visiteurs. Ces tombes ne sont point creusées dans le sol; le corps est généralement déposé à la surface, ou dans une excavation peu profonde, avec les principaux ustensiles de pêche du défunt, et recouvert de pierres entre lesquelles sont ménagés des espaces assez larges; les morts ne pourraient autrement, disent les Esquimaux, prendre leur vol vers l'éternel séjour.

Comme presque tous, j'ai pris part aux fouilles, comptant trouver quelque vestige intéressant pour les ethnologues; mais j'ai réfléchi plusieurs fois sur ce sujet, en me rappelant l'air significatif dont M. Adamson secouait la tête en disant qu'il vaut mieux laisser les morts tranquilles.

Chez nous, où certaines mesures statistiques fournissent à la science les éléments dont elle a besoin, il y a dans la violation des sépultures une profanation injustifiable; et je ne puis croire un instant que le moindre blâme puisse s'attacher à de semblables recherches, lorsqu'elles ne sont point faites de gaieté de cœur et sans but utile. Mais, en général, le respect qui entoure nos dépouilles, les soins rendus à nos restes, ont-ils un plus grand nombre de bons ou de mauvais résultats, s'ils servent de prétexte au maintien des préjugés, qui à Londres s'opposent, de nos jours, et en France, à une époque peu éloignée, s'opposaient à des mesures sanitaires, ou s'ils ne sont que le fruit de cette dignité humaine qui vénère même ce qui fut un de nous? La raison dit oui là où souvent les sentiments intimes disent non. Je vouerais volontiers mon squelette aux recherches anatomiques, et, ce n'est pas sans combats, sans répugnances, que j'y consentirais pour les corps de ceux qui me sont chers. Quand on songe au crime récent d'Édimbourg, à ce chirurgien Knox, dont les agents assassinaient, afin de lui procurer des cadaves à disséquer, on s'élève contre le préjugé ou les sentiments ; mais comment allier le respect absolu des tombeaux et des corps avec les translations des cendres, les embaumements? — A Montévidéo, j'ai traversé au galop des saladeros jonchés de carcasses de bœufs ; mais ma monture se cabrait et menaçait de me jeter à bas quand nous passions près du cadavre d'un cheval ; les bœufs refusent souvent d'entrer à l'abattoir ; ici nos chiens se repaissent de l'un deux qui a été jeté sur la glace ; est-ce seulement un trait de différence entre les carnivores et les herbivores ?

21 JUILLET. — La glace, bien que sans avoir entièrement disparu, nous ouvre un passage où nous nous empressons de pénétrer ; car il n'est pas difficile de se rendre compte de l'observation de sir James Ross, qui, en 1848, entra dans la baie à un certain jour, et n'eût pu le faire à aucune autre époque de l'année ; et, de six heures à midi, une petite brise du nord-est nous amène à la deuxième ravine, après le cap Seppings, où sont nos deux embarcations ; nous y trouvons aussi les mâts et les avirons du *Gutta-Percha*. Cette ravine est celle qui nous avait si cruellement trompés le matin du 10 septembre. En peu de temps nous réparons le *Gutta-Percha*, que nous rendons étanche en collant quelques bandes d'étoffe préparées avec du naphte, etc., et cette facilité de réparations n'est pas la moindre qualité de cette embarcation si légère, qui offre en outre cet avantage que la glace ne l'endommage pas comme les embarcations ordinaires. — Le *Mahogany-Boat* (canot d'acajou) et le *Gutta-Percha* arment chacun cinq avirons, et, à notre retour, quand nous avons eu à transporter nos provisions, le même nombre d'hommes a été nécessaire pour la première de ces embarcations, portant avirons et voiles et cent quatre-vingt-dix livres de farine, et pour la deuxième, qui,

avec ses avirons, portait trois quarters de farine (570 livres); deux de fruits conservés; quatre-vingt-dix livres quinze gallons de *lime-juice* (151 livres); deux barils de saumures (218 livres); cent trente livres de porc salé; soixante-cinq caisses de légumes ou viandes conservées (455 livres); en tout, mille six cents livres, sans compter quatre fusils, c'est-à-dire une différence de plus de mille livres. Je pense donc qu'il n'y a pas l'ombre d'un d'un doute sur l'avantage, en temps modéré, de ces derniers canots. Quand il fait très-froid, la matière principale, la gutta-percha, devenant cassante, tous ces avantages sont réduits à néant.

La baie Elwin, devant laquelle nous passons à deux ou trois milles, paraît encore bloquée par les glaces. Naviguant au milieu des glaces flottantes, ou traversant les *streams* qui ne sont point assez compactes pour nous barrer la route, en écartant les pièces qui les composent, nous glissons lentement le long de la côte, suivis de nouveau, ou même poursuivis par les *white-whales*, et à deux heures du matin nous sommes un peu plus au sud que l'endroit où nous avons lancé le canot jeudi dernier. Les glaces de l'est sont en quelques endroits plus rapprochées qu'elles ne l'étaient à la même époque, par suite du coup de vent d'est; mais nous voyons avec plaisir qu'une large portion du *floe* qui ferme l'entrée de la baie s'en est détachée, et quelques coups de vent d'ouest feront bientôt justice du reste. Après avoir débarqué notre cargaison et mis nos trois embarcations en sûreté, nous nous rendons au navire, où nous sommes à quatre heures dans la matinée du jeudi 22.

XII

A BORD.

A bord, rien de nouveau. Le capitaine a tué un large phoque (Baleinier, *clap match*) de neuf pieds et demi de long, qu'il lui a fallu retenir par une des nageoires de derrière, en hélant pour se faire entendre du navire, afin qu'on vînt à son aide, et craignant à chaque instant de voir l'énorme animal disparaître.

24 JUILLET. — Les trois derniers jours ont été employés à transporter à bord nos embarcations et les provisions, bien qu'il n'y ait que trois milles du navire à l'endroit où le tout était déposé. Mais il est maintenant assez difficile de traverser la glace à cause des nombreuses flaques d'eau qui la recouvrent en plusieurs endroits; les trous faits par les phoques rendent même ces dernières fort dangereuses, parce qu'on ne les voit pas très-bien sous l'eau, et qu'un homme passant par l'un de ces trous ne pourrait peut-être retrouver l'ouverture et remonter à la surface qu'en admettant qu'il fût bon nageur et que le froid ne le saisît pas trop vite. Deux de nos hommes sont ce matin tombés à l'eau près du navire, et le courant, qui les entraînait en dessous, eût pu rendre leur position assez critique sans la prompte assistance qu'ils ont reçue.

Dans nos différentes courses de ces trois jours, nous avons reconnu que les crevasses principales tendent à s'élargir, et aujourd'hui il était impossible de se rendre à terre à l'endroit où nous allions si aisément il y a huit jours; mais il faut espérer que les avertissements ainsi donnés préviendront tout accident. Plusieurs symptômes nous inquiètent pour la sortie du navire, non pas encore en ce qui touche notre libération finale, Dieu merci!

mais, du moins, au sujet de ce que le temps nous permettra de faire avant que nous songions enfin à nous diriger *homewards* (du côté de chez nous).

Hier au soir, la glace se formait à la surface des mares qui nous entourent; elle a acquis pendant la nuit une épaisseur de plusieurs lignes. A midi, aujourd'hui, le thermomètre à + 13° 89, cette glace n'avait pas disparu.

26 juillet. — Il a été résolu qu'on aurait recours aux grands moyens, et la scie est mise en jeu, afin d'aider les efforts de la nature, et de préparer les voies à notre délivrance. Le navire, dans le dernier mois, s'est incliné sur bâbord, de façon que la lisse est à 1 mètre 83 au-dessus de l'eau de ce côté-là, et à 2 mètres 44 de l'autre, ce qui fait une différence de 61 cent. Il est probable que de ce côté, où la neige s'accumulait plus facilement à cause de l'abri du navire, et où nous avions notre escalier, l'atelier de charpentier, etc., la glace est plus épaisse, et que, pressant le bâtiment en dessous du centre de gravité, elle le force à s'incliner sur bâbord; car, au large de nous, il y a plus d'eau sur le côté de bâbord, et la glace est plus *decayed* (déprimée) qu'à tribord. Hier, la pirogue en ferblanc s'y est remplie et a coulé. — On a scié la glace tout le long du côté de tribord et à l'arrière, le navire s'est alors un peu redressé, et dans l'après-midi il a entièrement repris son équilibre : ce qui justifie ma raison de ce matin, c'est que le côté de tribord, qui était submergé, et sur lequel le navire s'appuie à présent, est entièrement à sec.

Le *floe* paraît être détaché de la terre, tout autour de la baie, et aussitôt que l'entrée en sera dégagée, une forte brise d'ouest suffira, je l'espère, à balayer ce qui nous reste d'obstacles. M. Leask craint cependant que les *ice-bergs* échoués sur la barre, et qui s'y trouvaient même en septembre, où la baie était entièrement claire, ne retiennent le *floe* pendant quelque temps, à moins qu'il ne s'en aille en pièces.

Je me transporte déjà en idée à la baie Pond, mais il

n'y aura pas de baleiniers à cette époque pour nous donner des nouvelles. La chance n'est pas favorable pour eux quand le *land-floe* a disparu, parce que c'est sur ses bords qu'ils trouvent la baleine. — La glace paraît s'user en dessous du *floe* et non au-dessus. Les tas d'ordures provenant de notre hivernage ne sont point encore enfoncés et ils ont préservé la glace par leur volume épais; tandis que nous remarquons que là où il n'y a qu'une simple couche, elle s'enfonce aisément. Les débris gris de pierre calcaire, que nous jetons, ne font qu'une trouée peu profonde, et ce sont les varechs ou herbes marines les plus colorées qui disparaissent le plus vite; quelques-unes à deux et trois pieds dans la glace. Je pense qu'une allée de sable ou de gravier noir pourrait réduire les quartiers de glace à un tel état de pesanteur qu'il serait alors facile de les plonger et de les couler en dessous des bancs voisins; mais la scie s'abîmerait sur l'endroit même où le sable serait placé.

Nous avons tendu une ligne de l'arrière du navire dans la direction du *cairn* nord, coupé la glace sous cette ligne et scié dans la même direction. Ce travail a occupé onze hommes pendant huit heures.

La glace paraît *more rotten* (plus pourrie), comme nos matelots l'appellent, là où elle est recouverte d'eau; je pense donc qu'il faudrait, lorsque la sûreté des hommes n'est point compromise, diriger la ligne de sciage, autant que possible, au travers de ces mares; les hommes y sont plus exposés à avoir les pieds mouillés, mais de bonnes bottes y pourvoient. — Nos malades ou convalescents sont en bonne voie de guérison; les deux hommes de l'équipage non entièrement débarrassés de tout symptôme de scorbut sont MM. Miller et Magnus, qui peuvent néanmoins vaquer à tous les travaux, même hors du navire; le docteur s'est rendu à terre il y a deux jours. Il n'y a donc plus que le pauvre M. Hepburn, dont, comme il le dit lui-même en plaisantant, la pire affection est incurable : elle consiste en vingt années de trop.

Embraqué (tendu) la chaîne à l'heure de la haute mer.

(Il serait évidemment mieux de le faire à l'heure de la basse mer, en raison de l'état où est la glace.)

29 JUILLET. — Il n'a pas fallu moins de trois jours pour scier la glace entièrement, du navire à la pointe nord, où se trouve une large fente ou craqûre qui traverse la baie au sud. La glace variant en épaisseur entre trois et cinq pieds, la brise qui a soufflé au nord dans les premiers jours de la semaine n'a produit d'autre résultat que d'encombrer l'entrée de la baie. La scie a été le premier jour endommagée par une pierre probablement apportée et retenue là par les herbes marines : car la glace se forme par couches ajoutées du dessous. Le *crow's-nest* (nid de corneilles) a été réinstallé à la tête du mât, et plus d'une fois par jour, nous y grimpons, interrogeant d'un œil inquiet l'horizon qui nous entoure ; quelles que soient nos espérances, il est au moins fort à craindre que nous n'ayons que fort peu de temps à nous, après notre libération. Il est maintenant impossible de se rendre à ce *cairn* à pieds secs, et les hommes occupés au sciage sont obligés de prendre une planche pour traverser les mares. L'opération d'*embraquer* la chaîne ayant été continuée, le navire s'est formé un petit bassin encore fort restreint cependant, et il est maintenant supporté par son élément naturel.

M. Gédéon Smith me parlait hier d'un lit de mousse que font les pêcheurs des Shetlands, dont la description est si semblable à celle donnée par Linnée dans son voyage en Laponie, que j'insère ce dernier : « Les gran-
» des mousses chevelues (*Polytrichum commune*), que
» les Lapons appellent *rombi*, croissent abondamment
» dans leurs forêts humides, et ils les utilisent comme
» moyen de couchage.

» Ils choisissent les plantes aux têtes les plus four-
» nies, dans les touffes desquelles ils taillent une surface
» suffisamment large pour un lit ou coussin qu'ils sé-
» parent du sol en dessous, et quoique les pousses soient
» à peine branchues, elles sont tellement mêlées vers
» les racines, qu'elles ne se séparent pas les unes des

» autres. Ce coussin de mousse est très-doux et élas-
» tique, ne devenant pas dur sous la pression; rien
» n'est plus chaud qu'une couverture de la même subs-
» tance. Les Lapons plient ce lit en un rouleau que le
» bras d'un homme peut embrasser, et ils peuvent ainsi
» chaque jour le transporter au gîte de la nuit suivante.
» S'il devient trop sec et trop pressé, on lui rend sa
» première élasticité en le mouillant un peu... » (M. Gil-
livray's *Lives of eminent zoologists*.)

30 juillet. — Hier, M. Kennedy et moi nous nous sommes rendus à terre à la poursuite d'un lièvre que nous avions reconnu sur les collines du nord; à l'heure de la haute mer nous n'aurions pu communiquer avec la terre sans mon *cloak-boat*, bien que la chose soit encore praticable à mer basse. Nous parcourûmes le terrain que ces animaux paraissent hanter de préférence; mais ce fut en vain, grâce sans doute aux sages précautions de la nature, qui leur donne en toute saison une fourrure de la couleur du sol, ce qui leur permet plus facilement d'échapper à leurs divers ennemis[1]. — Nos jeunes commensaux se trouvent très-bien de la vie de bord, vu que nous pouvons leur fournir des herbes fraîches chaque jour; ils mangent également bien des carottes conservées, mais de toutes les plantes que nous leur apportons, ils semblent goûter les fleurs par-dessus tout; entre autres une espèce de renoncule jaune et simple que nous avons trouvée aujourd'hui.

Il pleut et neige à partir de midi; la glace formée pendant la nuit avait un demi-pouce d'épaisseur. — Du haut des collines il nous semble voir la glace s'étendre jusqu'à l'autre bord de l'*inlet*, et, du sommet du mât, elle ne s'étend qu'un peu au nord de notre baie; on peut voir l'eau libre qui coule en une sorte de ruelle (*lane*), entre les deux pointes, peut-être jusqu'à Fury-Beach.

[1] Sans entrer dans une digression spéculative sur les effets et les causes, je crois du moins que c'est l'explication la plus plausible du changement de couleur de la fourrure des animaux arctiques.

Nos hommes ont recommencé à scier hier, à partir du navire, une ligne à peu près parallèle à la première; mais comme cette direction passe à travers les mares, la besogne va plus vite, l'épaisseur moyenne de la glace n'étant que de trois à quatre pieds. — Dans la ravine, immédiatement à l'est du navire, le torrent est, en plusieurs endroits, de cinq à six pieds de profondeur. Nous n'avons pu traverser les autres hier qu'en faisant des ponts de pierre. La pointe basse de notre côté, c'est-à-dire au nord, est entourée d'une guirlande de ruines de campements, plus récents que ceux des terres plates à l'ouest, où sont des résidences d'hiver sur un terrain plus humide, et marécageux maintenant, parce qu'en hiver la neige y est plus épaisse. Je crois que ces lieux doivent être hantés par la même tribu qui maintenant habite Boothia, car nous trouvons ses trous tout le long de la côte.

La deuxième ligne a été tracée de manière à s'écarter davantage à mesure qu'elle avance vers la craqûre formant le coin, afin qu'elle puisse plus facilement être poussée en dehors; mais, aux approches du navire, on a fait la contraire, afin que cette première partie de la section sciée puisse se retirer en dedans, vu qu'il y a une assez grande étendue d'eau près de lui. Comme le bâtiment n'a pas encore assez de place pour l'évitage, on retient l'arrière fixé par une *ice-anchor* (ancre à glace), dont le câble vient au couronnement ; la chaîne du nord est *embraquée* afin de nous haler le plus possible sous l'abri de la terre, et là où le *floe* est le meilleur, dans la crainte que le *floe* de la baie ne nous entraîne avec lui.

Les deux lignes sont séparées de trente-trois pieds de la craqûre, l'inclinaison étant de un pouce par brasse de six pieds. La distance de l'arrière du navire à la craqûre est d'environ quatorze cent quatre pieds.

L'opération, bien que fatigante et ennuyeuse, nos hommes étant le plus souvent les pieds dans l'eau en dépit des bottes, est cependant une de celles dont ils ne se plaignent point, à cause du but qu'on se propose.

— J'ai tué hier une espèce de pluvier *cocorli-dunlin*.

31 juillet. — Dans l'après-midi d'hier, le temps, qui avait été pluvieux tout le jour, s'est mis à la neige, si bien qu'à huit heures il m'a fallu de la lumière pour lire dans mon petit réduit : le thermomètre était tombé à — 0°, 56, ce qu'il n'avait pas fait à l'air libre depuis quelque temps.

A dix heures, nous avions six pouces de neige sur le pont, et ce matin nous sommes tous surpris à l'aspect des terres, qui nous reportent aux plus mauvais jours de l'hiver, les falaises elles-mêmes étant entièrement recouvertes de neige sur les rebords des *strats* et sur les contreforts par lesquels elles descendent sur la glace. Il n'est point difficile d'imaginer que cette différence de couleur crée une grande différence dans la physionomie, du moins quant à l'effet, et les réflexions que je fais à cet égard me rappellent notre course d'avant-hier : en plusieurs endroits il semblait que les pluies, aussi bien que le filtrage des neiges, entraînaient une large portion de la partie friable du sol ; les gelées excessives de l'hiver et le soleil de l'été qui font éclater la face des *cliffs*, les ravages que la mer fait sur des plages de *galets* ou que les glaçons occasionnent sur la côte, doivent matériellement altérer la face de ces contrées dans un temps déterminé, et ce serait peut-être une donnée fort intéressante pour la science qu'un dessin en relief des contours topographiques, soigneusement exécuté en certaines portions du pays. Je crois que des observations analogues à ce que je veux dire ont été prises sur certains glaciers des Alpes.

Ainsi que je l'écrivais hier, le navire est à flot, et, qui plus est, parfaitement *étanche*, nos pompes ne retirant pas de la cale plus d'eau qu'avant l'hiver ; notre gouvernail n'a pas souffert non plus.

Le baromètre est descendu de + 1°, 10 à — 1°, 9, et la brise, qui soufflait hier au soir 7 à l'est, ce matin 8 au nord, souffle ce soir 10 au nord-est ; nous avons deux ancres à glace à l'arrière. — Jeudi dernier, nous avons enfin trouvé à terre une plante qui nous a paru ressembler à l'oseille ; mais elle est dans tous les cas toute rabougrie, car ses feuilles ont à peine un pouce de long et quelques lignes de large, bien que la plante soit maintenant montée.

La neige qui est tombée et recouvre la glace, se transformant en eau douce, contribuera sans doute à la destruction de notre prison. Le mois d'août se présente d'ailleurs à nous gros de coups de vent qu'il amène en général dans ces contrées, et vient enfin avec les promesses bien reçues de notre délivrance. A huit heures le thermomètre est à 2°,22, et l'abaissement de chaleur corporelle causé par le vent nous fait trouver délicieux le coin de notre feu.

1ᵉʳ AOUT. — La brise continue à souffler avec force dans la direction du nord; et, bien que ce ne soit pas la plus favorable pour nous, elle nous vaut encore mieux que du calme, à cause de la houle que cette brise ne peut manquer de soulever dans l'*inlet*. A mesure que nous approchons du terme probable de notre captivité, je sens mon impatience redoubler; les quelques moments que nous avons à passer ici ne peuvent, hélas! être consacrés à rien d'utile pour le service de la cause dans laquelle nous sommes engagés et cette certitude contribue à nous faire trouver le temps plus long.

C'est le deuxième anniversaire de la fête de mon père que je passe loin du foyer domestique, et ma vie errante me condamnera sans doute à en manquer bien d'autres encore. Pauvre père! qui es si fier des succès de ton fils, et chez qui l'amour de la famille surpasse de si haut tous les autres sentiments! Combien je voudrais accélérer la marche de ce temps qui nous sépare de l'accomplissement de projets si chèrement caressés! combien j'ambitionne enfin de pouvoir arriver à vous faire goûter, chers parents, pour la première fois, ces conforts de la vie qu'une longue existence de peines et de fatigues a tenus éloignés de vous!

Ah! si les enfants savaient, s'ils pouvaient deviner, quand ils sont au giron paternel, ce qu'ils regretteront plus tard de caresses non prodiguées, de soins non rendus!... Je suis depuis plusieurs jours inactif, fantasque, agité, je ne puis m'arrêter à rien ; tout, nos conversations, nos espérances, les dates, viennent à chaque instant me rappeler les absents !

Les dates de juillet 1830 étaient l'occasion, l'autre jour encore, de questions que ceux qui m'interrogent ne savent pas réveiller chez moi des souvenirs qu'en certains moments je voudrais écarter :

Cœlum, non animum mutant qui trans mare currunt,

dit Horace, et je ne l'ai jamais mieux senti ; cette imagination maladive qui m'a suivi et tourmenté depuis que je suis jeune homme, m'oppresse et me retient dans les élucubrations sans bornes d'une cervelle trop enthousiaste. Chose étrange ! dans les embarras, les contrariétés pleines de désappointements de mille nuances que je subis, cet hôte incommode me poursuit, me force à écouter les projets les plus fantastiques, et aux objections du présent, me montre un avenir de promesses qu'elle ne tiendra pas davantage.

Sautant des controverses de la religion aux sphères mystérieuses de la politique, des plans du bonheur domestique aux miroitantes facettes d'une carrière publique, elle m'entraîne, et, dispersant d'un coup d'aile des châteaux de cartes soigneusement élevés, me laisse barboter dans la mare des désillusions ou bien me traîne par une main invisible à de nouveaux désenchantements, où je dissipe des heures entières à voir s'élever et s'anéantir de légères bulles de savon.

Ce gaspillage d'un temps que je ne retrouverai plus, il n'est point de jour que je ne le déplore ; et nombreuses, bien nombreuses sont les heures que je passe à songer à celles que j'ai perdues, et à m'absorber en réflexions superflues sur des fautes irréparables, mais dans lesquelles je voudrais et devrais au moins ne pas retomber.

Mais à quoi servent toutes ces réflexions spéculatives, sans une bonne résolution fermement arrêtée et exécutée ? Mon cher Alphonse, prends, après avoir consulté ton cœur et ta raison, un petit nombre de déterminations fondées sur des principes solides, mais ne cherche point à tout savoir, à tout connaître, et, une fois sur la route, ne t'arrête point pour ramasser les pierres chatoyantes du chemin. Quelque embaumées et suaves que semblent les attrayantes fleurs de la haie, va toujours et marche en avant, ou le soir de la vie te trouvera sans un gîte !

La campagne que j'ai entreprise, les phénomènes que j'ai contemplés, excitent en moi des regrets pleins d'amertume, parce que je rencontre à chaque pas des choses que j'ignore et que je voudrais savoir : botanique, géologie, minéralogie, oiseaux, insectes, coquilles, attirent mon attention, et me reprochent des heures perdues jadis, et dont j'aurais ici trouvé l'emploi si utile !... Histoire, géographie, religion, philosophie, me font des appels simultanés, auxquels je ne puis répondre à la fois ! littérature, sciences, musique, peinture, m'ont tenté et me reprochent de n'avoir d'elles que de vagues souvenirs !

Mon cher enfant, ne succombe point à toutes ces séductions ; aie un petit nombre de toutes ces connaissances et cultive-les soigneusement. Nous sommes trop imparfaits pour cumuler tant de spécialités ; à chacune desquelles une vie entière suffit à peine ; prends garde ! dans le champ où tu es admis à glaner, que si tu cours sans cesse d'une fleur à l'autre, ta gerbe ne sera pas faite dans le temps permis, et alors il sera trop tard. Comprends-moi bien : je ne veux pas t'éloigner de l'acquisition de ces vues générales et à vol d'oiseau qu'un homme complet doit avoir prises, avant d'avoir un rôle dans le drame de la vie humaine ; non, ces connaissances superficielles sont utiles comme mot de passe, comme cet argot de convention appelé *langue franque* dans le Levant, pour comprendre tout ce qui se dit dans une société où chaque membre a une nationalité différente, un langage technique et particulier à sa race, à son caractère ; mais là chacun sait que ce jargon est incomplet, et sans système ; ce n'est point une langue régulièrement organisée ; et, au sortir de ces relations frivoles, après cette foire des pèlerins de toutes couleurs, chacun reconnaît ses adeptes dans la vraie langue de son pays, la langue grammaticale et poétique qui ne s'apprend point sans travail et sans labeurs.

La première suffirait à un homme de salons, dans les relations passagères d'un bal, où la foule qui s'empresse et tournoie ne laisse à personne le temps de sonder son terrain ; mais à un homme sérieux il faut autre chose : il lui faut une spécialité, une langue mère qu'il doit connaître à fond et bien étudier avant de chercher dans les autres des analogies de parenté ou de position.

M. Kennedy me dit qu'au Canada, où les lapins sont blancs pendant l'hiver, ils restent gris lorsqu'ils sont domestiques. Des essais ont été faits à *Red-River* pour utiliser le *buffalo* comme animal de labour ou de trait, mais sans succès, on ne sait par quelle cause. M. Hepburn a vu des rennes que l'on cherchait à apprivoiser, mais il semble qu'on n'a pas réussi davantage. La Compagnie, à ce que me dit M. Kennedy, trouve chez les Indiens des préjugés insurmontables, qui les empêchent de délivrer les jeunes faons, qu'ils pourraient prendre et dresser au travail.

Les mêmes essais d'apprivoisement (mais à titre de curiosité seulement) ont réussi sur des loutres ; M. Kennedy en a élevé deux, qu'il a perdues après peu de temps, par suite d'une inflammation à laquelle il ne savait comment remédier (rétention des urines). Ce genre de maladie me rappelle les précautions prises, à cet égard, par nos chiennes pour leur progéniture, précautions que j'avais attribuées uniquement jusqu'ici à un instinct naturel de propreté. Rien ne doit être négligé, quand il s'agit d'acclimater ou de domestiquer les animaux ; l'éleveur ne saurait observer leurs mœurs avec trop d'attention, afin de pouvoir donner au sujet dont il s'occupe des soins presque maternels, et remplacer pour lui la famille absente.

2 AOUT. — Ce matin, à notre grande surprise et à notre grande satisfaction, nous trouvons que la glace s'est ou-

verte, à partir de la pointe nord de la baie, jusqu'à la bande de récifs ou banc du *cairn*, formant un passage presque suffisant pour le navire.

La lune a été pleine, le 30, à quatorze heures (deux heures de l'après-midi), et nous espérions de la haute mer correspondante, *spring-tide* (haute-marée), un effet favorable, mais certes rien de semblable. La haute mer a dû avoir lieu dans les premières heures du jour; ainsi. l'influence de la lune se fait sentir ici, à deux jours d'intervalle. Nous ne sommes plus séparés de l'eau libre que par la portion que nous avons sciée et qu'une petite brise d'ouest enverrait sans doute dehors; le jusant n'y peut rien faire, je crois, à cause de la barre.

J'ai oublié de mentionner que, dans notre course de jeudi, M. Kennedy et moi, nous avions observé que la glace a disparu du fond de la baie, même dans les anses les plus étroites.

La première partie du jour a été employée à scier la glace en travers, afin que les glaçons, étant plus petits, pussent se dégager plus facilement.

La brise du nord est passée au nord-nord-ouest, dans la nuit, et a peut-être contribué à ce changement dans l'état des choses; mais à l'est la glace semble rejoindre l'autre côté de l'*inlet*, les vides ayant été sans doute remplis par les dernières brises de nord.

D'après l'avis de M. Kennedy, j'étais allé à terre pour reconnaître la situation du haut des falaises; mais la brume et la neige qui tombaient m'ont forcé à revenir sans avoir rien vu. Le commandant m'avait d'ailleurs recommandé de revenir de bonne heure.

Nos ancres ont été mouillées sans bouées en septembre, et il paraît que M. Leask ne parle de rien moins que de laisser là ancres et chaînes, de sorte qu'une fois hors d'ici, il ne nous resterait plus qu'à faire de notre mieux pour sortir de la baie de Baffin, vu que nous n'avons à bord qu'une *ancre à jet*; il ne faudrait pas songer non plus à aborder, ainsi dépourvus, l'Angleterre par le nord de l'Écosse; ce n'est pas tout : d'après les lois de sauvetage, un navire sans *ancres de bossoir* est considéré par les pilotes comme en danger de naufrage, alors même qu'il serait sans avaries, et M. Hepburn me dit que cela ne coûterait pas moins de douze mille francs.

Il vient d'y avoir un mouvement de glaces, que j'explique de la manière suivante :

Le *floe* étant depuis longtemps brisé sur les bords, la haute mer ne pouvait rien faire de plus à cet égard ; mais, en élevant le tout au-dessus du niveau ordinaire, elle a permis au vent de diriger ces pièces flottantes là où se trouvait un vide à remplir ; à la nuit, nous voyons que les glaces de l'*inlet* venues en face de l'entrée de la baie sont d'une épaisseur extraordinaire, ce qui nous fait penser que ce sont les glaces du détroit de Barrow, poussées d'abord par les vents d'ouest dans le détroit de Lancastre, puis par le vent du nord dans le passage du Régent ; il faut ajouter aussi que, d'après ce que notre expérience nous a appris, la brise que nous avons au nord dans l'*inlet* est le plus souvent à l'ouest dans le détroit de Barrow.

Nous avons vu, hier, un *northern diver* (plongeur du nord), oiseau au corps très-long ; j'en avais déjà vu un au port Léopold, mais je l'avais pris pour une cigogne.

3 AOUT. — La neige ne s'est point fondue sur le *floe*, comme nous l'espérions, et sur nos lagunes, à la surface du *floe*, il s'est formé une glace molle de l'épaisseur de deux pouces ; en outre, la côte est encore toute bigarrée des averses de neige des jours derniers ; mais, à notre réveil, nous trouvons que l'entrée de la baie est maintenant toute dégagée d'une pointe à l'autre.

Nous nous mettons à l'œuvre de bonne heure, et les amis de lady Franklin ont la joie de voir monter sans difficulté notre deuxième ancre. Le navire est maintenant retenu par des ancres à glace, placées sur le *floe*, mais à l'avant seulement, car il a un petit bassin dans lequel il flotte et roule à notre grand plaisir.

Nous procédons aussitôt à dégager le chenal scié la semaine précédente, bien qu'il doive nous être impossible d'en profiter aujourd'hui, la glace nous barrant le passage à la pointe nord ; mais nous n'aurons pas perdu une minute, et cela tient nos esprits occupés. La glace sciée, ainsi que je l'ai dit, s'est recollée ; les sciures forment entre les bords une espèce de ciment que les froides nuits gèlent, et nous nous voyons obligés de repasser la scie partout ; il serait donc, je crois, plus avantageux, à moins que ce travail n'ait pour but d'entretenir l'activité de l'équipage, de ne scier qu'un petit nombre de pièces que l'on écarterait à mesure ; en outre, nos pièces ont été coupées trop étroites vers l'ouverture, l'inclinaison ayant été, comme je l'ai dit, de deux pouces par brasses ; il faudrait lui donner six pouces. La besogne n'a donc pas été très-vite, car ce soir, après dix heures de travail, nous n'avons dégagé qu'une trentaine de brasses, que nous avons envoyées au large par pièces de cinq à six mètres carrés, soit au moyen de nos *blasting-cylinders*, soit par des sauts redoublés en cadence, ou en courant d'une extrémité à l'autre, en faisant des leviers de nos anspects, etc... On peut encore briser la glace en roulant un canot, mais il faut qu'elle soit très-mince pour cela ; nos cylindres ont parfaitement agi, moins ceux de petites dimensions (deux, trois et quatre livres) ; mais les plus grands, ceux de sept et huit livres, ont produit un résultat on ne peut plus satisfaisant.

L'effet tient également à la manière d'employer ces instruments : après avoir troué la glace dans son épaisseur, il faut couler le cylindre et remplir le trou de neige, de pierres, aussi hermétiquement que possible, attacher à l'extrémité inférieure une ficelle que l'on hale lorsque le cylindre est roulé en dessous de la glace, afin de lui faire prendre une position horizontale et de soumettre ainsi une plus grande étendue à l'action de la poudre : c'est alors qu'on allume la mèche qui est placée dans un tube de gutta-percha. Je suppose que la glace est encore trop résistante pour qu'une petite quantité de poudre agisse d'une façon efficace.

Les oiseaux de mer avaient déjà pris possession du terrain, ce qui n'a rien d'étonnant, car ils se tiennent toujours sur les bords de l'eau libre. Quelques baleines blanches sont aussi venues près de nous. (Les gens de la baie d'Hudson disent qu'elles se nourrissent de saumon comme le phoque, proscrit en Écosse pour cette raison.) — Nous voyons passer plusieurs volées de canards, *black-ducks*.

J'ai ramassé dans la vase rapportée par nos ancres (dix brasses de fond) plusieurs jolis spécimens de coquilles.

Une portion de la chaîne de bâbord était hier incrustée dans la glace, à un pied de la surface inférieure. Il est donc probable que la glace agit sur les chaînes comme suspension. — Parry avait levé les ancres avant l'hiver. — Je suis harassé de fatigue ce soir, mais j'ai le cœur léger et vais m'endormir d'un bon sommeil. Quand l'homme cesse-t-il d'espérer? Espérer c'est vivre, et vivre c'est espérer!

4 AOUT. — Même forte brise du nord ce matin. L'*offing* (le large) paraît dégagé de glace à une grande distance à l'est, mais elles forment un cercle dont les extrémités s'appuient sur les deux têtes de la baie. Dans la soirée, une brise du nord-ouest à l'ouest-nord-ouest envoie ces pièces flottantes au large. — Continué les travaux d'hier. — Nous regrettons fort de n'avoir pas de scie à main comme les Américains en avaient; elles seraient excellentes pour couper des coins de glace qu'il nous faut détacher avec le ciseau.

Un *whalrus*, le premier que nous ayons vu, est venu se jouer à l'entrée de notre canal; de même hier des baleines blanches étaient venues en troupe reconnaître les abords : l'une d'elles était accompagnée d'un petit baleineau noirâtre qui plongeait et tournait autour d'elle, semblant prendre à tâche d'imiter tous les mouvements de sa mère. On me dit que ces cétacés sont généralement noirs dans leur jeunesse.

On a vu un renard tacheté de gris. — Il semble résulter d'un rapport du capitaine Moore, que les Esquimaux du détroit de Behring domestiquent les rennes.

5 AOUT. — Même besogne qu'hier. Aussitôt la brise

du nord-ouest tombée; les glaces reviennent à l'entrée de la baie.

C'est aujourd'hui qu'astronomiquement nous devrions perdre le soleil. A minuit, le chenal avance rapidement, et il est probable que demain le navire aura une communication ouverte avec le large.

Ainsi, par une sorte de magique phénomène, notre goëlette, bien et dûment emprisonnée dimanche dernier, est maintenant à la veille de prendre son essor.

6 AOUT. — Dans la matinée, nous achevons de dégager le chenal où nous sommes retenus; à trois heures de l'après-midi, et en quelques minutes, nous courons sous l'impulsion d'une fraîche brise de nord-ouest hors de la baie où nous sommes restés près de onze mois. Après avoir soupiré si longtemps après notre délivrance, nous jetons avec plaisir un regard d'adieu sur ces hautes falaises, dont nous savons par cœur toutes les fissures, tous les accidents, et que probablement nous ne reverrons jamais ni les uns ni les autres. Ces roches arides, ces terres couvertes de neige qui, bornant notre horizon presque de tous côtés, arrêtaient forcément nos regards, ont pris à nos yeux un air de connaissance; cette nature morte ou endormie est pour nous pleine de vie et de sentiment.

Adieu donc, baie Batty, merci de ton hospitalité telle quelle! Les ravines nous envoient des bouffées de brise sous lesquelles la petite créature s'incline, et semble se traîner avec peine, comme si elle avait perdu ses facultés de locomotion. — La glace nous offre un chenal d'environ cinq à six mètres de large le long de la côte.

7 AOUT. — Même temps à grains. A midi nous sommes encore au sud de la baie Elwin, ayant à remonter contre le vent et un fort courant. Nous devons toucher au port Léopold pour y laisser avis de notre départ de la baie Batty, et nous rendre de là à l'île Griffith, afin de voir s'il s'y trouve quelque document déposé par les autres navires.

8 août. — Le temps s'est éclarci et mis au beau ; mais nous sommes arrêtés à la hauteur de *Boat's-Ravine*, par un *stream* qui nous barre le passage avant que nous ayons pu passer à l'est, où se trouve une grande quantité d'eau libre. Il dérive au sud-est ; quant à nous, nous laissons porter au sud-ouest pour attendre sous la terre que la glace ait entièrement passé au large. A midi, nous sommes à un mille au nord de la baie Elwin. Nous n'avons pu voir si le soleil se couchait à minuit.

Dans l'après-midi, la brise, qui au large est sans doute à l'est, amène les glaces sur nous, et nous nous réfugions dans la baie Elwin : quelques *ice-bergs* échoués semblent indiquer une barre. Nous serrons la côte nord ; c'est à peu près l'heure de la haute mer, et le canot trouve deux brasses de fond en dedans de la barre ; au delà d'une pointe basse qui se projette au sud (de la côte nord), est une baie que le maître d'équipage dit aussi grande que la baie Batty, mais sans eau. — Neige et brise variables du nord au nord-ouest, pendant la nuit.

9 août. — Nous avons essayé de sortir de la baie avec une légère brise de nord variable. A environ un mille de notre mouillage, le capitaine, à la tête du mât, reconnaît que la brise plus au large est à l'est, et nous regagnons en toute hâte la baie Elwin, remorqués par nos deux embarcations ; la glace est sur nos talons, et, comme elle envahit la baie, nous nous halons à terre sous la côte nord. La goëlette échoue par six pieds d'eau à mer basse (tirant d'eau du navire, 8 pieds 8 pouces anglais). La pointe nord nous abrite un peu, mais cependant l'avant-garde du *floe* arrive jusqu'à nous et incline le bâtiment sur le côté ; fort heureusement il fait calme, et la vitesse de la glace n'est pas très-grande ; celle qui nous touche n'est pas épaisse, et la plus épaisse s'échoue à la pointe, ce qui arrête la masse ; à basse mer, nous sommes complétement échoués et à la bande sur tribord. Ce qui nous est arrivé montre combien il est important de toujours surveiller le mouvement des

glaces ; si nous avions été à deux mille plus au nord (2 et demi de la pointe nord), comme il faisait à peu près calme, il est certain que nous n'aurions pas eu le temps de remorquer le navire dans la baie, et il eût été pressé contre la côte sur les *bergs* qui y sont échoués, et en danger d'être défoncé, par le plus beau temps du monde.

Il y a également un grand discernement à apporter dans le choix d'un mouillage. Ma première idée eût été de mouiller en dedans de la barre pour qu'elle nous protégeât ; mais, comme cette barre est sur la côte sud de la baie, et comme la brise poussait le *floe* directement de l'est, un mouillage sur la côte nord était préférable à cause du croc formé par la pointe nord. Ce matin, nous avons perdu le *jas*[1] d'une de nos ancres (*stock*), parce que la clavette (*fore-lock*) n'était pas bien fixée ; nous avons fabriqué un autre jas en bois, composé d'un bout rond dans le trou du jas, et de deux pièces d'orme de chaque côté.

Le petit tirant d'eau de notre navire constitue certainement un grand avantage en pareilles circonstances où la moindre chose lui sert d'abri ; mais il est facile de voir combien cette navigation dans les glaces, surtout le long de la côte, est précaire. C'est une des raisons qui font que les baleiniers renoncent à tenter le passage au nord, par la baie Melville, quand il n'y a pas de *land-floe*, car alors il ne peuvent faire de bassins dans la glace, si la brise pousse les glaces de la baie de Baffin sur la côte est, ni s'amarrer (*make-fast*) pour garder leur terrain, si la brise souffle de terre.

La mer était ce matin couverte de mollusques très-petits, sans doute ceux qui servent de nourriture à la baleine. Le canot m'a rapporté de terre deux papillons, et j'y ai vu un moustique. Les phoques, qui paraissaient abonder le jour de notre arrivée, ont disparu ; mais les canards (*black-ducks*) sont toujours très-nombreux.

[1] On appelle *jas* la barre horizontale, le plus souvent composée de deux fortes traverses de bois, réunies à l'aide de cercles de fer, qui s'adapte à la verge de l'ancre, près de la boucle.

10 août. — Comme hier dans l'après-midi, la glace entre dans la baie, mais cette fois sans nous presser ; à la haute mer, le navire se redresse et prend la bande à bâbord, présentant ainsi le côté aux efforts futurs de la glace ; nous avons transporté pour cela les deux chaînes à bâbord, et un palan de tête de mât a été croché sur la glace. Le *master*, sans en donner de raison, pense que le navire est mieux ainsi. Dans les deux cas, la goëlette (qui est à fond plat) sera poussée sur le flanc en cas de compression. Il va sans dire que notre gouvernail était démonté tout le temps que le navire est resté échoué.

11 août. — Le *master* se rend au dehors avec un canot et trouve que la glace presse contre le cap Seppings, laissant un chenal d'environ deux mètres de long de la côte ; à la haute mer, nous halons le navire à flot, le faisant sortir du lit qu'il s'est creusé en courant de l'avant à l'arrière, puis d'un bord à l'autre.

Une bande de *white-whales* de plus de cinquante individus fait le tour de la baie. — Un de nos lièvres est mort ; ils sont maintenant très-apprivoisés et se précipitent aux grilles de leur cage pour recevoir les herbes et les fleurs que nous leur apportons de terre.

Nous remarquons à terre les lais de la mer sur la plage, lesquels existent en tranches de différentes nuances très-remarquables, comme si elles avaient eu lieu non successivement, mais brusquement, ce qui me fait incliner vers l'opinion que ce sont plutôt des couches de neige fondues au printemps.

13 août. — Vers midi, une issue a semblé s'offrir à nous, et nous nous hâtons de mettre à la voile, sachant combien les moments sont précieux ; deux corbeaux passent au-dessus de nos têtes, appelant notre attention par leur désagréable croassement. Un ou deux de nos gens secouent la tête d'un air significatif, et font observer que c'est la deuxième fois que nous appareillons un vendredi ; un autre, un peu plus avancé sans doute, dit que de son temps il est peu de capitaines baleiniers qui

eussent voulu commencer le voyage un vendredi ; mais, ajoute-t-il sans en paraître bien sûr, il est probable que c'est une superstition. Après trois ou quatre heures de louvoyage, les glaces nous forcent à terre, et il nous faut, pour la quatrième ou cinquième fois, regagner le mouillage. Jusqu'à quand cela durera-t-il ? C'est une question que j'ose à peine me poser. Le fait est que la saison s'avance, et, pour peu que cela continue, il nous faudra à tout prix prendre la route de chez nous, ou nous courons grand risque d'être pris pour un autre hiver. — Faire attention, dans un mouillage par petit fond, à ce que, si le navire échoue, il ne tombe pas sur son ancre.

14 AOUT. — Un ours fut signalé ce matin se promenant sur la plage et flairant les traces de notre passage à terre ; nous le vîmes, quelques minutes après, se mettre à l'eau pour venir reconnaître la navire. Un canot fut amené, dans lequel MM. Kennedy et Leask lui donnèrent la chasse ; les deux fusils ayant raté alors que le canot était sur lui, il se retourne et, avec ses pattes, tâche de saisir les bords du canot ; le capitaine lui assène un coup de crosse sur la tête et brise son fusil ; l'animal cherche à se sauver à la nage, mais le canot l'a bientôt rejoint et deux balles à bout portant l'ont bien vite dépêché. Il ne cherchait point, comme celui de l'année dernière, à dérouter ses ennemis en plongeant. C'est à peu près la seule façon dont ils puissent être tués à coup sûr ; car si la glace eût été à portée, il aurait bien vite disparu.

Notre détention prouve combien il est important de ne pas perdre une minute, car si dimanche matin nous eussions pu passer dans l'intervalle de deux *floes*, nous n'aurions pas perdu toute cette semaine. — Dans l'après-midi, nous appareillons de nouveau avec petite brise ; mais, vers minuit et demi, au moment où nous passons entre deux *floes*, ils se rejoignent, celui du nord courant au sud avec une rapidité qui eût été excessivement dangereuse pour nous si les *floes* eussent été plus épais ; à peine avons-nous eu le temps de démonter le gouvernail, et c'est une manœuvre qui se répète si souvent, qu'on ne saurait trop conseiller à tous les capitaines qui viennent ici de faire pratiquer dans leurs navires une *jaumière*[1] aussi large que possible.

15 AOUT. — Beau temps, petite brise; le courant nous a généralement portés au sud, et, à midi, nous sommes à une dizaine de milles à l'est de la pointe sud de la baie Elwin, courant des bordées avec petite brise, ou remorquant avec une embarcation au milieu de *pack-ice*, dont les difficultés exigent et donnent forcément une juste pratique de coup d'œil pour les parer sans toucher; non point qu'avec petite vitesse il y ait du danger, mais le moindre arrêt coupe l'air du navire; il en est de même de la *boy-ice*, qui, même à une heure avancée de la matinée, surtout s'il fait calme, entoure les glaçons flottants dont le voisinage aide singulièrement la formation du *boy-ice* pendant la nuit.

[2] . . . .
. . . .
. . . .

2 SEPTEMBRE. — Le coup de vent d'hier s'est apaisé, et il ne reste plus qu'une grosse houle qui nous arrête. Quelque favorisés que nous puissions être par la suite, il n'en est pas moins évident que notre traversée en sera allongée d'une dizaine de jours. Nous aurions dû traver-

---

[1] Ouverture pratiquée au-dessus de l'étambot et dans la voûte de l'arcasse, pour le passage et le jeu de la tête du gouvernail, lequel pénètre dans l'intérieur du navire par cette ouverture, pour recevoir la barre qui sert à la mettre en mouvement.

[2] Ici le journal présente une lacune de dix-sept jours, lacune que Bellot avait très-probablement l'intention de combler avec des notes sans doute prises sur un calepin ou sur des feuilles volantes, car il a laissé, à cette date, une douzaine de pages blanches à son registre-journal. Il est vraisemblable que les dix-sept jours en question, du 16 août au 2 septembre, furent passés dans des travaux analogues à ceux des jours précédents, travaux exécutés avec quelques succès, puisqu'à la reprise du journal nous trouvons le *Prince-Albert* sorti du détroit de Barrow et du détroit de Lancastre. (*Note de M. de la Roquette.*)

ser à l'est, à la hauteur de la baie de *Ponds*, comme on le fait habituellement ; les brises du nord, qui semblent dominer à cette époque, pressent les glaces sur le cap Scarle (*mollymake-head*) et sur le cap Walsingham. Mais, à part ces principes généraux, je crois que tout est chance et hasard, et que la prétendue expérience des baleiniers était une histoire faite pour en imposer aux ignorants ; car, dans la dernière expédition et dans celle de sir Ed. Belcher, il n'y a point d'*ice-masters* (maîtres, pilotes spéciaux pour les glaces) ; ils sont au plus *quarter master* (quartiers-maîtres).

Un pauvre petit *snow-bird* (oiseau de neige) qui a perdu la terre, dans le dernier coup de vent sans doute, prend refuge à bord, et, se familiarisant bien vite lorsqu'il voit qu'on ne lui est point hostile, il sautille sur le pont et vient à nos pieds ramasser des miettes de biscuit.

Nous nous engageons dans une anse du *pack*; mais, reconnaissant qu'il n'y a point d'ouverture à l'est, nous la remontons. Pendant mon quart, la houle menace de nous jeter sur le *pack*, et il nous faut pagayer tant bien que mal avec nos avirons d'embarcations ; un navire de notre taille, et même plus fort, devrait être pourvu d'au moins trois ou quatre paires d'avirons de galère ; notre unique embarcation est à bord, de sorte que nous ne pourrions nous remorquer au large. Les baleiniers ont souvent recours au procédé suivant (appelé par dérision *sanctifying*) : amener les embarcations à fleur d'eau, les amarrer et de l'avant et de l'arrière, et armer les avirons d'en dehors : les embarcations restent sur les palans et hors de l'eau ; ils prétendent faire plus de progrès ainsi et avoir besoin de moins de monde.

3 SEPTEMBRE. — Calme ; même houle, qui doit venir d'un autre coup de vent, que nous n'avons pas éprouvé. — Nombreux vols d'oiseaux, tous ceux que nous avons pu reconnaître se dirigeant au sud ; les *mollymakes* et l'*ivory-gull* restent seuls en vue. Nous nous livrons à la pêche des *mollymakes*, que l'on prend avec un harpon

comme les *damiers* du Cap. Les jeunes mollies sont grises et ont une odeur fétide d'huile ; cependant notre *master* les dit meilleures que les *dovekies*. Préparation : enlever la peau et toutes les parties graisseuses, et les laisser tremper dans l'eau.

5 SEPTEMBRE. — Nous continuons à remonter au nord, en suivant les bords du *pack*, dans l'espérance de trouver une ouverture ou passage à l'est, nous fourvoyant de temps en temps dans des *criques* assez profondes pour faire naître l'espoir, mais qu'il nous faut reparcourir presque aussitôt en sens contraire, ce qui, avec les petites brises, le peu de qualité du navire, nous prend beaucoup de temps. Un navire à vapeur n'éprouverait pas les mêmes difficultés ; qui sait d'ailleurs où cela finira ?

A la hauteur où nous sommes, le *pack* est composé de glace épaisse que le *master* dit être de trois ans au moins de formation ; il semble que les différents *inlets* de la baie de Baffin se soient dégorgés cette année d'un trop-plein accumulé les années précédentes ; il ne serait donc pas étonnant que sir Ed. Belcher trouvât le détroit de Wellington extraordinairement navigable, et certes il est embarqué dans cette entreprise sous de favorables auspices. Plût au ciel que je fusse avec lui !

6 SEPTEMBRE. — Ce matin, nous avons enfin une *lead* ou passage à l'est, et aussi loin que nous pouvons voir, eau claire et sans glace. Cela vient à propos, car nous commencions à douter de notre succès.

Je suis décidément d'opinion qu'il n'y a que deux manières à cette époque de l'année de se rendre au cap Farewell, ou bien au débouché du détroit de Lancastre : se diriger à l'est-sud-est ou droit à l'est de la baie Pond, ou si l'on se détermine à suivre la côte ouest, comme nous l'avons fait, pousser au sud aussi loin que possible. La côte aux environs du cap Walsingham abonde en ports, en petites baies, où un navire peut se réfugier et laisser passer le *pack* ; dans tous les cas, si on est pris dans le *pack*, on dérive avec lui au sud en très-peu de temps ; cela est arrivé à plusieurs baleiniers, lesquels, *frozen in* ou bien *caught in* (gelés ou serrés dans les glaces), ont été relâchés un mois ou six semaines après, en novembre ou au commencement de décembre. Tandis que le *Thomas, frozen in*, en octobre, je crois, ou à la fin de septembre, vis-à-vis le *Devil's-Thumb* (Pouce-du-Diable), n'a été libéré qu'en mars suivant. Notre *skipper* (maître), qui a été pris déjà une ou deux fois, a un peu perdu la tête, et ne sait guère à quel saint se vouer.

Il était donc temps pour tous qu'un terme fût mis à nos inquiétudes.

7 SEPTEMBRE. — A quatre heures, ce matin, on est venu m'éveiller pour prendre le quart, avec l'agréable nouvelle que le *pack* s'étend en face de nous, du nord-ouest au sud-ouest. La nuit était obscure, et le navire a été mis en panne, dans la crainte d'aggraver notre position. Le thermomètre est descendu à — 3°, 33 et la glace qui s'est formée cette nuit est assez épaisse pour arrêter notre progrès, lorsque le jour nous permet de faire voile. Les réflexions que je fais pendant mon quart sont loin d'être gaies, d'autant moins qu'au nord le *pack* s'étend aussi loin que je puis voir de la tête du mât. Je regrette que nous ne soyons pas restés avec le *North-star*, au moins notre temps eût été employé d'une façon utile ; mais, comme il serait dangereux de demeurer plus longtemps dans l'expectative, mon intention est, quand nos opinions seront demandées, de courir la chance de la côte ouest, vu qu'il est trop tard pour retourner au détroit de Lancastre.

Vers neuf heures, le *master* découvre un *slack* ou relâchement dans la contexture d'un *pack*, et nous nous y frayons un passage, heurtant un glaçon par-ci par-là, recevant des chocs qui ne nous émeuvent guère ; enfin, à dix heures, nous sommes à l'est du *pack*.

Je ne sais, cette fois, s'il est prudent de s'abandonner à la confiance et à l'espoir ; ce qu'il y a de certain, c'est que, ce matin, j'eusse volontiers consenti à n'être en Angleterre qu'en décembre, pourvu que j'eusse la certitude d'y être à cette époque ; par conséquent, je dois me tenir satisfait de tout ce qui peut nous arriver. J'avoue que c'est la plus rude épreuve de cette philosophie, dont je me suis fait une étude, tâchant de me résigner à ce que je ne puis empêcher ; mais nous n'avons ni charbon, ni provisions, ni canots, et, en admettant que le navire eût échappé aux désastres du *pack*, il est certain que plus de la moitié de l'équipage y eût passé ; pour moi, Dieu merci, ma santé est aussi robuste que celle d'aucun ; ma confiance est en Celui de qui nous ne pouvons empêcher la volonté d'être accomplie, et je suis persuadé que mes chances étaient aussi bonnes, sinon meilleures, que celles de tout autre à bord ! mais cette perspective de dangers sans but utile, sans résultat, n'est point faite pour tenter les plus stoïques.

8 SEPTEMBRE. — Une ronde brise de nord-ouest nous fait passer rapidement à l'est, et nous retrouvons ces immenses *ice-bergs* de la baie Melville et de la baie de Disco, tout différents dans leur forme de ceux de la côte ouest, les derniers étant généralement plus bas et longs, comme des îles plates détachées des glaciers formés sur cette côte dans les ravines. — Dans la matinée, nous reconnaissons la terre au nord d'Uppernavik. Grâce à Dieu, nous voilà donc hors de danger, et nous allons pouvoir naviguer désormais d'une façon presque régulière.

F I N

Saint-Denis. — Typographie de A. MOULIN.

CARTE
DES RÉGIONS POLAIRES
DU NORD DE L'AMÉRIQUE
Mise au courant des découvertes
les plus récentes
pour servir à la lecture du voyage
de BELLOT.

PERROTIN, Libraire-Éditeur, 41, Rue Fontaine-Molière.

PETITE CARTE D'ENSEMBLE DE L'AMÉRIQUE DU NORD.

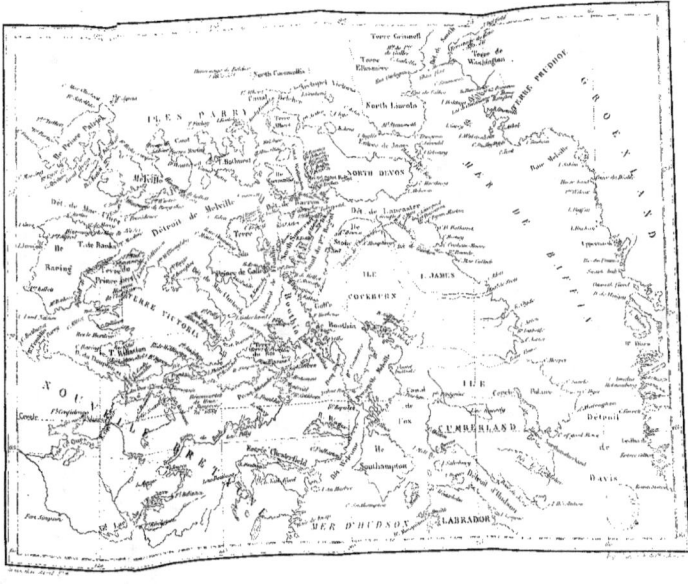

CHANSONS DE BÉRANGER

ANCIENNES ET POSTHUMES

NOUVELLE ÉDITION, ILLUSTRÉE DE 160 DESSINS INÉDITS
GRAVÉS SUR BOIS.

Les Anciennes Chansons (1815-47) sont publiées en 61 livraisons.
Les Chansons posthumes (1847-57) sont publiées en 24 livraisons.

Prix de la Livraison : 10 *centimes*.—*De l'Ouvrage complet* : 8 fr. 50 c.

CORRESPONDANCE DE BÉRANGER

RECUEILLIE

PAR M. PAUL BOITEAU

4 volumes grand in-8° cavalier : 30 francs.

MÉTHODE B. WILHEM — MANUEL MUSICAL

En usage dans les colléges, institutions, écoles et cours de chant. Méthode graduée pour le chant élémentaire et la lecture musicale, également applicable dans les écoles religieuses et laïques, Ouvrage adopté par l'Institut de France, approuvé et recommandé par le Conseil de l'Université, adopté par le Comité central d'instruction primaire de la ville de Paris, par la Société pour l'instruction élémentaire, et obligatoire pour les écoles régimentaires (décision ministérielle du 6 mars 1846). Onzième édition, avec un extrait de la Théorie des gammes et des armures de M. MERCADIER. Divisée en deux cours.

La méthode complète forme 2 vol. in-8. Prix, brochés............ 9 fr. 50
Premier cours. 1 vol. in-8...................................... 5 fr. »
Second cours. 1 vol. in-8...................................... 4 fr. 50
Les deux Cours se publient en 15 livraisons de 32 à 40 pages, à... » 65

LORD MACAULAY. — **Histoire d'Angleterre sous le règne de Jacques II**, traduit de l'anglais par le comte JULES DE PEYRONNET. Deuxième édition, revue et corrigée, 3 vol. in-8. Prix de chaque vol................ 5 fr.

— **Histoire du règne de Guillaume III** pour faire suite à l'histoire du règne de Jacques II, traduit de l'anglais par AMÉDÉE PICHOT. Deuxième édition, revue et corrigée. 4 vol. in-8. Prix de chaque vol.......... 5 fr.

On vend séparément le tome IV contenant la partie posthume de cette histoire jusqu'à la mort de Guillaume III, qui a paru récemment et complète l'œuvre historique de lord Macaulay................................... 5 fr.

HISTOIRE DES DEUX RESTAURATIONS

Jusqu'à l'avénement de Louis-Philippe (de janvier 1813 à octobre 1830), par ACHILLE DE VAULABELLE. Sixième édition. 8 vol. in-8, chaque vol. Prix.. 5 fr.

Il reste encore quelques exemplaires des tomes 5, 6 et 7 des *première* et *seconde éditions* complètes en 7 vol. Chaque volume. Prix......... 5 fr.

Saint-Denis. — Typographie de A. Moulin.

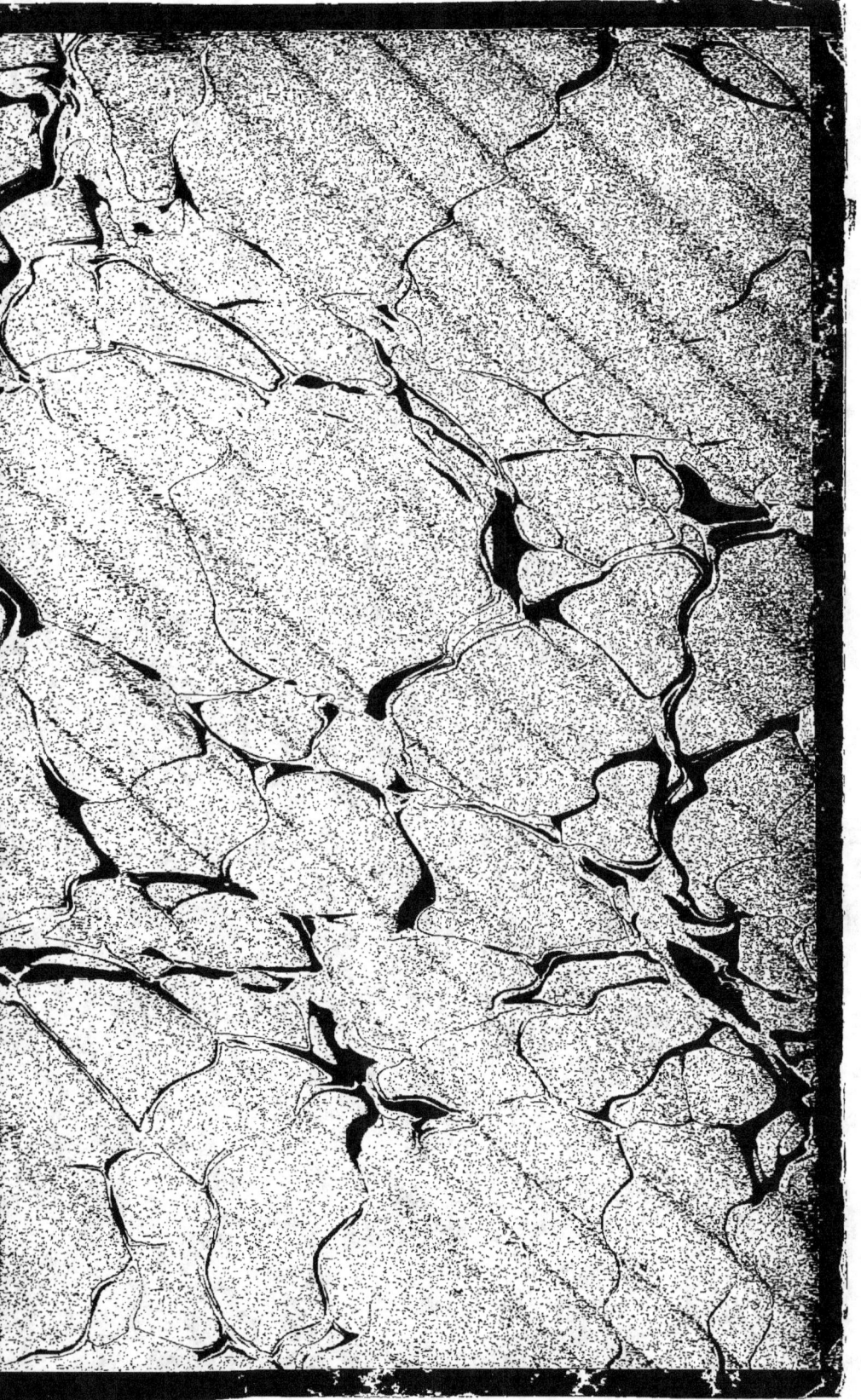

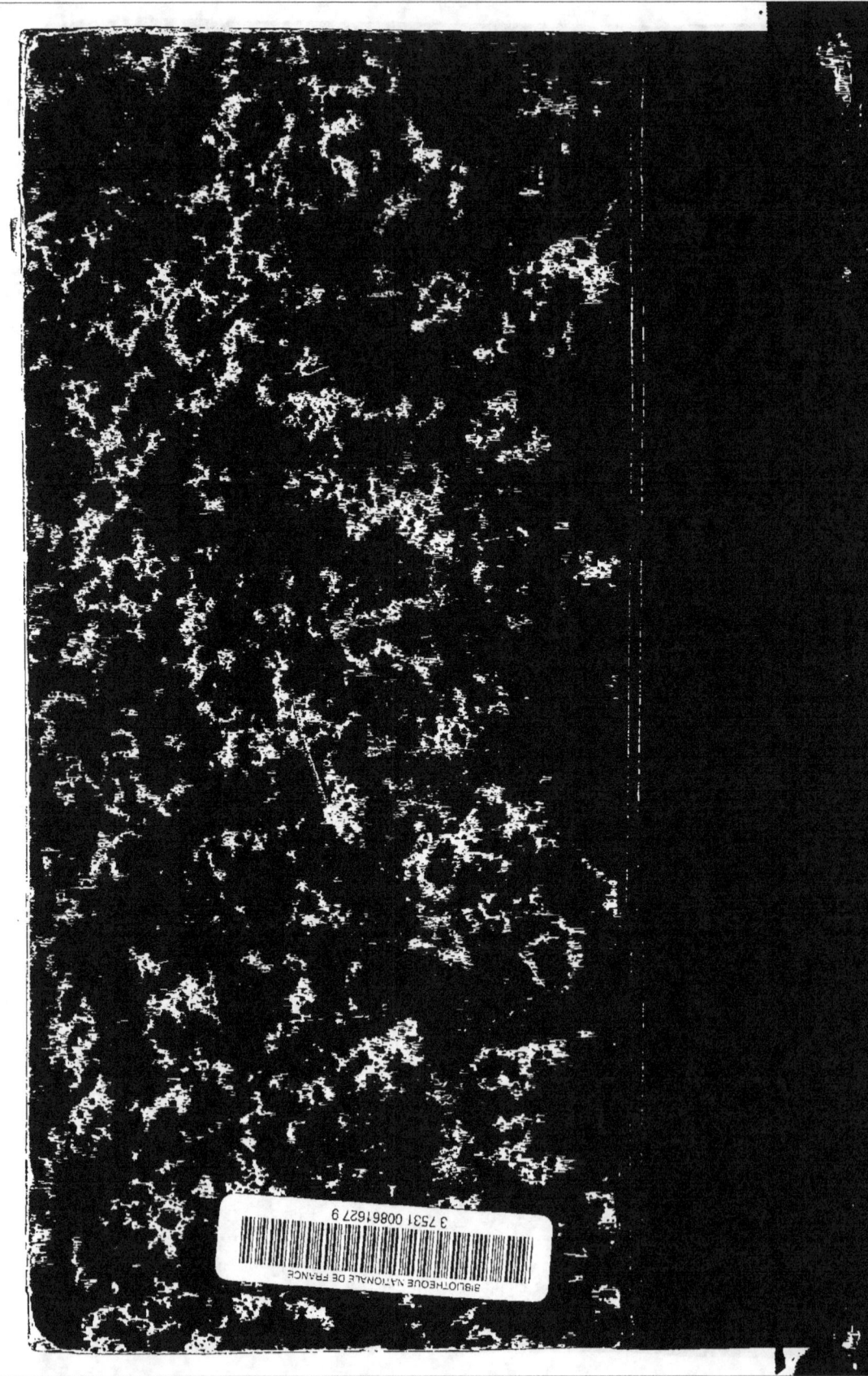